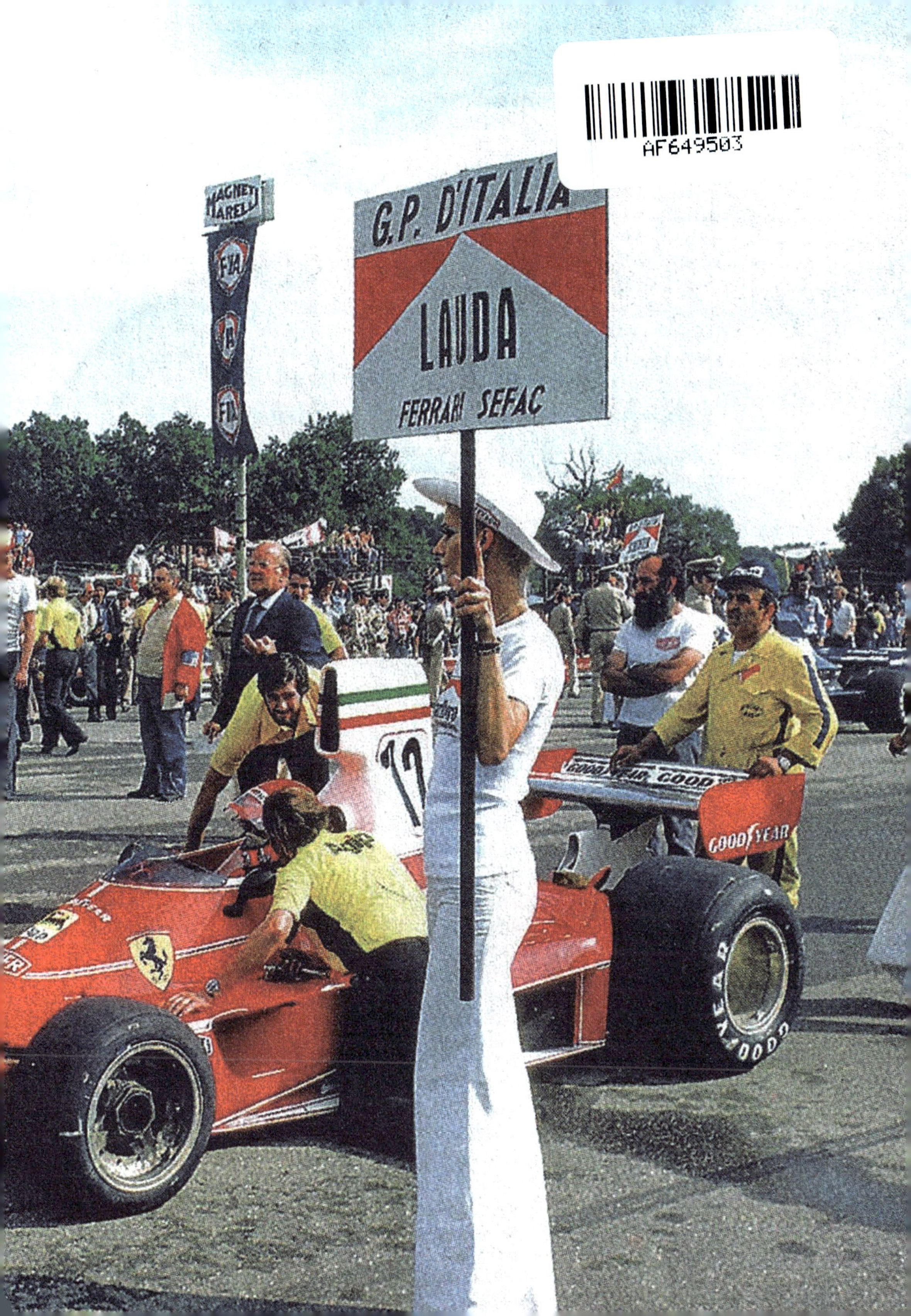
G.P. D'ITALIA
LAUDA
FERRARI SEFAC
GOODYEAR

MOTOR LEGENDEN

CARSTEN GERMANN

NIKI LAUDA

Motor buch Verlag

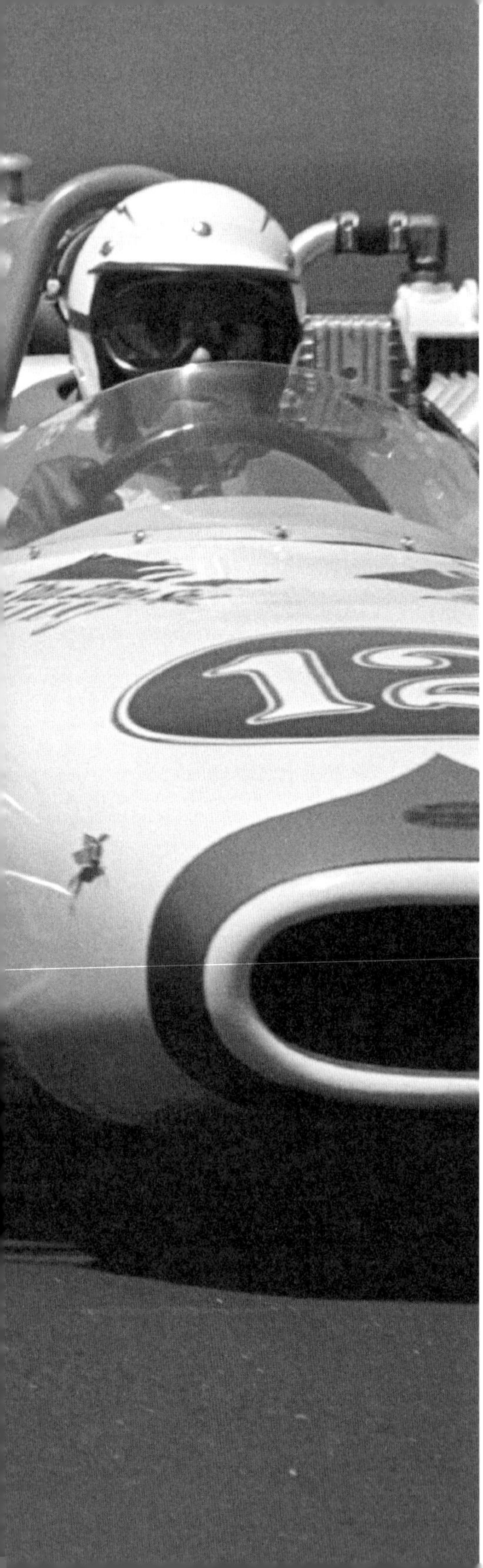

Einbandgestaltung: Sven Rauert unter Verwendung von Motiven von Getty Images

Bildnachweise auf Seite 235

ISBN: 978-3-613-04637-5

1. Auflage 2024

Sie finden uns im Internet unter www.motorbuch-verlag.de

Lektorat/Redaktion: Bernd Keidel
Innengestaltung: Sven Rauert
Druck und Bindung:
Graspo CZ, 763 02 Zlín
Printed in Czech Republic

»THE RACE IS ON« – DAS VORWORT · **4**

KAPITEL 1 - 1971: »MAKING OF« EINER FORMEL-1-LEGENDE · 8

KAPITEL 2 - WELTMEISTER 1975 – »LAUDA KAM AUS DEM NICHTS« · **24**

KAPITEL 3 - ZIEMLICH BESTE FREUNDE: LAUDA GEGEN HUNT · **42**

KAPITEL 4 - NÜRBURGRING 1976: DER PILOT, DER LEBEN WOLLTE · **62**

KAPITEL 5 - DER ZEITZEUGE: HANS-JOACHIM STUCK:
»LAUDA WAR EIN PERFEKTIONIST« · **80**

KAPITEL 6 - »MYTHOS HIN, MYTHOS HER« –
WELTMEISTER 1977, CIAO, FERRARI · **90**

KAPITEL 7 - »EIN FREUND FÜRS LEBEN«
– LUCA DI MONTEZEMOLO ÜBER LAUDA · **102**

KAPITEL 8 - ABGEHAUEN – LAUDA BEI BRABHAM 1978/79 · 118

KAPITEL 9 - »DAS GRÖSSTE COMEBACK IM MOTORSPORT«
– FORMEL-1-LEGENDE MARIO ANDRETTI · **136**

KAPITEL 10 - DER FLIEGER – DIE ZWEITE KARRIERE DES NIKI LAUDA · 144

KAPITEL 11 - 1982: ER IST WIEDER DA – LAUDA STREIKS BACK · 158

KAPITEL 12 - 1984: AUF DEN HALBEN PUNKT GEBRACHT
– LAUDA GEGEN PROST · **176**

KAPITEL 13 - GERHARD BERGER: »LAUDA WAR EIN WELTMEISTER. ÜBERALL.« · 194

KAPITEL 14 - »ICH FAHRE NICHT GERNE AUTO« – LAUDAS PRIVATE WAGEN · **202**

KAPITEL 15 - DIE SHOW – LAUDA UND DIE FORMEL 1 IM TV · 212

KAPITEL 16 - INTERVIEW: BERNIE ECCLESTONE: »LAUDA LEBT WEITER« · **226**

ANHANG · 230

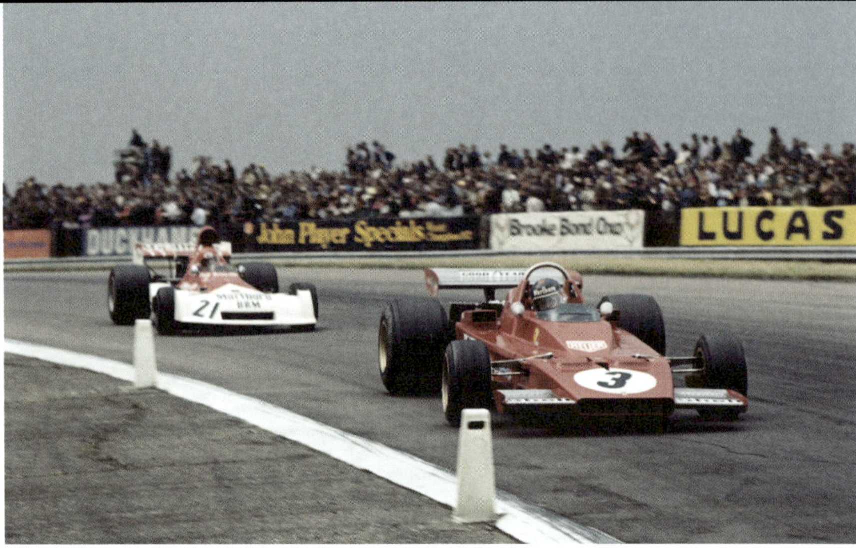

Niki Lauda - Ein zeitloses Formel-1-Idol.

»THE RACE IS ON« – DAS VORWORT

Gone too soon. Am dritten Wochenende im Mai 2019 gingen zwei Idole meiner Jugend für immer. Der frühere Stürmerstar von Borussia Dortmund, Manfred »Manni« Burgsmüller, den ich auch persönlich kannte, starb mit 69 Jahren in seiner Heimatstadt Essen.

Zwei Tage später folgte die nächste Schock-Nachricht: Niki Lauda ist tot. Der dreimalige Formel-1-Weltmeister, dessen Poster auch in meinem Jugendzimmer hing, wurde 70 Jahre alt.

Die Idee, Niki Lauda einen Band der Motor Legenden zu widmen, hatte ich im Sommer 2020. Während der COVID-Pandemie erhielt ich ein Rezensionsexemplar von Dwight John Zimmermans Steve McQueen, die »Auto-Biografie« des ewigen »King of Cool«. Zum Home-Office-Arrest verdammt, dachte ich mir beim Lesen: »Du musst was anderes machen, du brauchst eine neue Herausforderung.« Die Lauda-Idee brachte den ersten Kontakt zum Motorbuch Verlag, dem Stuttgarter Traditionshaus.

Ich komme aus dem Fußballressort. Ein Motorsportbuch hatte ich zuvor noch nie geschrieben. Falls ich also in der einen oder anderen Passage mal im Kiesbett lande, bitte ich, das nachzusehen.

KEIN BOULEVARDBUCH

Lauda war eine echte Challenge. Doch wie geht man eine »Auto-Biografie« über eine solche Renn-Legende angemessen an? Durch meine Zeit bei BILD.DE hatte ich vieles über Lauda und die Formel 1 erfahren und abgespeichert. Auch Details, die nicht in den Zeitungen standen.

Diese kleinen Geschichten lassen eine Legende leben. Sie bergen aber immer auch Mythen und gefährliche Halbwahrheiten, die es zu enttarnen oder zu bestätigen gilt.

»Wenn es jemanden gab, der niemals aufgegeben hat, dann war das Niki«, schrieb Weltmeister Nico Rosberg, den ich 2014 in Hamburg kennenlernte, in Maurice

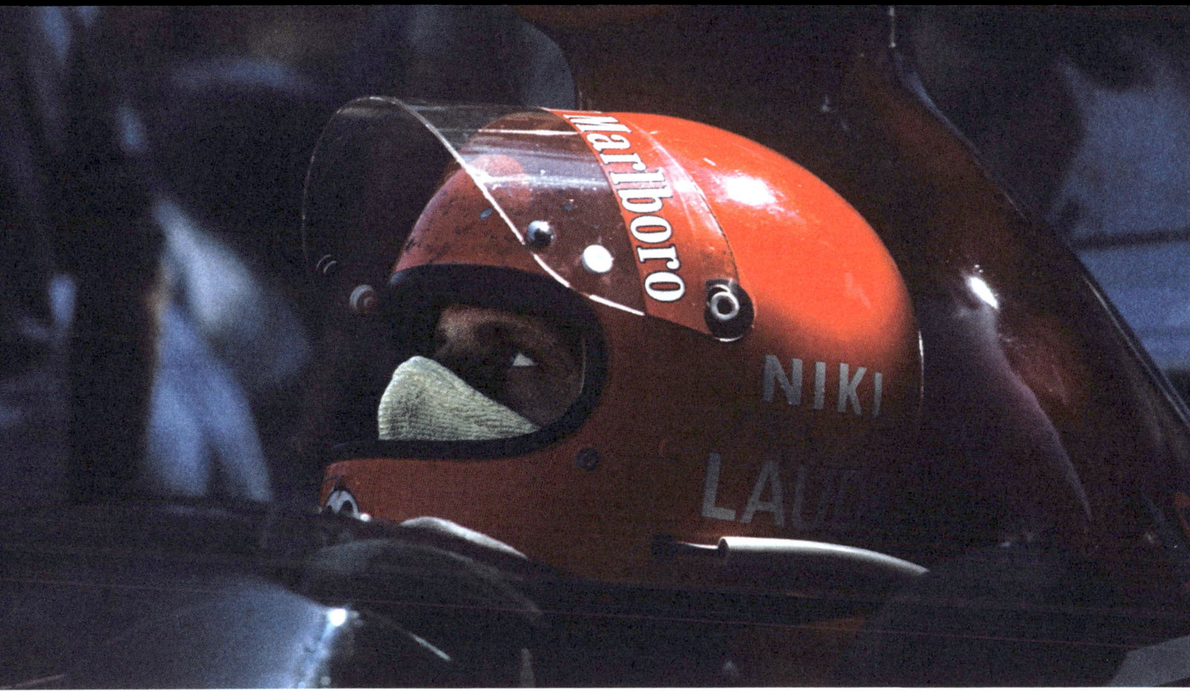

Lauda beim Großen Preis von Monaco 1974.

Hamiltons Niki Lauda: Es ist nicht einfach, perfekt zu sein, »Nikis unglaublicher Drive und sein Lebensweg hat viele beeindruckt.«

Nico hat Recht. Um der großartigen Persönlichkeit des Andreas Nikolaus Lauda gerecht zu werden, musste ich anders vorgehen. Ich wollte nicht seine »letzten Geheimnisse« offenlegen, kein Boulevardbuch.

SYNONYM FÜR DIE FORMEL 1

Was also tun? Irgendein Spaßvogel hat in meiner Abitur-Zeitung (1992) unter das Porträtfoto (so war das damals noch üblich) meines geschätzten Schulkollegen Müller, inzwischen Professor, geschrieben: »Gibt sich wie Arnold Schwarzenegger, singt wie Don Johnson und fährt Auto wie Niki Lauda.« Man beachte die Reihenfolge…

NIKI LAUDA – SEINE BESTEN SPRÜCHE

Über die Feier nach seinem ersten WM-Titel 1975: »Am nächsten Tag war ich schon wieder testen, hab überlegt, was ich in Zukunft besser machen kann – weil du anders im Leben nicht weiterkommst.«

Über Weltmeister Kimi Räikkönen und dessen Hang einen über den Durst zu trinken: »Kimi mag ab und zu mal einen trinken. Aber wir haben früher nach jedem Rennen gesoffen.«

Über seinen Feuerunfall 1976: »Die Formel 1 bestand damals aus Helden, die gewonnen haben, und aus denjenigen, die irgendwann verunglückt sind. Ich habe erstmals beides auf einmal abgedeckt.«

Über sein verbranntes Gesicht: »Es gibt viele Menschen, die von Natur aus hässlicher sind als ich. Ich kann als Entschuldigung wenigstens sagen: Ich habe einen Unfall gehabt.«

Das war es. Lauda gab sich zwar nie wie Arnold Schwarzenegger, der 1992 im Kino-Blockbuster Terminator 2 den Tag der Abrechnung (»Hasta la vista, Baby!«) einläutete. Er sang auch nicht wie Don Johnson – wem er das überließ, lesen Sie in »Lauda streiks back« – aber man muss ihn im Kontext seiner Zeit sehen. Tell it like it is.

Bis Michael Schumacher die Formel-1-Szene betrat und veränderte, war Lauda im deutschsprachigen Raum das Synonym für diese Sportart. Ein Sinnbild für Geschwindigkeit, unbedingten Siegeswillen und eiserne Selbstdisziplin. »Ein Leben lang kein Verlierer«, wie ihn DW.com nach seinem Tod würdigte.

Der Soundtrack der Formel 1 der wilden 1970er-Jahre und der kühlen 80er, Pilotenbrillen und »Marlboro-Girls«, nach denen sich Lauda einmal erkundigte, exotische Rennstrecken wie Kyalami in

Ein nachdenklicher Niki Lauda am 1. Juli 1974 in Brands Hatch.

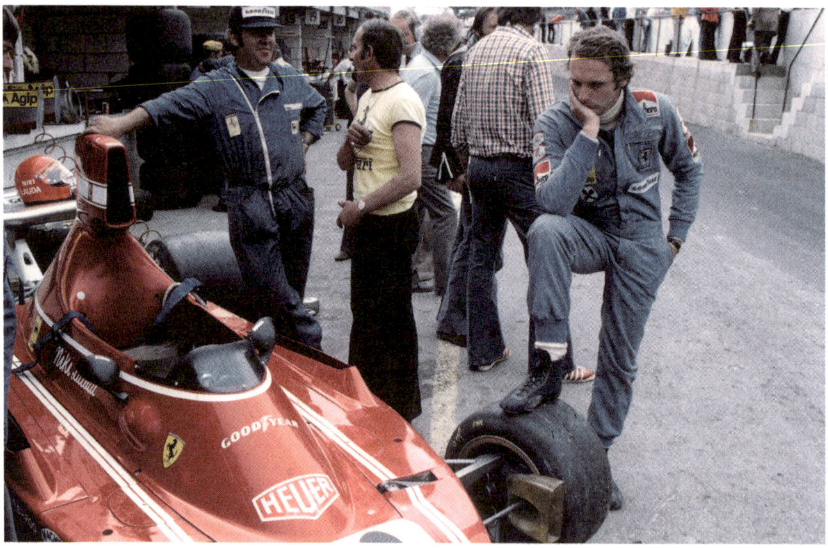

Südafrika, die heute nicht mehr Teil des Formel-1-Saisonkalenders sind, Motorsport-Pilgerorte wie Monza als Kulisse, Weggefährten, Gegenspieler wie der kongeniale Brite James Hunt oder der französische Renn-Professor Alain Prost und ihre Duelle mit Lauda auf der Rennstrecke.

Das musste »The Mischung« (Red-Bull-Coach Jesse Marsch) sein, mit der Lauda anders erzählt werden konnte.

Dazu brauchte ich Weggefährten, die die mitunter unglaubliche Geschichte des österreichischen Formel-1-Genies aus ihrer Sicht erzählten. Die dabei waren.

Mario Andretti, Gerhard Berger, Bernie Ecclestone, Luca di Montezemolo und Hans-Joachim Stuck waren seine Freunde, Weggefährten, Geschäftspartner.

Ihre sehr persönlichen Erinnerungen an Lauda sind eine Bereicherung für dieses Buch.

Doch Lauda war mehr als nur ein Formel-1-Fahrer. Seine Persönlichkeit hatte viele Facetten: Rennfahrer, Flieger (sogar »ein rastloser Vielflieger«, wie die Frankfurter Allgemeine Zeitung schrieb) und Unternehmer.

Ein neben Florian König im Philosophenschritt durch das Motorhome schreitender TV-Experte und Klartexter.

Wenn es mir gelungen ist, das alles zu verarbeiten, bewahrheitet sich vielleicht das, was Bernie Ecclestone nach Nikis Tod am 20. Mai 2019 gesagt hat: »Lauda is still alive.« Niki Lauda lebt weiter.

Carsten Germann, im Frühjahr 2024

»Nachdem ich in meinem Beruf nur vom rechten Fuß lebe, ist es mir egal, wie ich ausschaue.«

Über den verschenkten WM-Titel 1976: »Ich wollte nimmer, ich konnte nimmer. Das Comeback hatte mich zu viel Kraft und Substanz gekostet. Das Leben ist wichtiger als der WM-Titel. Ich möchte mich doch nicht umbringen, jedenfalls kein zweites Mal...«

Über seinen ersten Crash nach dem Comeback 1982: »Ich schließe die Augen, will nach einer endlosen Weile aussteigen, merke jedoch: Der McLaren fährt immer noch. In zweieinhalb Jahren hatte ich glatt vergessen, wie lang so ein Unfall dauert. Man sieht, jetzt bin ich schon wieder ganz zurück im Geschäft.«

Nach seinem letzten Sieg in Zandvoort 1985: »Nie hätte ich Prost heute vorbeigelassen. Er hätte mich schon umbringen müssen, um zu gewinnen!«

KAPITEL 1

1971: »MAKING OF« EINER FORMEL-1-LEGENDE

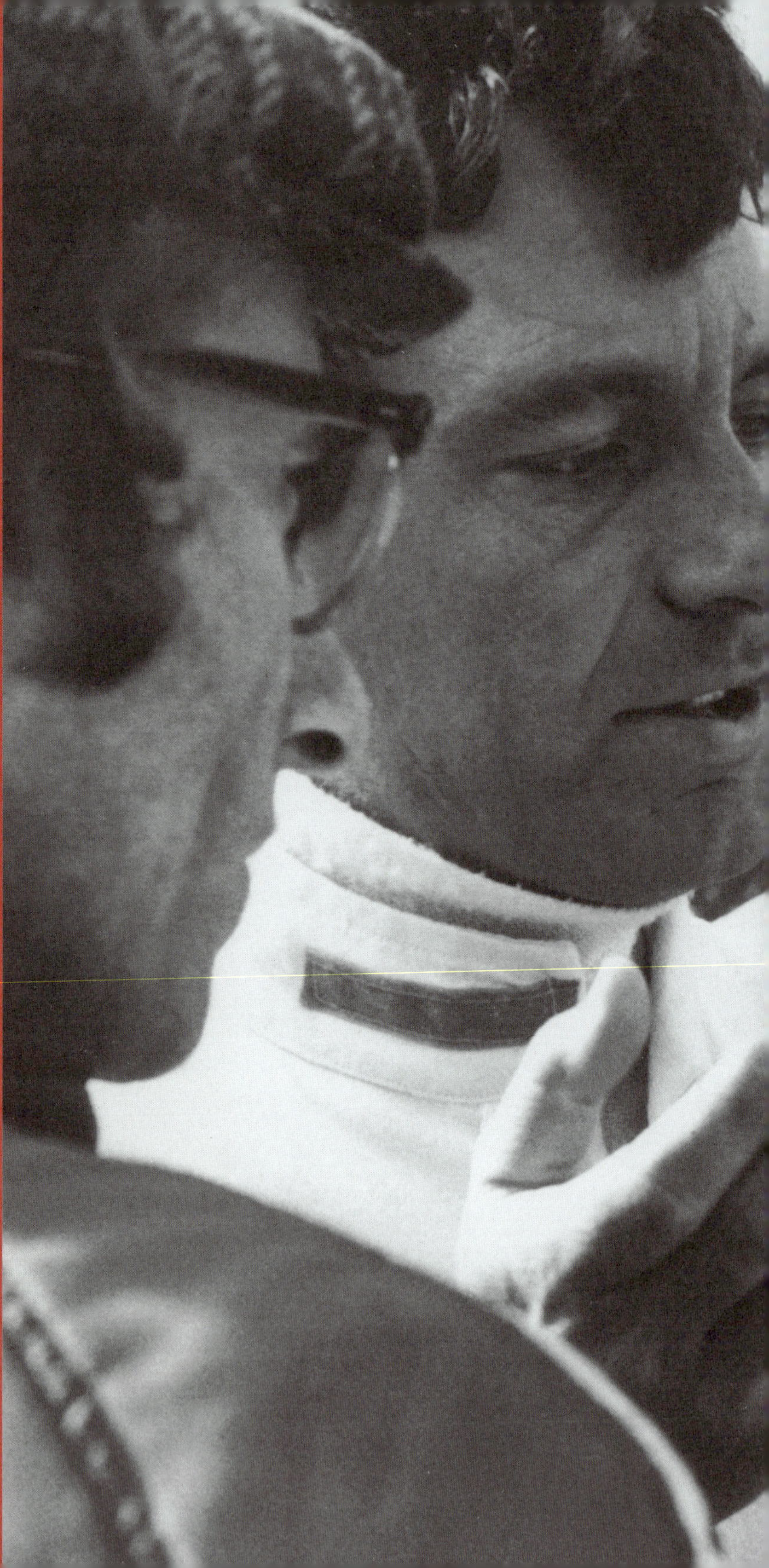

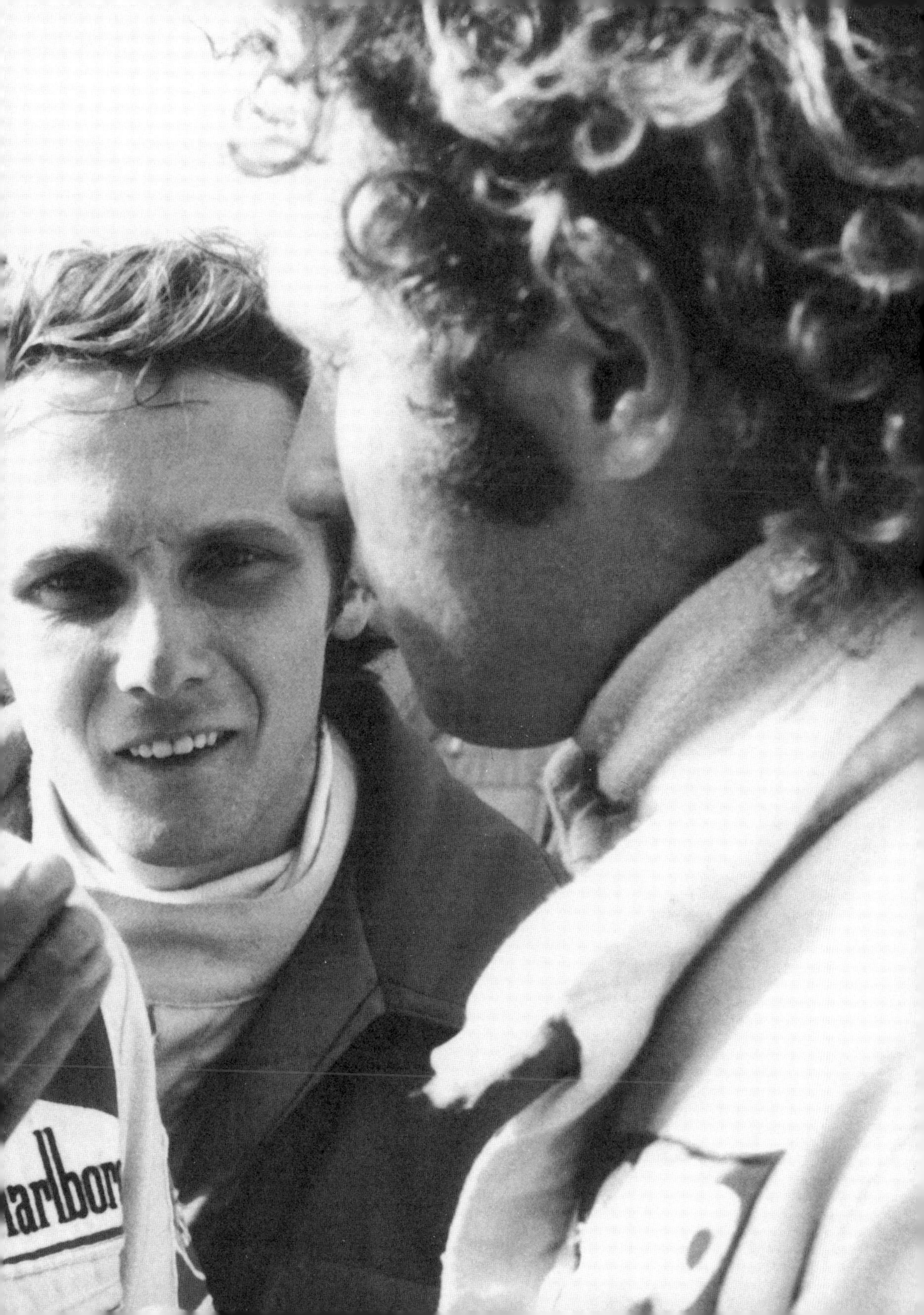

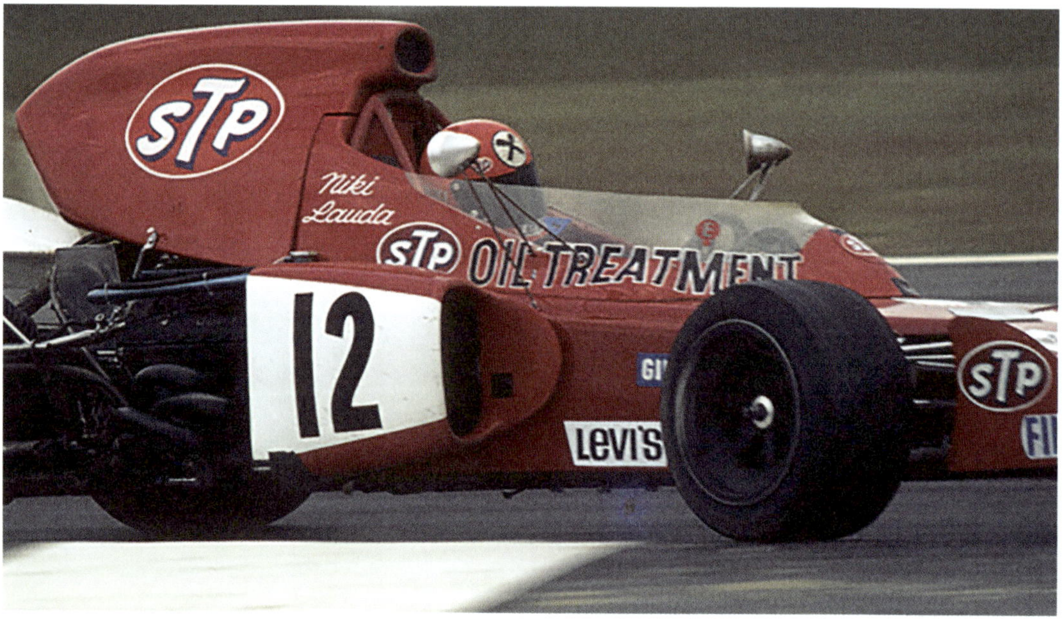

Lauda im March beim Großen Preis von Belgien, mit der berühmten Raiffeisen-Werbung auf seinem Helm.

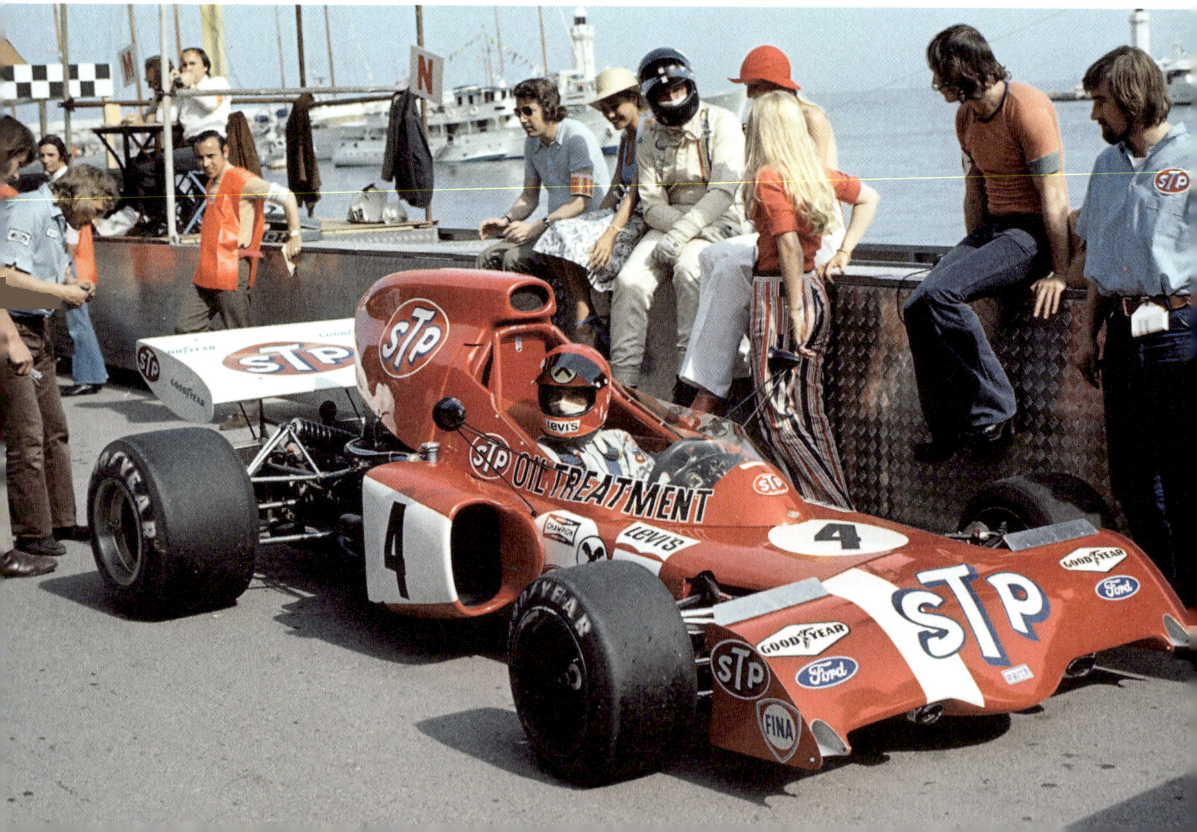

1971: »MAKING OF« EINER FORMEL-1-LEGENDE

»Das Auto ist gar nicht so schlecht«, war sich Ronnie Peterson auf dem Circuito del Jarama bei Madrid sicher. Der schwedische Fahrer von March-Ford meinte den Wagen March 721X, der von Robin Herd und Geoff Ferris für die Formel-1-Saison 1972 entwickelt worden war.

Sein neuer Teamkollege war da ganz anderer Meinung. »Dieses Auto ist der größte Scheiß, den ich je gefahren bin«, so das Urteil eines gewissen Andreas Nikolaus Lauda, den alle nur Niki nannten.

Mit 22 Jahren fuhr »der Niki«, ein gebürtiger Wiener, seine erste Formel-1-Saison.

Ein Markenzeichen seiner Rennsportkarriere blitzte schon in seiner Premierensaison auf: Lauda arbeitete eng mit den Konstrukteuren und Mechanikern zusammen. Der »fahrende Ingenieur« wusste offenbar von Anfang an, wie man Autos besser machen konnte.

Doch bei March-Ingenieur Herd, der auch am Superflugzeug Concorde mitgearbeitet hatte und von McLaren 1965 über die Formel 2 in den Motorsport geholt wurde, blitzte er ab. Lauda: »Robin Herd dachte, ich bin ein Idiot. Wie konnte ich das sagen mit so wenig Erfahrung?«

»DIESES AUTO IST DER GRÖSSTE SCHEISS, DEN ICH JE GEFAHREN BIN«
- NIKI LAUDA.

LAUDA UND PETERSON

Sein Gespür ließ Lauda aber schon in dieser frühen Phase seiner Laufbahn nicht im Stich. Der March 721, in drei Versionen als Nachfolgemodell des in der Saison 1971 erfolgreichen 711 entwickelt, sollte dem britischen Team den Sprung an die Spitze der »Königsklasse« bescheren. Ronnie Peterson war 1971 auf March hinter dem Briten Sir John Young, genannt »Jackie« Stewart (Tyrrell) Vize-Weltmeister geworden.

Ronnie Peterson war einer der Fahrer-Kollegen, die Niki Lauda auf der Rennstrecke verlor. Er starb am 11. September 1978 an den Folgen seiner Verletzungen, die er sich beim Großen Preis von Italien in Monza nach einer folgenschweren Massenkarambolage beim Start zugezogen hatte.

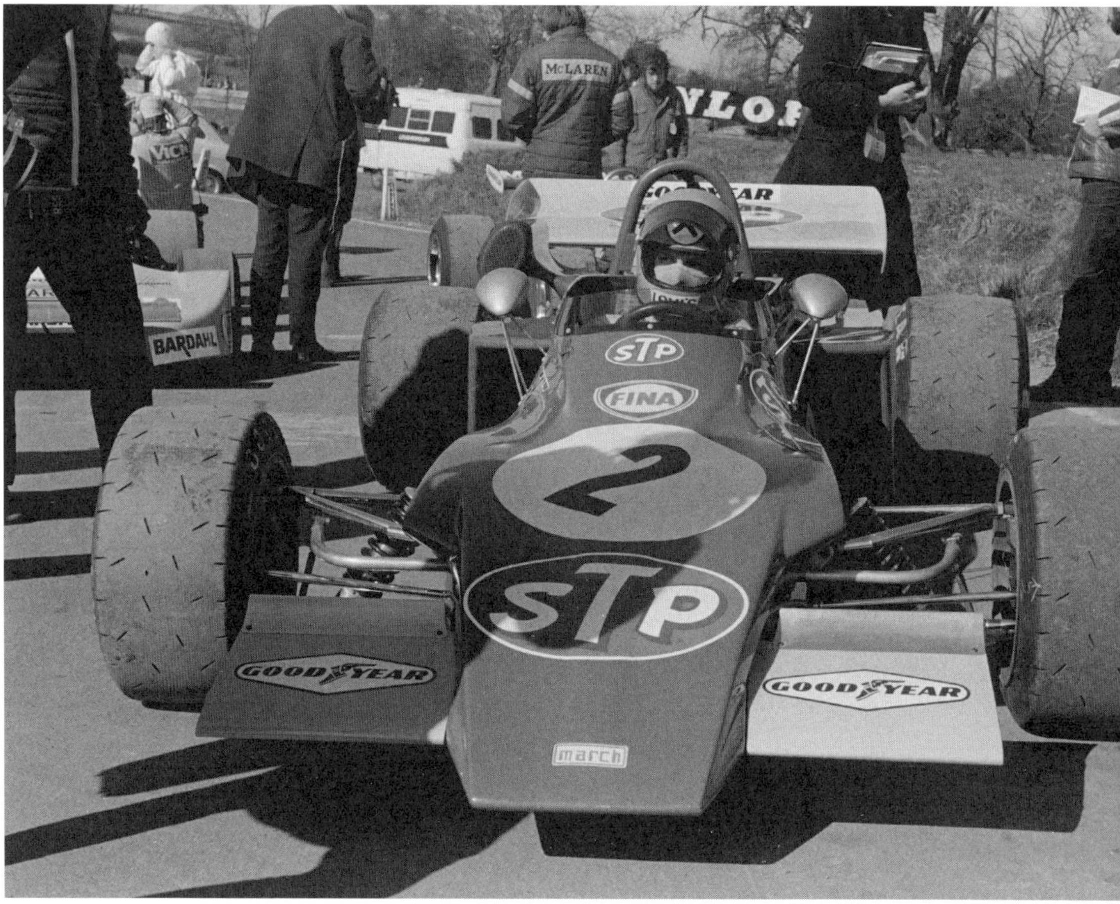

»In erster Linie«, so klagte Niki Lauda, der das Rennen gewann, nach dem Tod seines Freundes »sind die Starter für diesen Unfall verantwortlich. Sie hatten die Ampel bereits auf Grün geschaltet, als die von der Aufwärmrunde zurückkommenden Autos noch gar nicht zum Stillstand gekommen waren. Sie konnten rascher beschleunigen und fuhren ihren Vordermännern auf.«

»Ich kannte keinen, der im Formelauto so quer fahren konnte, aber den Wagen immer in der Gewalt hatte«, adelte Laude den »Super-Swede«, den Super-Schweden der Formel 1.

EINE SAISON OHNE PUNKTE

Das neue March-Auto wurde in drei Versionen entwickelt: 721, 721X und 721G. Aber: Die Pläne der Konstrukteure, das meiste Gewicht des Wagens in die Mitte zu verlagern, scheiterten. Die Rennreifen (Good Year) harmonierten nicht mit dem Chassis.

»Die Fahrer kamen mit dem Auto nicht

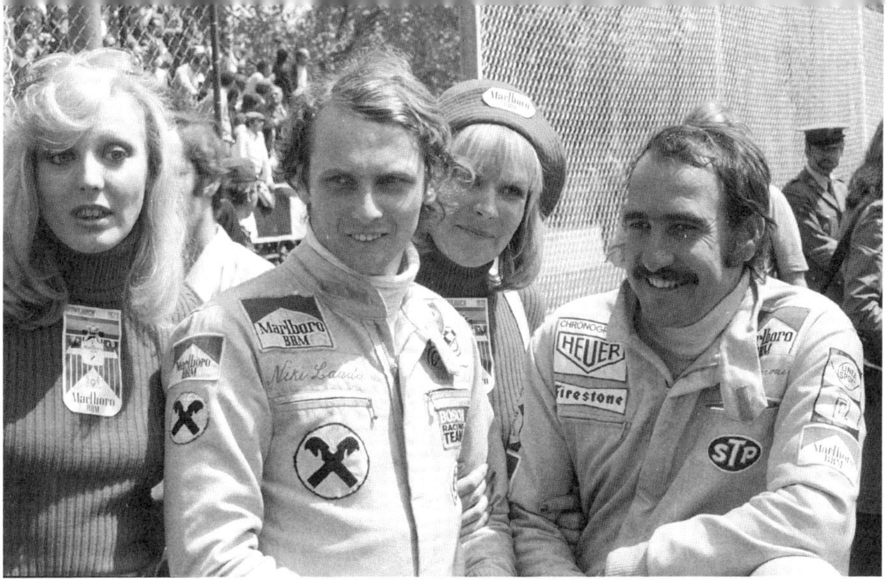

Wo die Piloten sind, sind schöne Frauen nicht weit: Lauda und Clay Regazzoni 1973, beim großen Preis von Spanien.

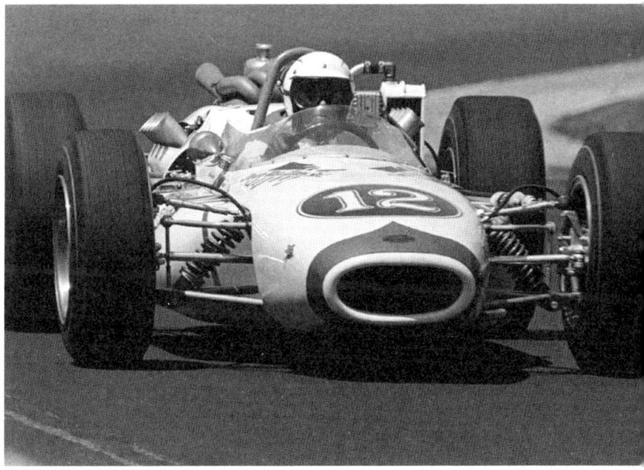

22. Mai 1970: Lauda während eines Formel-3-Rennens im tschechischen Brünn.

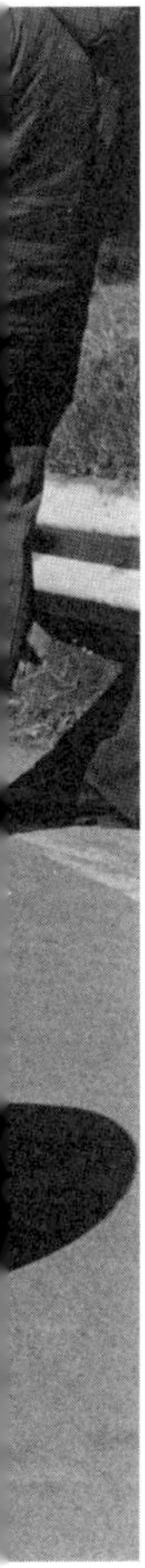

Links: 1972: Niki Lauda fährt für John Player in der Formel 2

zurecht. Der 721X wird allgemein als Fehlkonstruktion angesehen«, hieß es dazu bei David Hodges in Rennwagen von A–Z nach 1945.

Lauda kanzelte den 721X als »Totgeburt« und »Debakel« ab, wie er in Protokoll. Meine Jahre mit Ferrari (1977) später schrieb.

Die Version 721G sollte für March eine totale Enttäuschung in der Saison 1972 abwenden – mit einem an die Formel 1 angepassten Formel-2-Chassis und einem DFV-V8-Motor von Cosworth.

Niki Lauda konnte trotz dieses Wechsels in seiner ersten kompletten Formel-1-Saison 1972 nicht punkten.

March-Teamchef Max Mosley winkte kurz darauf ab: »Sorry, aber wir haben kein Auto für dich.«

»Lauda saß auf der Straße – mit einem Berg Schulden und der Gewissheit, von niemandem mehr einen Groschen zu bekommen. Nur einer glaubte damals an Niki Lauda: Das war Niki Lauda

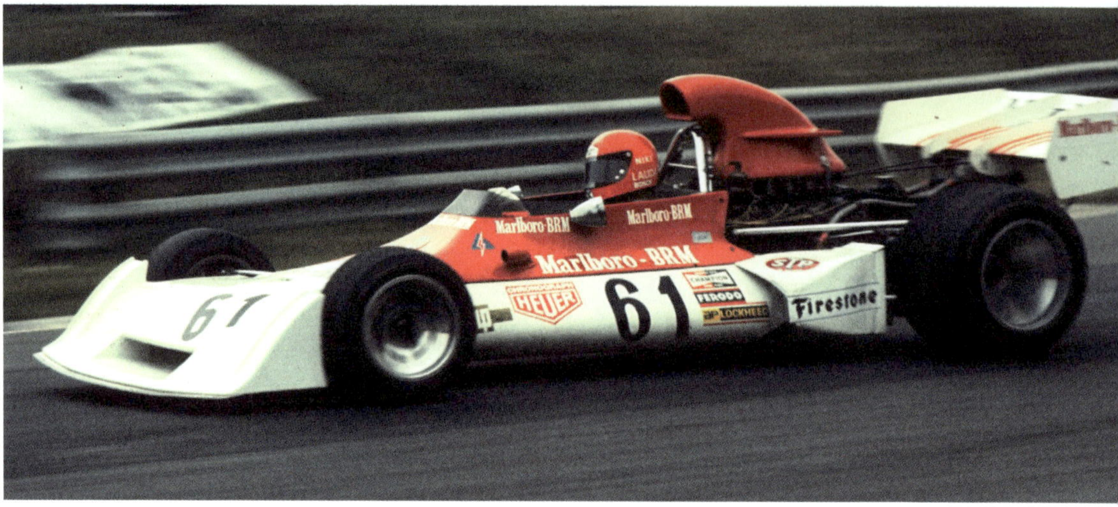

Auf der Strecke: Niki Lauda 1973 im B. R. M. in Silverstone

selbst«, so das Portal allesauto.at im Jahr 2020.

Mit der Pleite von March Ende 1972 zeichnete sich für den Newcomer ein Desaster ab. »Für mich ist es umso schlimmer geworden«, erklärte Lauda 2014 bei motorsport-total.com, »weil ich das Geld gezahlt habe und kein Auto mehr hatte.«

LAUDA, DER PAYDRIVER

Niki Lauda war ein Paydriver, ein Bezahlfahrer. So bezeichnet man im Rennsport-Jargon die Fahrer, die sich mit eigenem Geld in einen Rennstall einbringen oder mit Sponsorenhilfe oder Geldern aus der eigenen Familie in den Sport kommen.

Dass der Venezolaner Pastor Maldonado 2011 bei Williams einstieg, wurde mit Öl-Millionen von Petroleos de Venezuela möglich.

Der spätere Weltmeister Damon Hill kam 1992 mit eigenem Geld zum einstmals erfolgreichen, aber nun chronisch unterfinanzierten Team von Brabham.

Das Unternehmen LeasePlan aus den Niederlanden gab dem spanischen Hoffnungsträger Fernando Alonso, Doppel-Weltmeister der Jahre 2005 und 2006, im Jahr 2001 Sponsorengelder in Höhe von 250.000 Dollar mit zu Minardi.

Michael Schumacher zahlte 1991 für sein erstes Formel-1-Rennen die Summe von 150.000 Pfund an den irischen Rennstallbesitzer Eddie Jordan.

EIN RITTER NAMENS LAUDA?

Aber reden wir von Andreas Nikolaus Lauda, oder soll man sagen: Andreas Nikolaus Ritter von Lauda? Die Familie des Niki Lauda wurde einst in den Adelsstand erhoben.

Ein Umstand, um den sich der ehrgeizige Niki nie scherte. »Ich war vielleicht 16, als ich erfahren hab' dass meine

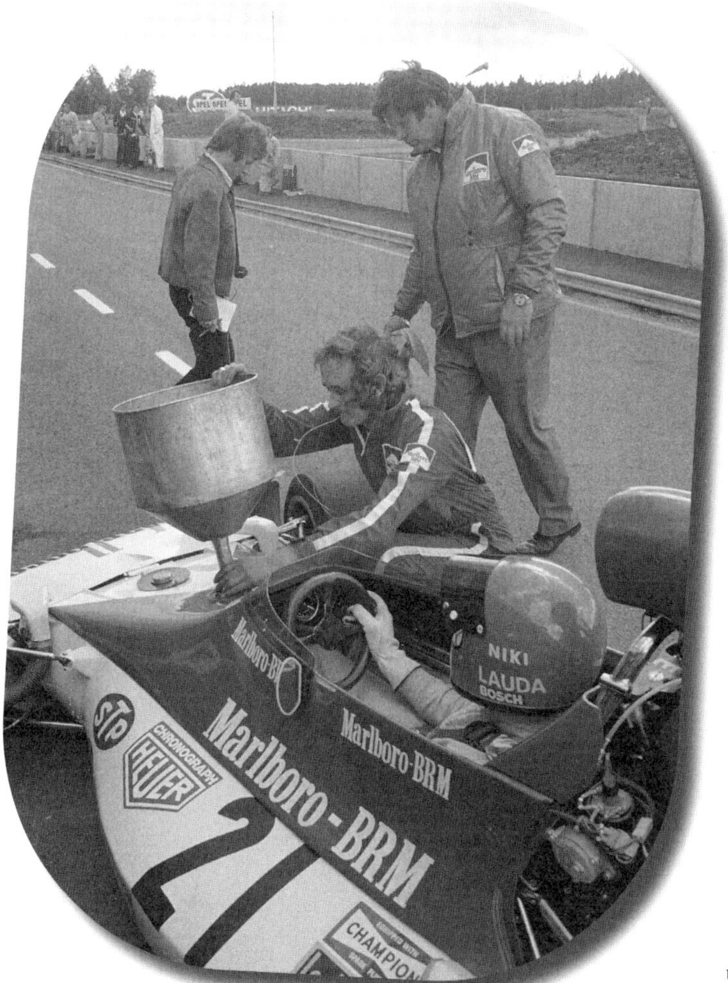

Ziemlich unkonventionell: Ein Boxenstopp in den frühen 1970er-Jahren…

Familie adelig ist, aber darauf habe ich immer gepfiffen«, erzählte er Georg Markus. Urgroßvater Ernst Ritter von Lauda war zur K. u. k-Zeit unter Kaiser Franz Joseph Sektionschef für die Regulierung der Donau. »Diese gelungene Flussregulierung«, wusste Lauda, »war der Grund dafür, dass ihn der Kaiser in den erblichen Adelsstand erhob.«
Mit dem Ende des Kaiserreiches wurde der Adelsstand in Österreich 1919 aufgehoben.

Der Sprössling dieser einflussreichen österreichischen Familie genoss den großbürgerlichen Lebensstil – zwischen der Herrschaftswohnung seines Großvaters am Wiener Schubertring und dem Gut bei Hainfeld, wo er noch vor seinem 18. Lebensjahr in einem Jaguar seine Runden drehte.
Lauda wollte schon früh nur eines: Fahren. In einem ORF-Interview mit Senta Berger (»Kir Royal«) von 1978 berichtete er über seine Kindheit: »Herumfahren hat mir als Kind immer Spaß gemacht, zu Fuß gehen wollte ich anscheinend nicht, ich wollte nur Traktor, Moped und Auto fahren, dass ich dann Rennfahrer werden konnte, das war eine Situation, die ich nutzen konnte und

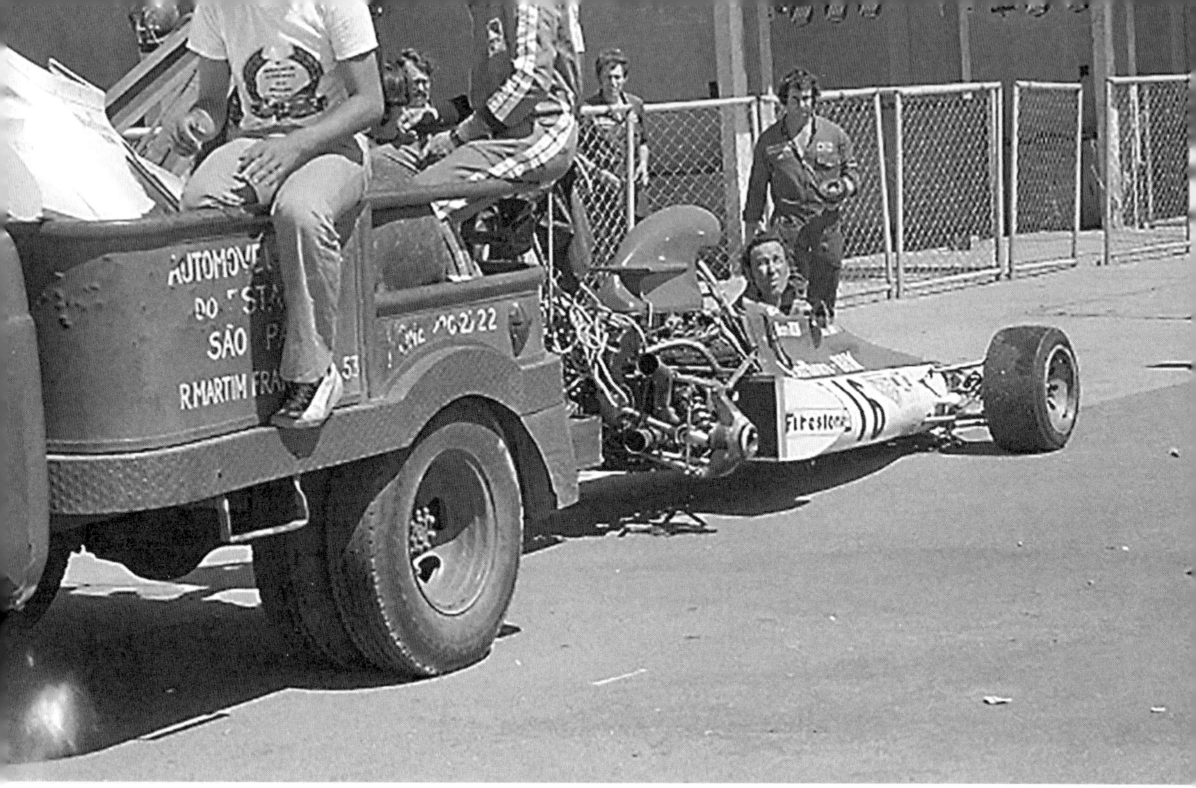

Der B. R. M. von Niki Lauda beim Großen Preis von Brasilien 1973 in Sao Paulo, er beendete das Rennen auf Rang acht.

das hat sich weiterentwickelt.«

Die Familienvilla in Wien-Pötzleinsdorf hatte er mit 18 verlassen und mietete sich eine bescheidene Wohnung in Salzburg.

Nikolaus Lauda nutzte seinen guten Namen, um sich bei verschiedenen Banken Kredite für den Formel-1-Einstieg zu besorgen.

Diese Ambitionen führten, wie der Wiener Bestseller-Autor Georg Markus 2010 in Was uns geblieben ist. Das österreichische Familienbuch schrieb, zum Bruch mit der Familie respektive mit seinem mächtigen Großvater Hans Lauda († 1974).

Ein Industrie-Boss mit politischen Ambitionen. Ohne Frage. Hans Lauda war ab 1937 Generaldirektor bei den »Veitischen Magnesitwerken« und war nach Kriegsende einer der Macher des Österreichischen Wirtschaftswunders. Als Präsident der Industriellenvereinigung gehörte er zu den engsten Weggefährten des österreichischen Bundeskanzlers Julius Raab (ÖVP), des sogenannten »Staatsvertragskanzlers«. In seiner Eigenschaft als Präsident des Roten Kreuzes half Laudas Großvater 1956 tausenden von Ungarn-Flüchtlingen.

Ein Macher. Aber sicherlich keiner, der mit vermeintlich Trivialem wie dem Motorsport in Verbindung gebracht

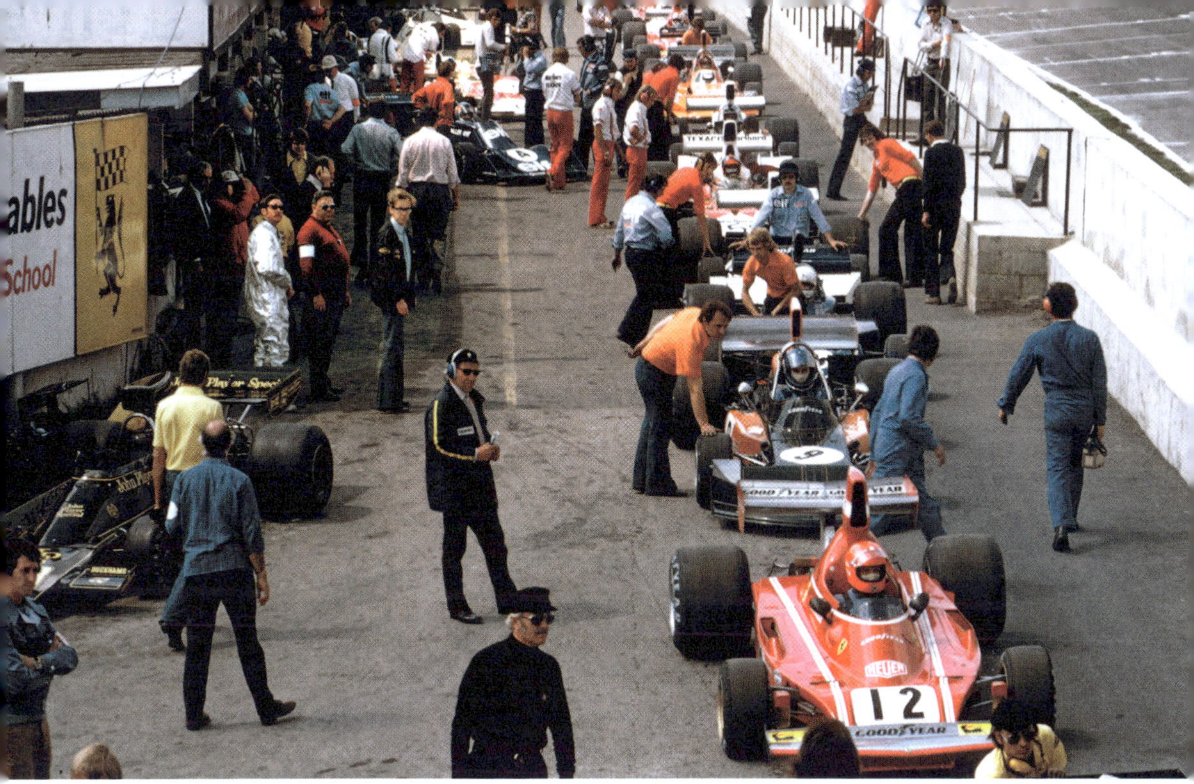

Auf einen Blick vor dem Rennen: Lauda (vorn) im Ferrari, dahinter Hans-Joachim Stuck im March-Cosworth.

werden wollte. Die ersten Rennsport-Erfolge seines Enkels kommentierte Hans Lauda so: »Der Niki sollte lieber auf der Wirtschaftsseite der Presse als auf der Sport-Seite der Kronen-Zeitung stehen.«

»DAS GELD WAR WEG«

»Er saß auch im Aufsichtsrat der österreichischen Spar-Kasse, von der ich die prinzipielle Zusage für meinen ersten Sponsorenvertrag als Rennfahrer hatte«, erinnerte sich Niki Lauda 2010, »als mein Großvater davon erfuhr, ist es ihm gelungen, mir bei der Bank den Geldhahn zuzudrehen. Das Geld war weg und ich musste, statt gesponsert zu werden, als 19-Jähriger einen Kredit aufnehmen.«

Dieser Kredit belief sich auf 2 Millionen Schilling, umgerechnet mehr als 140.000 Euro.

»Das war die einzige Möglichkeit«, erklärte Lauda 2014, »ich musste die Zeit ohne Sponsor mit einem Kredit überbrücken – und dann bin ich zu March in die Formel 1 eingestiegen.«

Sein Debüt am 15. August 1971 beim Großen Preis von Österreich in Spielberg (Steiermark) verlief unspektakulär. Lauda, von Platz 21 aus gestartet, schied im March nach 20 Runden aus. Es sollte sein einziges Rennen in dieser Saison bleiben.

Nicht viel besser erging es Helmut Marko im B. R. M. auf Rang 11. Der Grazer, Sieger von Le Mans 1971, gehörte zu den frühen Wegbegleitern des Andreas Nikolaus Lauda im Motorsport.

Der folgte im Kaimann-Team in der Formel V im Jahr 1969 auf Marko, der damals in die Formel 3 wechselte.

Lauda siegte unter anderem in Monza, ebenso wie am Nürburgring, wo er 1973 in einem BMW 3.0 CSL-Coupé das 24-Stunden-Rennen gewann.

Diese Tourenwagenrennen bestritt Lauda in einem Porsche 908/2 und auf BMW, und er wollte damit seinen Einstieg in die Formel 1 finanzieren.

Der Lauda-Porsche war 1968 für die Sportwagen-Meisterschaft konstruiert worden und kam in den verschiedensten Versionen noch bis in die 1980er-Jahre zum Einsatz.

Lauda fuhr ihn in der Interserie 1970 am Nürburgring, in Hockenheim und im britischen Thruxton.

»ICH WILL NICHT LÄNGER EIN WAHNSINNIGER IN EINEM FELD VON ZWEI DUTZEND WAHNSINNIGEN SEIN.«
- NIKI LAUDA

Mit dem Wechsel in die Formel 3 im gleichen Jahr wurde Niki Lauda risikofreudiger und überstand einige spektakuläre Unfälle mit viel Glück. Für den Pragmatiker war die Formel 3 »eine Wahnsinnsformel.«

Seinen Ausstieg erklärte er auf Lauda-Art: »Ich will nicht länger ein Wahnsinniger in einem Feld von zwei Dutzend Wahnsinnigen sein.«

»WAS PASSIERT, WENN SIE GETÖTET WERDEN?«

Ein wagemutiger Plan war auch Laudas Vorhaben, die Formel 1 per Kredit zu bezahlen.

»Ich musste eine Lebensversicherung abschließen«, erklärte er dazu, »denn das Erste, was ich gefragt wurde, war: Was passiert, wenn Sie getötet werden?« Lauda erwies sich als zäher Verhandlungspartner der österreichischen Raiffeisenbank: »Ich habe gesagt: Das Sponsoring auf dem Helm, dafür müsst Ihr die Zinsen selbst zahlen.«

Der Durchbruch: »Also hat mir die Bank einen freien Kredit gegeben, der in fünf Jahren zurückzuzahlen war, ohne Zinssatz wegen der Werbung.« Irgendwie clever. Damit war das »Making of« des Paydrivers Niki Lauda perfekt.

DER WECHSEL ZU B. R. M.

Nach der March-Pleite wechselte er 1973 zu B. R. M. Der Glanz von British Racing Motors, das seine größten Erfolge mit dem viermaligen Vize-Weltmeister Stirling Moss und

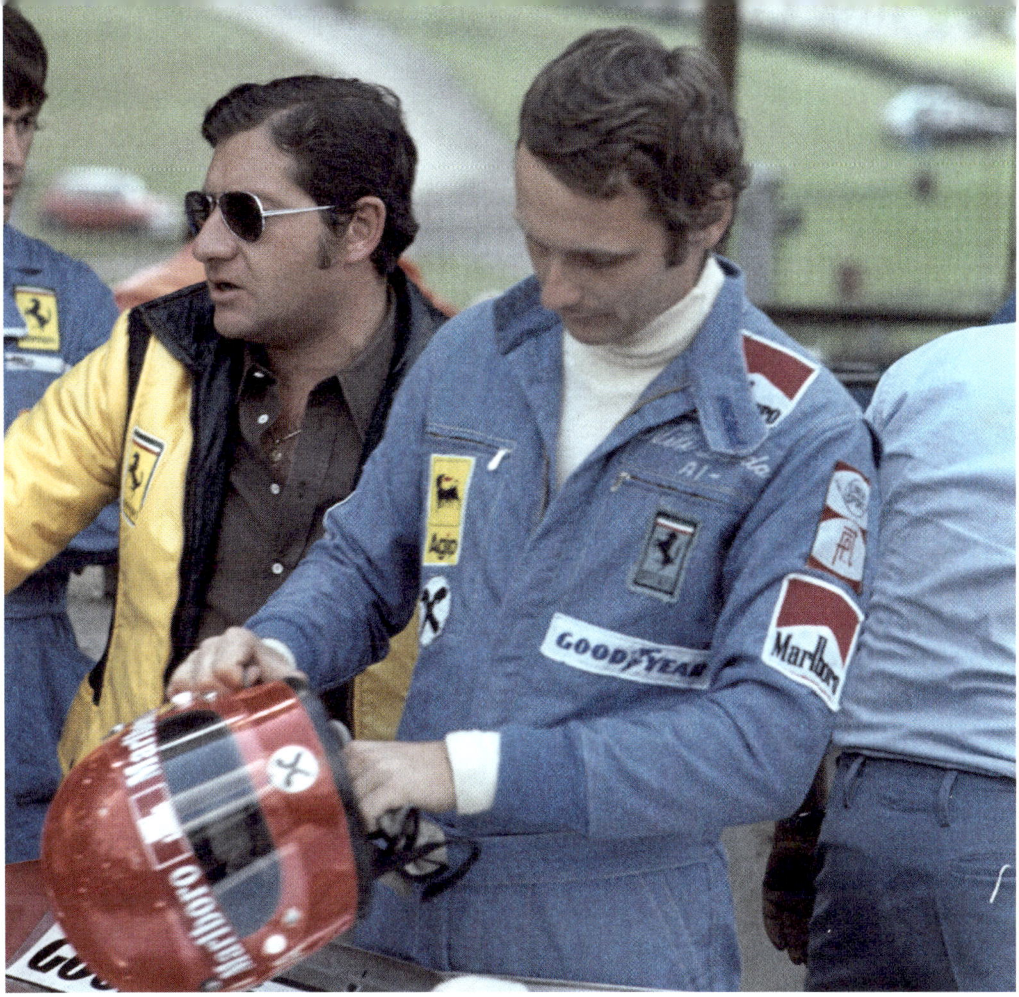

Niki Lauda mit einem Ferrari-Team-Manager vor dem Start in Brands Hatch.

Weltmeister Graham Hill († 1975) in den späten 1950er- und frühen 1960er-Jahre hatte, war längst verblasst.

Mit dem Unfalltod des Schweizers Jo Siffert 1971 in Brands Hatch hatte B. R. M. einen weiteren Hoffnungsträger verloren.

Jean-Pierre Beltoise (starb 2015 während eines Urlaubs in Dakar / Senegal), den man 1972 verpflichtete, hatte für die Briten in Monaco das letzte Grand-Prix-Rennen gewonnen. Beltoise, der Schweizer Gianclaudio Giuseppe »Clay« Regazzoni – zehn Jahre älter als Lauda – und der Wiener selbst fuhren für B. R. M. die Saison 1973 – mit dem BRM P160E.

Dieser Rennwagen hatte ein formfesteres Fahrwerk und mit seinem V12-Motor gehörte er zu den schnellsten Boliden im 1973er-Feld. Sein Manko war die hohe Defektanfälligkeit, was u. a. in Kanada dazu führte, dass Lauda seine Führung nicht ins Ziel bringen

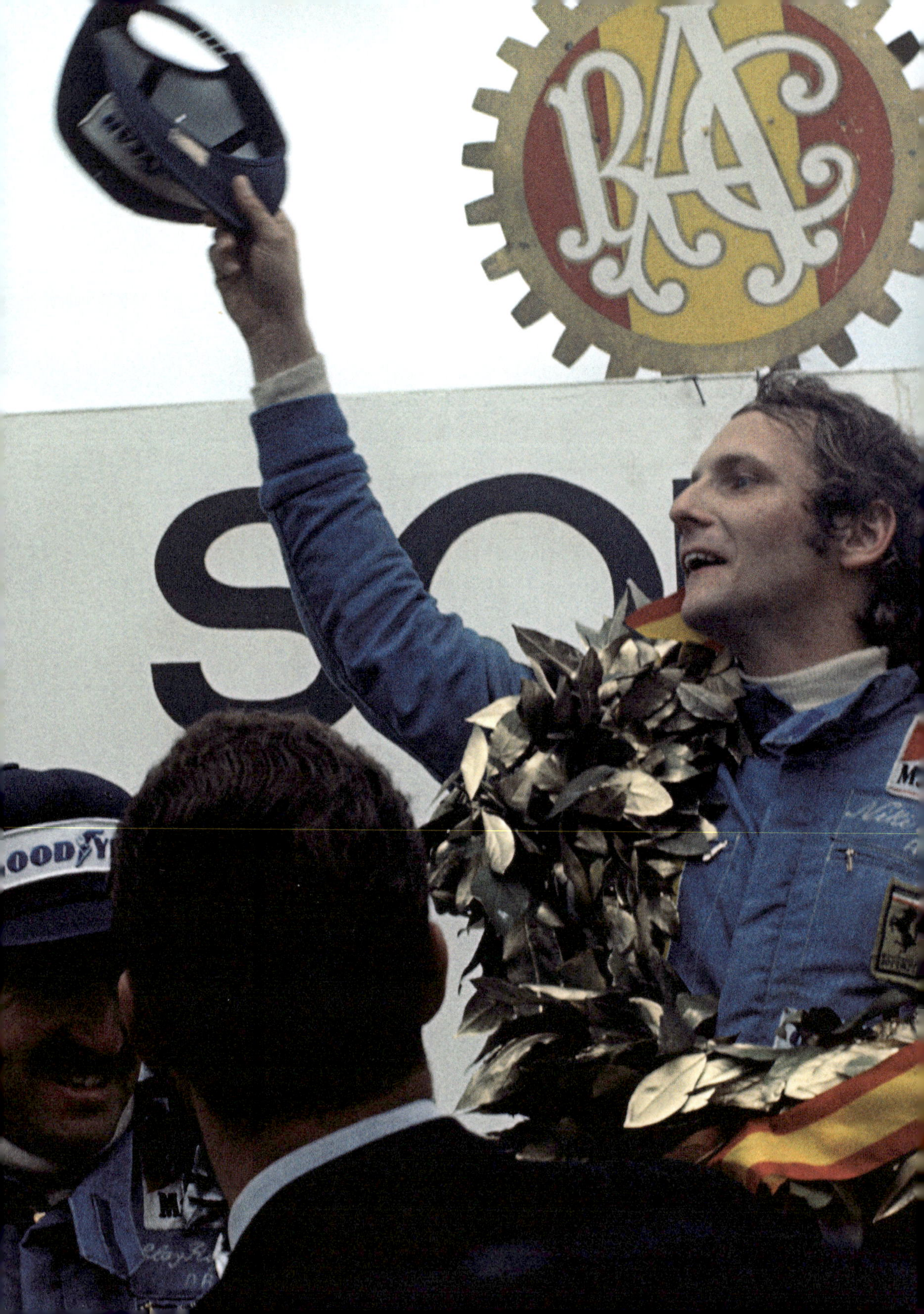

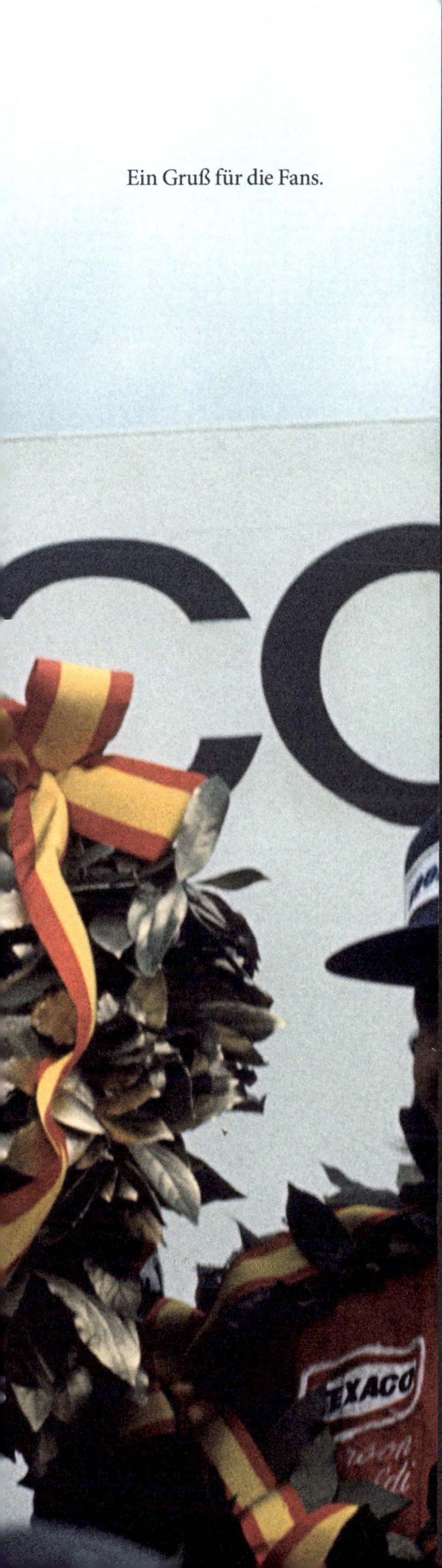

Ein Gruß für die Fans.

konnte – und den ersten Grand-Prix-Sieg verpasste.

Laudas letzte Saison bei B. R. M. wäre aber nicht komplett ohne eine der Kontroversen, die es im Laufe seiner Rennsportkarriere immer wieder gab.

Am 29. Juli 1973 verbrannte der Brite Roger Williamson im March-Ford beim Großen Preis der Niederlande in Zandvoort. Lauda, aber auch andere Fahrer fuhren an dem brennenden Boliden vorbei. Auf den Unfall angesprochen, sagte Lauda anschließend in seiner Verärgerung über einen Reporter: »Ich bin Rennfahrer und kein Feuerwehrmann.«

DER TAG, AN DEM NIKI LAUDA EINMAL EINEN ANRUF AUS MARANELLO ERHIELT…

Der Moment, der Niki Lauda in die Reihe der Großen führen sollte, war bereits im Juni 1973 gekommen. Beim Großen Preis von Monaco fuhr Lauda auf Platz sechs und hielt den Ferrari des Belgiers Jacky Ickx auf Distanz.

Dieses Manöver auf dem engen Straßenkurs von Monte Carlo beeindruckte in Maranello vor dem Fernseher vor allem einen: Enzo Ferrari.

Der Tycoon der Scuderia Ferrari war vom Wagemut des österreichischen B. R. M.-Fahrers beeindruckt – und bot ihm für 1974 ein Cockpit an. Für ein Salär von 1,5 Millionen Schilling. Das ermöglichte Lauda sehr bald die Rückzahlung seines Formel-1-Kredits.

Über den Traumjob bei Ferrari hatte Lauda in seinem Büro in Salzburg bis

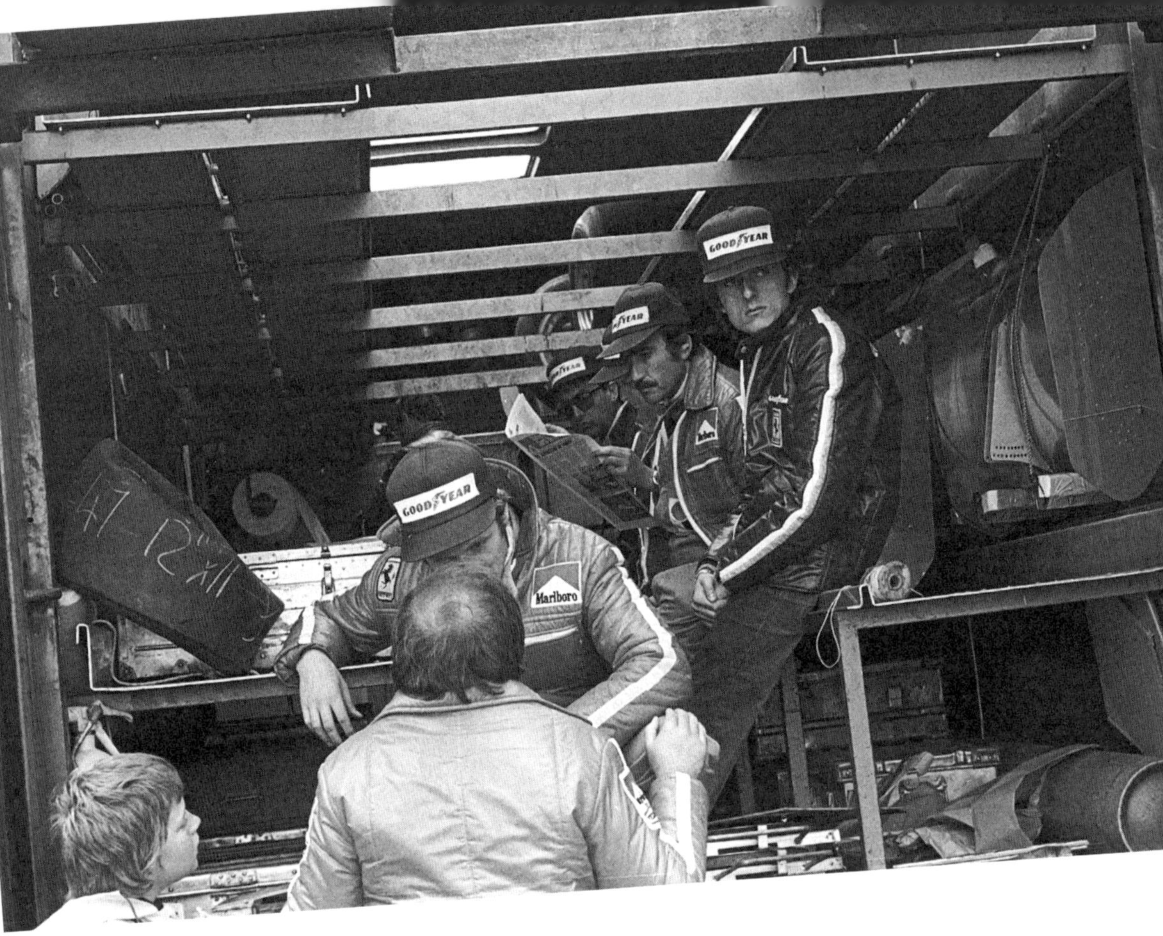

On the Road again: Niki Lauda, Clay Regazzoni und Luca di Montezemolo (v. l.) 1974 beim Briefing in Anderstorp in Schweden.

dahin allenfalls Witze gemacht. Seinem Cousin, mit dem er die Arbeitsräume teilte, und der Sekretärin schärfte er ein: »Wenn Ferrari anruft, kontaktiere mich sofort!«
Lauda 2014: »Das wurde zum Running Gag, denn niemand rechnete wirklich mit einem Anruf aus Maranello.«
Dieser kam aber schneller, als Lauda, dem B. R. M. bereits einen Vertrag für 1974 zugesichert hatte, erwarten konnte. Am 4. Juni 1973 klingelte im Salzburger Büro das Telefon.
»Am Montag nach dem Rennen in Monaco«, erinnerte sich Lauda 2014, »hat mich die Sekretärin angerufen und gesagt, dass Ferrari angerufen hätte. Ich meinte nur, dass sie mir nicht so einen Mist erzählen sollte. Aber sie sagte, ich solle di Montezemolo anrufen.«
Mit diesem Anruf begann nicht nur die Renaissance des italienischen Traditions-Rennstalles, die Lauda, Ferrari-Rennsportleiter Luca di Montezemolo und Konstrukteur Mauro Forghieri vorantrieben, sondern auch die lebenslange Freundschaft zwischen Niki

Lauda und Signore di Montezemolo.
Einen Tag später war Niki Lauda bereits in Maranello: »Sie boten mir ein Cockpit an. Ich sagte: 'Scheiße.' Das ist meine ehrliche Art. Ich bin zum Commendatore gegangen und habe ihm erzählt, dass ich am Vortag einen Vertrag mit B. R. M. unterschrieben habe. Enzo Ferrari hat mich beruhigt. Er meinte, dass er dieses Problem regeln würde. Als ich den Vertrag unterzeichnete, habe ich noch mal gefragt, ob sie das regeln werden. Dann habe ich bei Ferrari unterschrieben. (…)
Es gab Streitigkeiten zwischen Ferrari und B. R. M. für eine Weile. Dann ging Lewis Stanely das Geld aus und B. R. M. hörte sowieso auf. Also war ich wirklich sehr glücklich, diesen riskanten Weg gegangen zu sein.«

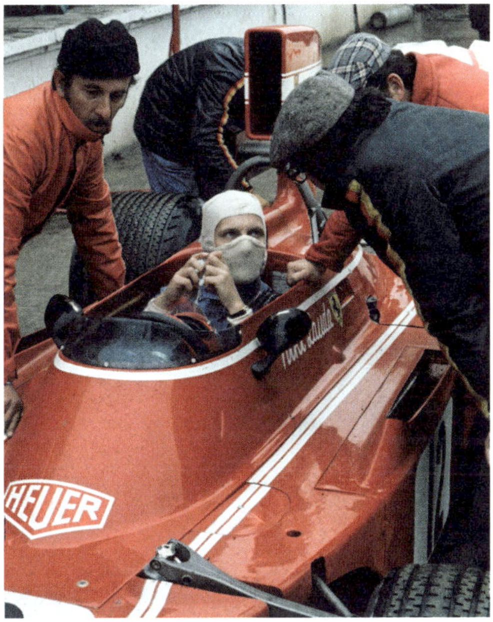

Die letzten Details: Lauda und Ferrari-Konstrukteur Mauro Forghieri.

Die späteren Ferrari-Weltmeister Jody Scheckter (r.) und Niki Lauda 1973 in Brands Hatch.

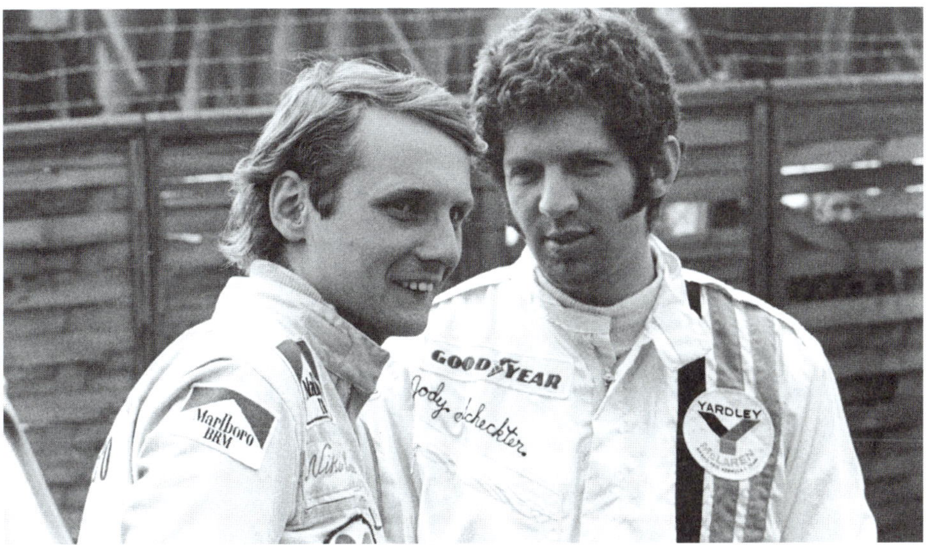

KAPITEL 2

WELTMEISTER 1975

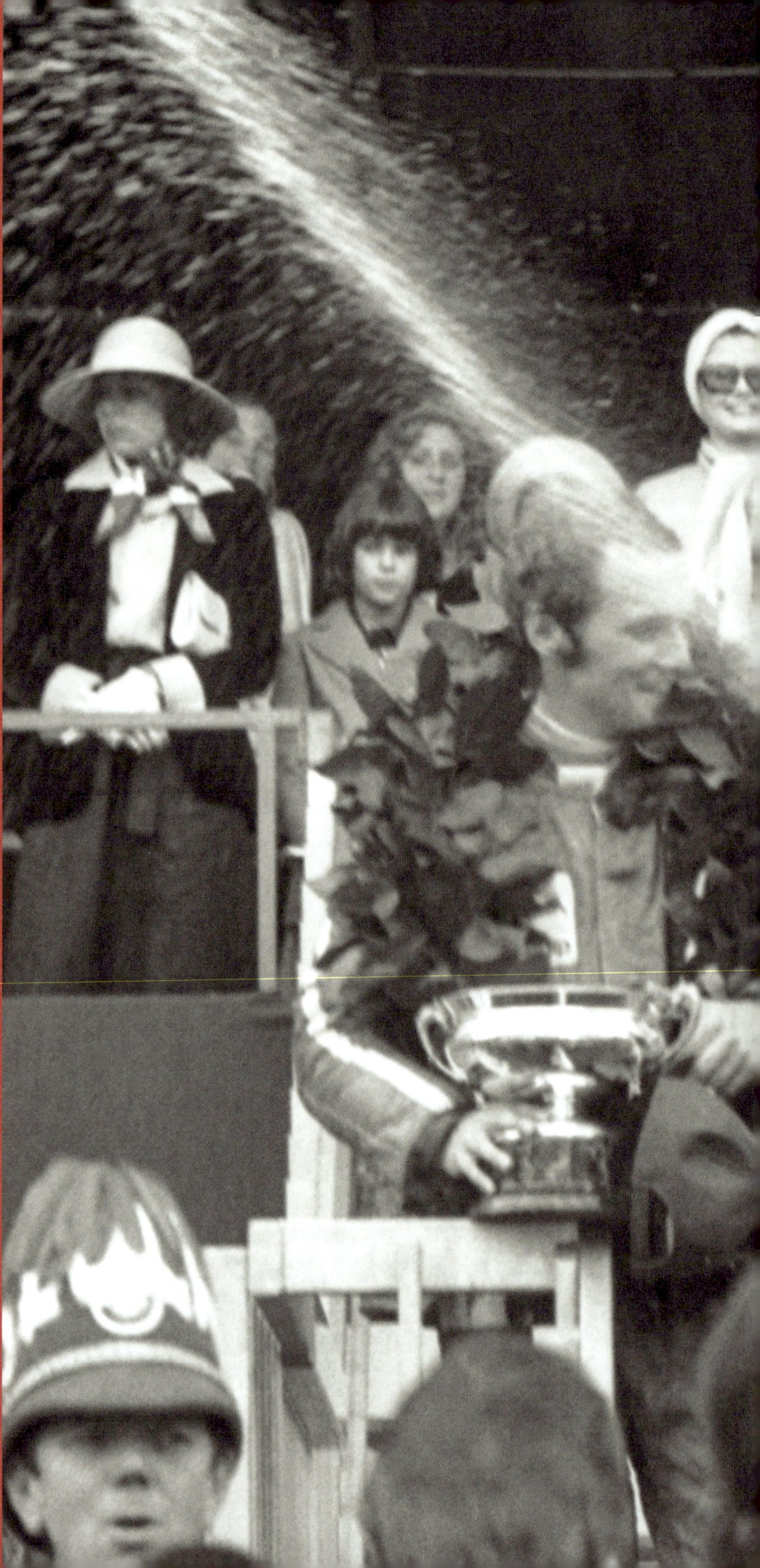

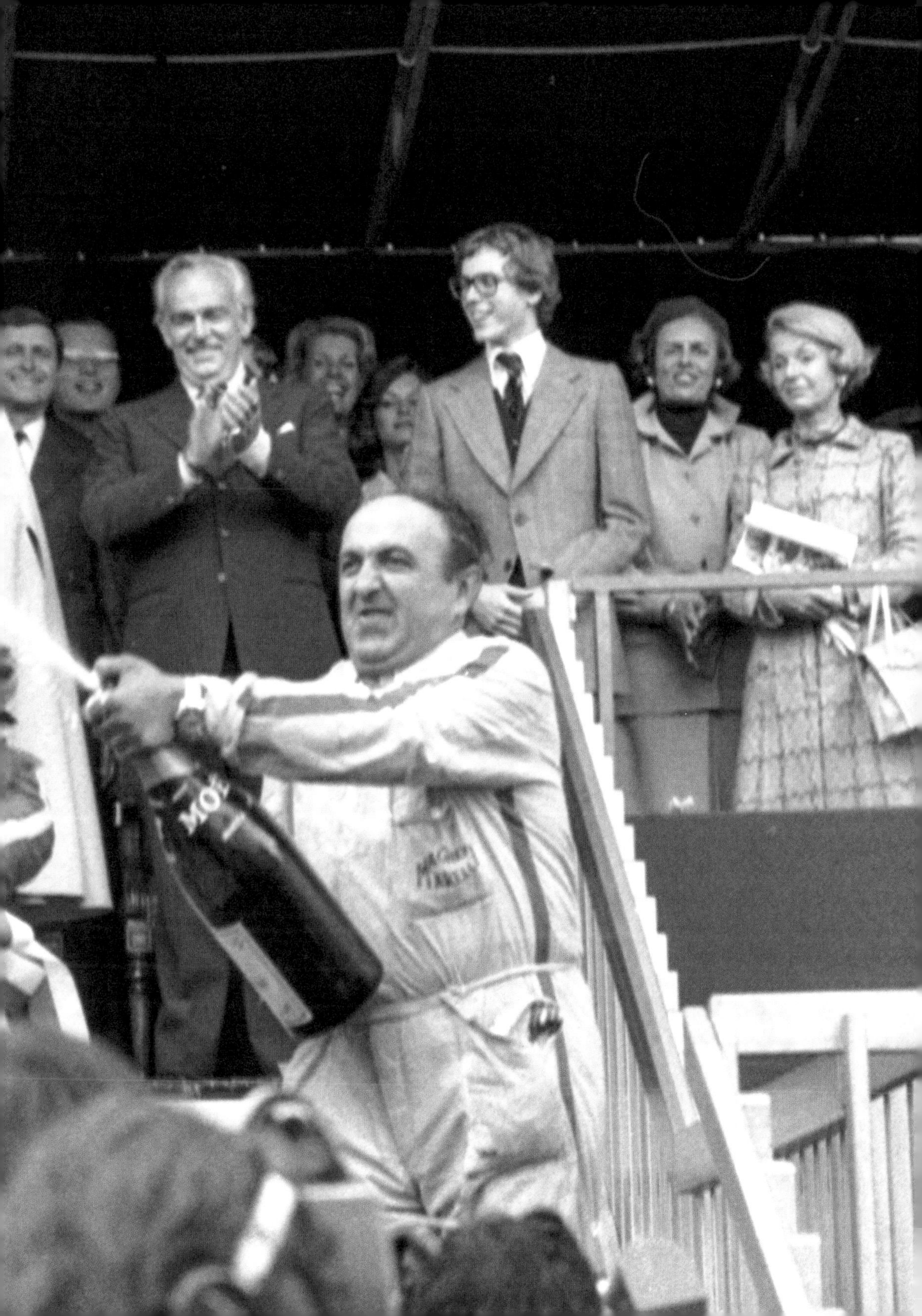

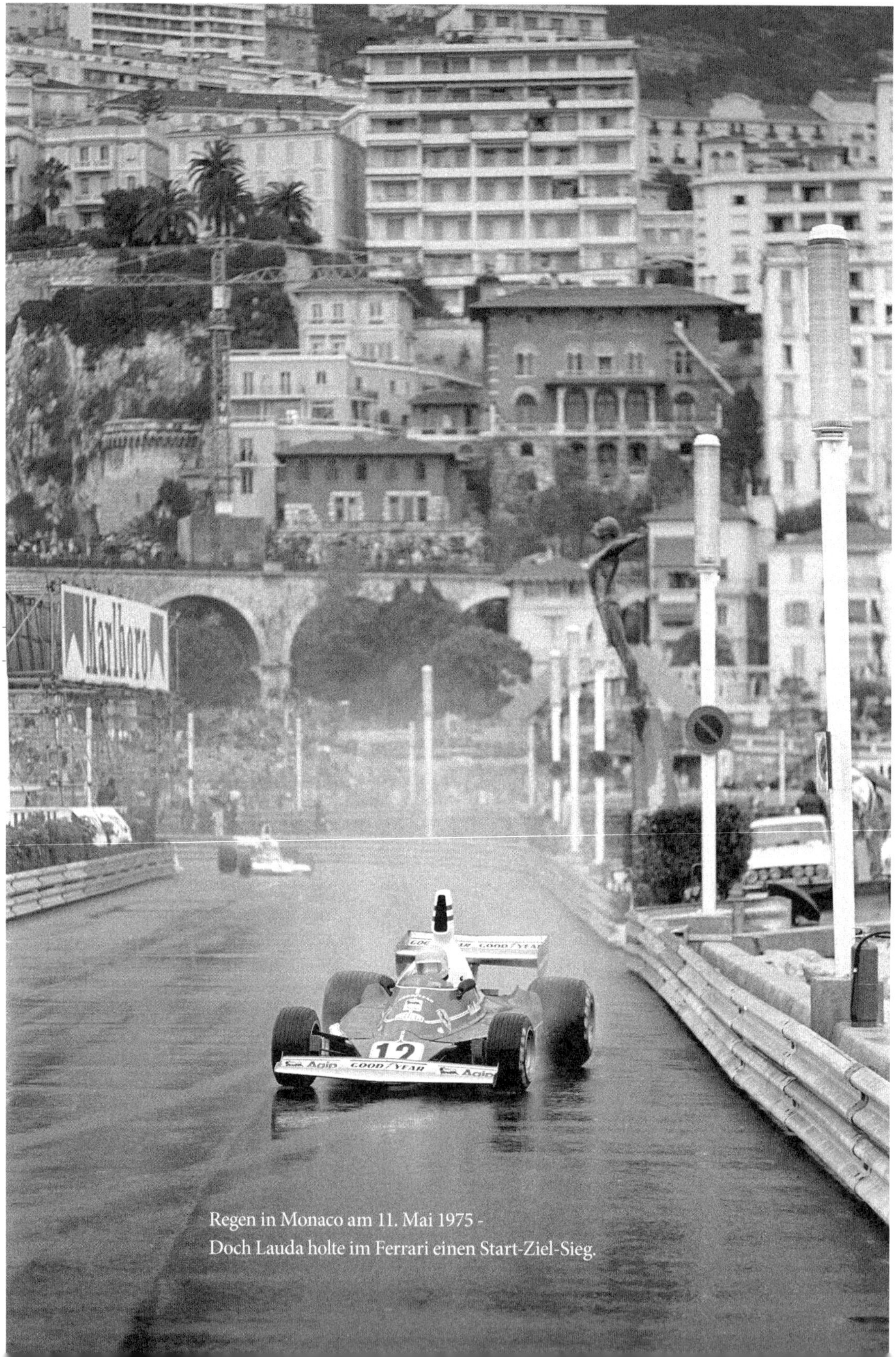

Regen in Monaco am 11. Mai 1975 -
Doch Lauda holte im Ferrari einen Start-Ziel-Sieg.

WELTMEISTER 1975 – »LAUDA KAM AUS DEM NICHTS«

Enzo Ferrari traf 1974 eine folgenreiche Entscheidung. Sie sollte die Motorsport-Karriere von Niki Lauda nachhaltig verändern. Der legendäre Formel-1-Tycoon holte Lauda in sein Team und machte diese Rennsportsaison unverhofft zu einem Epochen-Jahr für den Österreicher.

Bei der erfolgsverwöhnten Scuderia herrschte Anfang der 1970er-Jahre Flaute. 1964 hatte Ferrari dank John Surtees zuletzt die Fahrer-WM gewonnen. Eine Ewigkeit im hektischen Umfeld der Formel 1. Ferrari holte den noch unbekannten Österreicher nun in der Hoffnung, diese Durststrecke endlich zu beenden. Er war als Problemlöser gedacht.

Laudas erster Wagen bei der Scuderia war der Ferrari 312B3, den der italienische Top-Rennstall schon ein Jahr vor der Verpflichtung des Wieners an den Start gebracht hatte.

Der Ferrari 312B3 erwies sich jedoch schon vor Laudas Engagement in der Saison 1973 als Flop – und hätte beinahe zum Ausstieg der Italiener aus der Formel 1 geführt.

Mit dem Entwurf des 312B3 hatte Ferrari das Konstruktionsprinzip des Gitterrahmens verlassen und präsentierte den ersten Monocoque-Formel-1-Ferrari.

Das Chassis baute das britische Rennwagenunternehmen John Thompson's Prototypes. Aber: Bereits der Testwagen hatte einen zu kurzen Radstand. Sein Debüt beim Großen Preis von Spanien am 29. April 1973 in Barcelona wurde für Ferrari und Jacky Ickx zum Debakel. Der belgische Ferrari-Pilot landete nur auf Rang zwölf.

Die vielen Mängel des Wagens wurden im Laufe der Saison zusehends zur Belastung für Ickx und den zweiten Ferrari-Piloten Arturo Merzario. Die Zerreißprobe gipfelte in Ickx' Entlassung nach dem Großen Preis von Großbritannien am 14. Juli 1973 in Silverstone, als der Belgier, der über sich selbst sagte, dass er »jede Strecke der Welt fahren würde«, von Platz 19 in der Startaufstellung immerhin noch auf Position acht vorfuhr.

Ein weiterer Tiefpunkt: Nach Ickx' Ausbootung fuhr Merzario als einziger Ferrari-Fahrer den Großen Preis von Österreich (19. August 1973), was die Gerüchte um den Rückzug des italienischen Rennstalls noch mehr befeuerte.

»WENN MAN IHN BITTEN WÜRDE, JEMANDEN ZU ERSCHIESSEN...«

In dieser prekären Situation wurde ein Newcomer zum Retter der Ferrari-Pläne – und zum »Schattenmann« hinter Niki Lauda.

Es war der erst 26 Jahre alte Italiener Luca

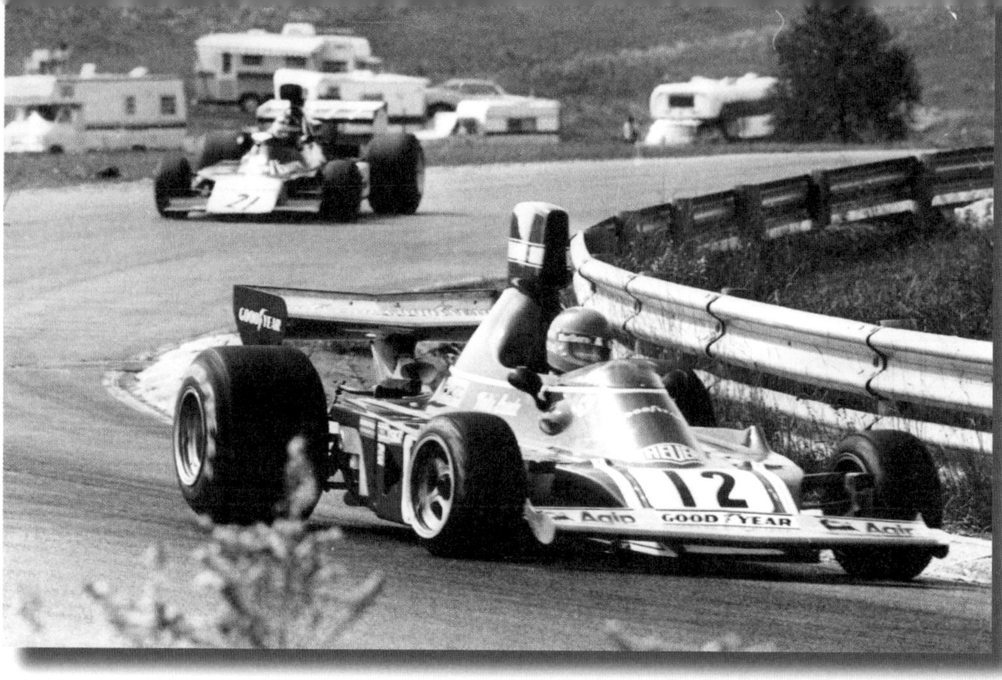

Kanada 1975: Niki Lauda fährt dem ersten WM-Titel entgegen.

Cordero di Montezemolo, den der mächtige Enzo Ferrari zu seinem Assistenten gemacht hatte - nach einer abenteuerlich anmutenden Vorgeschichte.

Di Montezemolo hörte im Sommer 1972 während seiner Semesterferien in Bologna die in Italien immens beliebte Radio-Sendung Chiamate Roma 3131, die von den Journalisten Gianni Boncompagni und Mario Moccagatta moderiert wurde. Beiden wurde ein junger Anrufer durchgestellt, der sich zum Thema des Tages, »Die Krise bei Ferrari«, äußerte: Di Montezemolo verteidigte Enzo Ferrari gegen die Kritiker, die in der Sendung Ferrari als Unternehmen und den Motorsport per se geißelten.

Das blieb dem »Commendatore« nicht vorenthalten. Ferrari, der die Sendung in Maranello gehört hatte, schickte dem bis dato völlig unbekannten Unterstützer seine Biografie – inklusive Widmung. Diese lautete: »Für Luca Montezemolo und seine mutigen Worte und Taten.«

Zu Weihnachten erhielt di Montezemolo, der das Studium des Internationalen Handelsrechts an der Columbia University in New York nach seinem Radio-Einwurf fortgesetzt hatte, einen Anruf von Ferrari.

»EINEN JUNGEN MANN WIE SIE KANN ICH GUT GEBRAUCHEN.«

- ENZO FERRARI ZU DI MONTEZEMOLO

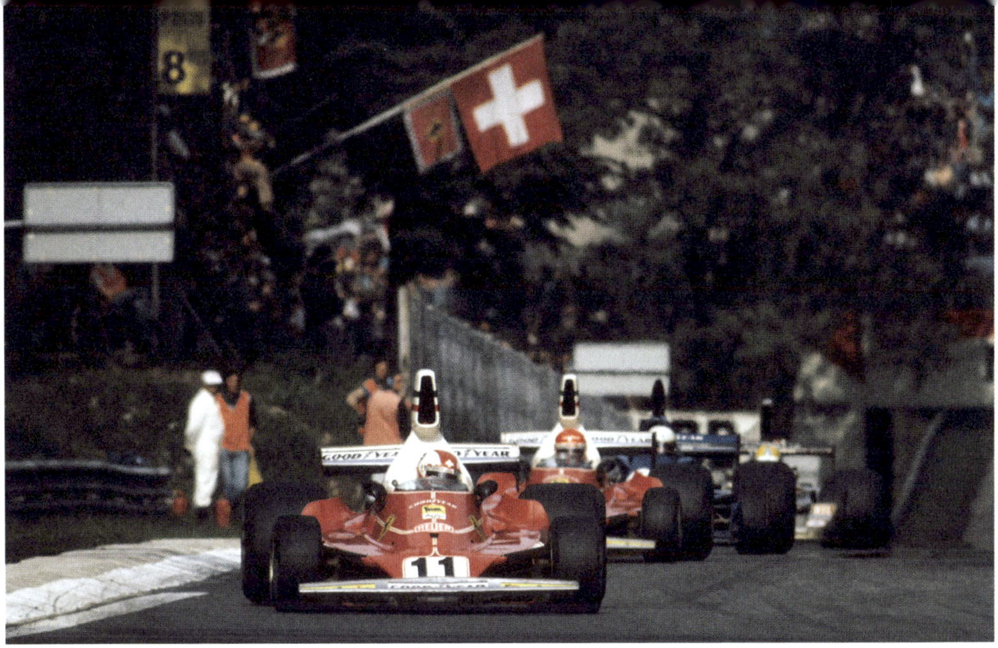

Monza 1975: Die Fans feiern Clay Regazzoni, Niki Lauda und Jody Scheckter bei der Zieleinfahrt.

Der Patrone bat ihn um einen Gesprächstermin und erklärte ihm: »Es ist schade, dass Sie nach Amerika zurückfahren, denn einen jungen Mann wie Sie kann ich gut gebrauchen.« Montezemolo, der während seiner ersten Studienjahre in Rom ab 1969 selbst Autorennen (u. a. Langstrecken in einem Fiat 590 GTS) gefahren hatte, erkannte die Chance seines Lebens. Er beendete sein Studium in den USA und kehrte im Juni 1973 nach Italien zurück.

Zunächst als persönlicher Assistent von Enzo Ferrari, dann ab 1974 als Leiter der wenig erfolgreichen Rennsportabteilung (Scuderia Ferrari). Sein Auftrag: Ferrari in der Formel 1 endlich wieder zu einer Top-Marke zu machen. Nach ersten Erfolgen mit der von Mauro Forghieri gestalteten Neukonstruktion Ferrari 312B3 und später mit der Ferrari-312T-Serie, pilotiert von Niki Lauda und Clay Regazzoni, wurde Montezemolo nur ein Jahr später zum Leiter aller Rennsportaktivitäten von Fiat ernannt.

»Bei unserem ersten Treffen in London ging er für einen Moment aus dem Büro und rief Enzo Ferrari an, denn er war wirklich ein Neuling in diesem Geschäft«, erinnerte sich Bernie Ecclestone 2021/2022 in der während der COVID19-Pandemie produzierten DAZN-Dokumentation Lucky! an die erste Begegnung mit dem Ferrari-Rookie. Weiter erinnerte sich der während der Aufnahmen zur DAZN-Doku-Reihe bereits 92 Jahre alte Formel-1-Mogul: »Luca tat die Dinge auf eine charmante Art und Weise. Aber Luca ist auch der Typ, der, wenn man ihn bitten würde, jemanden zu erschießen, nicht mal nach dem Namen der Person fragen würde.«

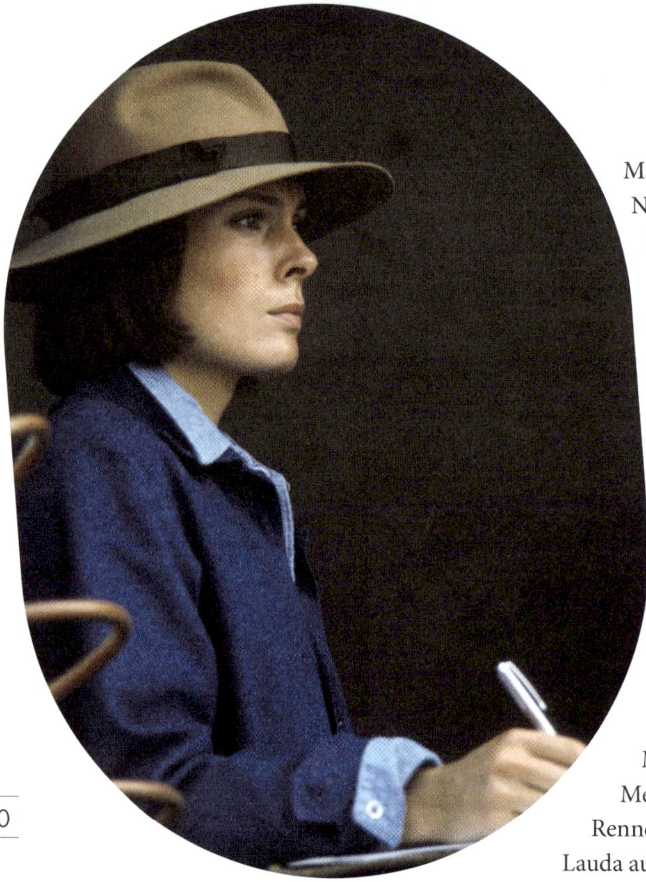

Mariella Reinighaus, Freundin von Niki Lauda, schreibt während des Rennens in Monza 1975 mit.

Di Montezemolos erste Amtshandlung: Er holte den von Enzo Ferrari in die Entwicklungsabteilung versetzten Mauro Forghieri zurück zur Scuderia.
Forgheri überarbeitete den fehlerhaften Wagen und Ferrari kam 1974 mit dem 312B3 mit glatteren Flächen, einem so weit wie möglich nach vorne gelegten Cockpit mit verbessertem Schwerpunkt und vor allem mit einem neuen Motor daher. Die nagelneue 12-Zylinder-Maschine leistete 495 PS.
Aber: Di Montezemolo war nur ein Part eines erfolgreichen Ferrari-Gespannes, wie die Formel-1-Szene sehr bald bemerken sollten.

»LAUDA LÖSTE PROBLEME MIT DEM AUTO«

»1974 trat einer auf den Plan, von dem eigentlich niemand etwas wusste: Ein Österreicher«, so Bernie Ecclestone über Lauda, »und er war auch ein ziemlich charmanter Typ, denn er hatte es geschafft, seinen Vater dazu zu bringen, dem Mann, dem March damals gehörte, eine Menge Geld für ein Auto und für Rennen zu geben. So tauchte Niki Lauda aus dem Nichts auf.«
Für den britischen Formel-1-Macher stand auch nach Jahrzehnten fest: »Ich glaube, Niki konnte sich durch die meisten Probleme irgendwie hindurch reden. Und die Probleme, die er nicht durch Reden lösen konnte, hat er mit dem Auto gelöst.«
Mit dem nach nur einer Saison von British Racing Motors (B. R. M.) zurückgekehrten Schweizer Clay Regazzoni († 2006) stellte Ferrari nach der Verpflichtung Laudas in der Saison 1974 nun eines der profiliertesten Fahrer-Teams.
Lauda fuhr beim Grand Prix von Spanien am 28. April 1974 seinen ersten Sieg mit Ferrari ein. Auf dem bis 1981 befahrenen Circuito del Jarama bei San Sebastián de los Reyes in der Nähe von Madrid

legte der Österreicher auch die schnellste Runde hin.

Am 23. Juni 1974 triumphierte Lauda in den Niederlanden, er fiel aber in dieser Saison auch acht Mal aus. Der Titel ging ungeachtet aller Verbesserungen und Modifikationen am 312B1 an den Brasilianer Emerson Fittipaldi im McLaren-Ford.

Lauda und sein Konkurrent aus Südamerika hatten ein gutes, kollegiales Verhältnis, wie seltene Aufnahmen der beiden scherzenden Rennfahrer im Smalltalk vor dem Grand Prix in Spanien zeigten.

»This car is shit«

Mit entscheidend für Laudas ersten Titelgewinn 1975 war aber seine exzellente Zusammenarbeit mit di Montezemolo. »Sowohl Luca als auch Niki waren sehr intelligent«, erinnerte sich Bernie Ecclestone, »es war eine sehr gute Partnerschaft.«

Sehr gut, aber vor allem auch erfolgreich. 1975 wurde deshalb zum großen Jahr für Lauda, weil Ferrari im nochmals weiterentwickelten Modell Ferrari 312T (nun mit quer eingebautem Getriebe) das beste Auto hatte.

Vor der Saison 1975 war in Maranello eigentlich alles wie immer: Großer Druck lastete auf der chronisch erfolglosen Scuderia und es herrschte die traditionelle Geheimniskrämerei um den neuen Wagen.

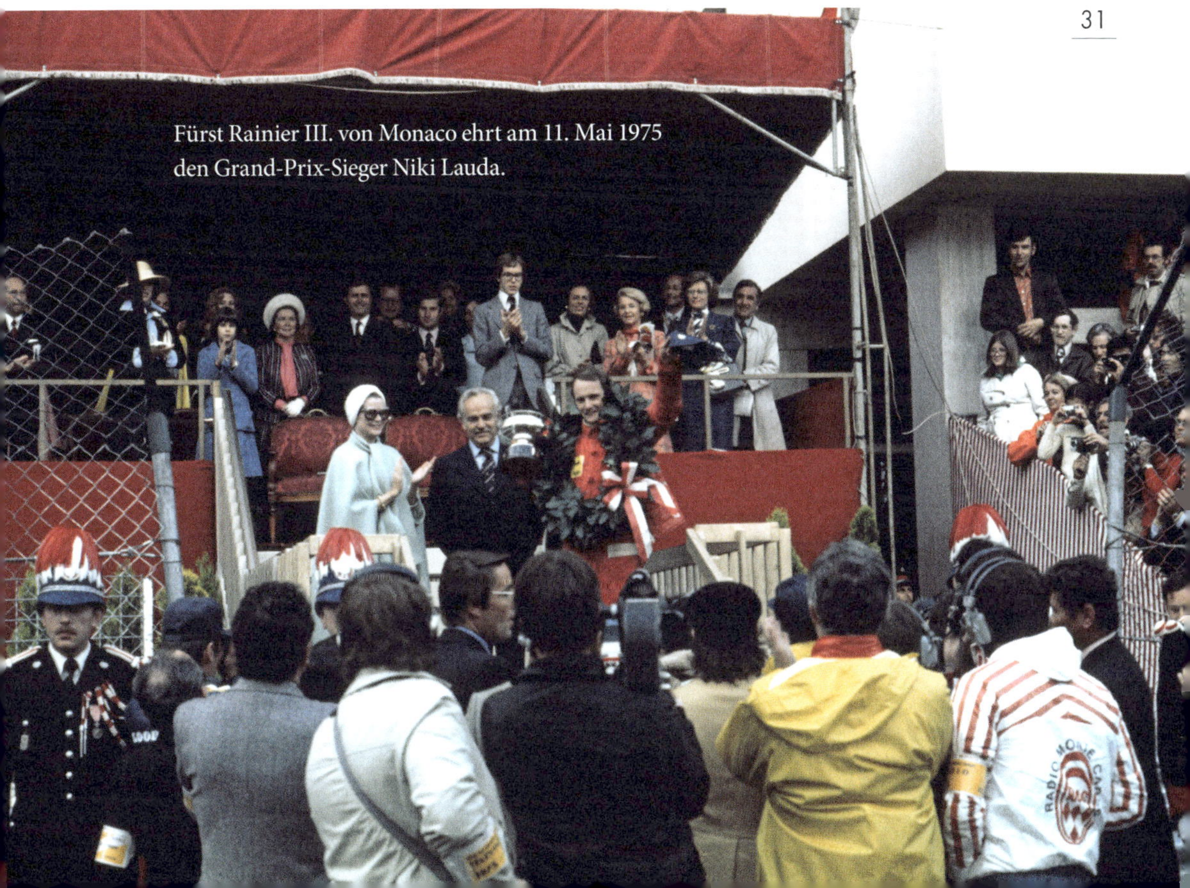

Fürst Rainier III. von Monaco ehrt am 11. Mai 1975 den Grand-Prix-Sieger Niki Lauda.

Enzo Ferrari, »Il Commendatore«, wie der Tycoon auch genannt wurde, wollte unbedingt die Ehre seines Rennstalls wiederherstellen – und setzte in dieser Situation alles auf den Newcomer aus Österreich. »Diese Bürde [wurde] dem zu dieser Zeit noch unbekannten Niki Lauda auferlegt«, kommentierte das Portal Motorsport-magazin (2021).

Lauda ließ sich von der enormen Erwartungshaltung nicht beeindrucken und machte direkt in Klartext: Den 312B3 bezeichnete er als »Stück Scheiße« und forderte umgehend Änderungen an der Vorderachse. Der 312B3-74 erwies sich dann Dank des Inputs des Neuzugangs als letztes Aufbäumen eines eigentlich schon gescheiterten Konzepts. Im vierten Rennen für Ferrari feierte Lauda im spanischen Jarama seinen ersten Grand-Prix-Sieg. Es war der erste des Teams seit Ickx' Triumph auf der Nordschleife zwei Jahre zuvor.

In Zandvoort holte sich Lauda einen zweiten Sieg. Sechs Rennen vor dem Ende der Saison lag er mit 36 WM-Zählern an der Spitze der Gesamtwertung, vier Zähler vor Regazzoni. Der Österreicher wurde auf dem Weg zu seinem ersten WM-Titel jedoch vom Pech verfolgt. Die letzten fünf Rennen beendet er nicht, drei Mal fiel er nach technischem Defekt vorzeitig aus. Dass Ferrari dann 1974 die Wende mit dem 312T gelang, verdankte man den Ingenieuren.

REVOLUTIONÄRER 312T

In weiser Voraussicht machte Forghieri sich 1974 frühzeitig an die Entwicklung

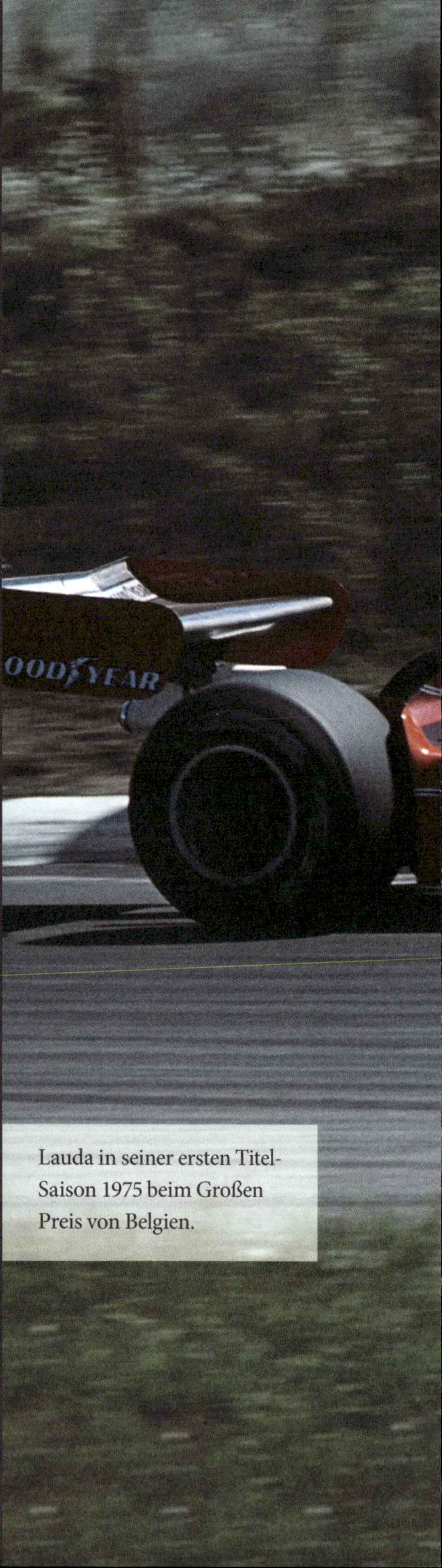

Lauda in seiner ersten Titel-Saison 1975 beim Großen Preis von Belgien.

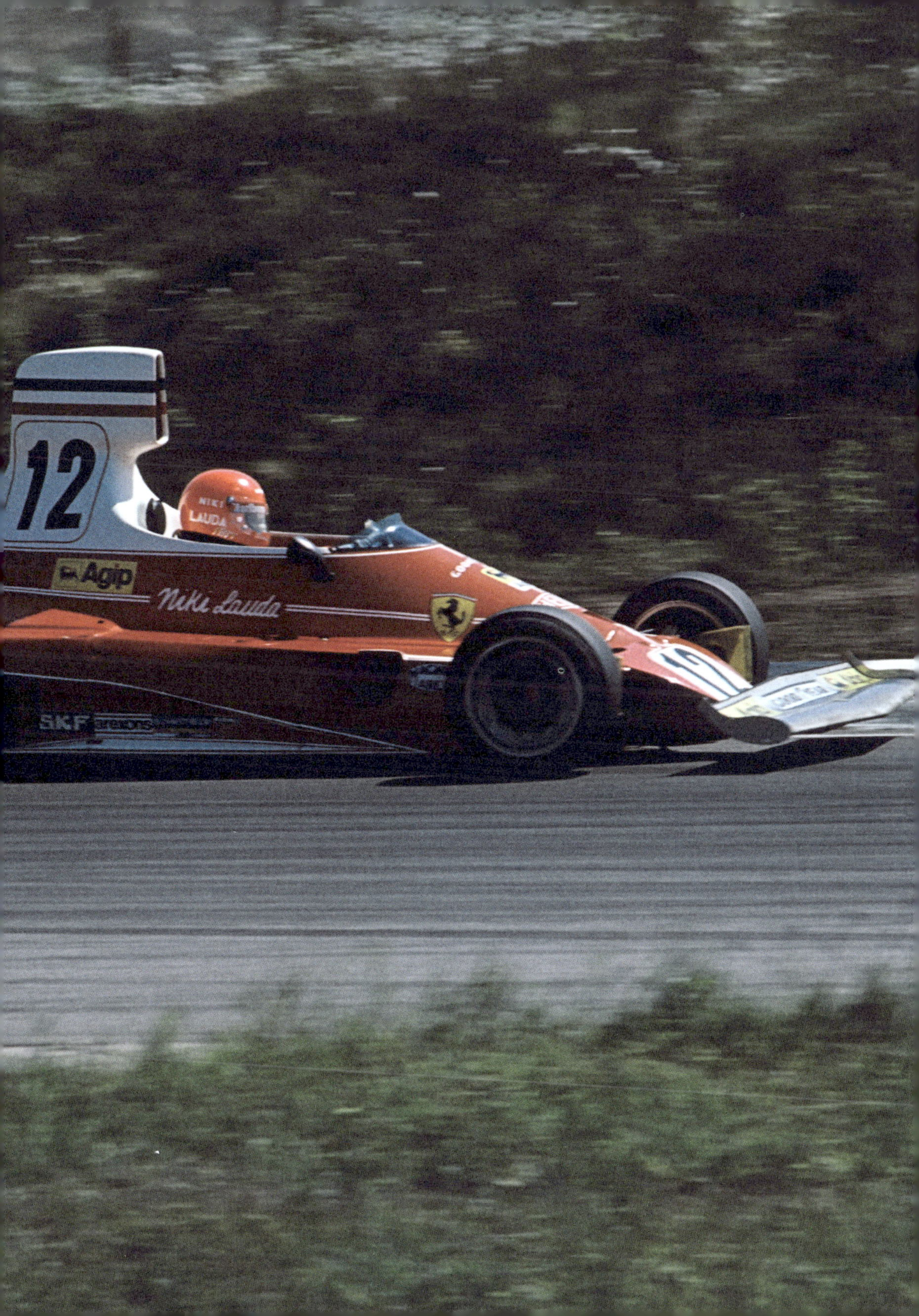
12
Agip
Niki Lauda
LAUDA
SKF

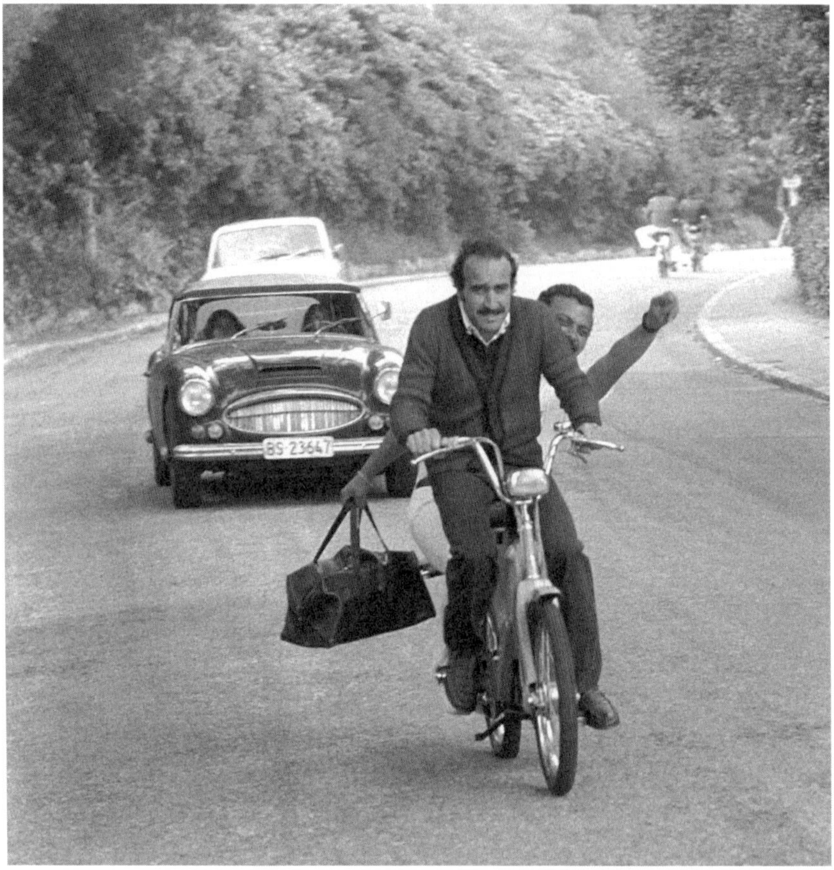

Clay Regazzoni radelt durch Monaco.

eines Nachfolgers. Mit dem 312T versuchte er einen radikal neuen Ansatz. Der weiterhin liegend verbaute Zwölfzylinder Motor übertrug seine Leistung von rund 500 PS über ein quer vor der Hinterachse verbautes Getriebe. Das T im Namen stand folgerichtig für dieses transversale angebrachte Getriebe. Dadurch wurde die Gewichtsverteilung des Rennwagens optimiert.

Ein Vorteil gegenüber dem Vorgängermodell war die komplett neu gestaltete Aufhängung. Diese Modifikation hatte Lauda selbst bei seiner Generalkritik am

»ICH HABE NIKI – ICH WEISS AUCH NICHT WARUM – NIE ANGESCHAUT UND GESAGT: DIESER TYP WIRD WELTMEISTER!«

- BERNIE ECCLESTONE

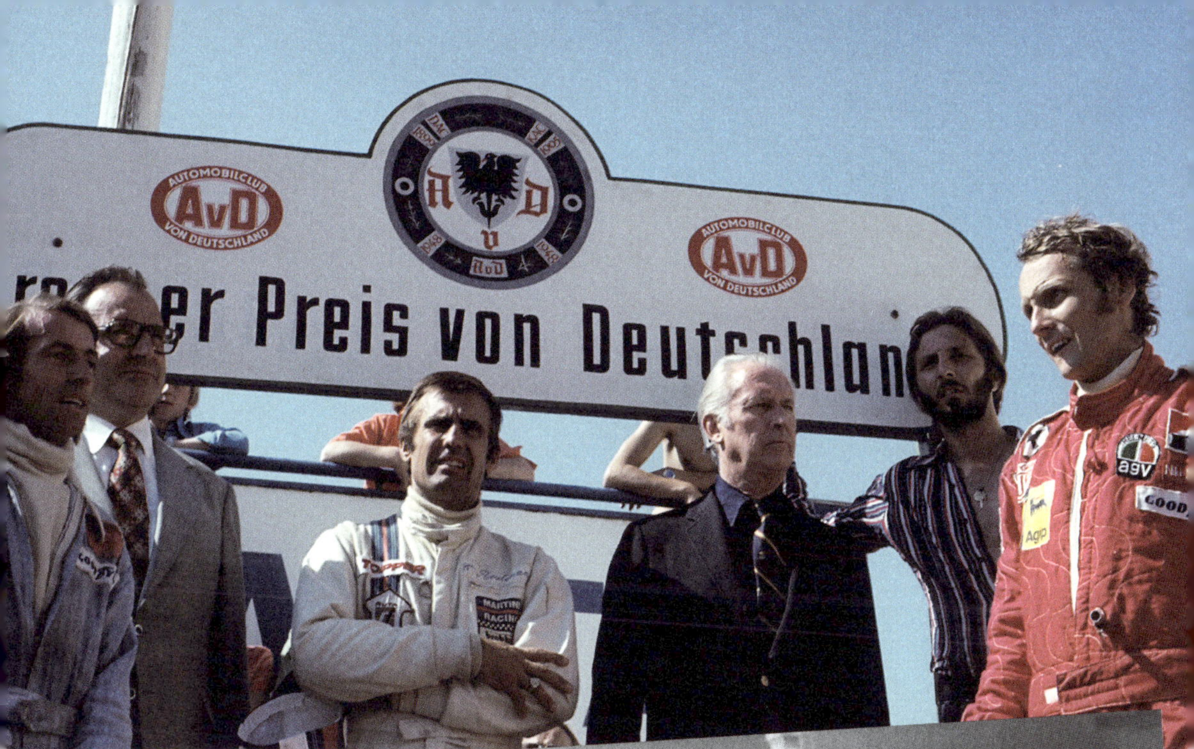

Großer Preis von Deutschland 1975 am Nürburgring: Jacques Laffite (l.) von Williams-Ford, Lauda und sein Erzrivale Carlos Reutemann (m.), der für Brabham gewann.

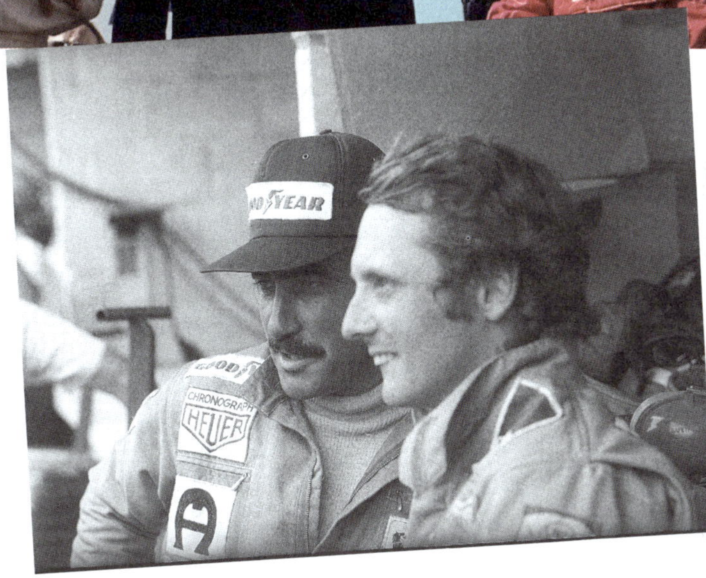

Teamkollegen, aber auch Freunde: Die Ferrari-Piloten Clay Regazzoni und Niki Lauda beim GP von Großbritannien 1974.

Auto angestoßen. Damit wollte er dem immer noch vorherrschenden Untersteuern vorbeugen.

Im Herbst 1974 wurde der erste 312T fertiggestellt und daraufhin in Modena der Öffentlichkeit präsentiert. Auf den ersten Renneinsatz mussten Lauda und Regazzoni jedoch lange warten.

Die ersten beiden Saisonrennen 1975 fuhr das Ferrari-Duo noch mit dem ungeliebten 312B3-74 – und zwar ohne Podiumsplatz. Erst beim dritten Rennen der Saison kam am 1. März 1975 erstmals der 312T zum Einsatz. In Kyalami

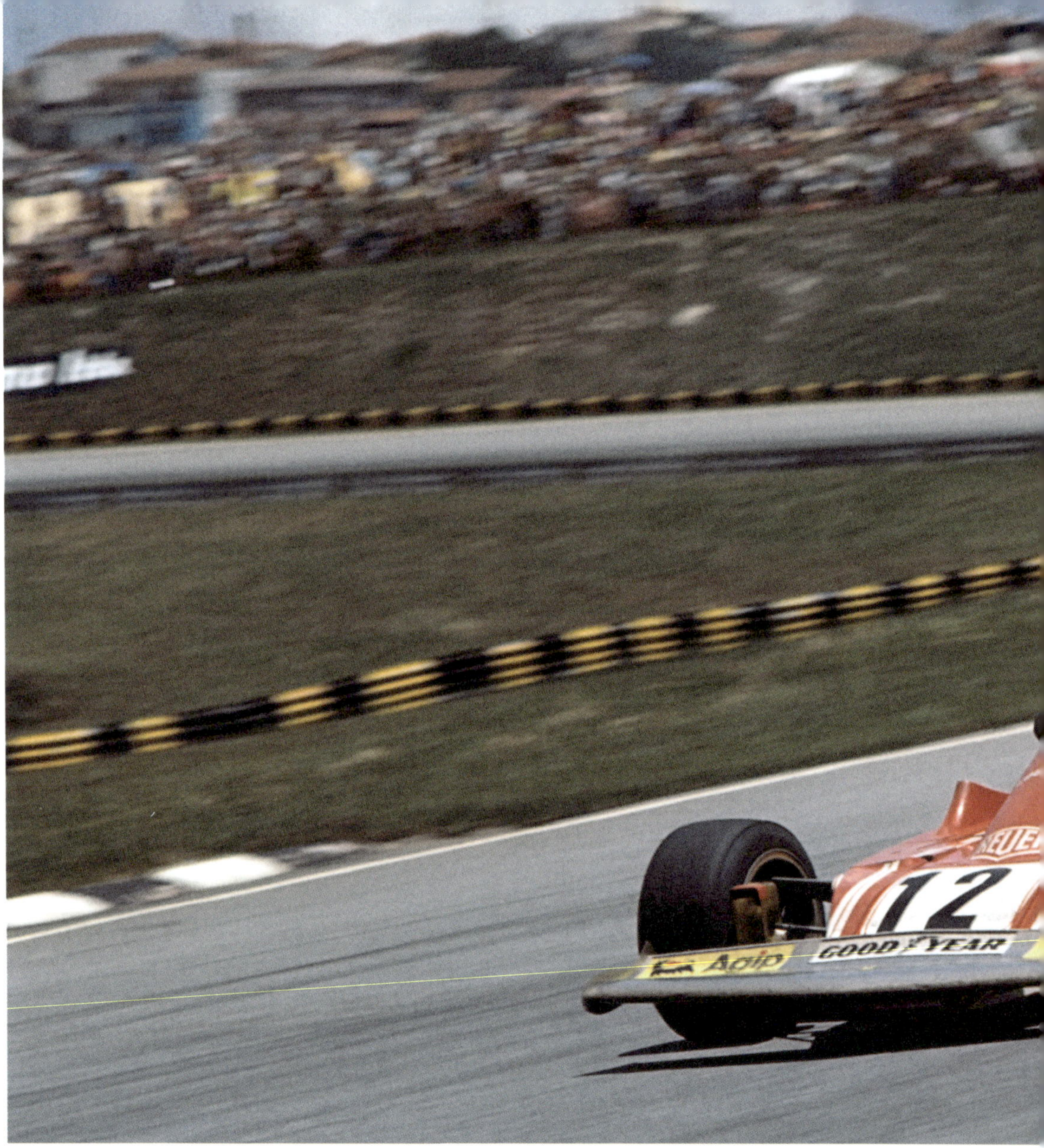

enttäuschte der Bolide jedoch die Erwartungshaltung, die er zuvor auf der hauseigenen Teststrecke in Fiorano eingefahren hatte.

Lauda wurde mit einem immer noch fehlerhaften Motor nur Fünfter. Die Saison schon bereits verloren, als Lauda zu einer sensationellen Aufholjagd startete: Mit fünf Siegen aus den darauffolgenden elf Rennen fuhr er unangefochten zu seinem ersten WM-Titel und beendete am 7. September 1975 beim Heim-Grand-Prix

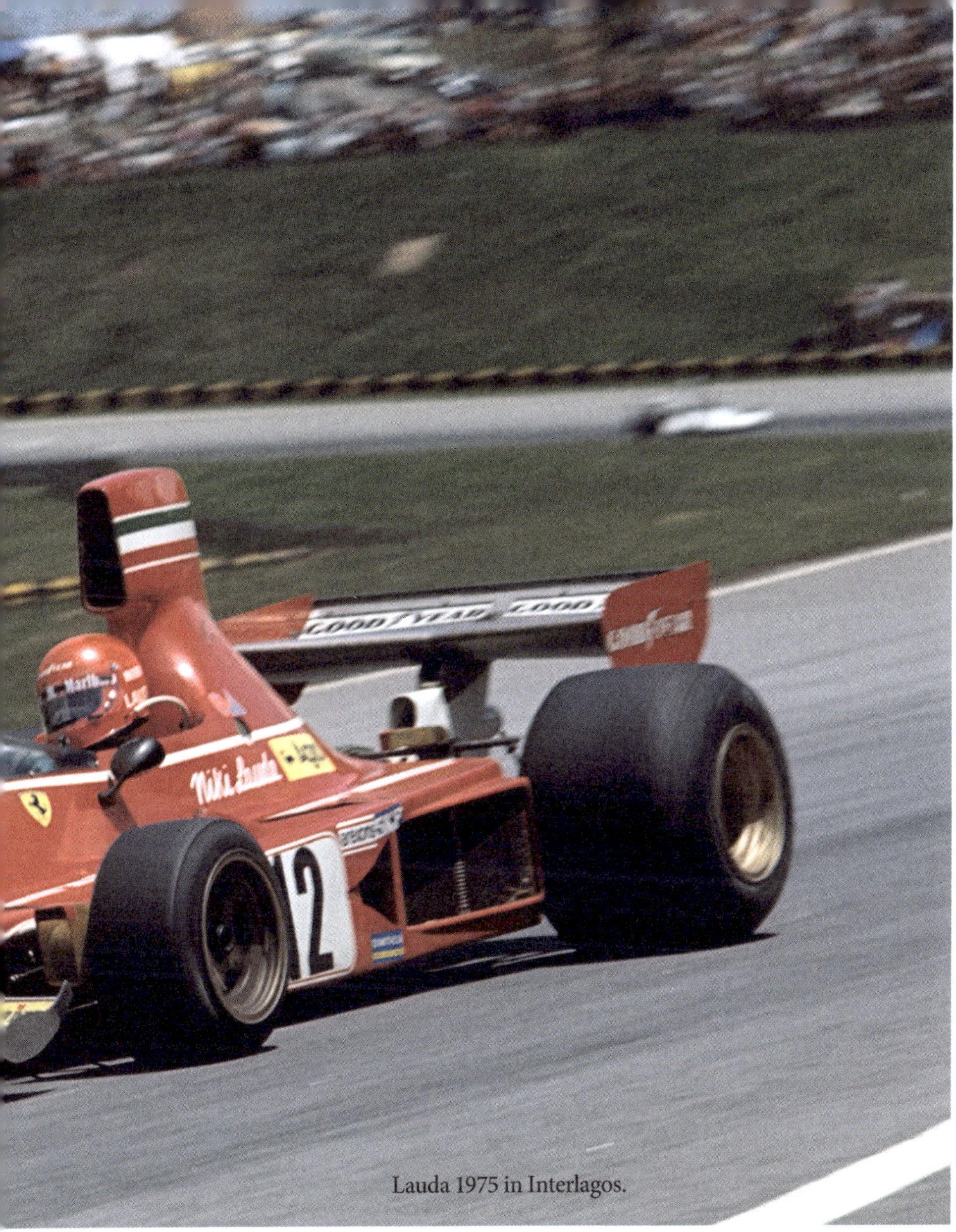

Lauda 1975 in Interlagos.

in Monza die Titel-Durststrecke für Ferrari

Zuvor war Lauda von der Pole Position aus bereits am 11. Mai 1975 in Monaco zum Sieg gefahren. Die WM-Führung hatte er bereits nach dem Rennen in Belgien am 25. Mai 1975 in Zolder inne. In Monza reichte ihm Rang drei. Vorangegangen war ein Regen-Rennen beim Grand Prix von Österreich am 17. August 1975 – inklusive einer Machtprobe zwischen Ecclestone und di Montezemolo.

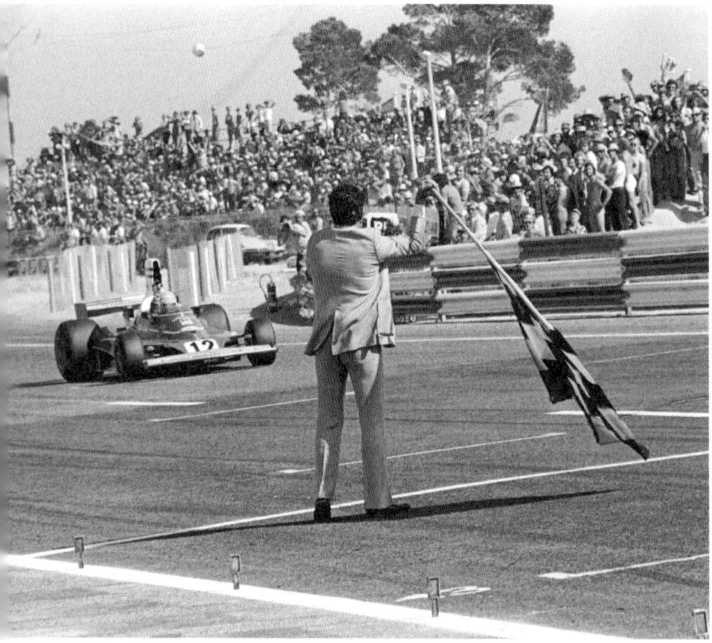

Großer Preis von Frankreich: Lauda passiert im Ferrari 312 T die Ziellinie.

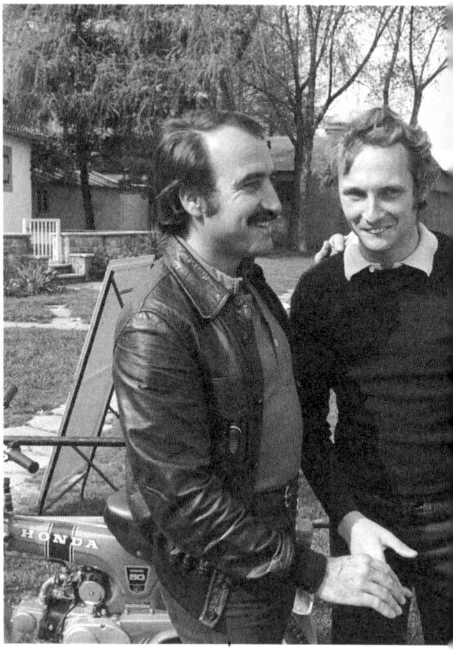

Clay Regazzoni und Niki Lauda 1975 in Monaco.

»LAUDA WIRD WELTMEISTER«

Die zahllosen Ferraristi waren an der Strecke von Spielberg vom Titelgewinn ihres Lieblings Lauda überzeugt. Ihr Optimismus sollte schnell verfliegen. Kurz vor dem Start des Rennens zogen Regenwolken auf. Ecclestone gab den Strecken-Sprechern die Anweisung, alle seine Vorgaben auf Englisch durchzusagen, sodass notfalls auf Regenreifen umgestellt werden konnte.

Der Start wurde verschoben, di Montezemolo war außer sich: »In diesem Zustand ist das Rennen unmöglich durchzuführen!«, brüllte er Ecclestone an, »hören Sie sofort auf, bevor es einen großen Unfall gibt.«

Der Brite ließ sich nicht beirren, das Rennen fand statt – um allerdings wegen des heftigen Regens nach 29 Runden dann doch abgebrochen zu werden. Lauda kam bei seinem Heimspiel auf Rang 6.

Die Krönung einer für ihn und Ferrari unvergesslichen Saison folgte in Monza. »Es nicht wichtig, Risiken einzugehen, okay?«, schärfte ihm di Montezemolo mit Blick auf die günstige Ausgangslage vor dem Rennen ein. Der Ferrari-Pilot hielt sich an diesen Rat seines Schattenmanns. Vor dem entscheidenden Rennen fiel vor allem Laudas Lockerheit auf. Er und di Montezemolo scherzten, wie es unter Freunden üblich ist: »Gibt es hier keine Marlboro Girls?«, fragte

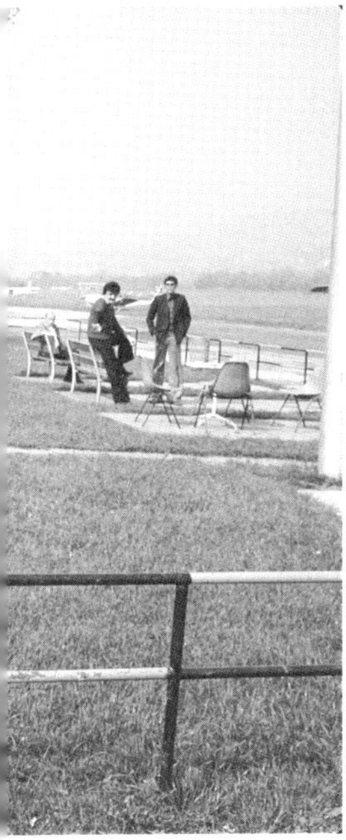

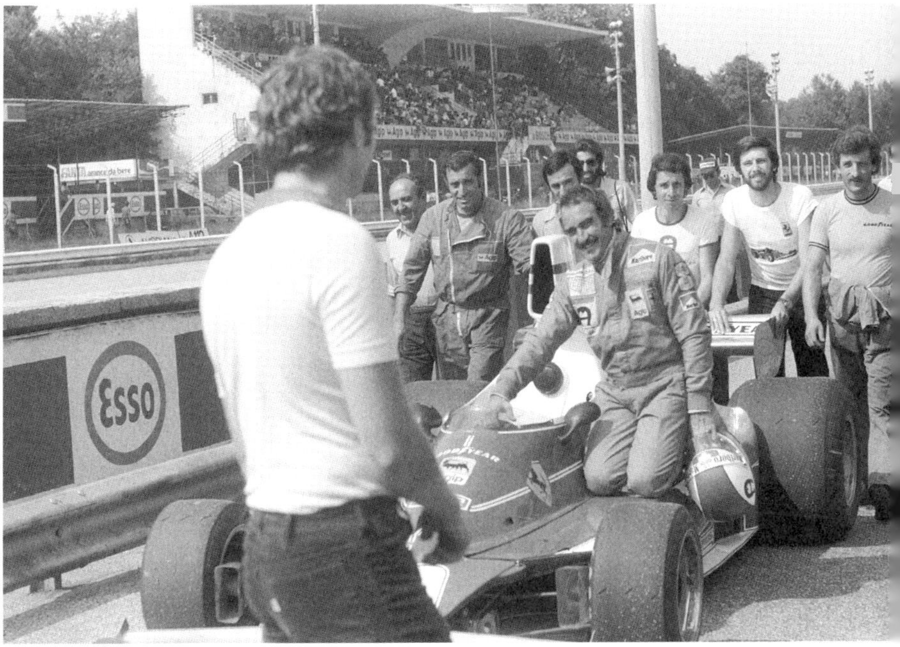

Regazzoni und Lauda bei Ferrari-Testfahrten 1975 in Monza.

Lauda. »Ich habe keine gesehen«, antwortete Luca, »Scheiß Organisation«, lachte Lauda, »letztes Jahr war es fantastisch. Jetzt ist es verrückt.«
Ecclestone: »Ich war sehr freundlich zu Niki, von Anfang an, als er zu fahren anfing. Aber ich habe ihn – ich weiß auch nicht warum – nie angeschaut und gesehen: Dieser Typ wird Weltmeister! Vermutlich hat Niki etwas gesehen, was ich nicht gesehen habe, nämlich, dass er das Zeug zum Weltmeister haben würde. Als Niki in Monza gewann, war das etwas Unvergessliches. Aber fünf Jahre zuvor, fast auf den Tag genau und auf der gleichen Strecke, starb Jochen Rindt. Deshalb sind meine Erinnerungen an Monza gut und schlecht.«

»GIBT ES HIER KEINE MARLBORO-GIRLS?«
NIKI LAUDA, MONZA 1975

SECHS MILLIONEN DOLLAR

Das Modell 312T wurde von Ferrari von 1975 bis 1980 eingesetzt, holte aus

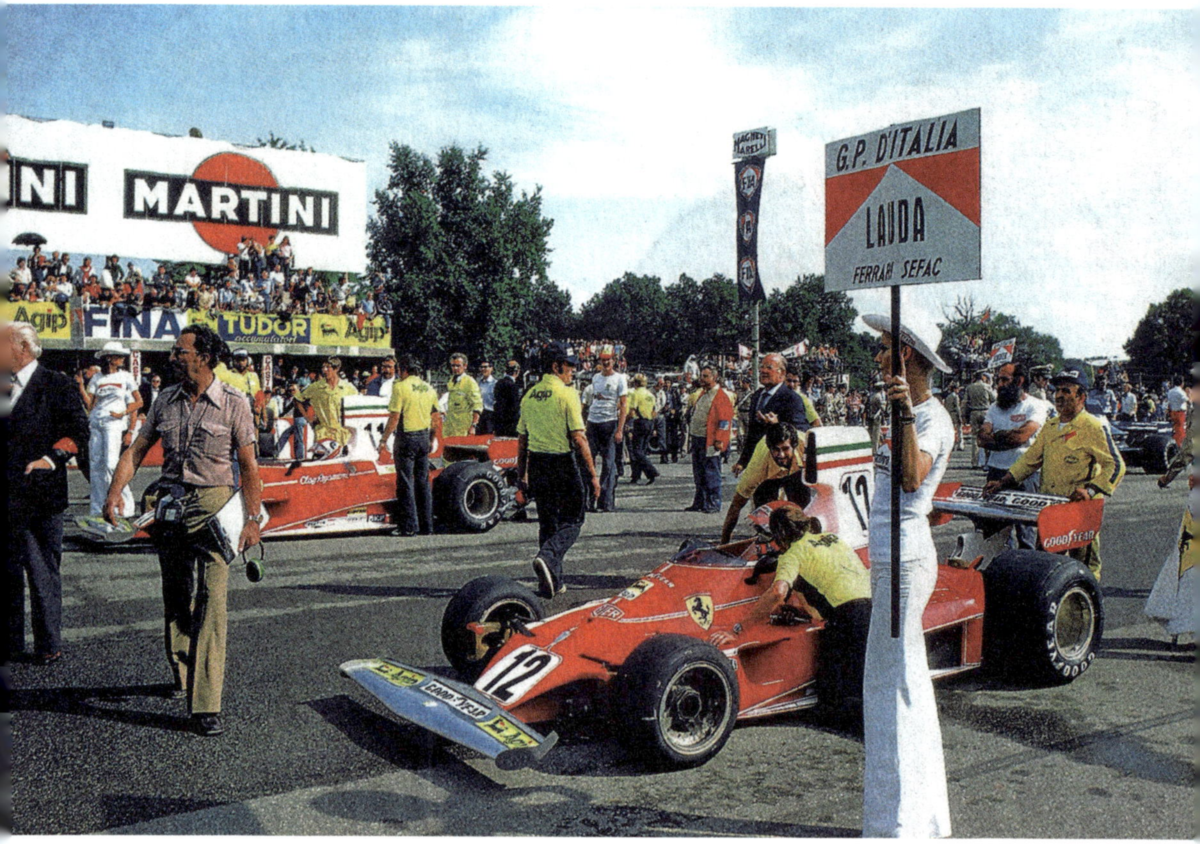

Heimspiel im Ferrari: Lauda ging 1975 in Monza von der Pole Position aus ins Rennen.

90 Rennen 27 Siege und 61 Podiumsplätze. Innerhalb der sechs Jahre wurde Ferrari viermal Konstrukteurs-Weltmeister und holte dank Niki Lauda (1975 und 1977) sowie durch den Südafrikaner Jody Scheckter (1979) insgesamt drei Fahrertitel.

Wenige Wochen nach Laudas Tod im Jahr 2019 versteigerte das Auktionshaus Gooding & Company in Monterey im US-Bundesstaat Kalifornien Laudas Weltmeister-Auto aus dem Jahr 1975.

Sechs Millionen Dollar erwartete man sich von der Versteigerung des Boliden, exakt diese Summe zahlte ein namentlich nicht genannter Käufer.

Es handelte sich um den ersten Ferrari 312T, der versteigert wurde, genauer gesagt um Chassis Nummer 22. Nach der Ausmusterung als Rennauto stand das Modell mehrere Jahre lang im Ferrari-Werk, dann kaufte es ein britischer Sammler, von dort ging es für einen Zeitraum von zwanzig Jahren nach Frankreich und wieder rund fünfzehn Jahre nach Amerika.

Eine Geschichte, so wechselhaft wie die Entwicklung des Wagens damals bei Ferrari.

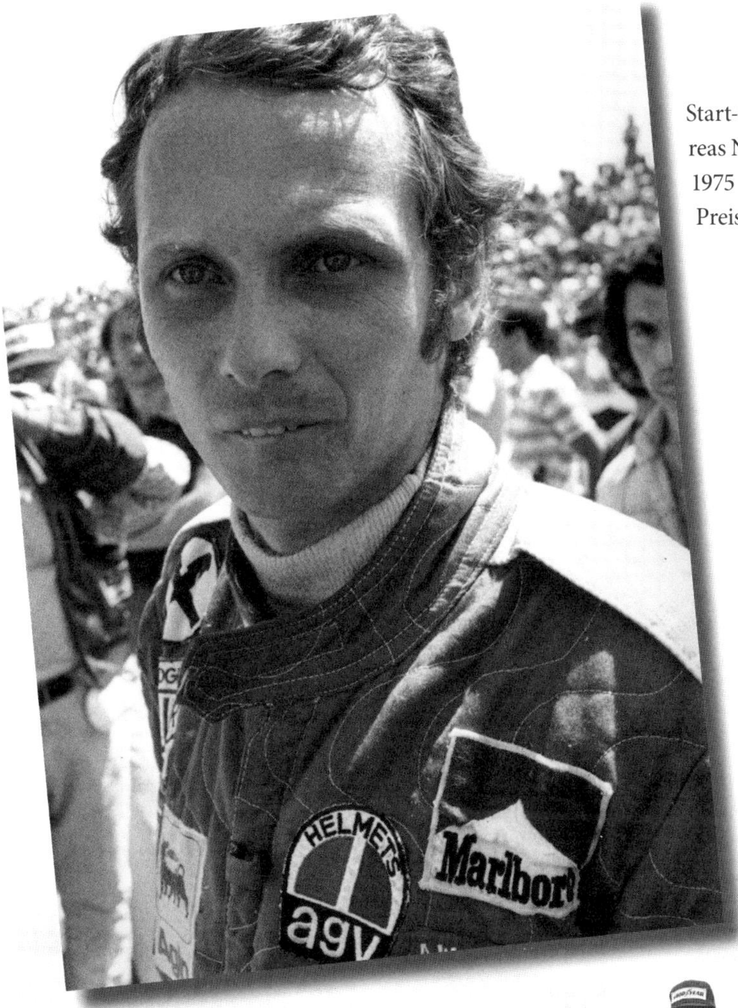

Start-Ziel-Sieg: Andreas Nikolaus Lauda 1975 beim Großen Preis von Frankreich.

Saison-Start 1975 in Brasilien: Die Formel-1-Fahrer.

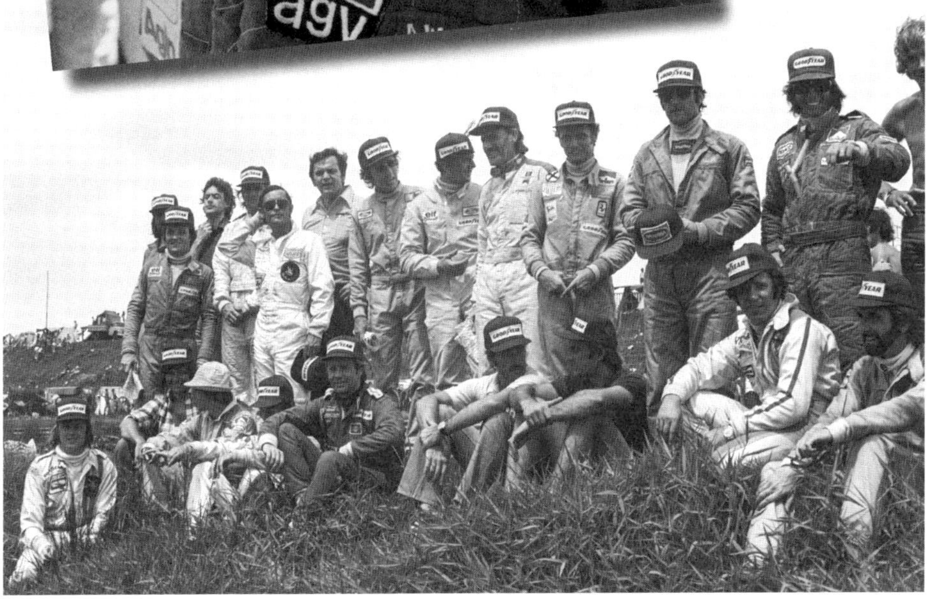

KAPITEL 3

ZIEMLICH BESTE FREUNDE: LAUDA GEGEN HUNT

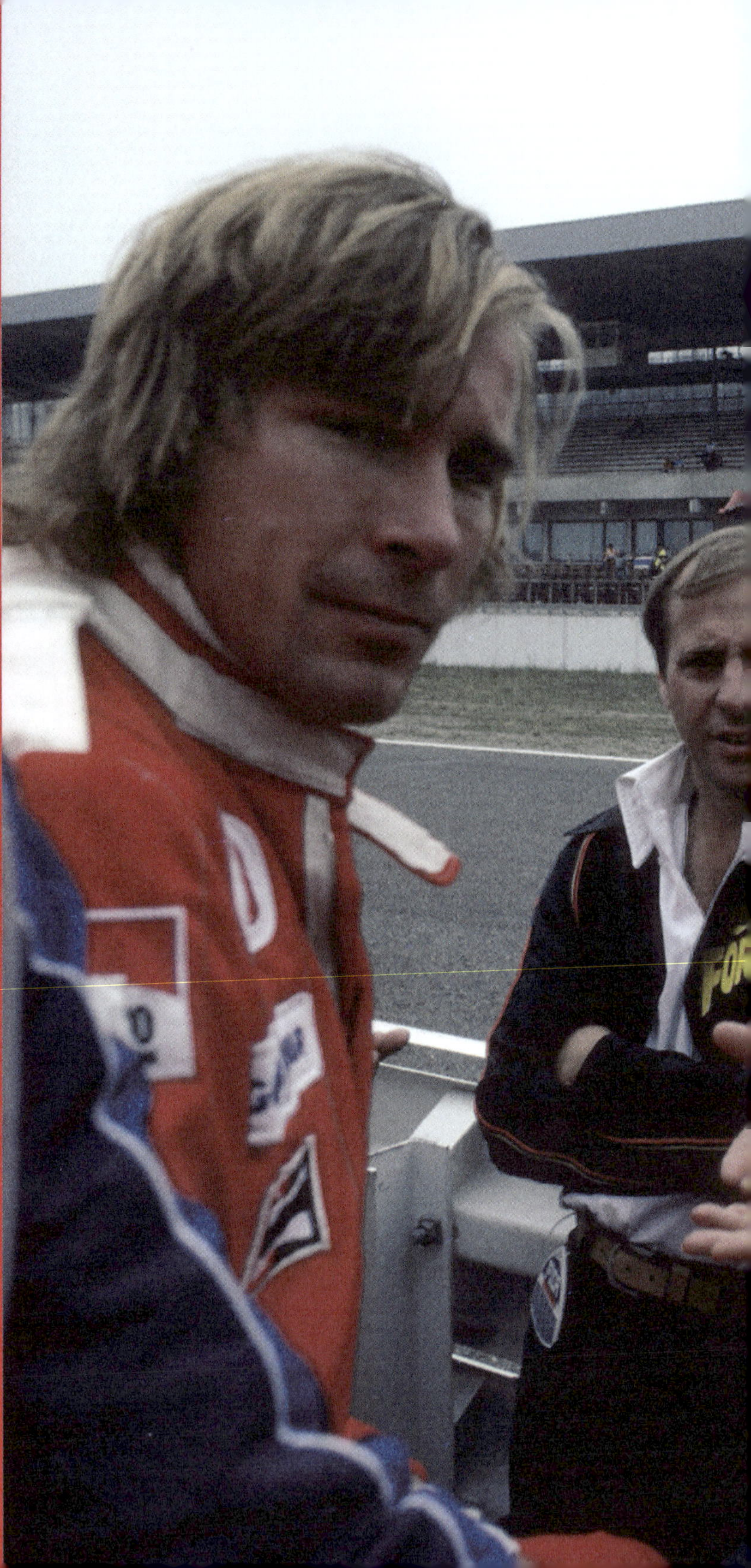

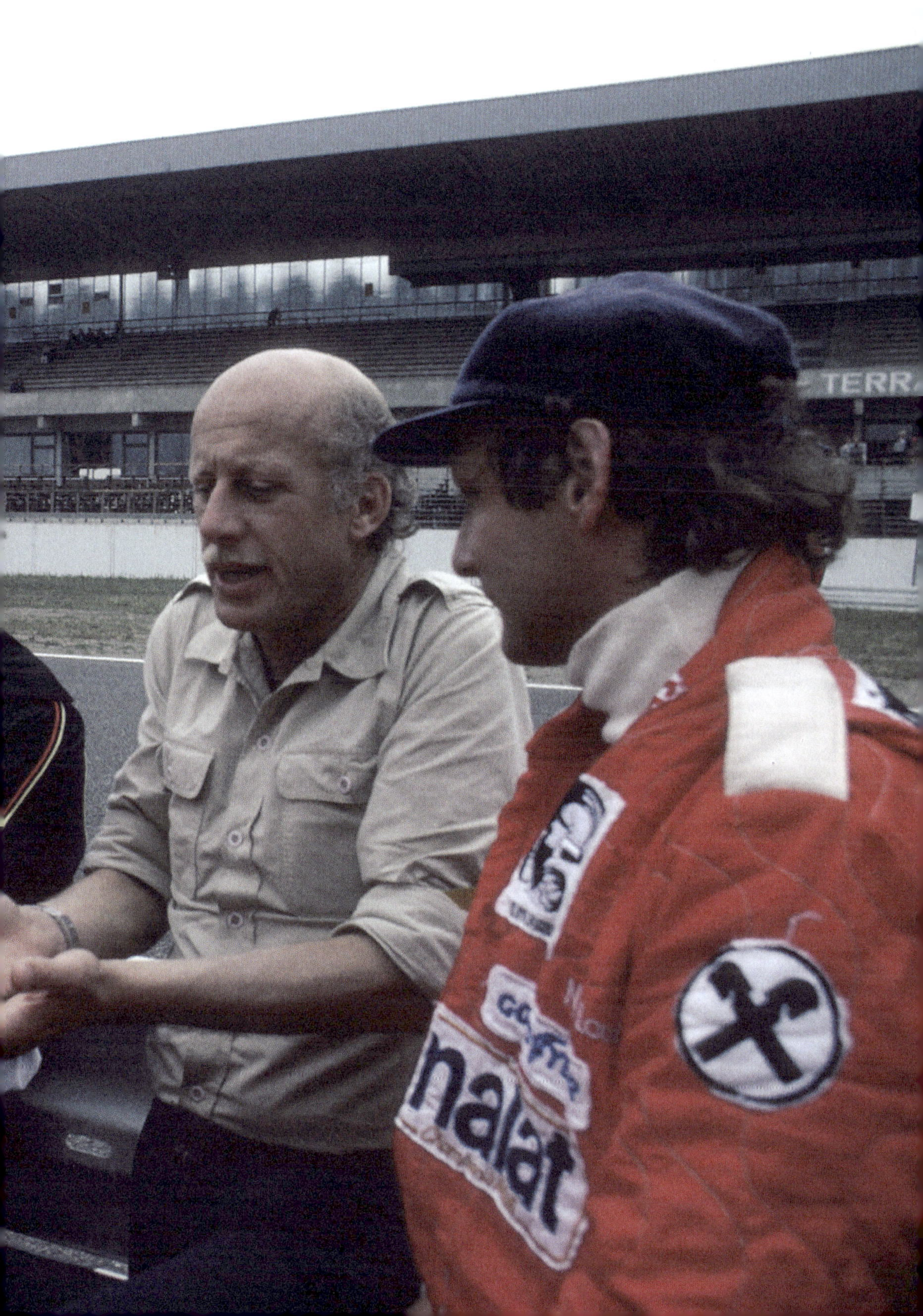
TERRA
nalat

ZIEMLICH BESTE FREUNDE: LAUDA GEGEN HUNT

»We want Hunt, we want Hunt« – am 18. Juli 1976 gaben 77.000 Motorsportfans auf den Tribünen des Brands Hatch Circuit alles, um ihren Liebling zurück auf die Strecke zu holen.

Der Große Preis von Großbritannien wurde zwischen 1964 bis 1986 auf der Rennstrecke südöstlich von London ausgetragen. Sowohl bei der Premiere als auch im letzten Rennen auf diesem Kurs triumphierten britische Fahrer: Zuerst Jim Clarke 1964 im Lotus und zuletzt Nigel Mansell (Williams).

Die Austragung von 1976 sollte zu einem der kontroversesten Rennen der Formel-1-Saison werden. Ein Meilenstein des Pisten-Duells zwischen James Hunt (»Hunt, the Shunt« / Dt.: Hunt, der Verschrotter) und Niki Lauda (»The Computer Brain«, BBC / Dt.: Das Computer-Gehirn).

Ein Zweikampf, der die Formel 1 prägen, der die Königsklasse des Motorsports verändern sollte. Zwischen zwei Fahrern, die sich gegenseitig respektierten und Freunde wurden. Aber auch ein

Die strittige Szene von Brands Hatch 1976: In diesen Crash war James Hunt im McLaren involviert.

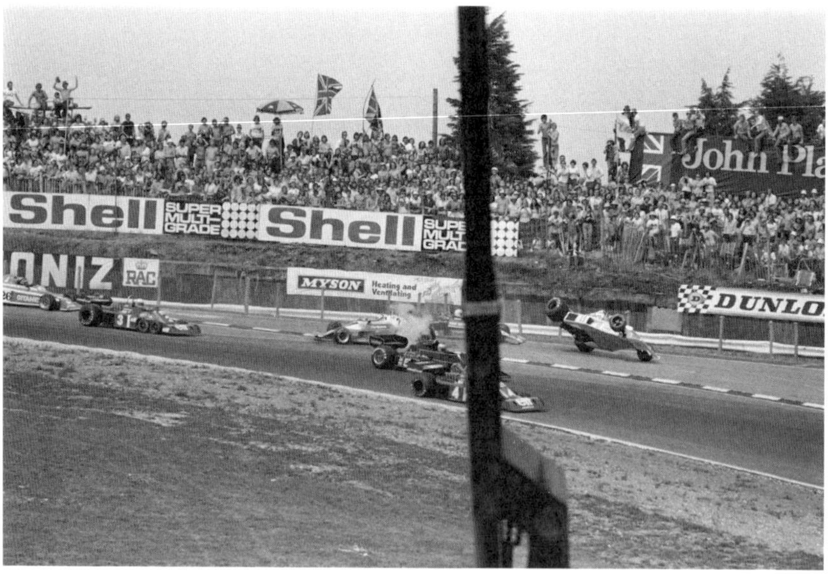

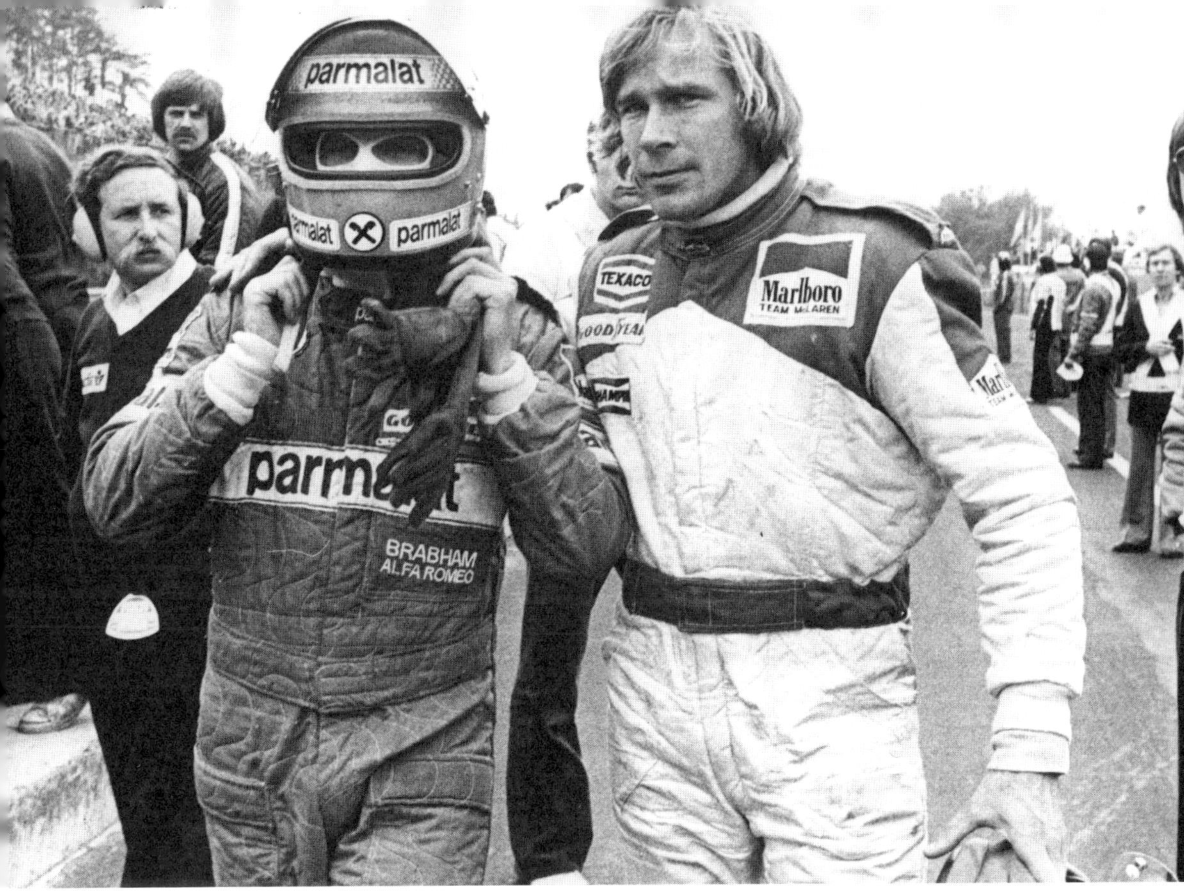

Lauda und Hunt nach einem Crash in Zolder beim Grand Prix von Belgien 1978.

verbitterter Kleinkrieg zwischen den Funktionären der beiden führenden Rennställe, Ferrari und McLaren.

Brands Hatch spitzte die Dramaturgie zu. Vor der neuen Rekord-Kulisse für das Rennen im Vereinigten Königreich spielte sich zwischen Boxengasse und Motorhome ein Drama ab, dessen Ausmaße erst Wochen später zutage traten. James Hunt, der Lokalmatador, der »Rockstar der Formel 1«, gewann das Rennen. Er wurde erster britischer Sieger seit dem Ferrari-Piloten Peter Collins 18 Jahre zuvor.

Nun also der Hunt-Heimsieg, oder? Defintely maybe! Der amtierende Formel-1-Weltmeister Niki Lauda und sein Schweizer Ferrari-Teamkollegen Clay Regazzoni waren in Brands Hatch von den Startplätzen eins und vier auf die Strecke gegangen. Sie kollidierten jedoch unmittelbar nach dem Start. Der von zwei startende Hunt versuchte, dem sich drehenden Renner von Regazzoni auszuweichen und verlor kurz den Bodenkontakt.

Die Rote Flagge sorgte nach dem Chaos für den Abbruch des Rennens. Hunt beging aus Sicht der Regelhüter nun den folgenschweren Fehler, mit seinem

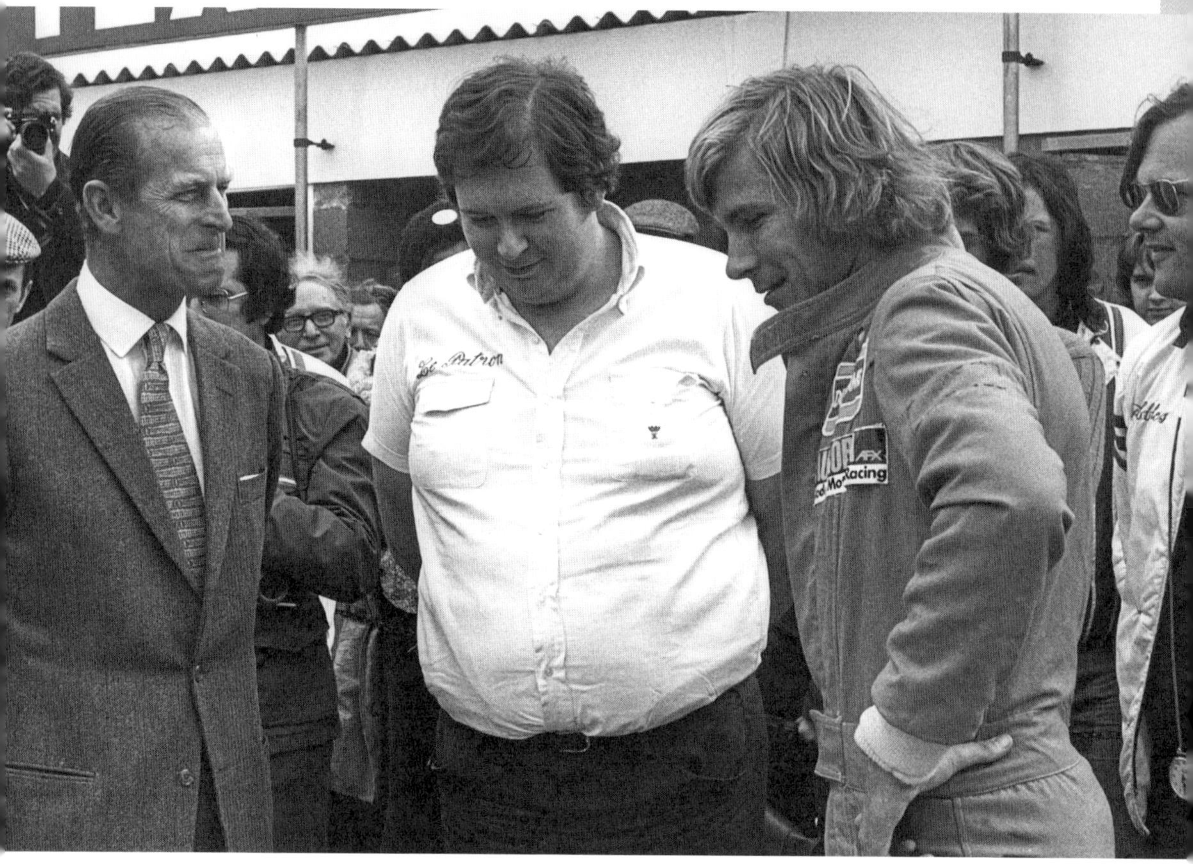

Formel 1 very British: Prinz Philip (l.) besucht am 19. Juli 1975 in Silverstone Lord Alexander Hesketh, James Hunt und Manager Anthony »Bubbles« Horsley.

beschädigten Wagen zur McLaren-Box zu fahren. Über eine Abkürzung. Die in den Crash verwickelten Fahrer Regazzoni und Jaques Laffite (Ligier) blieben glücklicherweise unverletzt.

Hunts Wagen konnte noch vor dem Neustart repariert werden, wurde jedoch aufgrund der von dem McLaren-Piloten gewählten Abkürzung auf dem Weg zu den Boxen zunächst als nicht mehr startberechtigt eingestuft.

Erst die lauten Sprechchöre der britischen Zuschauer halfen Hunt. Er durfte erneut starten, holte immer mehr auf.

»SIE HÄTTEN DAS GLEICHE GETAN«

Nach 45 Runden überholte er den führenden Österreicher Lauda – und sicherte sich Platz eins. Nach dem Rennen beanstandete Ferrari Hunts Sieg und machte diesen Protest an dessen Neustart fest. Der Einspruch gegen

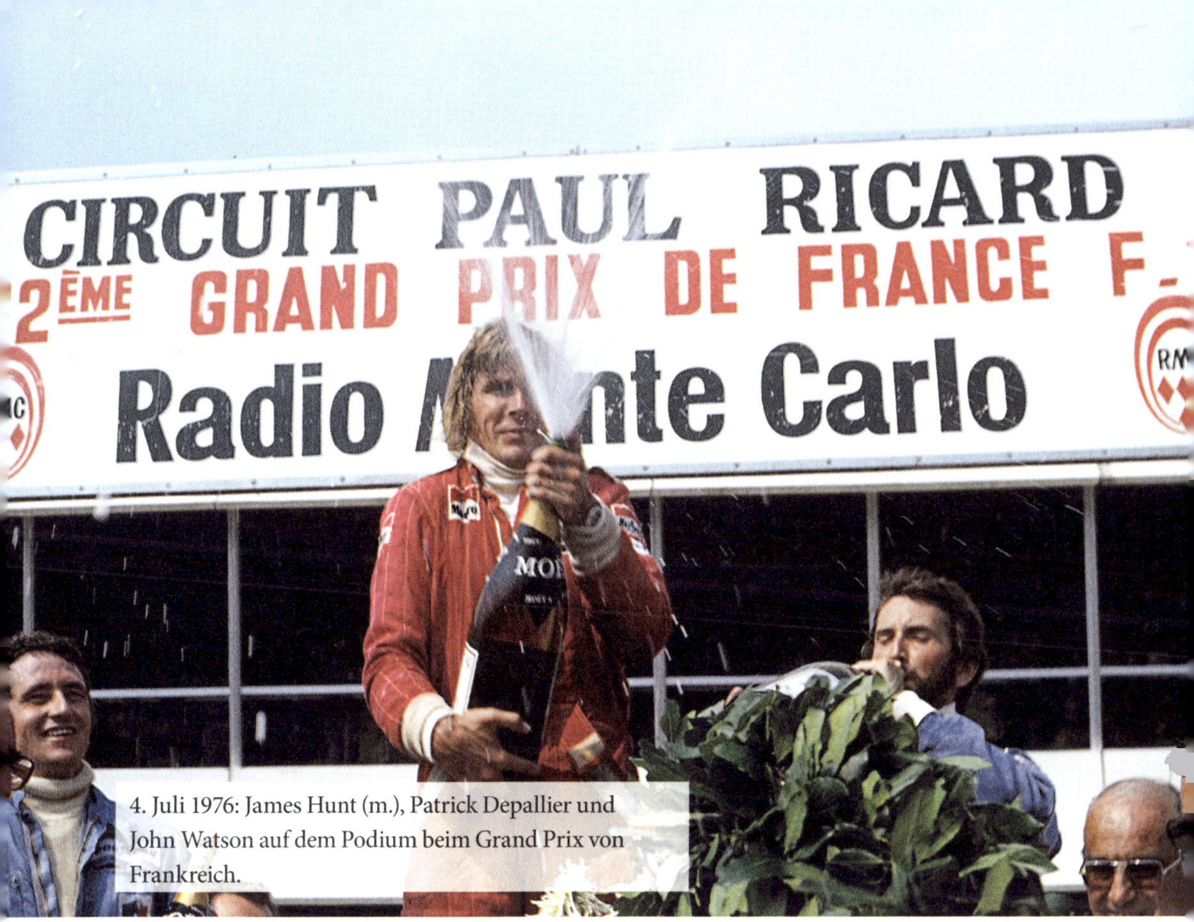

4. Juli 1976: James Hunt (m.), Patrick Depallier und John Watson auf dem Podium beim Grand Prix von Frankreich.

die Wertung wurde zunächst abgelehnt. Eine endgültige Entscheidung fiel allerdings erst rund zwei Monate später im September 1976: Niki Lauda wurde nachträglich zum Sieger des Rennens erklärt, James Hunt wurde disqualifiziert.

Die Italiener hatten für ihren auf den ersten Blick lächerlich wirkenden Protest vor allem einen Grund: Professionalität. »Ich bin sicher, sie hätten das Gleiche gegen Ferrari getan, weil die Regeln es ihnen erlaubt haben«, sagte Daniele Audetto, Manager von Ferrari, im Jahr 1996, »es war mein Job, gegen den Ausgang des Rennens zu protestieren.« Von den Fans umlagert, lieferte Hunt kurz nach dem Rennen auf die Frage, was ihm dieser (vermeintliche) Sieg bedeute, noch die für ihn so typische Antwort: »Neun Punkte, zwanzigtausend Dollar und eine Menge Spaß.«

James Simon Wallis Hunt, Sohn eines Londoner Börsenmaklers, brachte die Spaßgesellschaft in die Formel 1. »Er fuhr so Auto, wie er liebte – immer mit Vollgas«, heißt es in der BBC-Dokumentation Clash of the Titans (1996) über Hunt.

Der Brite kam 1976 mit nur einem

einzigen Grand-Prix-Sieg im Gepäck zu McLaren. Diesen singulären Erfolg hatte er mit dem legendären Hesketh-Team, dem einzigen privaten Formel-1-Rennstall, 1975 in den Niederlanden eingefahren. Hunt siegte mit einer Sekunde Vorsprung vor dem favorisierten Lauda. Es war der erste Zweikampf der beiden prägenden Figuren der Formel 1 Mitte der Siebzigerjahre.

Zwei Antagonisten. Hunt war – anders als »The Brain« Niki Lauda – der größte Lebemann, den die Formel 1 bis dahin gesehen hatte. Er tanzte als Mitglied des so genannten Jetset die Nächte durch, trank teilweise vor den Rennen Unmengen an Alkohol, rauchte Joints, schnupfte Kokain.

»Ein Leben auf der Überholspur«, dieser Satz schien für James Hunt erfunden worden zu sein. Ein Typ, wie gemalt für den britischen Boulevard. »Hunt, the Shunt«, der von dem nicht minder lebenshungrigen Lord Alexander Hesketh finanziert wurde, war für die Massenblätter schnell der legitime Nachfolger des bei Manchester United 1974 in Ungnade gefallenen nordirischen Fußballstars George Best († 2005 / »Ich habe den meisten Teil meines Geldes für Frauen, schnelle Autos und Schnaps ausgegeben – Den Rest habe ich einfach verprasst.«).

Hunts Sprüche (»Sex ist das Frühstück der Champions«) waren nicht minder deftig. Die Frage »Warum sind Sie so

Lauda im Ferrari 312 T in Schweden, wo er am 8. Juni 1976 gewann.

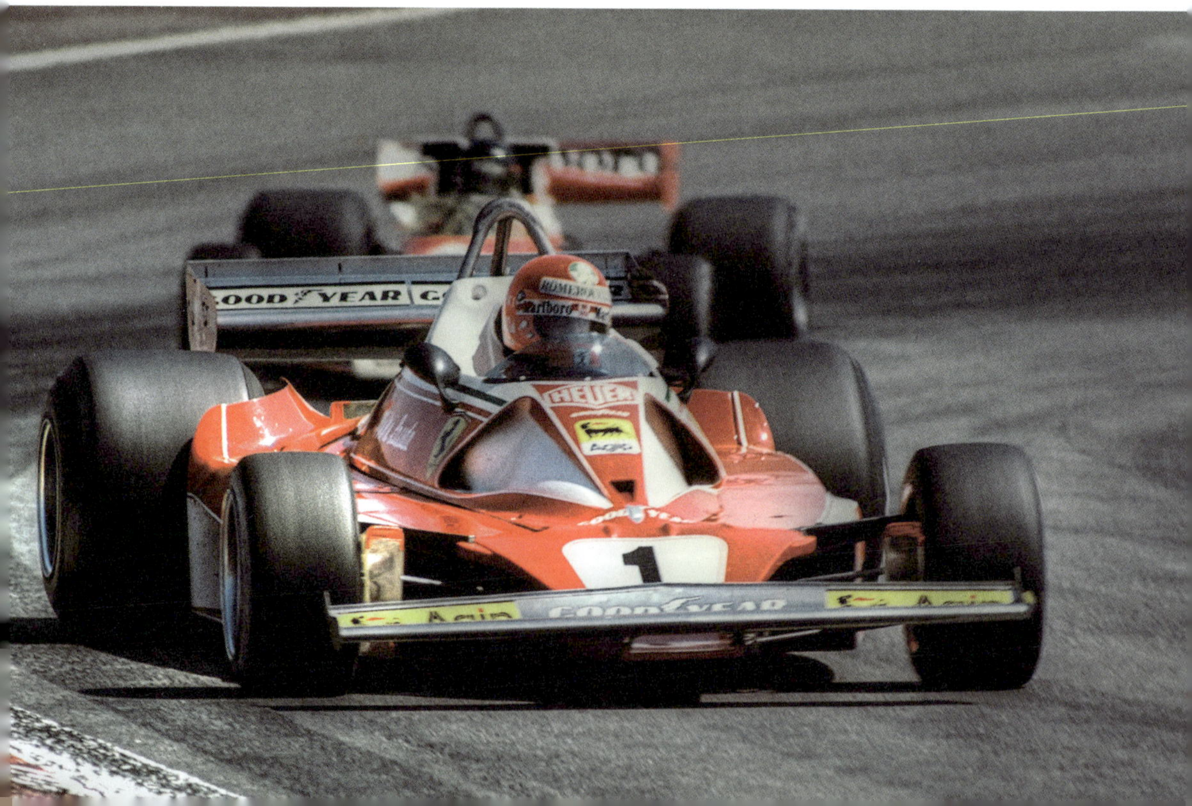

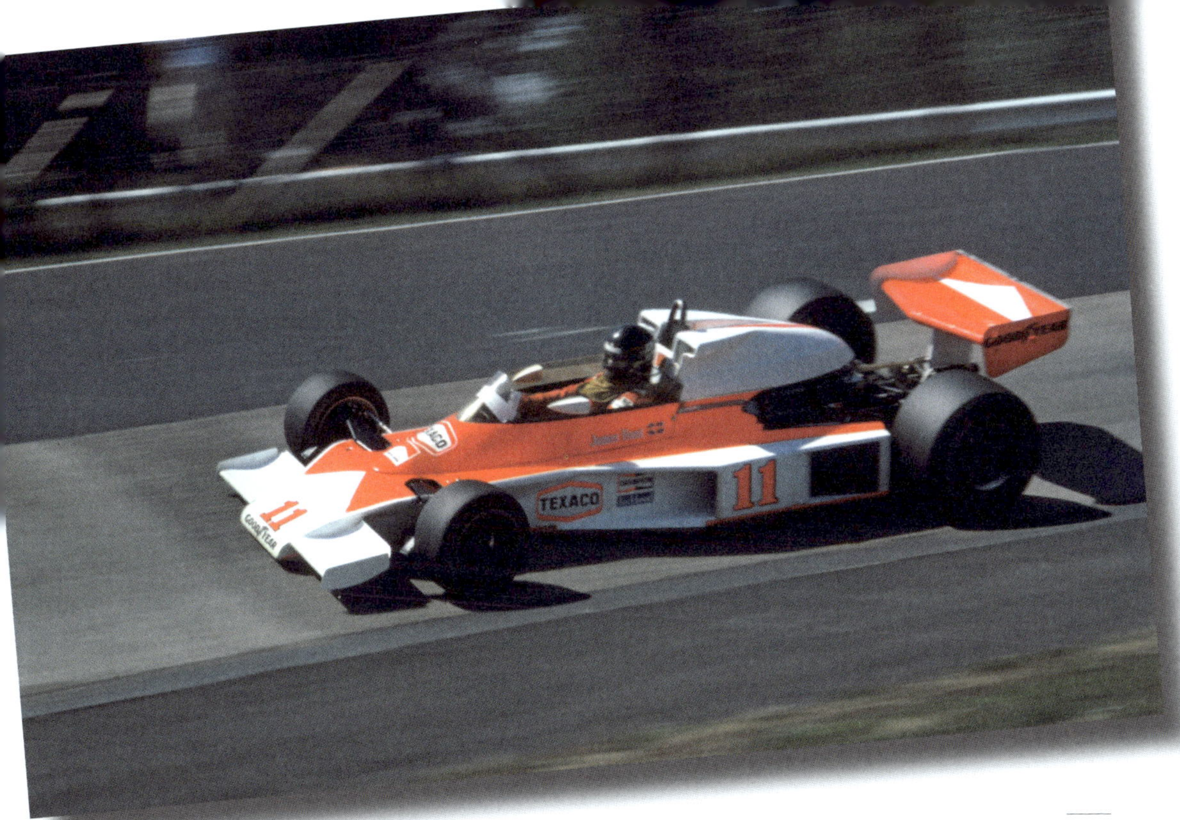

James Hunt in seinem McLaren beim ominösen Rennen auf dem Nürburgring am 1. August 1976.

schnell?« beantwortete »The Shunt« einmal so: »Ich habe eben Eier!«

I love to love you baby – Im Disco-Sound der 1970er-Jahre wurden Lord Alexander Hesketh und Partylöwe Hunt zu einem einmaligen Gespann in der »Königsklasse«. Hesketh: »Wir dachten uns: Wir sind gar nicht so schlecht, wie alle sagen und spürten, dass wir wettbewerbsfähig sind. Wir haben die Köpfe zusammengesteckt und hart gearbeitet.« Doch dem Lord ging Ende 1975 das Geld aus, Hunt musste zu McLaren wechseln, um überhaupt in der Formel 1 verbleiben zu können.

Ein überraschender Wechsel, wurde Hunt doch für den zu Copersucar abgewanderten Doppel-Weltmeister

»DU VERBRENNST DIR DAS GESICHT UND SIEHST DANACH BESSER AUS ALS VORHER.«

JAMES HUNT ZU NIKI LAUDA BEI DESSEN RÜCKKEHR IN MONZA, 1976.

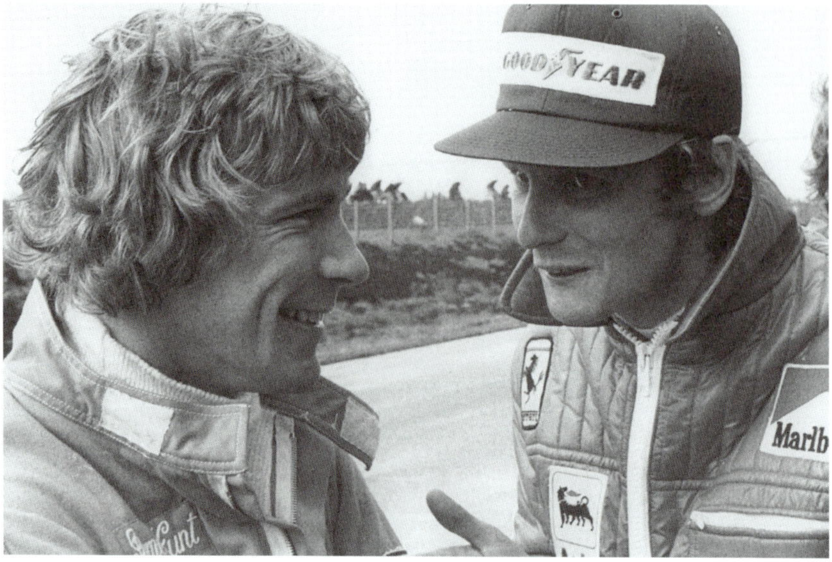

Rivalen, die sich schätzten: James Hunt und Niki Lauda 1976 in Schweden.

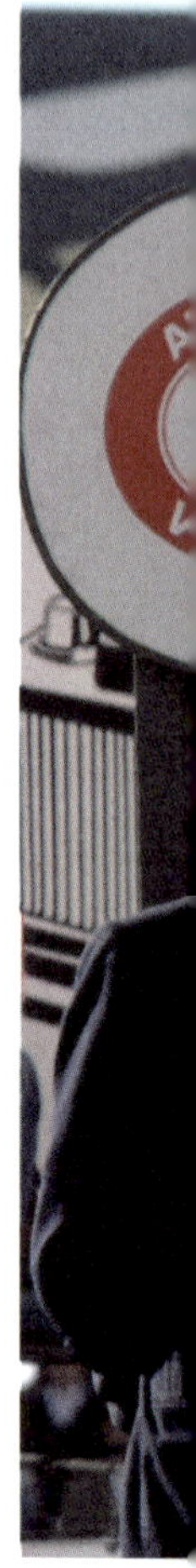

Emerson Fittipaldi verpflichtet. Trotz des jähen Endes mit Hesketh: Seinen Freund, den Lord, hat Hunt nie vergessen: »Sie haben alles für mich gemacht, sie haben mich in ein Grand-Prix-Auto gesetzt und mir eine Chance gegeben. Und ich denke, es ist eine große Tragödie für den Motorsport und den britischen Sport, dass ihnen vor der bestmöglichen Saison die Puste ausgegangen ist.«

»DAS WAR PERFEKTES FAHREN«

Niki Lauda kam der neue Rivale gerade recht: »Keine Frage, 1975/76 habe ich den Wettbewerb dominiert, habe keine Fehler gemacht, das war perfektes Fahren.«

Fehler machte der Wiener auch 1976 nicht. Vier der ersten sechs Rennen – Brasilien, Südafrika, Belgien und Monaco – gingen an Lauda.

Hunt fuhr in Spanien erstmals dazwischen. Doch wie später in Brands Hatch stoppte zunächst eine fast haarspalterisch anmutende Regelüberschreitung den McLaren-Newcomer: Im Parc fermé wurde die Breite des McLaren M23 von James Hunt als nicht regelkonform beurteilt. Der Sieg wurde ihm daraufhin aberkannt. McLaren legte Einspruch gegen die Disqualifikation ein. Zwei Monate später wurde dem Protest stattgegeben und das ursprüngliche Rennergebnis wiederhergestellt. Teddy Mayer, Teamchef von McLaren, im Interview mit Weltmeister Stirling Moss: »Diese Strafe war definitiv zu hart, es gab keinen Grund für diese

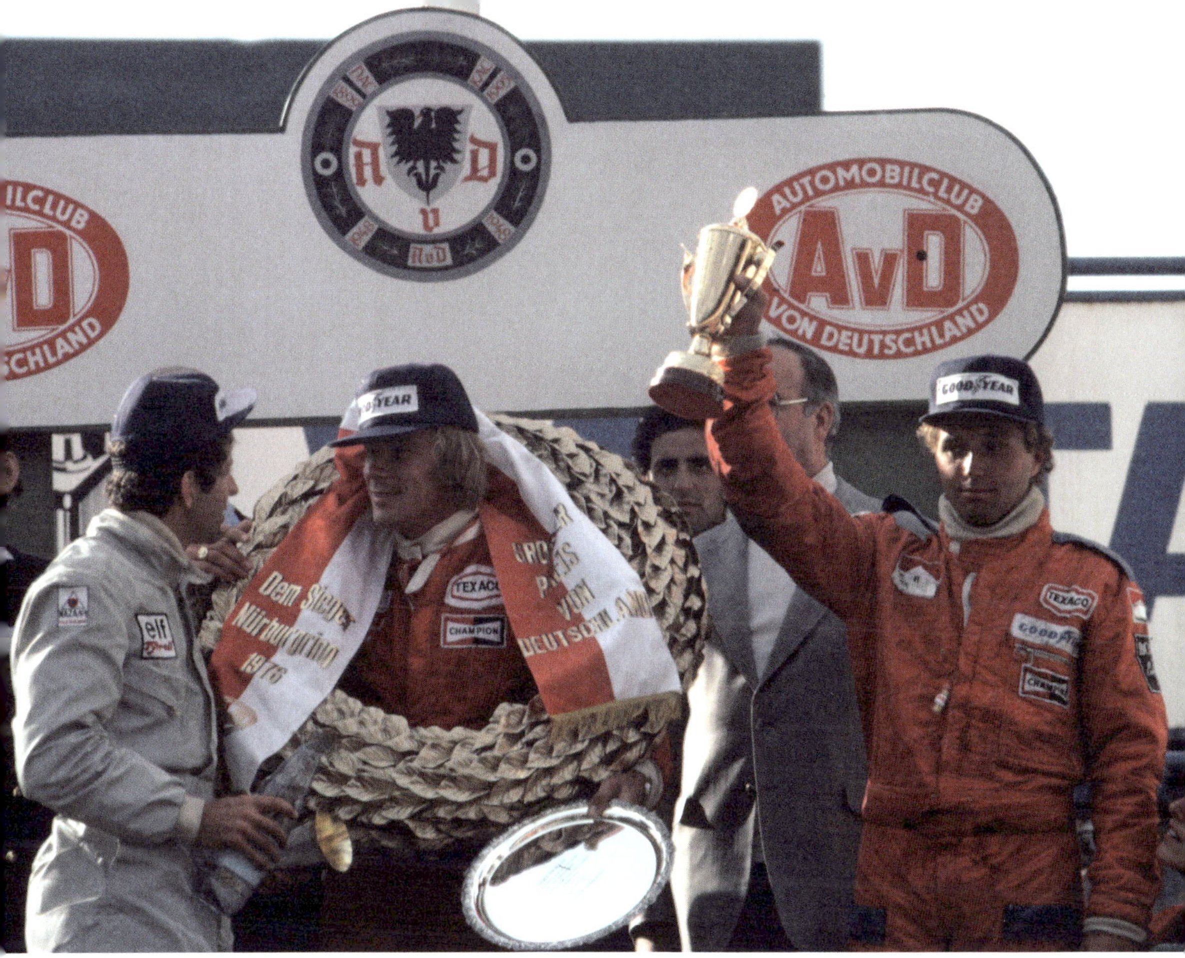

Wirkliche Feierstimmung kam bei der Siegerehrung am Nürburgring mit (v. l.) Jody Scheckter, James Hunt und Jochen Mass nicht auf.

Disqualifikation.« Hunts Wagen war um 1,8 Zentimeter zu breit gewesen.

Der fast rauschhafte Saisonverlauf trieb sowohl den Briten als auch den Pragmatiker Lauda zu immer weiteren Höchstleistungen an. Ein Duell auf absolut höchstem Niveau zeichnete sich ab. Spätestens, als Hunt mit seinem Sieg beim Großen Preis von Frankreich am 4. Juli 1976 in Le Castelet den Rückstand auf den Titelverteidiger aus Österreich auf 27 Punkte verkürzt hatte.

Die Formel-1-Welt erlebte das Duell zweier Fahrertypen, die augenscheinlich sehr unterschiedlich waren. Auf der einen Seite der vor dem Rennen wie versteinert wirkende, in sich gekehrte Andreas Nikolaus Lauda, der Probleme auf den Strecken scheinbar vorausahnen konnte.

Auf der anderen Seite der auf den ersten Blick in jeder Lebenslage lässige James Hunt, der keine professionelle Lebensweise brauchte, um erfolgreich zu sein.

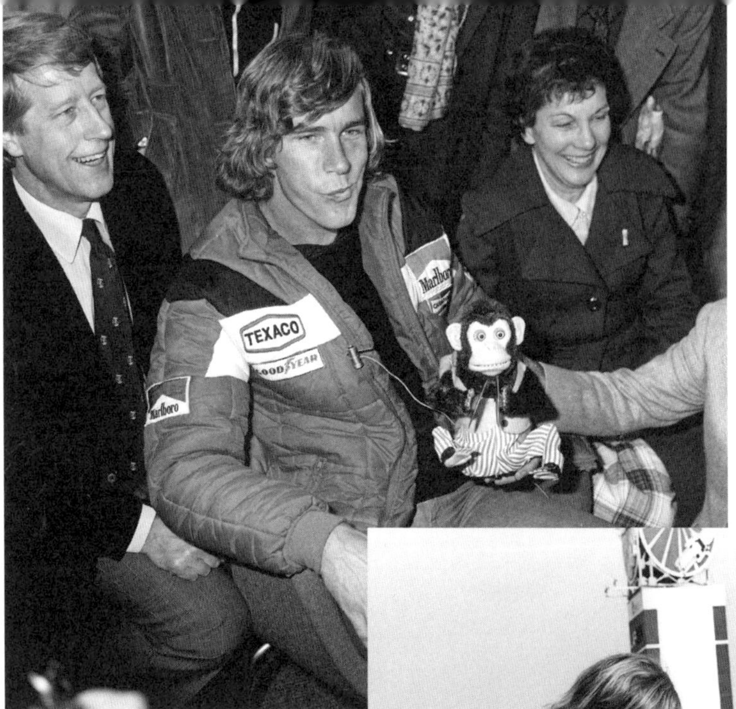

Weltmeister James Hunt wird bei seiner Rückkehr aus Japan am Londoner Flughafen Heathrow von seinen Eltern Wallis und Sue Hunt empfangen.

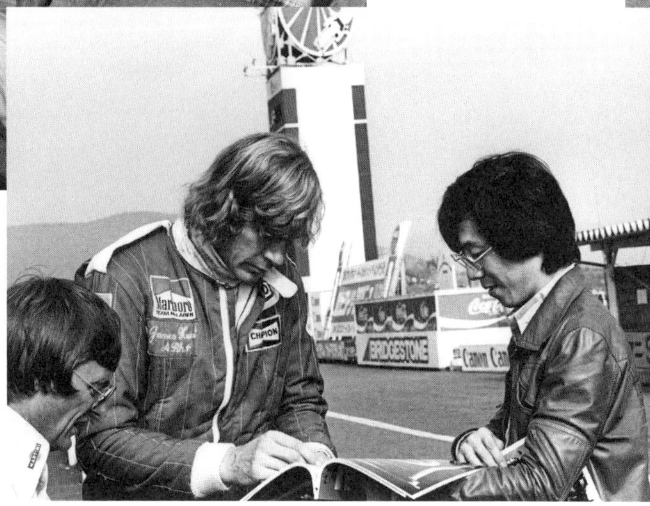

Fuji, 24. Oktober 1976: Vor dem entscheidenden Grand Prix von Japan gibt James Hunt (m., mit Bernie Ecclestone) Autogramme.

Doch das Psychogramm gibt mehr her: »Wenn James vor einem Rennen im Auto saß und man daneben stand oder saß, konnte man seine Vibration spüren«, beschrieb Alastair Caldwell, Team-Manager bei McLaren, die andere Seite des Herausforderers.

Heinz Prüller, langjähriger Formel-1-Kommentator beim ORF, sagt: »James Hunt war nicht immer der Formel-1-Rabauke. Er konnte auch sehr sensibel sein und er hat sich mitunter vor den Rennen erbrechen müssen. Das hatte nichts mit dem Alkohol zu tun, sondern es waren ein bisschen auch die Nerven.«

Für Fans und Medien war das Duell Hunt gegen Lauda eine Attraktion. Befeuert wurde es durch die Macher der beiden Rennställe.

Ferrari und McLaren dominierten die Konkurrenz – und gaben sich als ziemlich beste Feinde. Die beiden Rennmanager Audetto und Caldwell erinnerten sich später an diese Rivalität.

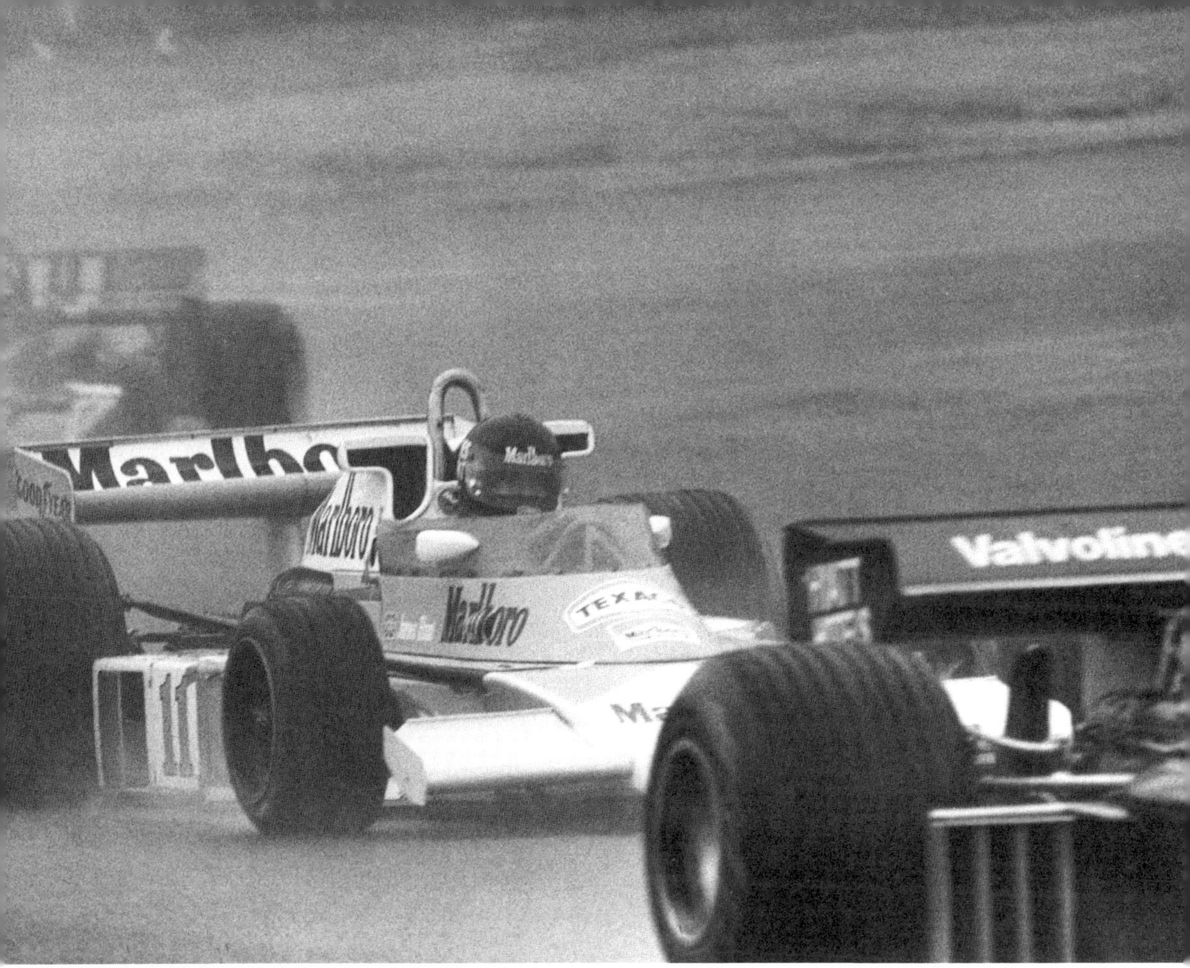

Im Regen von Fuji fuhrt James Hunt zu seinem einzigen Weltmeister-Titel.

Caldwell: »Ferrari war mein Erzfeind, mit Audetto, dem Teamchef, stand ich auf Kriegsfuß.«
Audetto konterte: »Ferrari hatte eine viel ruhmreichere Geschichte als McLaren.«
Caldwell: »Finanziell konnten wir mit Ferrari nicht mithalten, aber was Stil und Leistung betrifft, sehr wohl! Sie hatten ein viel größeres Team und sie waren richtige Italiener…«
Audetto: »Wir respektierten einander, aber ich würde noch heute mit ihm kein Bier trinken gehen…«

»ICH FÜHRE KEINEN KRIEG MIT FERRARI«

James Hunt wusste, wie man Rennen fährt und wie das Spiel mit den Medien geht. Dennoch bemühte er sich nach Kräften, das Gift aus dem Duell mit Ferrari zu nehmen.
Das belegt eine Aussage von Hunt nach dem GP von Großbritannien. »Sie wollten uns nicht nur aus dem Rennen haben, sie wollten uns demütigen«, sagte er. Und er stellte unmissverständlich klar: »Ich führe keinen Krieg mit Ferrari, ich

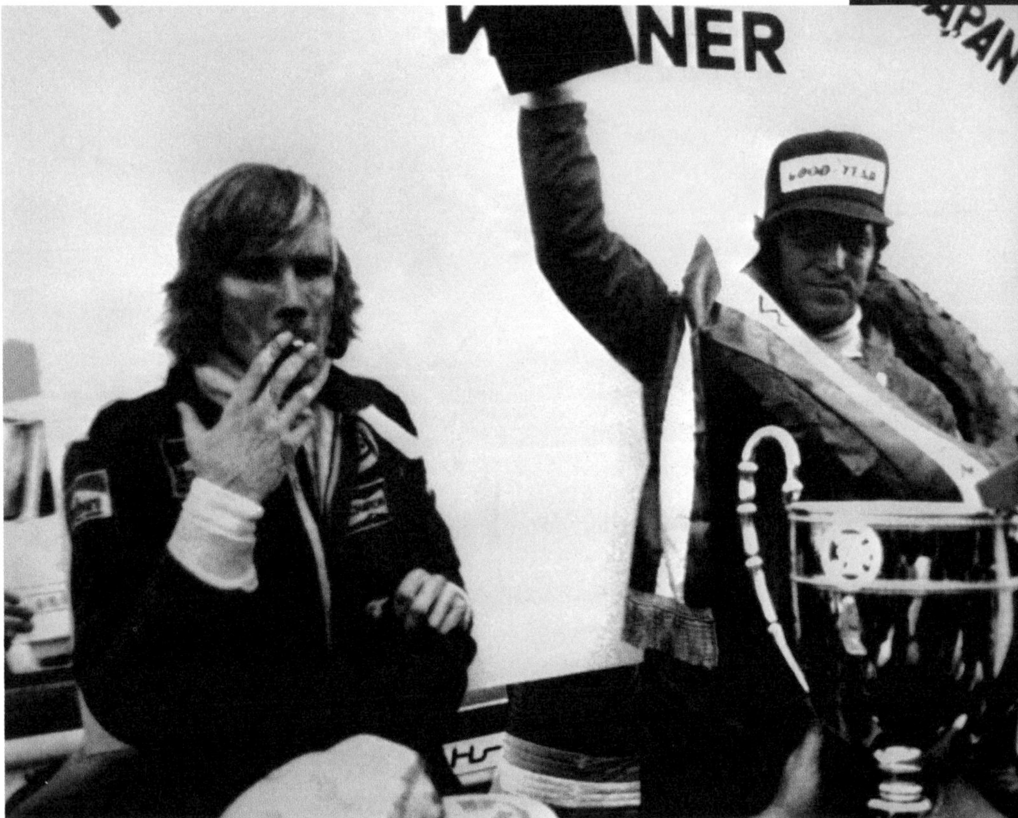

Die Zigarette danach: Während Japan-GP-Sieger Mario Andretti feiert, lässt Weltmeister James Hunt (l.) Dampf ab.

kann nur für mich sagen, dass ich einen Zweikampf mit Niki führe.«

Den Ausfall von Niki Lauda nach seinem schrecklichen Unfall am Nürburgring am 1. August 1976 (siehe Kapitel »Der Pilot, der leben wollte«) nutzte Hunt zur Aufholjagd.

Er gewann den Großen Preis der Niederlande, verkürzte den Rückstand auf den schwer verletzten Ferrari-Fahrer auf 14 Punkte – und sah sich am 12. September 1976 in Italien plötzlich wieder dem Titelrivalen gegenüber.

»Das war hart«, sagte Hunt später über Laudas Rückkehr – und salzte mit britischem Humor nach: »Du verbrennst dir das Gesicht und siehst danach besser aus als vorher.«

Bis zu Laudas Unfall hatte man bei McLaren auch unter der Gürtellinie ausgeteilt. »Da war dieser Österreicher, den wir alle nur die Ratte nannten«, sagte Caldwell, »weil er wie eine aussah.« Audetto über den Taktiker Lauda: »Für Niki ging es um alles. Ihm war klar: Ohne Punkte würde er

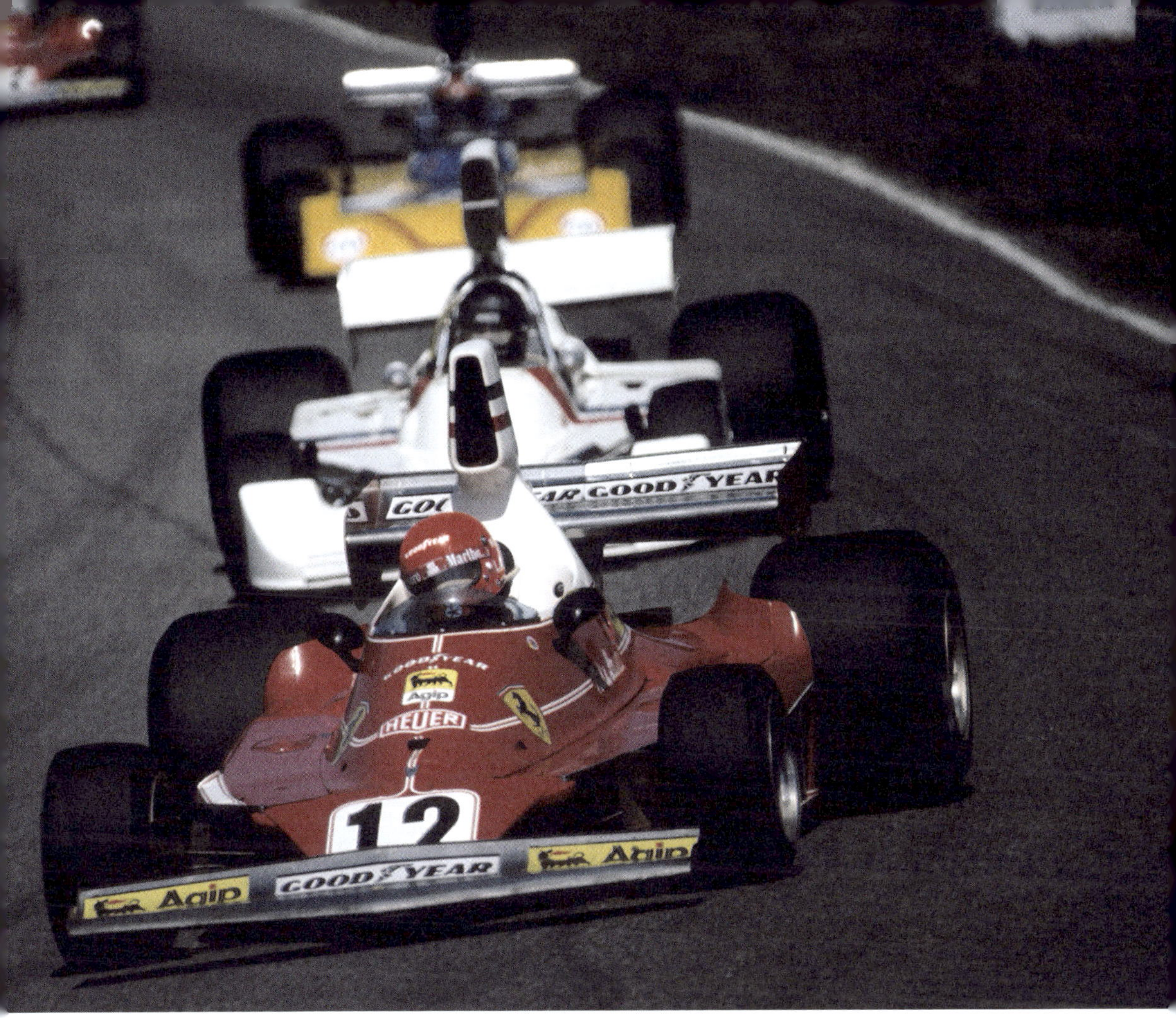

Die Formel-1-Saison 1976 wurde auch ein Hit bei den TV-Übertragungen.

die Weltmeisterschaft schon in Monza verlieren.«

Nach einem Dreher in der elften Runde war Hunt draußen und in der Lauda-Loge bei Ferrari stieg die Spannung bis ins Unerträgliche. »Es war unglaublich«, erinnerte sich Audetto, »Niki hat das Rennen nicht nur beendet, er ist Vierter geworden!«

Für Heinz Prüller war es »eines der größten Comebacks der Sportgeschichte, wenn nicht sogar das größte.«

»GUTEN MORGEN, ICH WERDE HEUTE FORMEL-1-WELTMEISTER!«

Lauda lag jetzt fünf Punkte vor Hunt, der vor dem Großen Preis von Kanada am 3. Oktober 1976 den Punktabzug von Großbritannien hinnehmen musste. Die Entscheidung der FIA kostete ihn neun WM-Punkte. Somit lag er

17 Zähler hinter Niki Lauda.
»Wahnsinnig erfreut«, zeigte sich der Ferrari-Pilot auf telefonische Anfrage von BBC.
In der gleichen TV-Call-In-Show feuerte der aus Toronto live zugeschaltete Hunt eine verbale Breitseite ab: »Das ist ein Desaster! Sie haben die Weltmeisterschaft damit entwertet. Von Niki kommt der erwartete Müll, er ist kein Sportsmann. Das Einzige, was Niki interessiert, ist Niki.«
Aber: Hunt konnte das Rennen im kanadischen Clarington (Greater Toronto Area) gewinnen und er holte sich auch in den USA in Watkins Glen Platz eins.
»Sex ist offenbar das Frühstück der Champions«, vermutete Caldwell bei der Aufholjagd des Lebemannes, dessen exzessive Lebensart nun wie ein dauerhafter Rausch anmutete. Caldwell: »Wir haben in dieser Phase jegliche Disziplin fallen lassen und James einfach gehen lassen.« Street Life.
Gehen lassen hat sich Lauda nie. Doch in den USA lieferte Niki Lauda eine Episode, die für ihn mehr als untypisch war und die doch für seinen feinsinnigen Humor sprach.
Er klopfte am frühen Morgen an die

James Hunt nach seinem einzigen Sieg für Hesketh: Grand-Prix-Sieger der Niederlande 1975 in Zandvoort. Vorn: Niki Lauda.

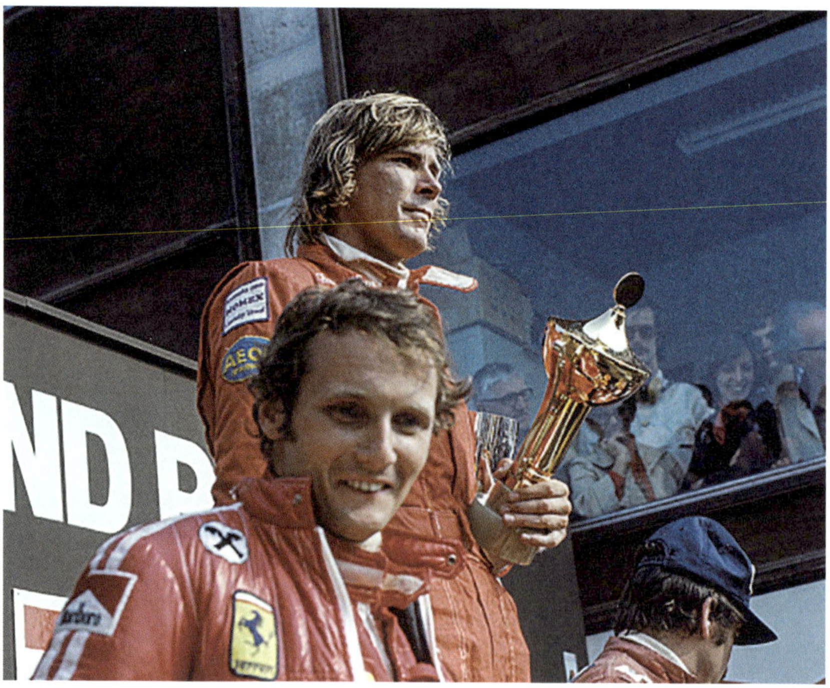

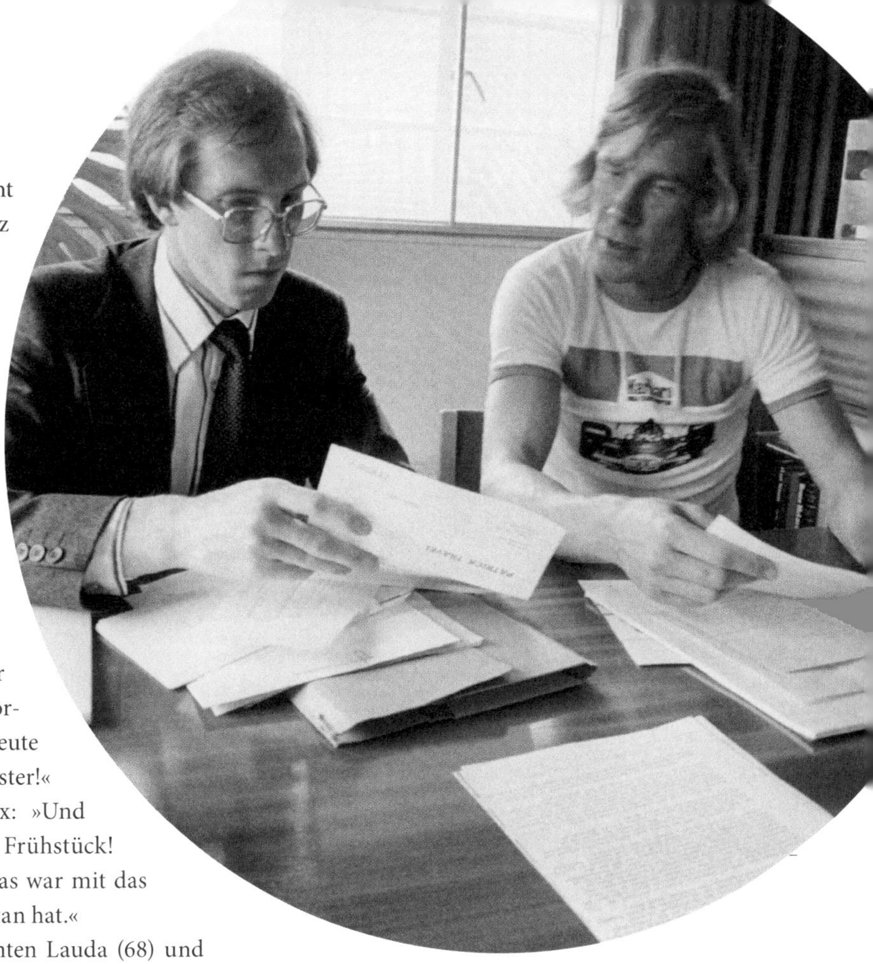

Bürokratie war nicht die Kernkompetenz des James Hunt…

Zwischentür zum Hotelzimmer von James Hunt. Im Rennoverall stand der Ferrari-Fahrer vor Hunt: »Guten Morgen, ich werde heute Formel-1-Weltmeister!« Hunt war perplex: »Und das noch vor dem Frühstück! Ich dachte mir: Das war mit das Beste, was er je getan hat.«
Drei Punkte trennten Lauda (68) und Hunt (65 Zähler) vor dem Finale, dem Grand Prix von Japan in Fuji.
Unter dem Fujiyama, dem mit 3.776 Metern höchsten Berg Japans, ereignete sich am 24. Oktober 1976 ein Stück Sportgeschichte, das von dem US-amerikanischen Regisseur Ron Howard 2013 unter dem Titel Rush – Alles für den Sieg mit dem deutschen Schauspieler Daniel Brühl als Niki Lauda und dem australischen Darsteller Chris Hemsworth als James Hunt in den Hauptrollen verfilmt wurde. Der Film spielte weltweit 90 Millionen Dollar ein und wurde teilweise an Originalschauplätzen wie dem Nürburgring und Brands Hatch gedreht.
Fuji lieferte allerdings das bessere Drehbuch. Erstmals gab es ein Rennen in Japan, zum ersten Mal wurde eine weltweite Live-Übertragung eines Formel-1-Rennens im Fernsehen gestartet.

»FERRARI IST SOFORT ZU FITTIPALDI GEGANGEN«

Laudas schwache Bilanz in Kanada (Achter) und in Watkins Glen (Rang drei) hatten für angespannte Stimmung zwischen ihm und dem mächtigen Enzo Ferrari gesorgt.
Der ins Cockpit zurückgekehrte

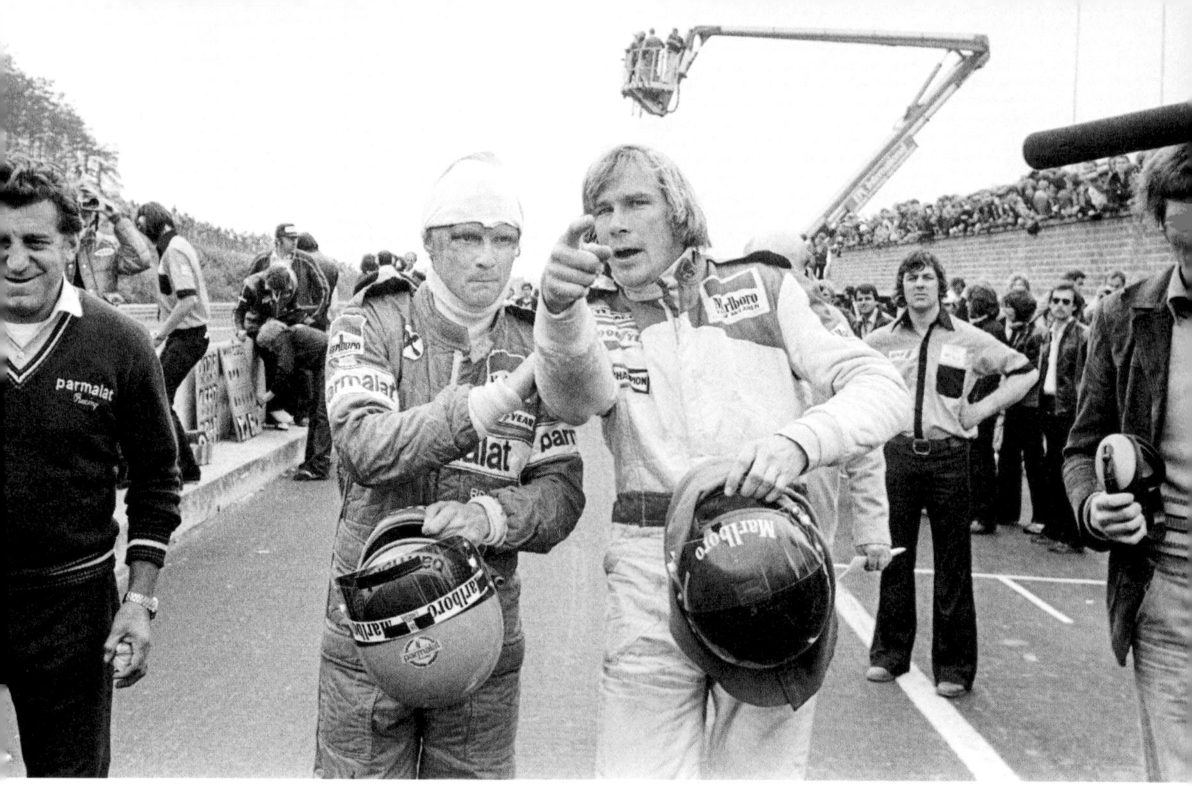

James Hunt und Niki Lauda diskutieren über ihre Kollision in Zolder beim Grand Prix von Belgien 1978.

Ferrari-Pilot nahm es dem Patron immer noch übel, dass dieser ihn nach dem Feuerunfall in Deutschland bereits abgeschrieben hatte. Lauda zu motorsport-total.com: »Als ich im Spital war, ist Daniele Audetto im Auftrag von Enzo Ferrari sofort zu Emerson Fittipaldi gegangen und Ferrari hat ihm gesagt, er muss sofort einen Zwei-Jahres-Vertrag machen.«

Damit wäre Lauda außen vor gewesen, da Ferrari das zweite Auto für 1977 bereits an den Argentinier Carlos Reutemann vergeben hatte. Fittipaldi selbst hatte Lauda diese brisante Information zugespielt.

»Ich war fertig, als er mir das erzählt hatte«, so Andreas Nikolaus Lauda, »als ich ihn über die Vertragsdetails gefragt habe, sagte er: Zwei Jahre, für jedes Geld. Da hat's mich natürlich schon gerissen. Wenn er Fittipaldi gefragt hätte, ob er bis Jahresende für uns fahren kann, hätte ich das noch verstanden, weil er nicht wusste, dass ich wieder hochkomme. Aber den gleich so verpflichten zu wollen, ohne zu wissen, was mit mir ist, das war für mich schon ein Einschnitt.«

Am Renntag herrschte in Fuji ein Regenwetter wie bei einem Monsun. Irreguläre Bedingungen. Eine Besprechung der 27 gemeldeten Fahrer sollte entscheiden, ob das Rennen unter diesen Umständen

»Hunt, the Shunt« als Radler - Großer Preis von Frankreich 1976.

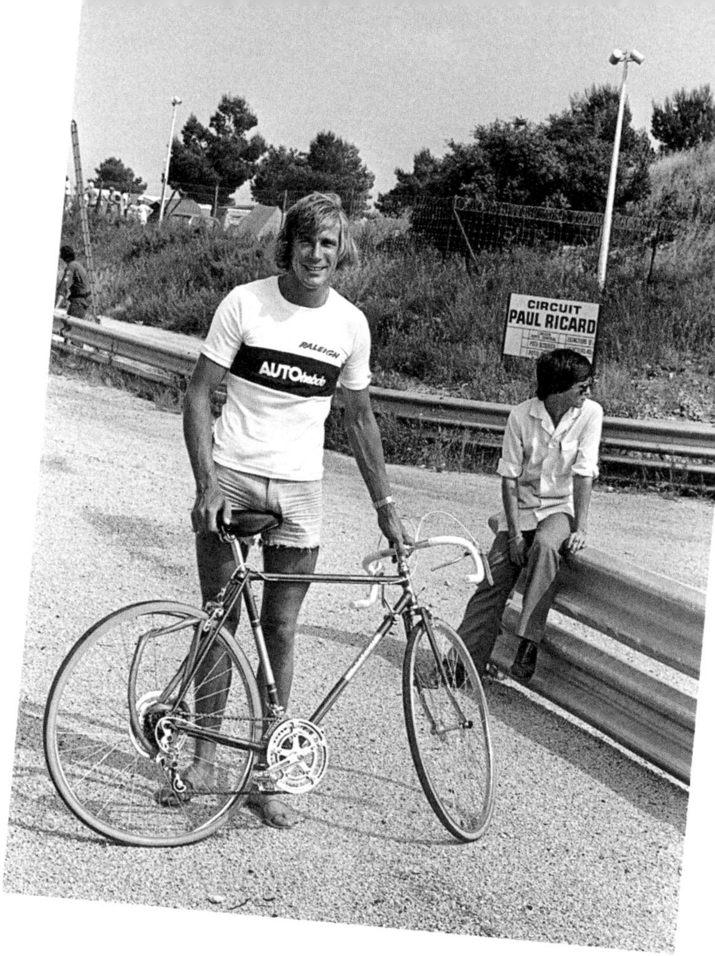

überhaupt stattfinden konnte. Hunt und Lauda schlugen eine Absage des Rennens vor, doch die Offiziellen fällten nach stundenlangem Hin und Her eine Entscheidung: Start. Trotz Regen.

»ICH WILL MICH NICHT NOCHMAL UMBRINGEN«

Lauda dazu: »Um 16 Uhr kam der Renndirektor und sagte: Wir starten jetzt. Wir fragten: Warum? Es regnet immer noch! – Er sagte: Wegen der Fernsehübertragung!«
Emerson Fittipaldi (Copersucar-Fittipaldi) beschrieb die Lage auf der Strecke Jahre später so: »Für dieses Rennen hätte man ein Radar gebraucht, im Auto hat es sich wie in einem Boot angefühlt.«
Der Australier Larry Perkins war nach Runde eins draußen, sein Teamkollege Carlos Pace im Brabham-Alfa Romeo brach das Rennen nach sieben Umläufen ab, Fittipaldi nach der neunten Runde.
»Fittipaldi ging raus, ich fuhr in die Box und noch ein paar andere Jungs, denn wir sagten uns: Das können wir nicht akzeptieren«, erzählte Niki Lauda, der nach nur zwei Runden den Kurs verließ.
»Was ist los?«, fragte ihn ein Ferrari-Mechaniker achselzuckend.
Lauda: »Ich will mich nicht noch einmal umbringen …«
Audetto: »Du gehst raus und sagst, dass der Motor hin ist. Das ist eine gute Geschichte.«
Lauda: »Nein, das kann ich nicht machen. Denn der Motor ist perfekt, ich bin es, der nicht fahren will.«
Der Ausgestiegene wusste, warum: »Ein Rennfahrer, der noch keinen Unfall hatte, hat Reserven und geht leichter ein

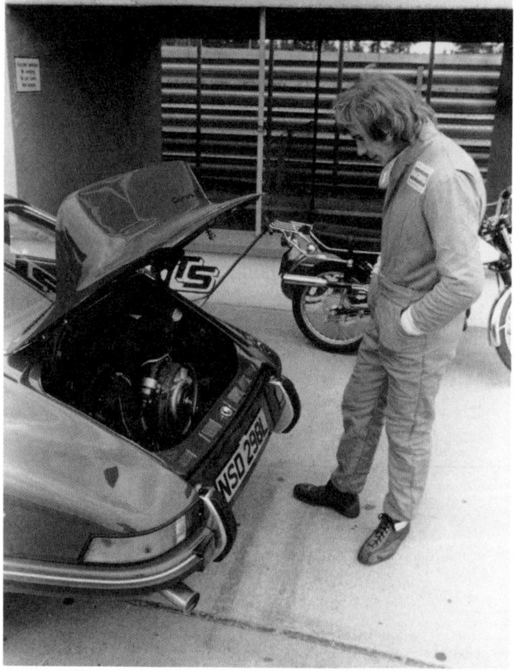

James Hunt nimmt einen Porsche-Motor in Augenschein.

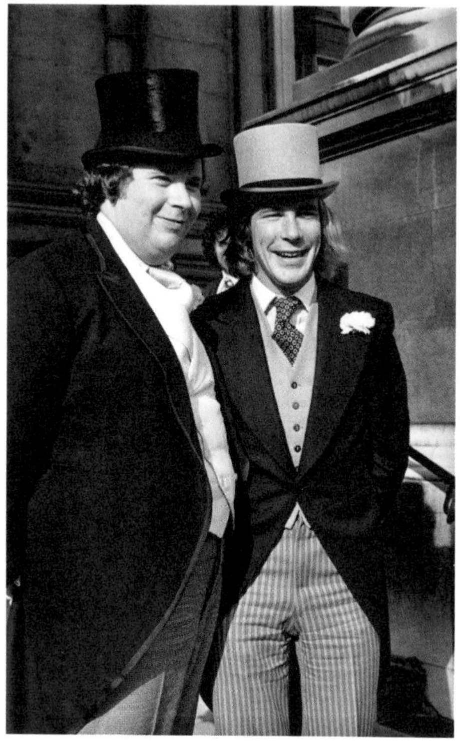

Das schillerndste Team der Formel-1-Geschichte: Lord Alexander Hesketh und James Hunt.

Risiko ein. Wenn man aber gerade dem Tod entronnen ist, dann geht das nicht. Vor allem, wenn man ein paar Rennen später solche extremen Bedingungen wie Regen und Wasser konfrontiert ist. Nach meinem Unfall wollte ich dieses Risiko nicht eingehen.«
Audetto später: »Ich sah den Horror in Nikis Augen und für mich war es unmöglich, ihn zum Rennen zurück zu bringen. Sein Gesicht war regelrecht blockiert, er hat die gleichen Bedingungen wie am Nürburgring gesehen, obwohl diese natürlich völlig anders waren. Aber du kannst einen Fahrer nicht zwingen, gegen sein Gefühl anzugehen. Denn dann tötest du wirklich jemanden.«
Bei strömendem Regen und sprühender Gischt – Zuschauer berichteten, dass sie nur das führende Auto sehen konnten – kam der von Position zwei hinter Mario Andretti (Lotus-Ford) gestartete James Hunt gut auf die Strecke.

DIE 71. RUNDE…

Lauda war zwar früh draußen, aber er hätte bei einem Ausfall von Hunt oder einem Renn-Ende für den Engländer außerhalb der Platzierungen immer noch Weltmeister werden können.
Das Momentum war auf der Seite des McLaren-Piloten, der die Anweisungen seines Teams, die Reifen zu kühlen,

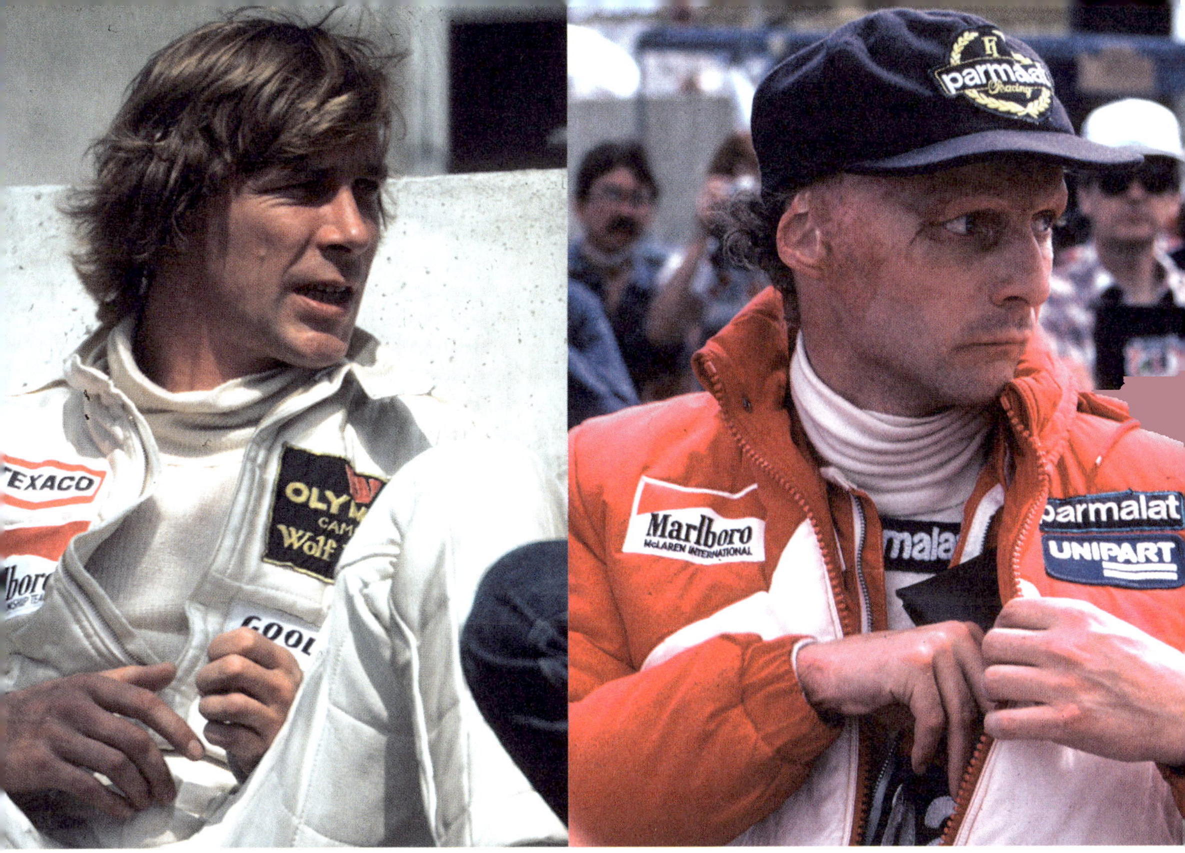

James Hunt und Niki Lauda veränderten die Formel 1.

einfach in den Wind schoss. In Runde 71 überholte Hunt Alan Jones (Surtees) und Laudas Ferrari-Teamkollegen Clay Regazzoni, fuhr hinter Patrick Depallier (Tyrrell-Ford) und Andretti auf den dritten Platz und wurde Weltmeister. Mit einem Punkt Vorsprung.

Taylor: »Hunt kam voller Wut in die Box, er stürmte aus dem Auto, riss sich den Helm herunter und begann zu fluchen und sein Team zu beschimpfen. Erst als Teamchef Caldwell drei Finger hob und sagte: »James, du bist Dritter«, ist bei ihm der Groschen gefallen.«

Da war Niki Lauda schon weg. Von Hunts WM-Triumph erfuhr er im Radio und auf dem Weg zum Flughafen. »Ein Japan-Grand-Prix für die Ewigkeit«, schrieb motorsport-total.com über Fuji 1976, »Niki Laudas mutige Entscheidung, im strömenden Regen den WM-Titel aufzugeben und aus Sicherheitsgründen auszusteigen, brachte ihm enormen Respekt ein.«

Lauda selbst sagte 20 Jahre danach der BBC: »Ich habe schon damals gesagt: Wenn jemand den Weltmeistertitel holt, dann sollte es James sein. Ich mochte ihn. Wir waren zwar keine Freunde, aber wir waren uns sympathisch. Das war damals in der Formel 1 nicht üblich.«

KAPITEL 4

NÜRBURGRING 1976. DER PILOT, DER LEBEN WOLLTE

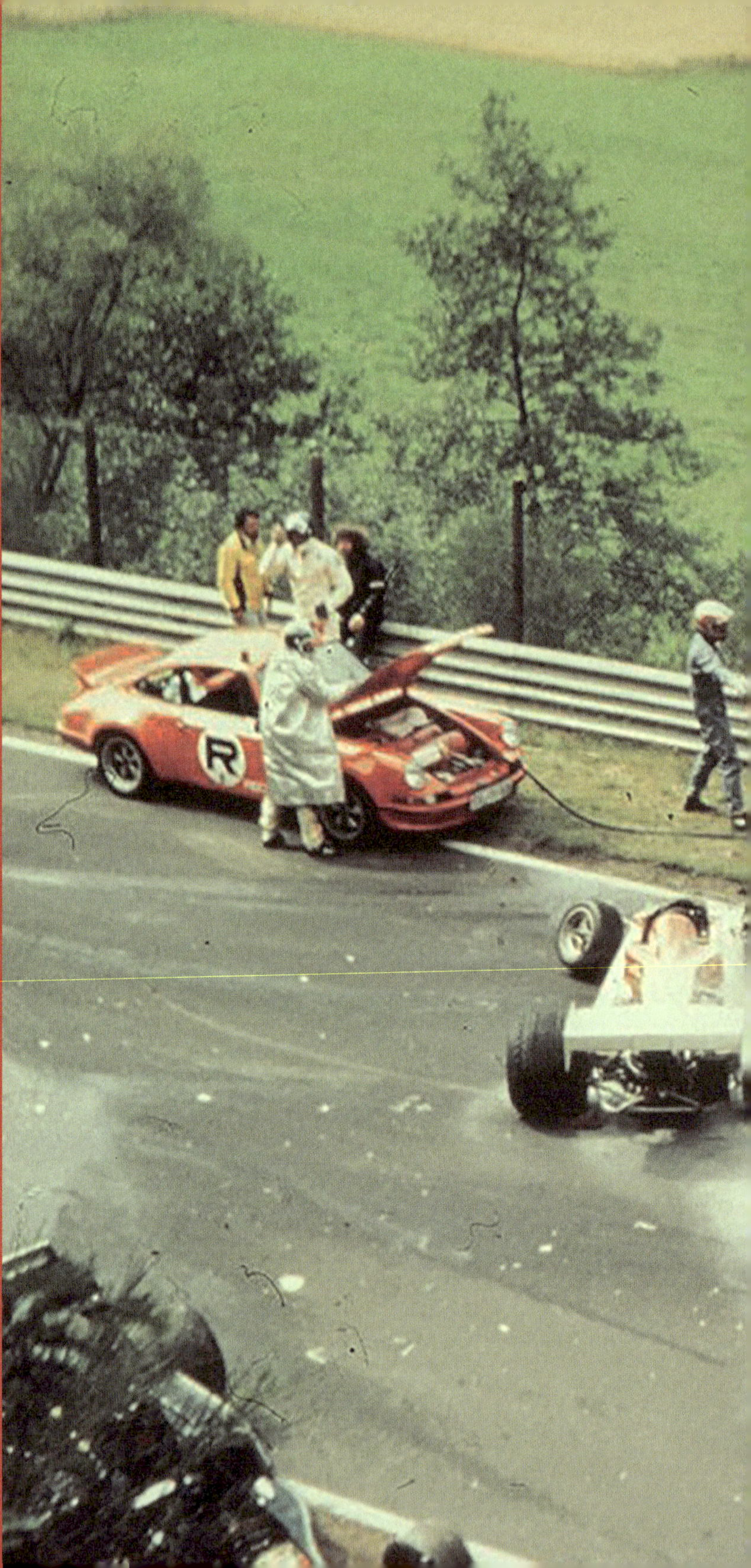

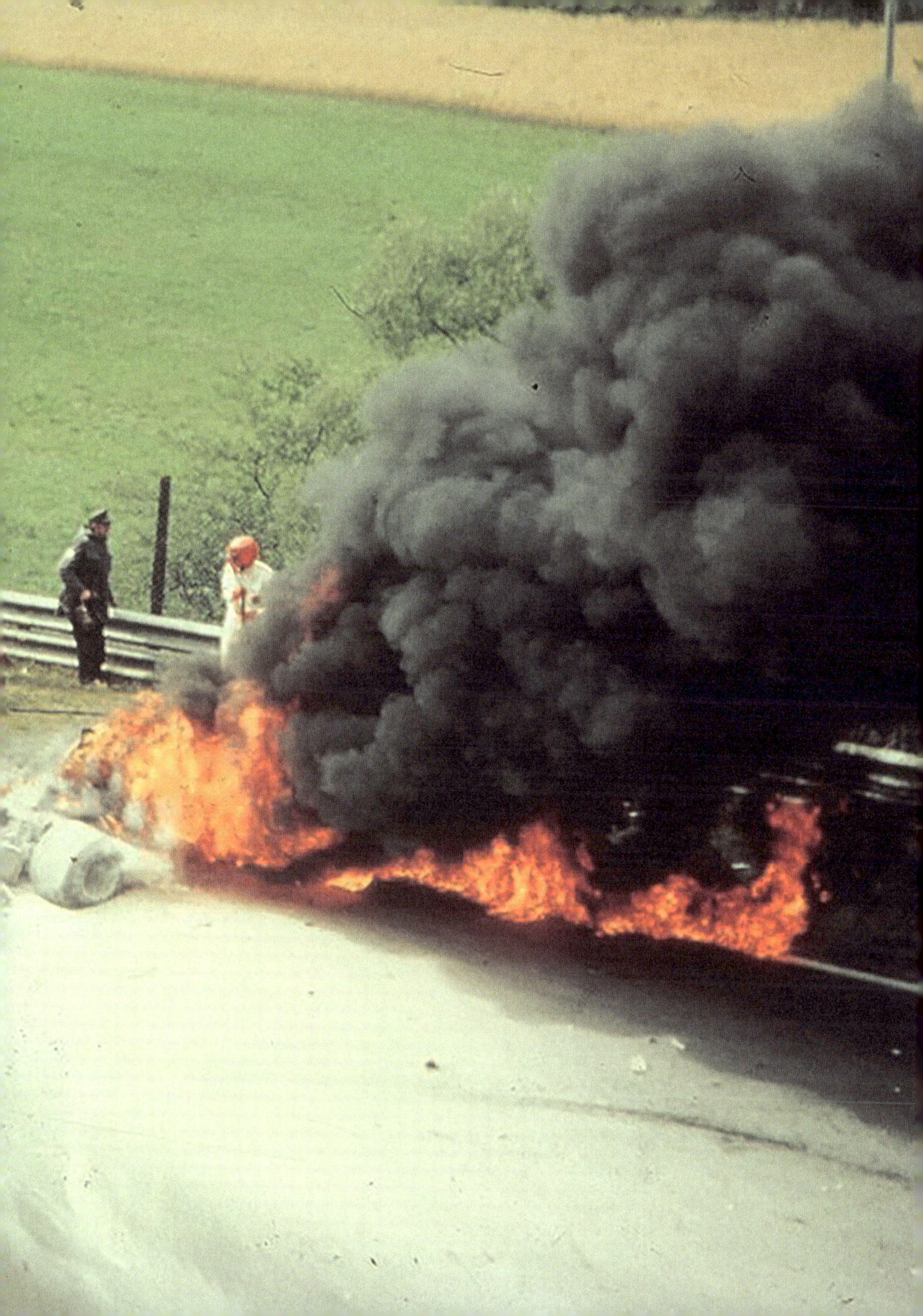

NÜRBURGRING 1976: DER PILOT, DER LEBEN WOLLTE

Es war nur ein Autogrammwunsch. Am 31. Juli 1976 wurde der Ferrari-Rennfahrer Niki Lauda am Nürburgring von einem Fan angesprochen.

»Ich ging die Boxengasse hinauf«, erinnerte sich Lauda viele Jahre später, »als mich ein deutscher Autogrammjäger ansprach. Ich unterschrieb für ihn. Er sagte: »Schreib das Datum drauf«, was bisher noch nie jemand zu mir gesagt hat, »denn es könnte das letzte Mal sein.«

Ein Spruch wie ein Menetekel. Am 1. August 1976 erlitt Niki Lauda einen Rennunfall, der sein Leben und den Lauf der Formel 1 verändern sollte.

»LAUDA IN DER FEUER-HÖLLE«

In der Reihe »Sportfotos für die Ewigkeit« zeigte die Zeitschrift SPORT BILD (Ausgabe 25 / 2022) das Foto mit Laudas brennendem Boliden und den verzweifelten Versuchen der Retter, das Auto zu löschen.

Aufgenommen hat es – und dieses Rätsel konnte nie geklärt werden – ein Unbekannter. Der Fotograf Arthur Thill aus Luxemburg, der 1969/70 in die professionelle Sportfotografie einstieg, kaufte es einem Hobbyfotografen vor Ort am Nürburgring für umgerechnet 250 Euro ab.

Helmut Uhl, Formel-1-Reporterlegende bei BILD und SPORT BILD, schrieb dazu unter der Headline »Lauda in der Feuer-Hölle«:

»200 Liter Sprit in Flammen. Im Streckenabschnitt Bergwerk verliert Niki Lauda 1976 beim Großen Preis von Deutschland auf dem Nürburgring nach einer Linkskurve die Kontrolle über seinen Ferrari 312T2. Der Wagen knallt mit 220 Stundenkilometern gegen eine Felswand und wird zurück auf die Strecke geschleudert. Das austretende Benzin entzündet sich. March-Pilot Arturo Merzario zieht ihn aus der Flammen-Hölle. Links zu sehen ist der Surtees-Ford von Brett Lunger.«

Man kann den Horror fühlen, der in dieser Beschreibung liegt.

Der Ferrari brach aus, wurde vor den Augen der nachfolgenden Fahrer, dem

> **»NIKI LAUDA WAR DER AM MEISTEN FOKUSSIERTE MANN, DEN ICH JE GETROFFEN HABE.«**
> **GUY EDWARDS, 2019**

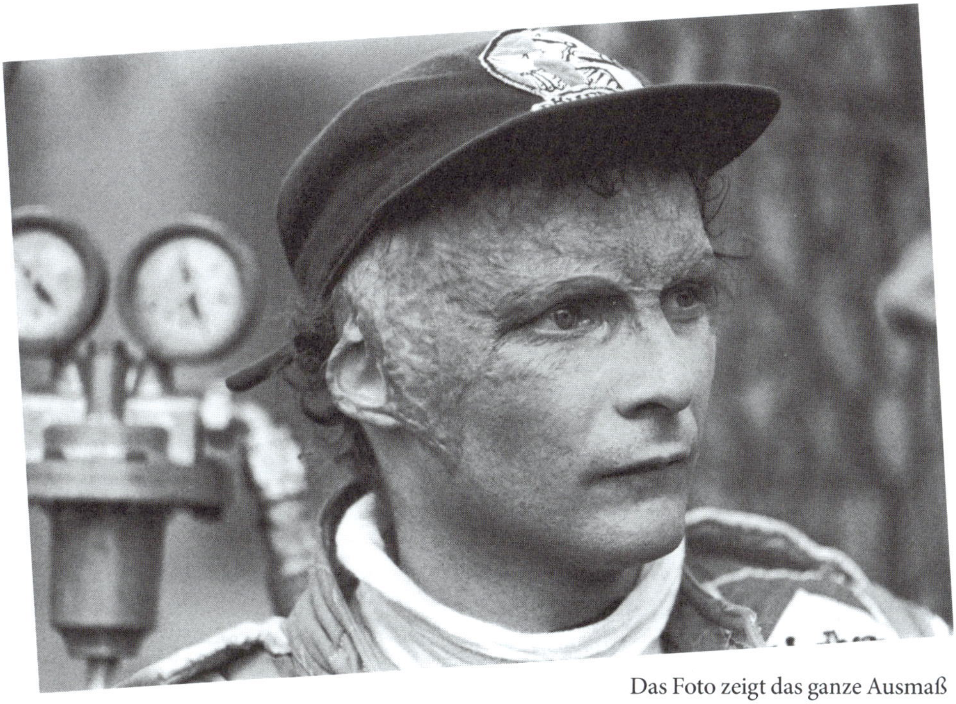

Das Foto zeigt das ganze Ausmaß
von Laudas Gesichtsverletzungen.

1. August 1976: Niki Lauda am Nürburgring auf der Strecke…

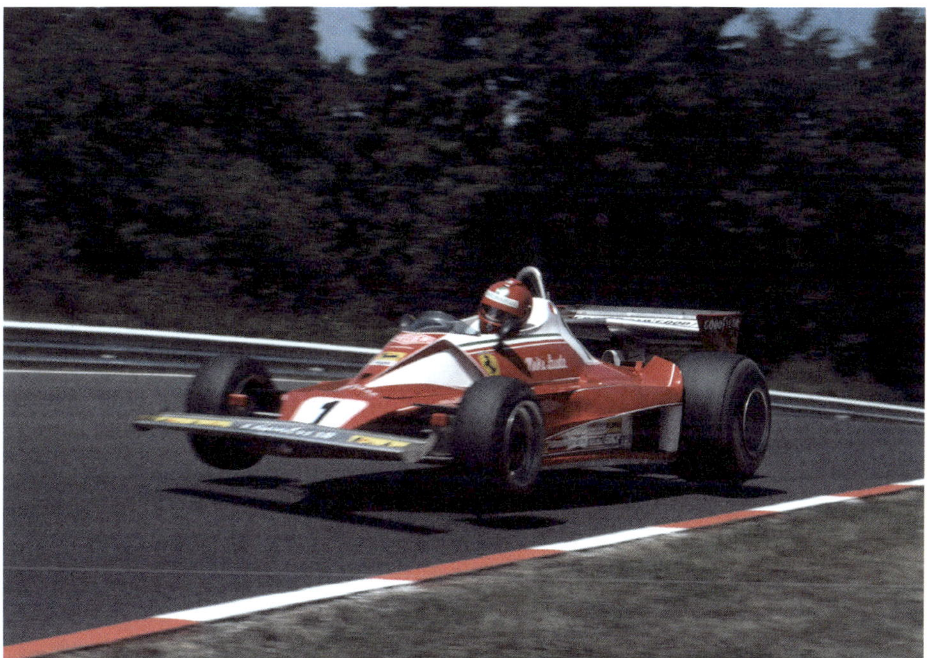

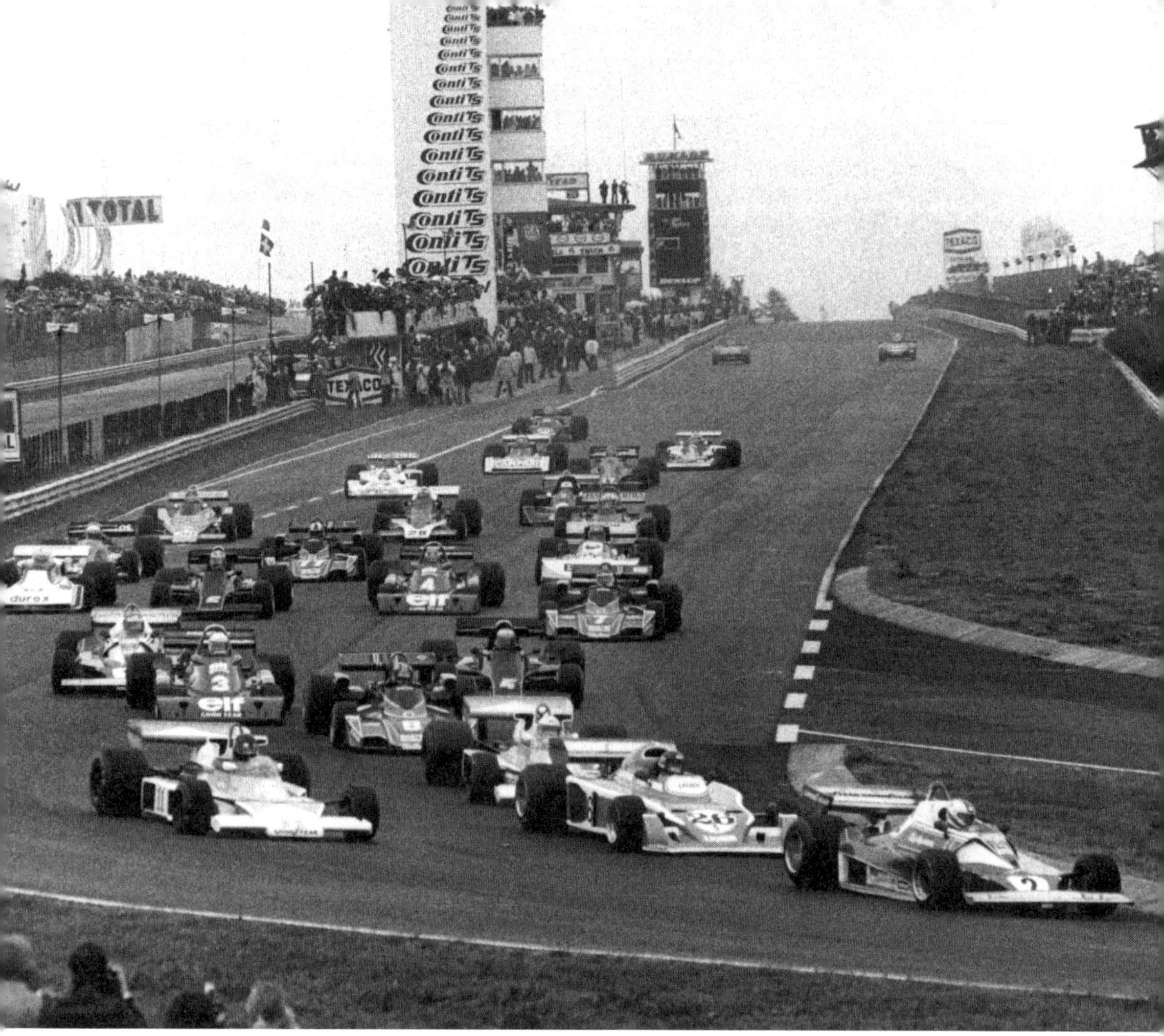

Rennszene auf der Nordschleife am Nürburgring.

Deutsch-Österreicher Harald Ertl († 1982) im Hesketh-Ford und dem US-Amerikaner Brett Lunger, zum Feuerball.

»Ich rannte ins Feuer, hörte seine Schreie«, schilderte der italienische Formel-1-Pilot Arturo Merzario Jahre später die fast eine Minute dauernde Rettung des WM-Favoriten. Es gelang ihm, die Sicherheitsgurte zu lösen. »Als ich ihn freibekam«, so Merzario, »war er leicht wie eine Feder. Ich habe sein Herz massiert und ihn beatmet, bis ein Krankenwagen kam.« 40 Sekunden brauchte Merzario, um seinen Kollegen zu befreien.

»LAUDA WAR GEFANGEN«

Der britische Formel-1-Pilot Guy Edwards passierte im Hesketh-Ford

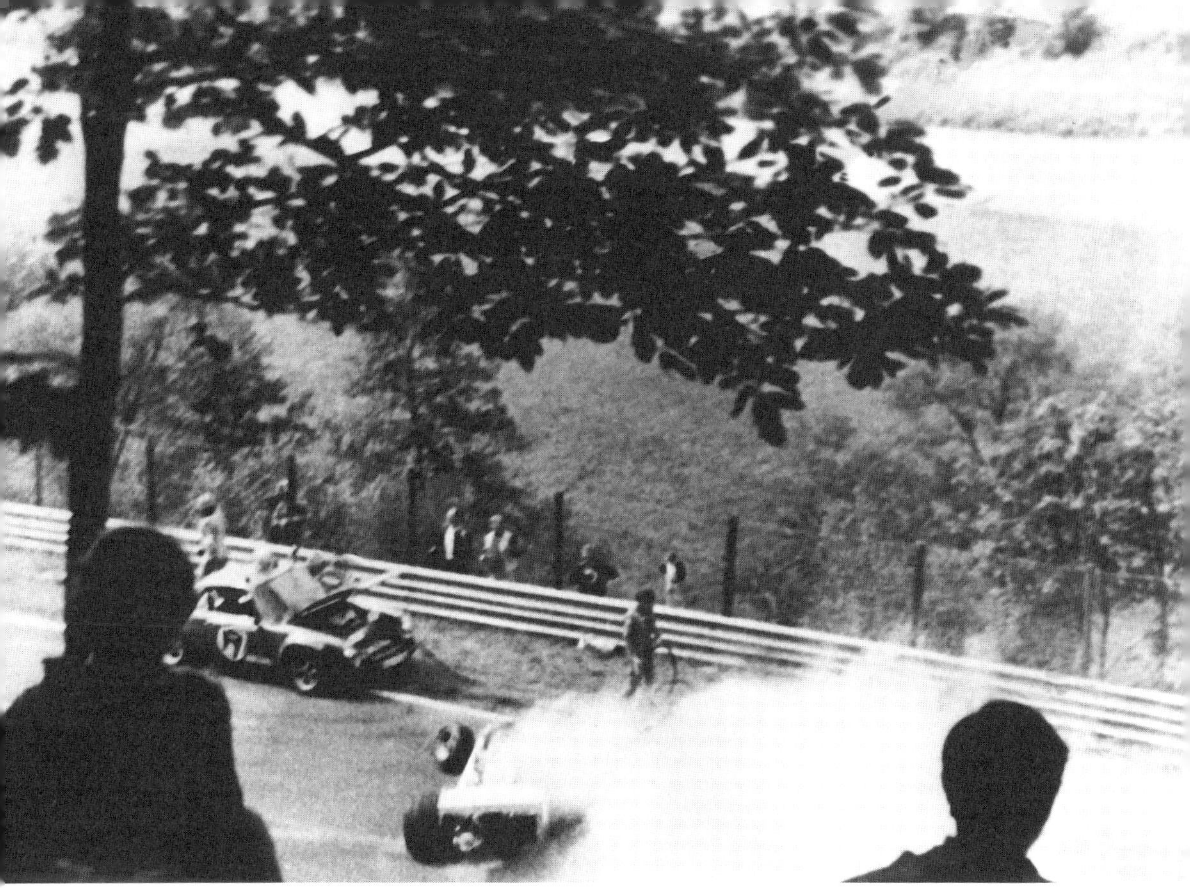

Laudas Wagen brennt: Das historische Foto zum Nürburgring-Unfall des Österreichers.

als einer der ersten die Unfallstelle. Edwards schilderte der Zeitung Belfast Telegraph im Mai 2019, wenige Tage nach dem Tod von Niki Lauda, die Szenerie.

»Lauda«, sagte der zwischen 1974 und 1976 in der Formel 1 gestartete Edwards, »hat nie mit mir über den Unfall gesprochen. Trotzdem war er der am meisten fokussierte Mann, den ich jemals getroffen habe.«

Edwards sah den Lauda-Unfall und dessen Rettung so: »Sein Wagen hat die Absperrung gestreift, wurde zurückgeschleudert, hat mein Auto getroffen und mich 20 Meter die Strecke herunter geschoben. Ich sprang aus meinem Wagen und rannte zurück, um ihm zu helfen, was sehr schwierig war, denn das Fahrzeug stand in Flammen und Lauda war gefangen.«

Guy Edwards riskierte sein Leben, um Lauda zu retten – und wurde dafür von der britischen Königin Elizabeth II. mit der Queen's Gallantry Medal geehrt. Diese honoriert »ausgezeichnete sowie beispielhafte Tapferkeitstaten.«

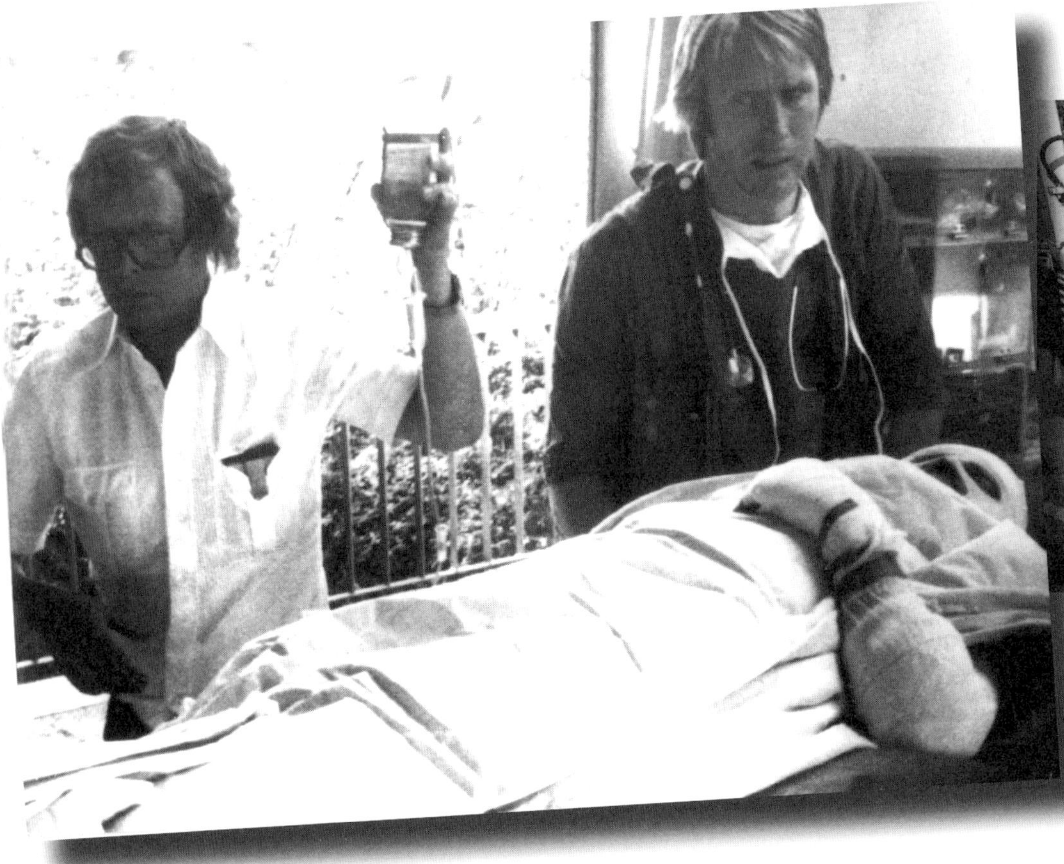

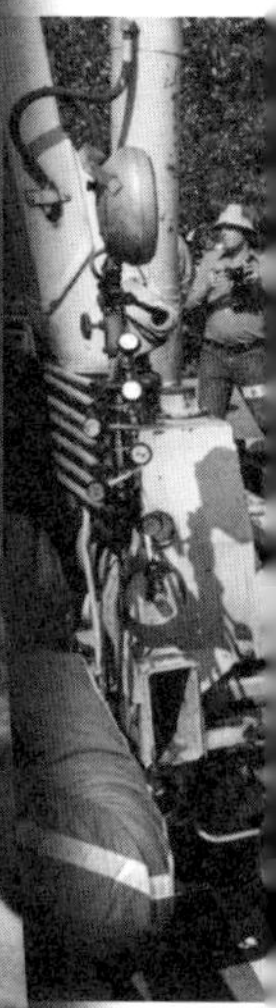

DIE TOTEN VOM NÜRBURGRING

Rückblende: 1976 war die Formel 1 noch lebensgefährlich. Lauda erlitt schwerste Verletzungen. In einem Rennen oder einem Trainingslauf auf dem Nürburgring verstarben der Brite Peter Collins im Ferrari am 3. August 1958, der Argentinier Onofre Marimon (Maserati) am 31. Juli 1954, Carel Godin de Beaufort aus den Niederlanden in seinem privaten Porsche 718 am 2. August 1964 und der deutsche Formel-2-Fahrer Gerhard Mitter am 1. August 1969.

Lauda rang mit dem Tod und überlebte wie durch ein Wunder. Aber der Pragmatiker sah die Risiken schon lange vor dem Großen Preis von Deutschland 1976 in der ihm eigenen Art: »Es ist also ganz klar, dass der Grand-Prix-Sport eine gewisse Gefahr in sich trägt. Man muss einfach nur einmal hergehen und diese Gefahr bewältigen, wenn man sie bewältigen kann und weiß, dass man dieses Risiko eingehen will, dann wird man weiterfahren.«

Nach dem Unfall sagt er: »Dadurch ist mir plötzlich bewusst geworden, wie schnell man sterben kann. Als meine Frau mich im Krankenhaus gesehen hat, ist sie in Tränen ausgebrochen. Dann habe ich mir gedacht: Verdammt, wenn sie weint, muss es schlimm um mich stehen. Aber die Risiken und Chancen,

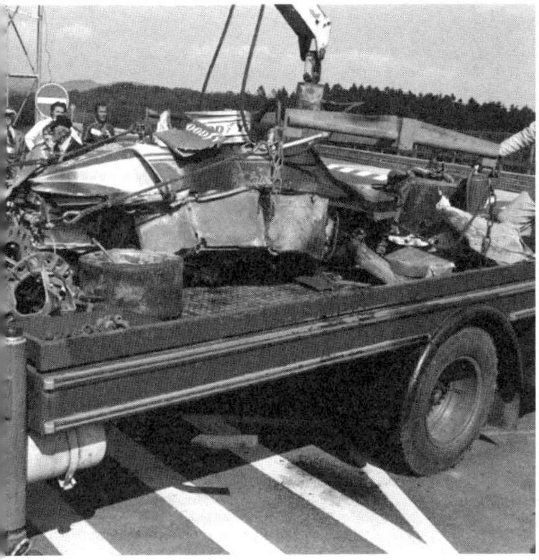

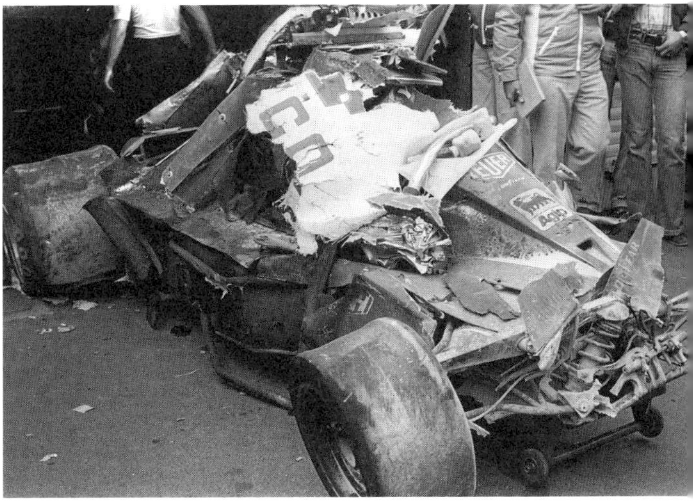

Schwer verletzt und bandagiert erreicht Niki Lauda mit einem Kranken-Transport die Spezialklinik in Ludwigshafen.

Oben: Die Überreste von Laudas ausgebranntem Ferrari.

beim Rennen zu sterben, waren nach dem Unfall dieselben. Das ist ein Teil des Spiels.«
Die Unfallursache wurde nie offiziell bekannt gegeben. Niki Lauda schrieb 1985 darüber in Meine Story, dass »er es für am wahrscheinlichsten hält, das der rechte, hintere Längslenker abgerissen sei. Dadurch hatte sich das rechte Hinterrad nach hinten weg gedreht und das Auto bog nach rechts ab.«
Begonnen hatte der für Lauda beinahe tödlich endende Renntag mit Regen.

»HIER SOLLTE NICHT GEFAHREN WERDEN«

Lauda, kompromissfähig, sachlich und immer ein Mann des kalkulierbaren Risikos, war gegen einen Start des Rennens in der Eifel. Seine klare Meinung: »Diese Strecke macht die Autos zu schnell, hier sollte nicht gefahren werden.«
Er hatte schon in der Anfangsphase der denkwürdigen Saison 1976 eine Fahrer-Versammlung einberufen. In Long Beach im US-Bundesstaat Kalifornien tagten am 28. März 1976 fünf führende Formel-1-Piloten.
»Lauda hat in Long Beach über den Nürburgring gesprochen«, erinnert sich der damalige March-Ford-Fahrer Hans-Joachim »Strietzel« Stuck im Jahr 2024, »es war aber nur eine Minderheit dafür, am Nürburgring nicht zu fahren. Mein Chef Max Mosley hat mir nach der Abstimmung gesagt: Wenn du dort nicht fährst, schmeiß ich dich raus!«
Stuck weiter: »Die Aussage von Niki war richtig: Der Nürburgring war für

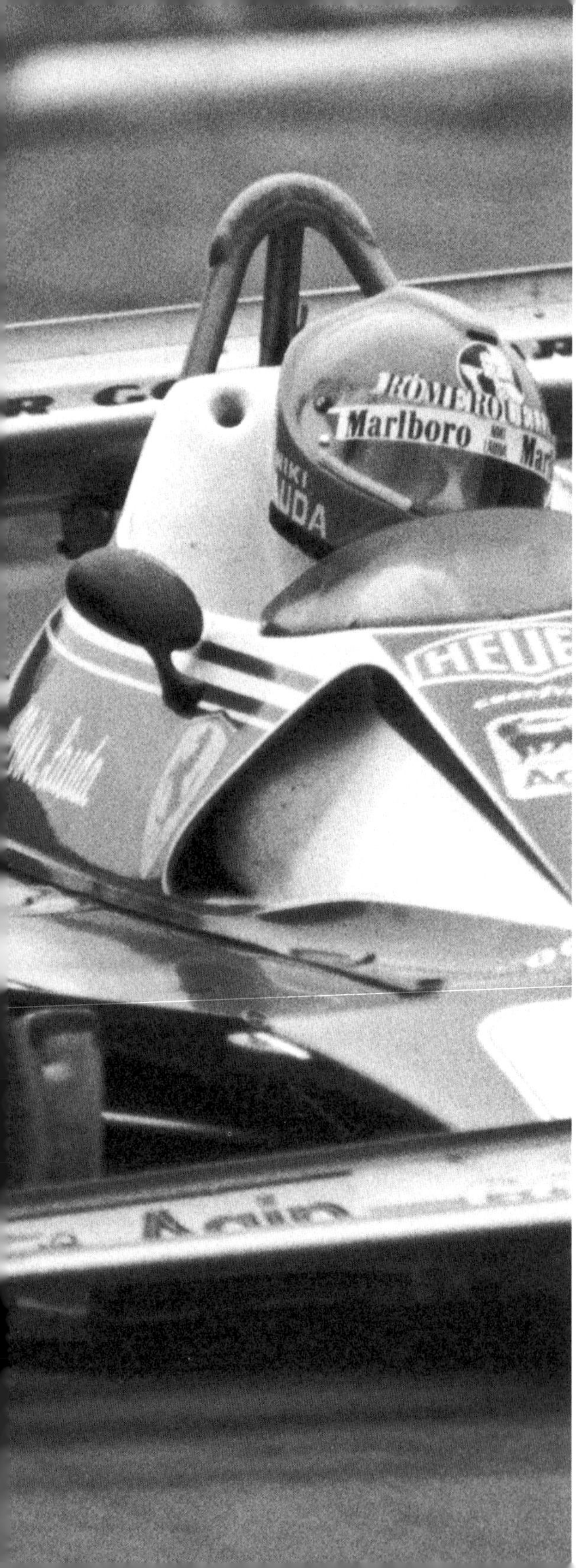

die Formel 1 hochkritisch. Es ist die schwierigste und schönste Strecke der Welt, aber sie hatte ihre großen Gefahren – im Abschnitt Bergwerk wärst du bei einem Abflug im Wald gelandet. Es war für die Zeit gefährlicher als anderswo, weil sehr viele Passagen nur sehr wenig Schutz boten.«

Niki Lauda 2016 in einem Interview mit auto motor und sport: »Das Problem war die Streckenlänge. Deshalb hatten wir Fahrer einen Plan aufgestellt, welche Stellen man renovieren muss, um einigermaßen eine Sicherheit hinzubekommen. Das war ein Dreijahres-Plan, der mit dem Nürburgring abgesprochen war. Einmal umbauen, drei Jahre Garantie von uns dort zu fahren. 1976 war die letzte Saison von diesen drei Jahren. Doch die Autos waren einfach zu schnell geworden. Das, was sie am Nürburgring geändert hatten, war schon wieder obsolet. In Long Beach haben sich fünf Fahrer hingesetzt und darüber diskutiert, ob wir 1976 fahren sollten. Uns wurde klar, dass wir einen Riesenwickel bekommen würden. (…). Fünf Leute haben abgestimmt, drei waren für Fahren, zwei dagegen. Ich glaube der Fittipaldi und ich. An den Mehrheitsbeschluss habe ich mich gehalten.«

Lauda fuhr – und zwar mit Regenreifen. Nur für zwei Runden. Dann passierte das Schreckliche. Lauda rekapitulierte das, was er von dem schicksalhaften Rennen in Erinnerung behielt, einmal so: »Ich bin aus den Boxen raus gefahren, ungefähr 18 Kilometer, und dann passierte es – ich bin gecrashed.«

Der langjährige Formel-1-Kommentator Heinz Prüller vom ORF: »Ich war in der Box von Ferrari und habe im Lautsprecher gehört, Niki Lauda hätte einen Unfall gehabt, er wäre aber aus dem Auto schon heraus. Das hat leider nicht gestimmt. Mir ist kalt geworden!«

Es war wie so oft bei großen Katastrophen. Nicht nur im Sport. In einem Wirrwarr von Meldungen verbreitete sich binnen kürzester Zeit eine gefährliche Halbwahrheit.

Auch die Konkurrenz von McLaren hielt den Atem an. Der seit 1967 für den

»FERRARI SAGTE: NEIN, FAHR NICHT!«

NIKI LAUDA ZUM COMEBACK IN MONZA, 1976

britischen Rennstall als Manager tätige Alastair Caldwell: »Wir erfuhren, wie schwer es ihn erwischt hat. Das hat alles überschattet.«

Schwer war kein Ausdruck. Laudas Lunge war verätzt. Eine Verletzung, die ihm von nun an und bis zu seinem Lebensende zu schaffen machen sollte.

»DER RENNZIRKUS GEHT WEITER«

»Ich habe überhaupt keine Erinnerung

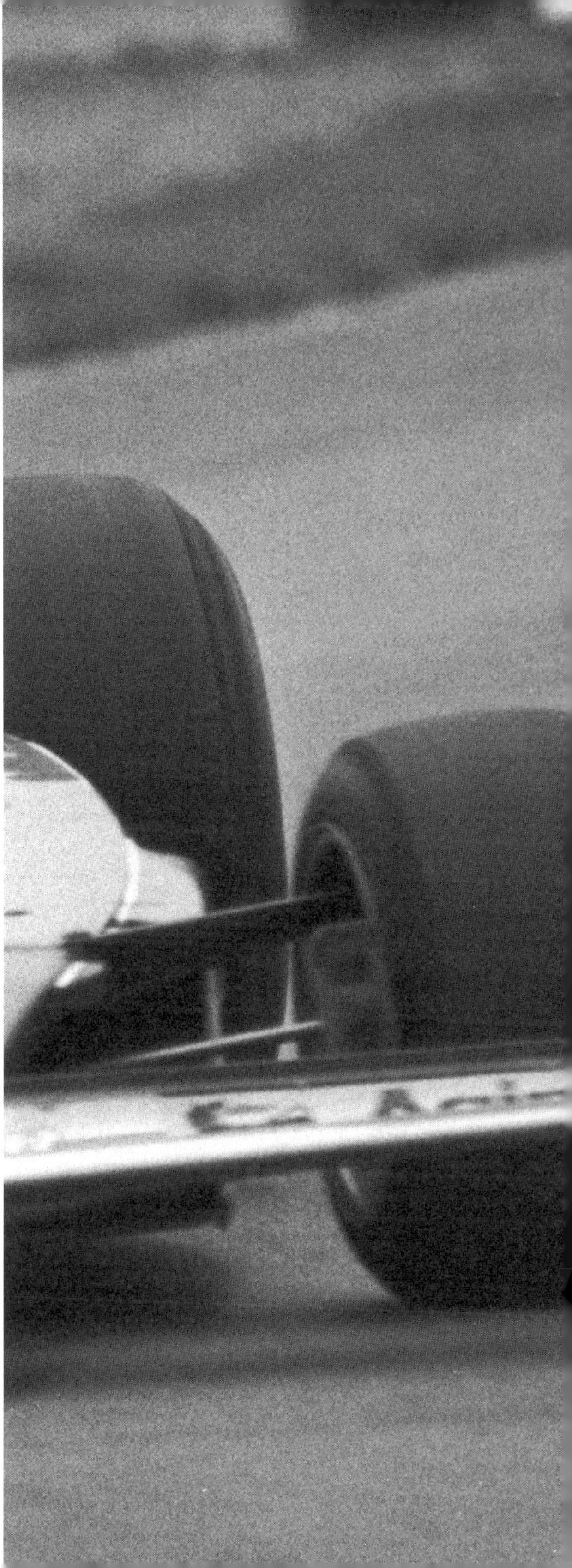

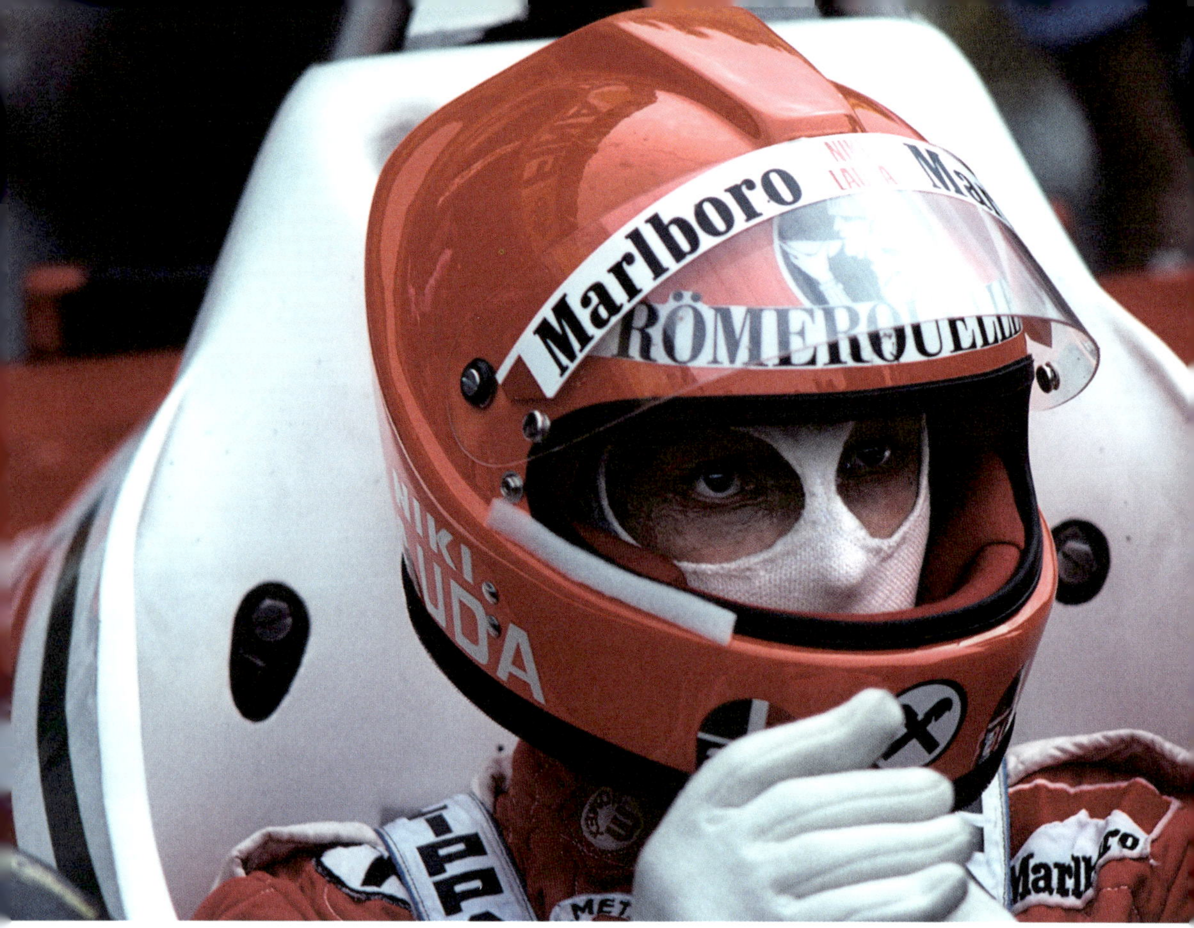

Am 12. September 1976 saß Niki Lauda in Monza wieder in einem Rennauto.

an den Unfall, denn der Aufprall war so hart und ich war so lange in den Flammen, dass die ganze Erinnerung gelöscht ist. Erst nach ein oder zwei Stunden im Krankenhaus setzte die Erinnerung wieder ein«, sagte Nikolaus Lauda.

Hans-Joachim »Strietzel« Stuck, der auf March-Ford von Startplatz vier aus ins Rennen ging, reagierte geistesgegenwärtig. Er sorgte dafür, dass der Krankenwagen Lauda nicht auf dem üblichen Weg, sondern durch eine Nebenausfahrt der Rennstrecke direkt zum Krankenhaus nach Adenau brachte. Von dort fuhr man den schwer gezeichneten Piloten zunächst ins Bundeswehr-Zentral-Krankenhaus in Koblenz, dann flog man ihn per Rettungshubschrauber in eine auf Brandverletzungen spezialisierte Klinik nach Ludwigshafen (Pfalz).

Die erlittenen Hautverletzungen und die Verätzungen erwiesen sich aber als derart schwerwiegend, dass man Lauda, der ins Koma fiel, umgehend in die Universitätsklinik Mannheim brachte.

Das Ärzte-Team um Professor Eike

Martin kämpfte in Mannheim um Laudas Leben. Der damals 32 Jahre alte Anästhesist kam erst am Montag nach dem Unfall in die Klinik und wunderte sich. Der bandagierte Patient vor ihm war der Ferrari-Pilot Niki Lauda.

Martin im Jahr 2016 bei BILD: »95 Prozent der Patienten hätten diese Form von Verletzungen nicht überlebt. Aber Lauda war eisern, sein Wille hielt ihn am Leben. Immer wieder ließ er sich die Atemwege frei saugen, was mit großen Schmerzen verbunden war.«

Niki Lauda lud den Arzt 2016 zum Hockenheimring ein. »Wenn du keinen Dienst gehabt hättest, würde ich jetzt nicht hier stehen«, sagte der Österreicher damals dem Mediziner im Scherz bei der »Mercedes Night« in Heidelberg.

PRESSESTIMMEN ZUM LAUDA-UNFALL VON 1976

»Niki kämpft um sein Leben« Daily Mail

»Niki Lauda beim Grand Prix von Deutschland sehr schwer verletzt« The Guardian

»1. August 1976: Österreichs schwarzer Sonntag« ORF

»Lauda wurde von Adenau ins Universitätskrankenhaus Mannheim geflogen, wo er in den nächsten Tagen um sein Leben kämpfte« Grandprix.com

»Renn-Ass inhalierte die Flammen« Daily Mirror.

Bei Ferrari galt bereits unmittelbar nach den erschreckenden Geschehnissen in Nürburg: The Race must go on. Das Rennen muss weitergehen.

Erst recht für ihn: Enzo Ferrari. Der mächtige »Commendatore« hatte den schwer verletzten Weltmeister innerlich schon abgeschrieben. So erklärte es jedenfalls sein Renn-Manager Daniele Audetto: »Ich sprach mit Ferrari über die Sache und er sagte zu mir: Ferrari bleibt Ferrari – ob mit oder ohne Niki. Zu mir meinte er: Bleib nicht im Krankenhaus, der Rennzirkus geht weiter, finde einen anderen Fahrer. Ferrari wird nicht aufhören, zu fahren. «

NIKI LAUDA: DIE LETZTE ÖLUNG

Das hatte sicherlich auch niemand erwartet. Lauda machte unterdessen eine Grenzerfahrung. »Ich bin katholisch, der Priester kam und ich erwartete, dass er mit mir spricht und mir sagen würde, dass ich mich anstrengen sollte, um zu überleben und so weiter«,

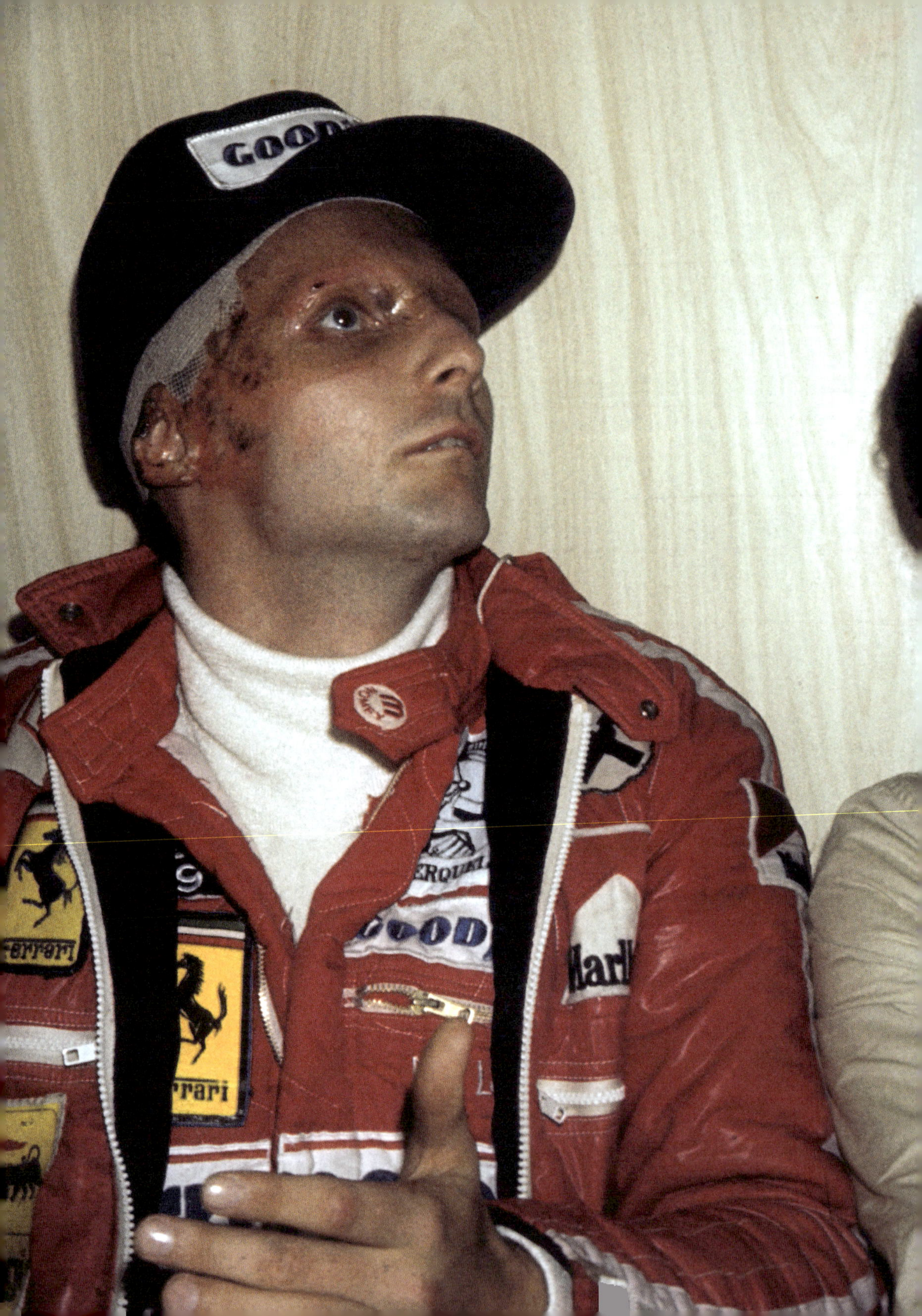

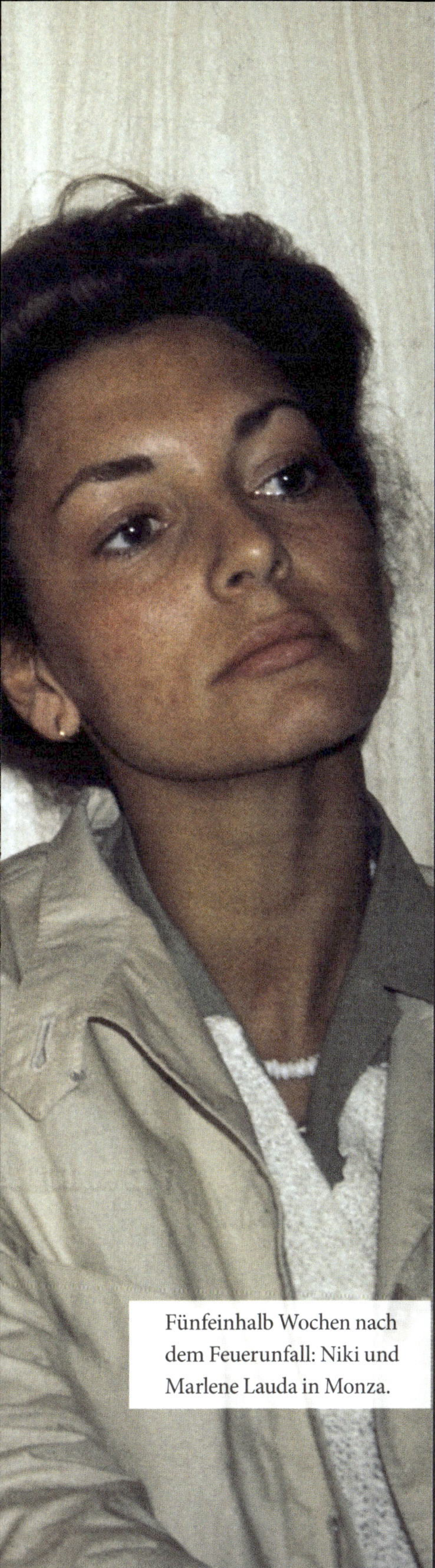

Fünfeinhalb Wochen nach dem Feuerunfall: Niki und Marlene Lauda in Monza.

berichtete der Schwerverletzte später, »stattdessen hat er gar nichts gesagt. Er hat mir ein Kreuz auf die Schulter gelegt und ist wieder gegangen. Ich weiß nicht, wie es auf Englisch sagen soll, aber das war die letzte Ölung.«

Lauda hatte schwere Verbrennungen zweiten und dritten Grades, die Haut in seinem Gesicht und am Ohr war versengt, die Lungen drohten, zu versagen. Trotzdem überlebte er:

»Ich wollte nicht sterben, ich wollte leben – und deshalb habe ich gekämpft. Marlene hat mir später erzählt, dass die Ärzte ihr am ersten Tag sagten 'Diese Nacht überlebt er nicht'«, erinnerte sich Lauda gegenüber der Frankfurter Allgemeinen Zeitung später an eine Unterhaltung mit seiner Ehefrau Marlene (2016).

Motorsport.com schrieb dazu am 1. September 2018: »Dank seines eisernen Willens hat Lauda nicht nur den Weg zurück ins Leben, sondern auch zurück auf die Rennstrecke gefunden.«

LAUDA ÜBER DEN TOD

Als persönliche Tragödie sah Lauda das Inferno vom Nürburgring nie. »Ich bin ja vor dem Unfall als – wenn man so will – Rennfahrer geboren worden, nur ein Ding im Schädel zu haben: eine Weltmeisterschaft zu erringen. Und der Unfall natürlich, der einem dann die Realität ganz anders serviert, wenn man da am Totenbett liegt, ist natürlich schon ein Aufwachen aus dieser sogenannten Traumwelt, wo man sagt, je mehr ich Gas geb', desto mehr kann

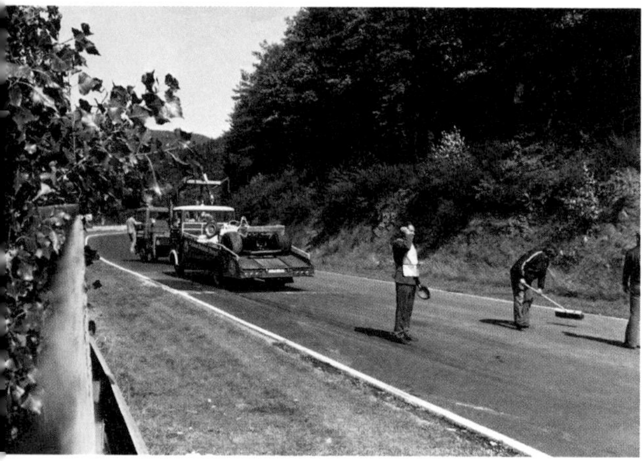

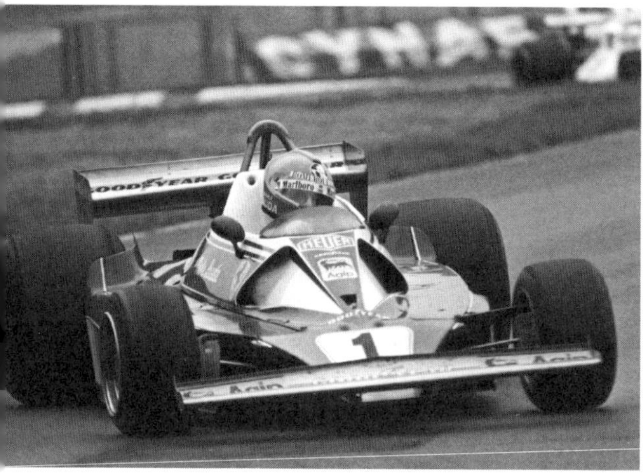

Oben: Aufräumarbeiten nach Laudas schwerem Unfall.
Unten: Szene während des Rennens.

gewinnen«, erklärte der schwer gezeichnete Formel-1-Rennfahrer 40 Jahre danach dem Bayerischen Rundfunk (BR), »das heißt, ich hab' mein ganzes Leben relativieren müssen, um plötzlich einzusehen, dass man doch als kleiner Mensch in einem Riesenuniversum manchmal ganz schön auf die Seife steigen kann.«

Enzo Ferrari hatte in kürzester Zeit offenbar einen Ersatzmann gefunden. Der Patron setzte auf den Argentinier Carlos Reutemann. »El Lole«, wie der Südamerikaner im Fahrerlager genannt wurde, galt bei Ferrari nicht wirklich als Freund von Niki Lauda (»Wir konnten uns niemals ausstehen.«)

»Der schwere Feuerunfall von Niki Lauda 1976 am Nürburgring bescherte Reutemann unerwartet ein Ferrari-Cockpit. Noch während der Österreicher um sein Leben kämpfte, bot ihm Ferrari den Platz von Lauda an. Man rechnete nicht damit, dass dieser zurückkehren würde«, schrieb die Zeitung Salzburger Nachrichten im Juli 2021 nach dem Tod von Carlos Reutemann über den »Lauda-Gegenspieler«, »so hatte das Team plötzlich drei Fahrer. 1977 war Reutemann von der Scuderia auf den WM-Titel programmiert, doch das motivierte Lauda umso mehr, sich den Titel zurückzuholen.«

Nach Laudas Ausfall fuhr Reutemann, der sich 1976 aus seinem Vertrag bei Brabham heraus gekauft hatte, nur ein einziges Rennen für Ferrari. Das war an dem Tag, an dem Niki Lauda einmal auf die Rennstrecke zurückkehrte…

Beim Heim-Grand-Prix von Italien in Monza startete Ferrari überraschend mit drei Piloten. Neben dem gesetzten Schweizer Clay Regazzoni und Lauda-Ersatz Reutemann stand der Österreicher selbst wieder auf der Meldeliste für das Rennen.

Ein paar Wochen vor dem Crash: Niki Lauda beim 34. Grand Prix von Monaco am 27. Mai 1976.

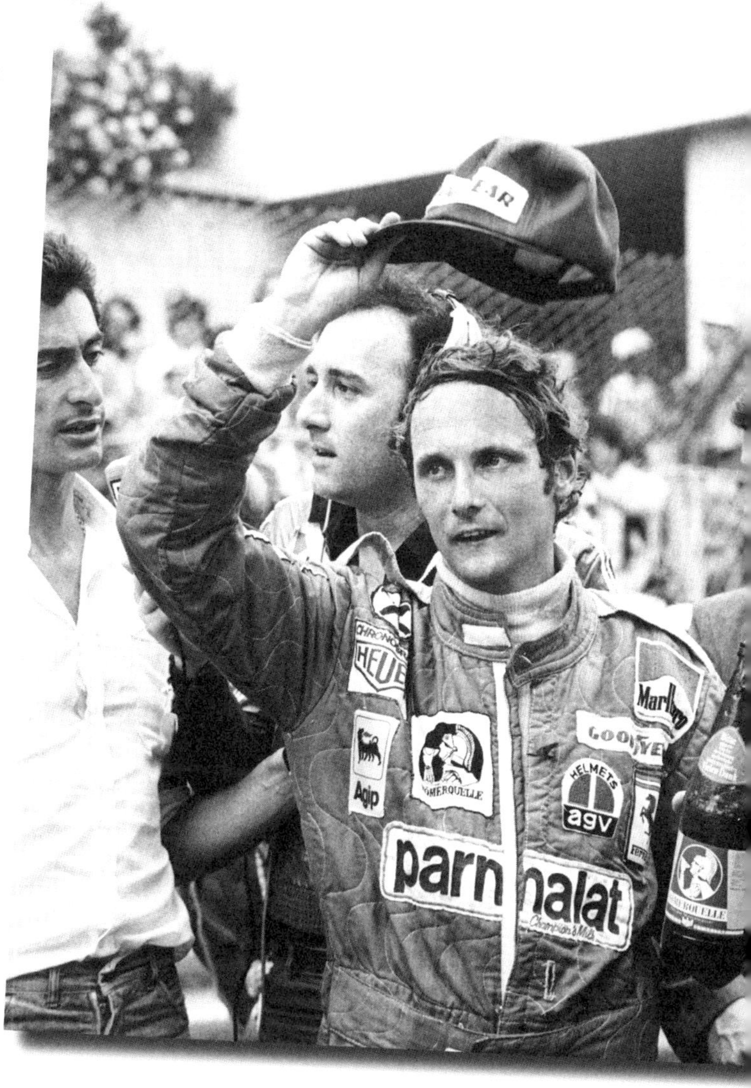

COMEBACK »AUF SEINE ART«: GEGEN JEDE CHANCE

»Nach dem Unfall musste ich mir überlegen, ob ich dieses Risiko noch einmal eingehen wollte. Ich wollte«, so Lauda. Es schien so unglaublich. Gerade mal sechs Wochen nach seinem Nürburgring-Unfall gab der schwer von den Flammen gezeichnete Ferrari-Fahrer sein Comeback. Gegen jede Chance und offenbar sehr zur Irritation des »talentierten Mister Ferrari« (Bernie Ecclestone).

»Ferrari wollte es nicht. Lauda tat es trotzdem«, brachte es die Tiroler Tageszeitung in ihrer Ausgabe vom 2. September 2016 auf den Punkt.

Niki Lauda, kaum genesen, nahm ein sehr hohes Risiko auf sich.

Audetto: »Niki Lauda hat sich so schnell erholt, dass er Enzo Ferrari vorschlug, schon in Monza wieder zu starten.« Lauda dazu: »Ferrari hat gesagt: Nein, fahr nicht!« Wenn wir die Weltmeisterschaft verlieren, können wir immer noch sagen, es war wegen des Unfalls. Das war aber genau das Gegenteil von dem, was ich dachte.«

Stimmt. Lauda war ein Sieger. Während seines Krankenhausaufenthalts in Mannheim dachte er immer wieder daran, wie Rivale James Hunt nun in der WM-Wertung aufholen würde.

Was dem Engländer auch gelang. Hunt

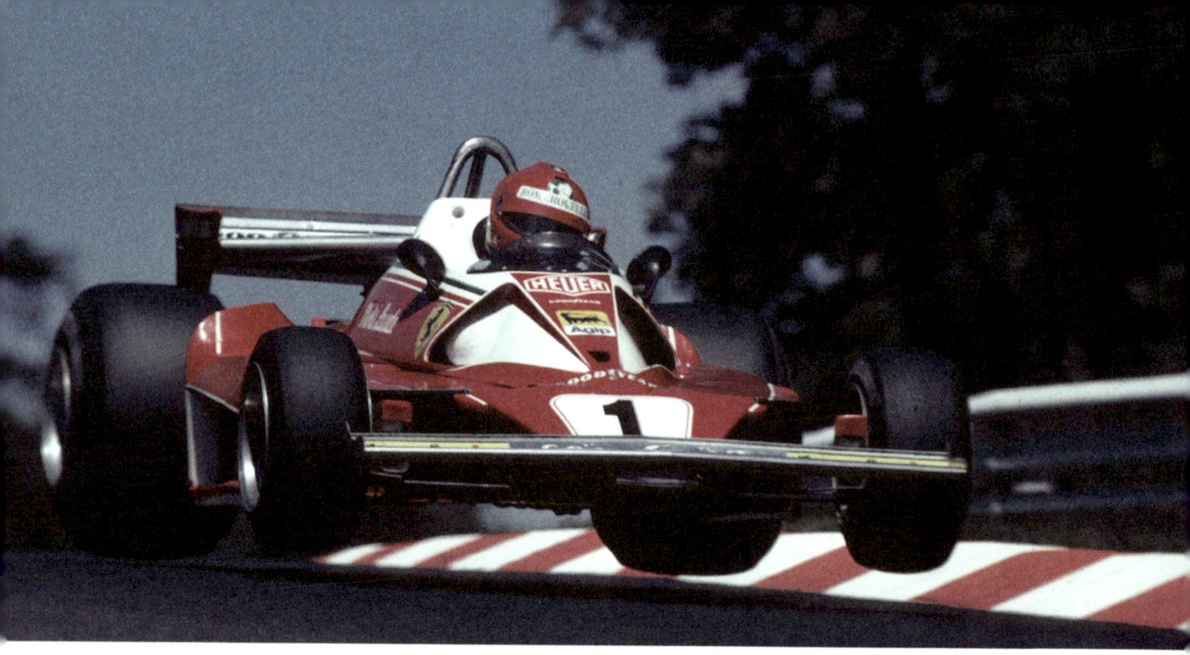

Niki Lauda in seinem Unglücksrennen am 1. August 1976 am Nürburgring.

nutzte Laudas Ausfall in den nächsten zwei Rennen. Er gewann Laudas Unglücksrennen in Deutschland und siegte auch am 29. August 1976 in Zandvoort (vgl. Kapitel »Ziemlich beste Freunde – Lauda gegen Hunt«).

»Es war ein Comeback nach seiner Art«, beschrieb sein Freund Bernie Ecclestone 2021 die schier unglaubliche Rückkehr, »er zeigte damit, dass er immer noch die Weltmeisterschaft gewinnen wollte. Alle waren begeistert, aber ich glaube nicht, dass sie wirklich wussten, wie tapfer er tatsächlich war.«

Lauda hielt sich im ORF etwas knapper: »Ich freue mich einfach darauf, wieder zu fahren.« Der Medienrummel im Ferrari-verrückten Italien ließ ihn kalt. »Da kommt ein Toter vom Sterbebett zurück«, war sein Kommentar. You only live twice. Man lebt nur zweimal, hatte Nancy Sinatra 1967 für den gleichnamigen James-Bond-Film gesungen.

Laudas Rückkehr – Ein Thriller. Bereits im Qualifying von Monza fuhr er auf Startplatz fünf, einen Rang vor Stuck (March-Ford) und gar zwei Plätze vor seinem teaminternen Rivalen Carlos Reutemann, der das Rennen als Neunter beendete.

Lauda schob sich mit einer eisernen Disziplin auf Rang vier vor. Eine unglaubliche, nie erwartete Leistung, die er so erklärte: »Das Hauptproblem stellte die mentale Komponente dar. Du musst dich selbst da hinbringen, wo dein Limit vor dem Unfall war. Das ist das Schwierigste.« Lauda am Limit.

Das erkannte wohl Bernie Ecclestone als Erster. »Ich saß anschließend mit ihm in seinem Wohnwagen. Er nahm seinen Helm ab und das Blut lief immer noch über sein Gesicht und über die

Verbände«, erinnert sich der Brite.
Ich sagte: »Das ist doch Blödsinn, hör auf damit.«
Doch Lauda antwortete: »Ich werde nicht aufhören.«
Monza, 36 Jahre später. Im September 2012 brachte BILD-Reporter Helmut Uhl den Retter Merzario und den Geretteten an einen Tisch.

Uhl schrieb zudem über diese schicksalhafte Begegnung: »Vier Hände liegen auf einer weißen Tischdecke. Vier Hände, die zwei Männer durch ein Schicksal gesteuert haben, das sie weltberühmt gemacht hat. Dem einen gab das Leben sein Gesicht, dem anderen der Tod. Beide haben eisblaue Augen und eine ewige Geschichte im Rennsport.«

Schwer gezeichnet: Niki Lauda - Alles für den Sieg.

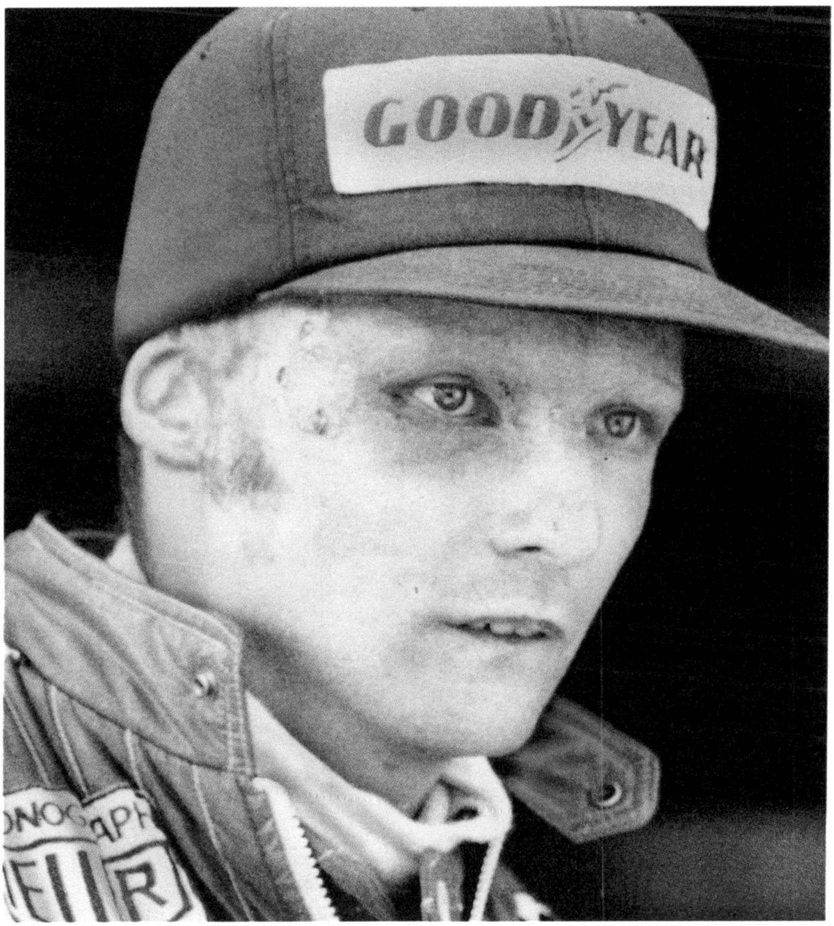

KAPITEL 5

HANS-JOACHIM STUCK: »LAUDA WAR EIN PERFEKTIONIST«

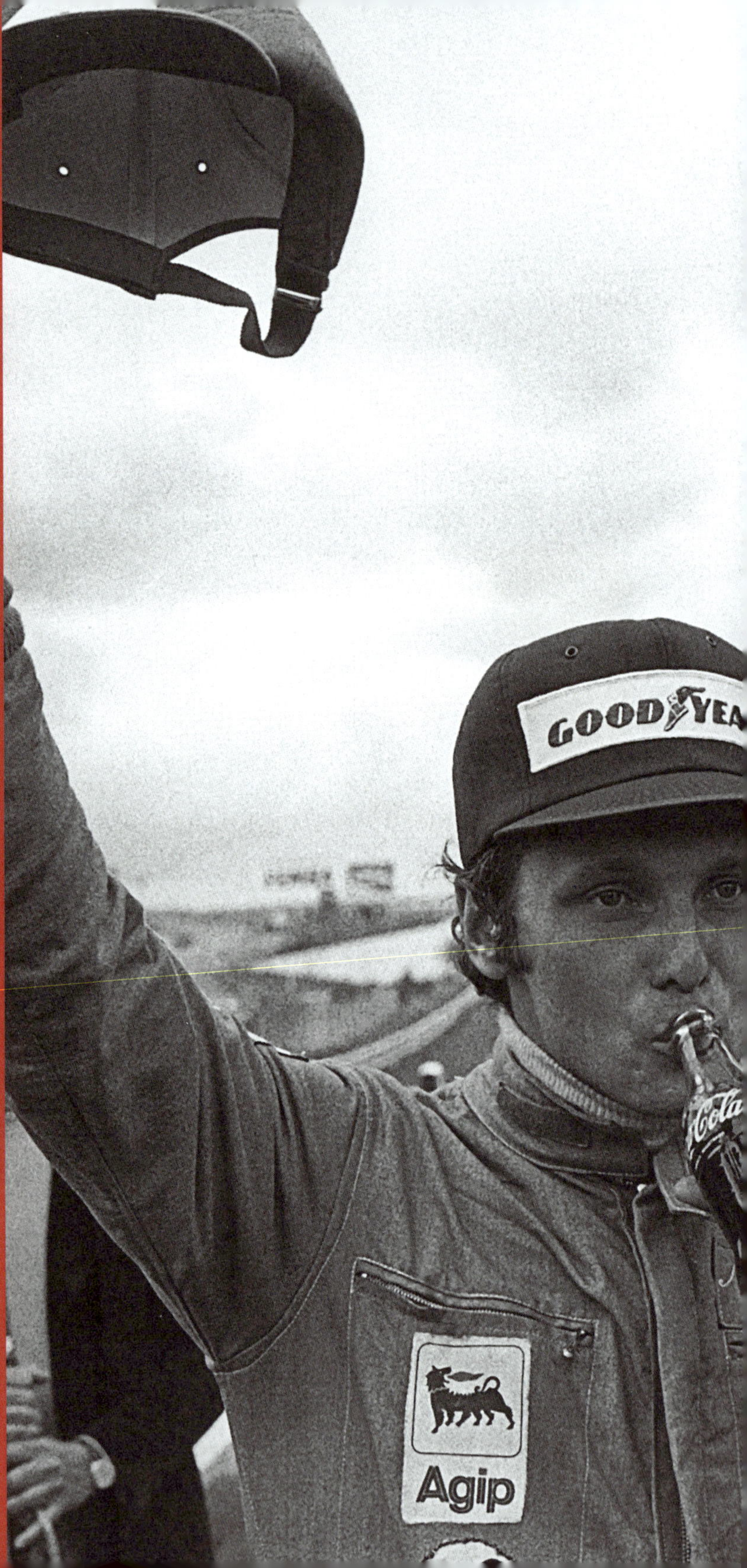

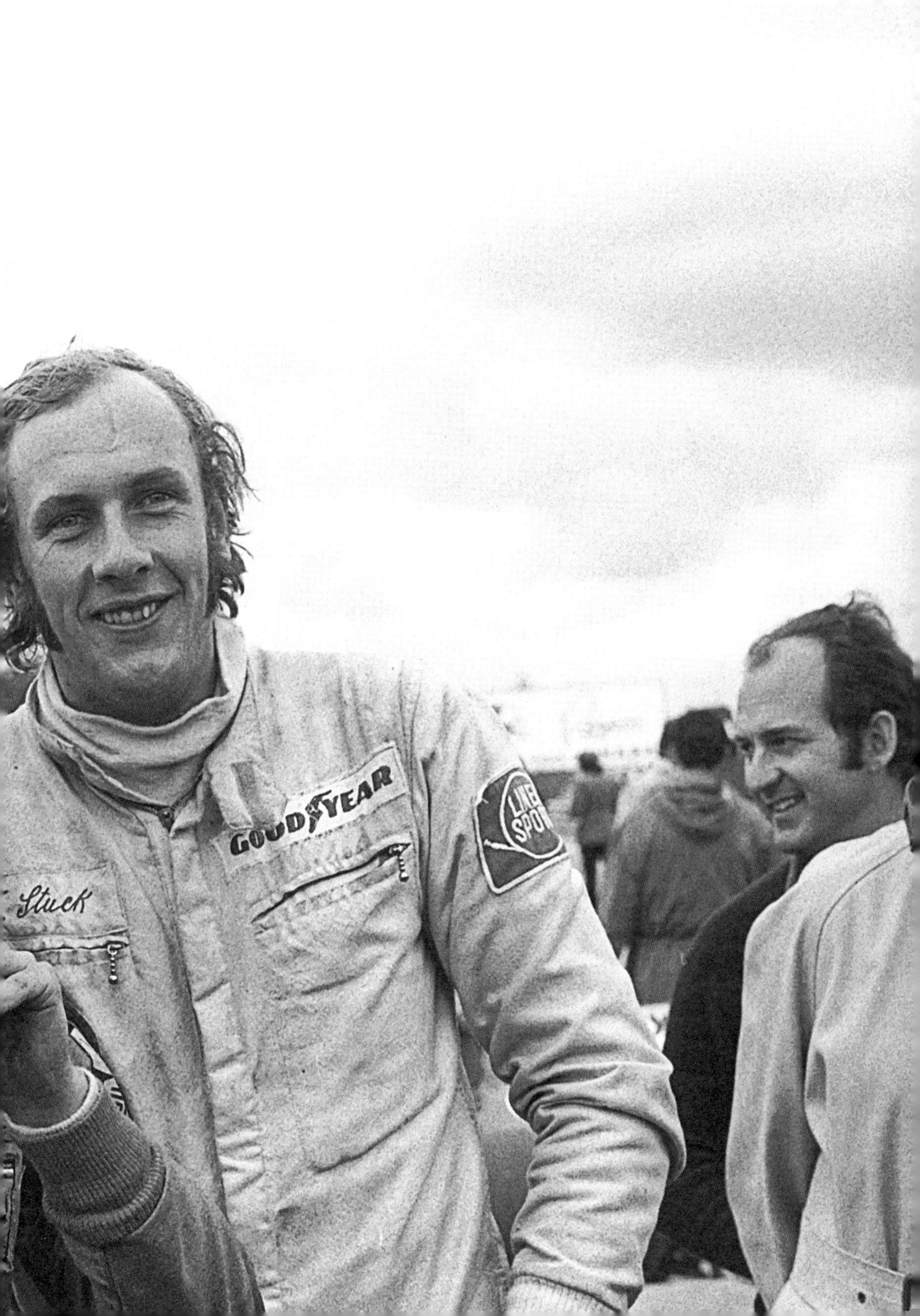
GOODYEAR
Stuck

DER ZEITZEUGE: HANS-JOACHIM STUCK: »LAUDA WAR EIN PERFEKTIONIST«

Zur Formel 1 kam ich 1974, im gleichen Jahr, in dem Niki Lauda von British Racing Motors zu Ferrari wechselte. Getroffen hatte ich ihn schon lange vor seinem Einstieg in die Formel 1, Niki und ich waren vorher auch in anderen Motorsport-Wettbewerben in Österreich unterwegs.

Der Wechsel von Niki Lauda zu Ferrari hat ein großes Medien-Echo ausgelöst, weil ihm das keiner zugetraut hatte.
Aber: Spätestens bei Ferrari brachte er Themen wie »Ernährung« und »Fitness« in diesen Sport. Da hat er eine gute Spur gelegt. Vorher hat sich für diese Dinge kaum jemand interessiert.

»ER SCHENKTE MIR EINE ROLEX«

Als er 1976 am Nürburgring seinen schrecklichen Renn-Unfall hatte, fuhr ich im March-Ford von Startplatz vier, doch meine Mechaniker machten dann einen Fehler bei der Kupplung und ich musste vom Ende des Feldes aus weiterfahren.
So kam ich praktisch am Ende des Feldes zur Unfallstelle. Lauda war bereits aus dem brennenden Auto heraus und er war ansprechbar. Ich habe mit Niki gesprochen und den Fahrern des Krankenwagens gesagt, dass es, wenn sie ihn über die Rennstrecke in Richtung Krankenhaus fahren wollten, gut acht Kilometer weniger wären und habe ihnen die Ausfahrt Breitscheid gezeigt. Sie haben dem Niki damit rund 50 Minuten Krankenhausfahrt erspart. Dafür hat er mir später eine Rolex-Uhr geschenkt...

LAUDA RIEF: »DA LIEGT JA MEIN OHR!«

Kurios war auch: RTL hat vor etwa zehn Jahren eine Geschichte an der Unfallstelle gedreht. Mit Arturo Merzario, der Lauda aus dem brennenden Auto befreit hat, und mit mir. Niki ging dann von der Unfallstelle weg und rief dann plötzlich: »Da liegt ja mein Ohr!« Aber es war ein Schweinsohr, das er am Abend davor dort deponiert hatte. Ich wusste Bescheid über den Gag, aber die Anderen haben Augen gemacht ...
Nach dem Unfall war es so, dass er keine Brüche hatte, dass aber die Verbrennungen sehr schwer waren. Als diese abgeheilt waren, war mir klar, dass wir ihn schnell auf der Rennstrecke wiedersehen werden. Es ist das Ziel jedes Rennfahrers, möglichst rasch wieder ins Auto zu kommen. Es war genial, dass er so schnell wieder zurückkam.
Auch seine Reaktion beim Regenrennen in Japan 1976, bei dem ich von Platz 18 aus selbst mitgefahren bin, ist für mich absolut nachvollziehbar. Das waren

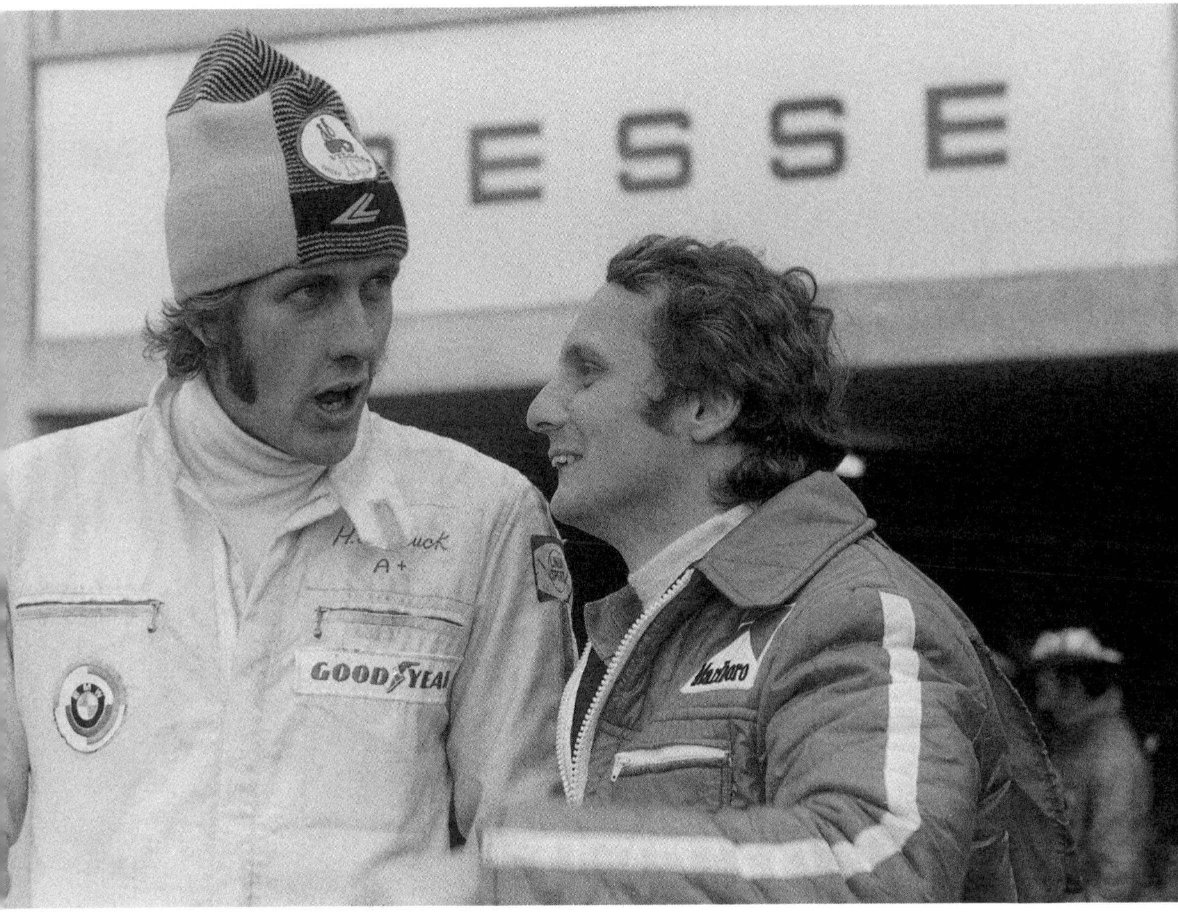

Hans-Joachim Stuck und Niki Lauda beim GP von Belgien 1974.

schlimme Verhältnisse! Niki war generell nicht begeistert, wenn es an einem Renntag geregnet hat. Aber Fuji 1976, das war wirklich extrem, vor allem auf der Geraden. Es war verständlich, dass er ausgestiegen ist.

»NIKI WAR MIT DEM THEMA FAHREN DURCH«

Warum er so reagiert und den Titel aufgegeben hat? Da kann ich nur von mir ausgehen: Ich hatte auch einige Crashs und war in Unfälle verwickelt, bei denen ich großes Glück hatte. Sobald ich aber wieder im Auto saß, waren alle Bedenken abgeschaltet. Im Rennen und im Training habe ich daran nie gedacht. Du musst im Auto frei sein. Vermutlich hat er in diesem Moment gemerkt, dass er dies nicht war.

Als Lauda 1979 bei Brabham unvermutet aus der Formel 1 ausstieg, hatte das vor allem einen Grund: Der Niki war mit dem Thema Fahren einfach durch.

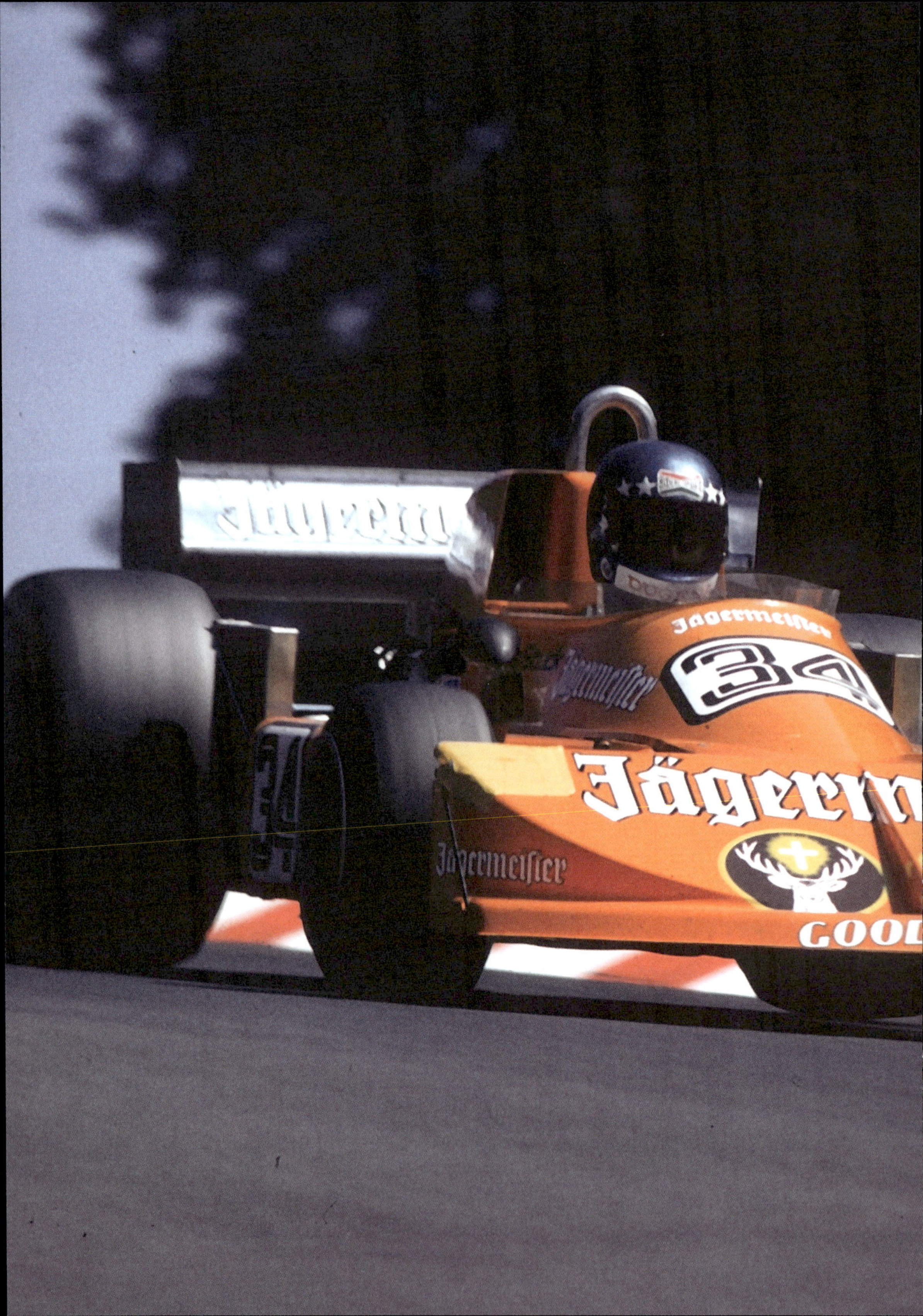

Jägermeister
34
Jägerm
Jägermeister
GOOD

»DANKE, STUCKI!«

Dass ich so lange gefahren bin, hat er immer mit »Stucki, du bist verrückt, dass du immer noch Rennen fährst« kommentiert. »Ich brauch das, Niki!«, war dann meine Antwort.

Ich kann sagen, dass ich bis zu seinem Lebensende einen guten Kontakt mit Niki hatte. Es war immer lustig: Wir haben oft telefoniert, er schrieb, wenn man ihm zum Geburtstag gratulierte immer nur zwei Worte, »Danke, Stucki!«, zurück.

ERINNERUNGEN AN LAUDA UND HUNT

Diese Generation, Niki, James Hunt oder Clay Regazzoni, vermisst man heute in der Formel 1 schon.

Mit Lauda verbinde ich ewig eine Geschichte aus Spa in Belgien. Wir fuhren dort ein 24-Stunden-Rennen. Da habe ich gemeinsam mit den Kollegen einen toten Fisch in den Helm von Niki Lauda gelegt. Das hat er mir nie verziehen, weil der Helm total nach Fisch gestunken hat: Er war eben nie ein Spaßvogel.

Wir waren nach der Formel-1-Karriere lange Zeit als Experten im TV unterwegs und ich erinnere mich: Als er in seiner Beweglichkeit schon sehr eingeschränkt war, habe ich zehn Tage vor seinem Tod noch mal mit ihm telefoniert. Da habe ich gespürt: Es geht ihm wirklich schlecht. Das hat mich sehr getroffen.

Er war nicht nur ein toller Rennfahrer, sondern er war auch Top als Chef seiner Airline. Ich bin mit Niki zu gemeinsamen Formel-1-Zeiten viel zu den

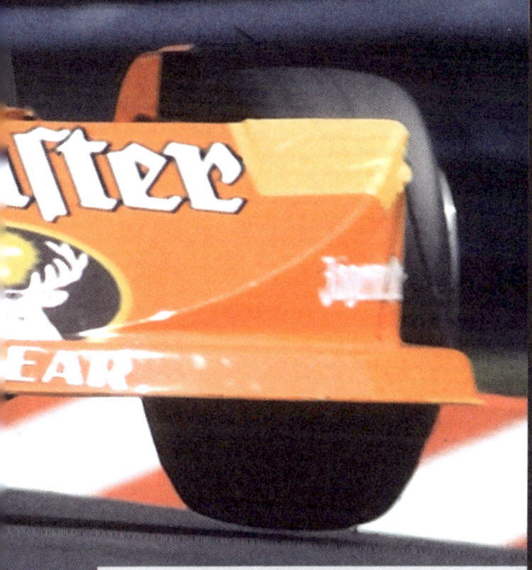

Hans-Joachim Stuck fuhr fünf Jahre in der Formekl 1; hier während Laudas Unglücksrennen am 1. August 1976 im March-Ford 761 auf den Nürburgring.

Renndomizilen geflogen, bin auch oft mit ihm geflogen. Der Niki war einfach ein Perfektionist. Niki war immer total auf seinen Job fokussiert – fantastisch. Wir haben tolle Zeiten miteinander verbracht, für mich und für viele anderen Kollegen war er ein Vorbild durch seine Präzision. Er hat Meilensteine gesetzt.

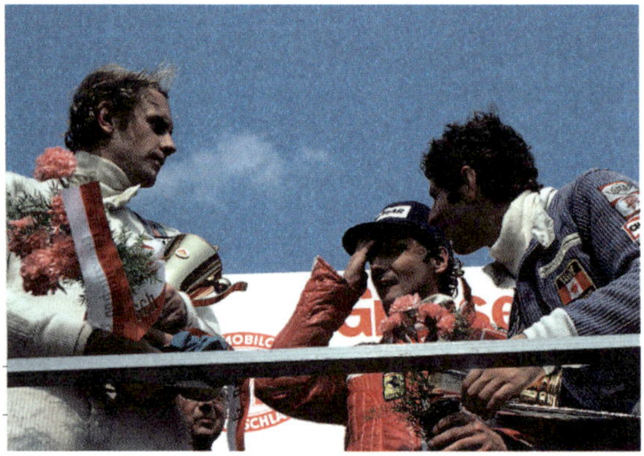

Nicht zu fassen: Ein Jahr nach seinem Feuer-Unfall gewinnt Lauda 1977 vor Jody Scheckter (r.) und Hans-Joachim Stuck (l.) am Nürburgring.

Hans-Joachim Stuck mit seiner Frau in Brands Hatch, Juli 1976.

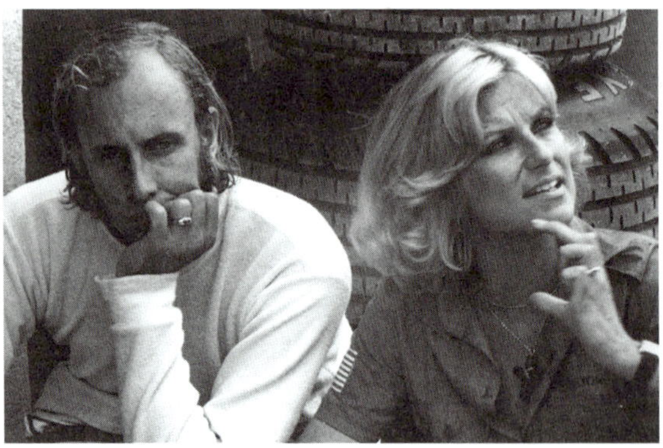

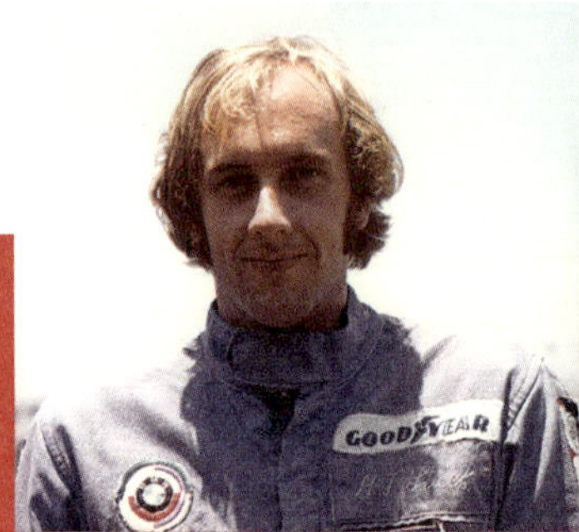

HANS JOACHIM STUCK

Der Zeitzeuge: Hans-Joachim Stuck, geboren am 1. Januar 1951 in Garmisch-Partenkirchen, fuhr »Strietzel« Stuck, wie der Rennfahrer genannt wurde, für March-Ford, Brabham, Shadow und Team ATS zwischen 1974 und 1979 in der Formel 1 insgesamt 74 Rennen. Dabei schaffte er es zwei Mal aufs Podium (1977 beim Großen Preis von Deutschland und von Österreich, jeweils Platz drei) und sammelte 29 Weltmeisterschaftspunkte.
Danach war Hans-Joachim Stuck auf Audi V8 im Jahr 1990 DTM-Gesamtsieger sowie 1986 und 1987 Sieger beim 24-Stunden-Rennen von Le Mans.

Grand Prix von Deutschland auf dem Hockenheimring am 31. Juli 1977: Jody Scheckter, John Watson, James Hunt, Niki Lauda, Jacques Laffite, Carlos Reutemann und Hans-Joachim Stuck.

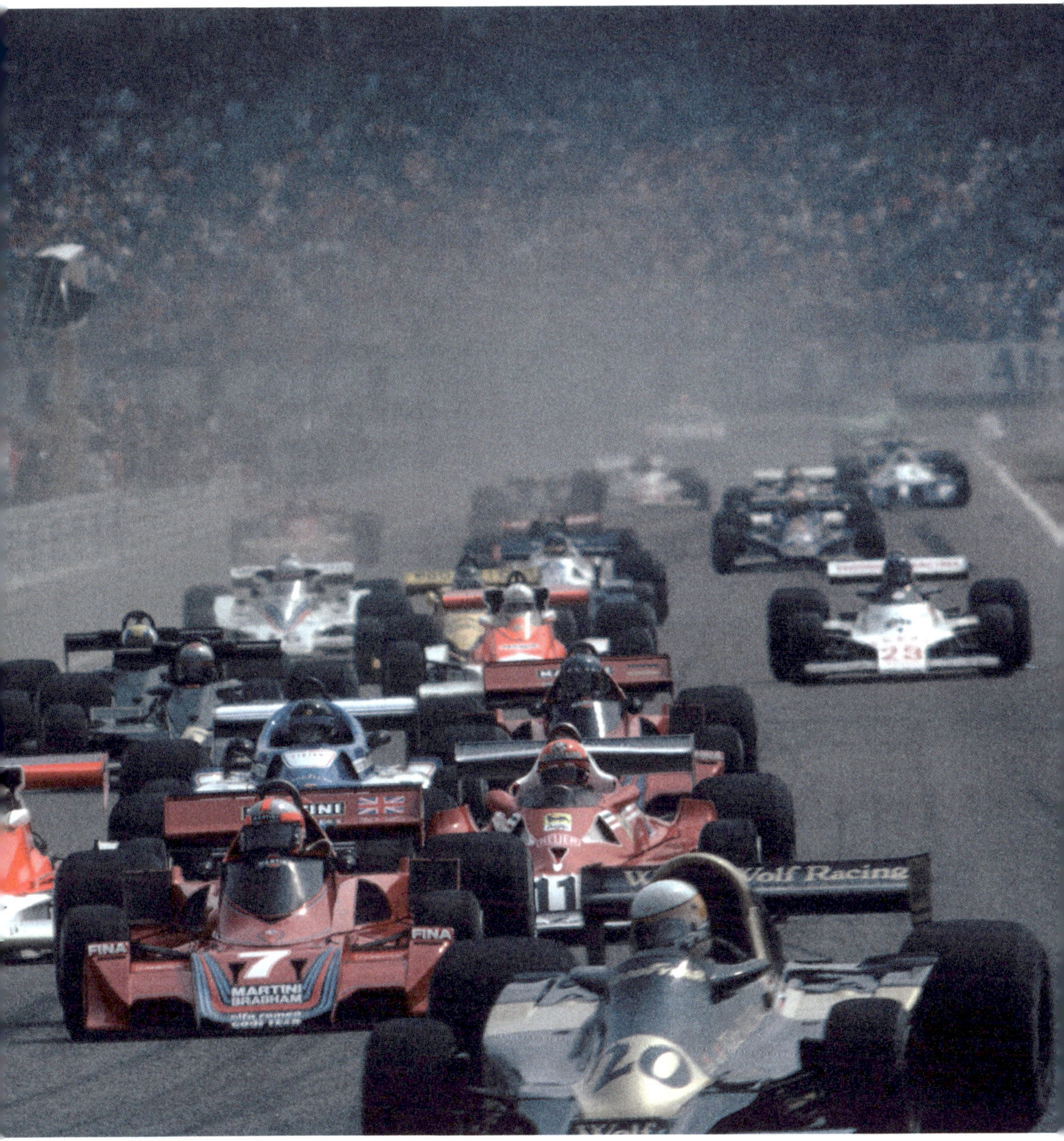

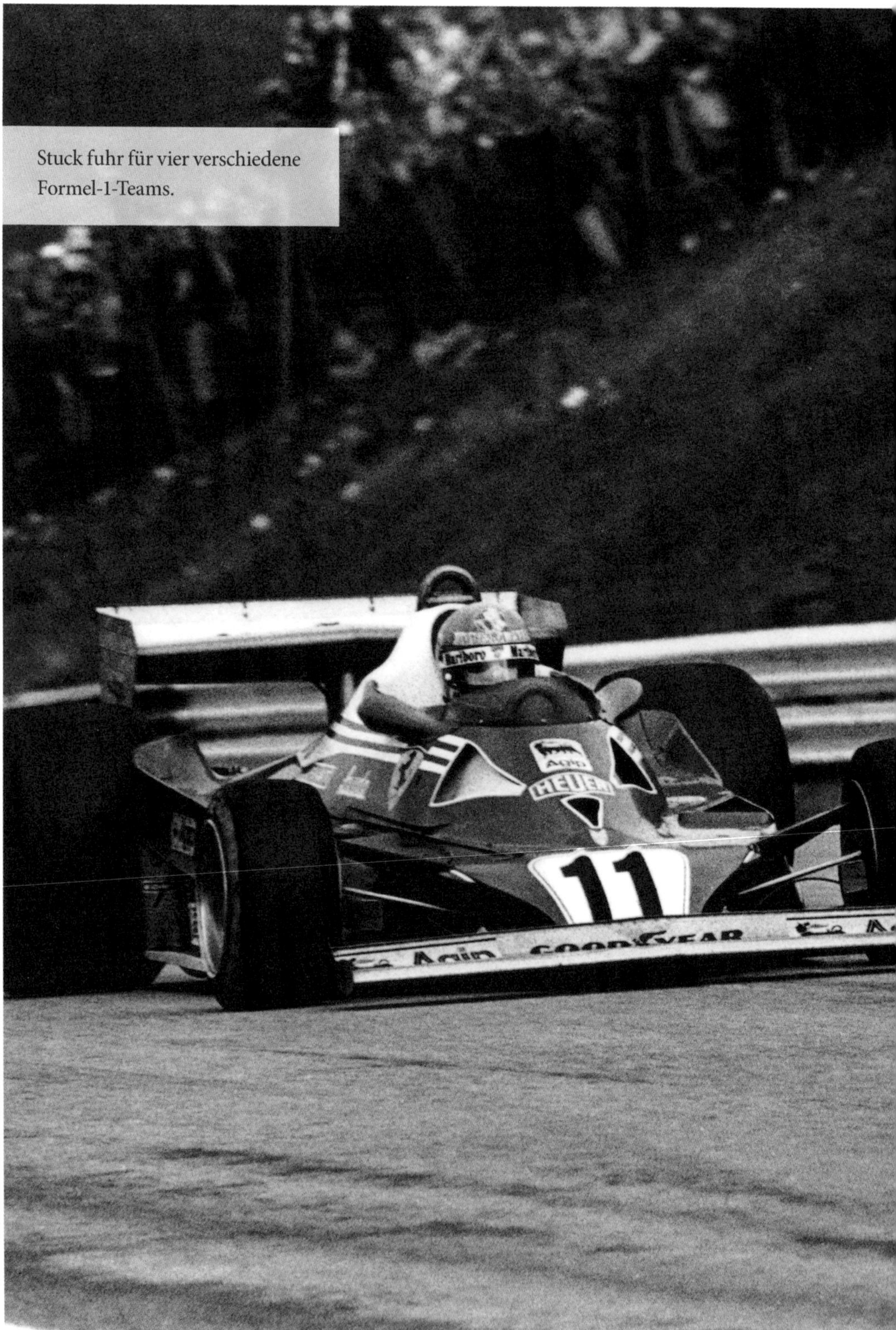

Stuck fuhr für vier verschiedene Formel-1-Teams.

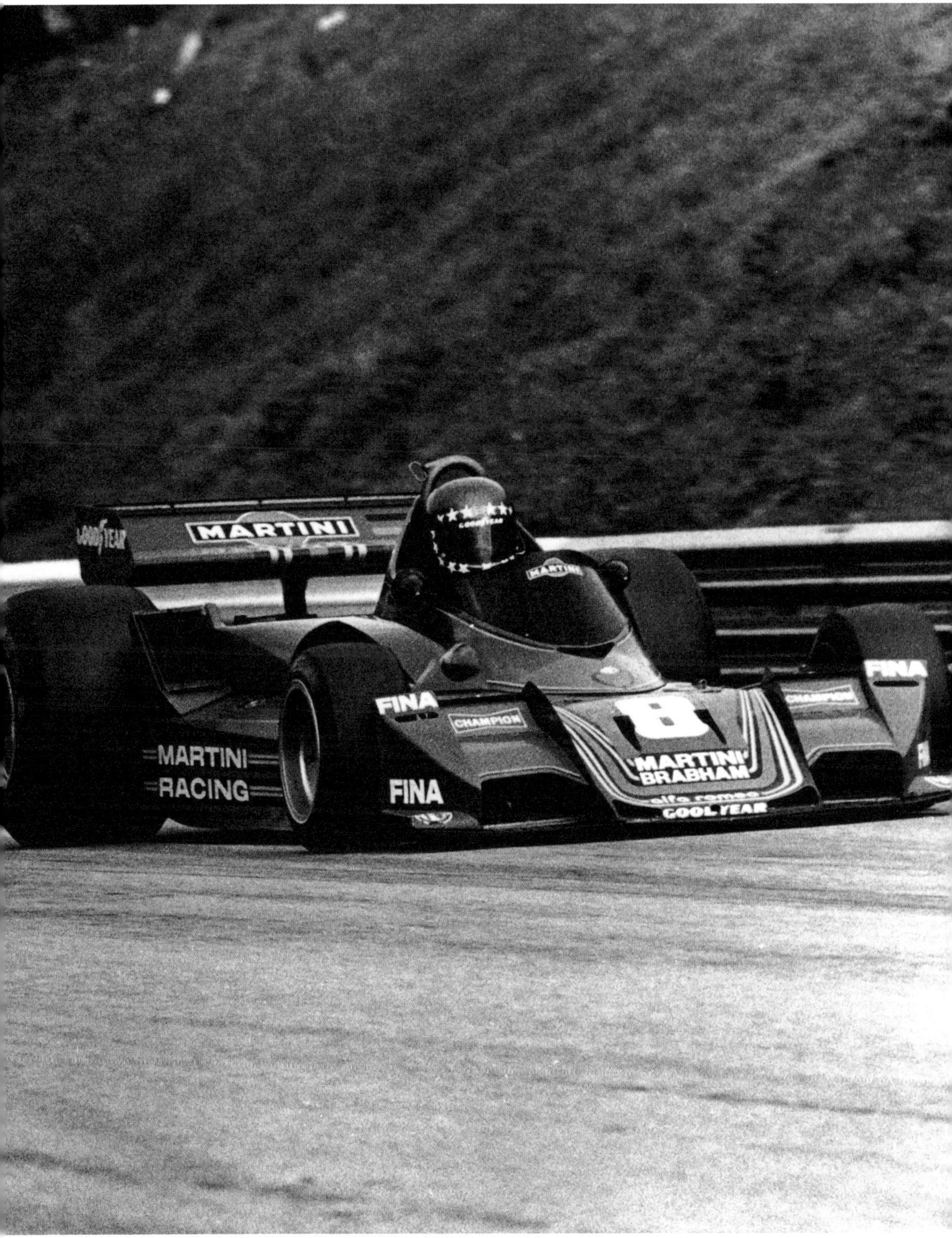
MARTINI
FINA
CHAMPION
8
MARTINI
RACING
FINA
MARTINI
BRABHAM
GOOD YEAR

KAPITEL 6

»MYTHOS HIN, MYTHOS HER« – WELTMEISTER 1977, CIAO, FERRARI

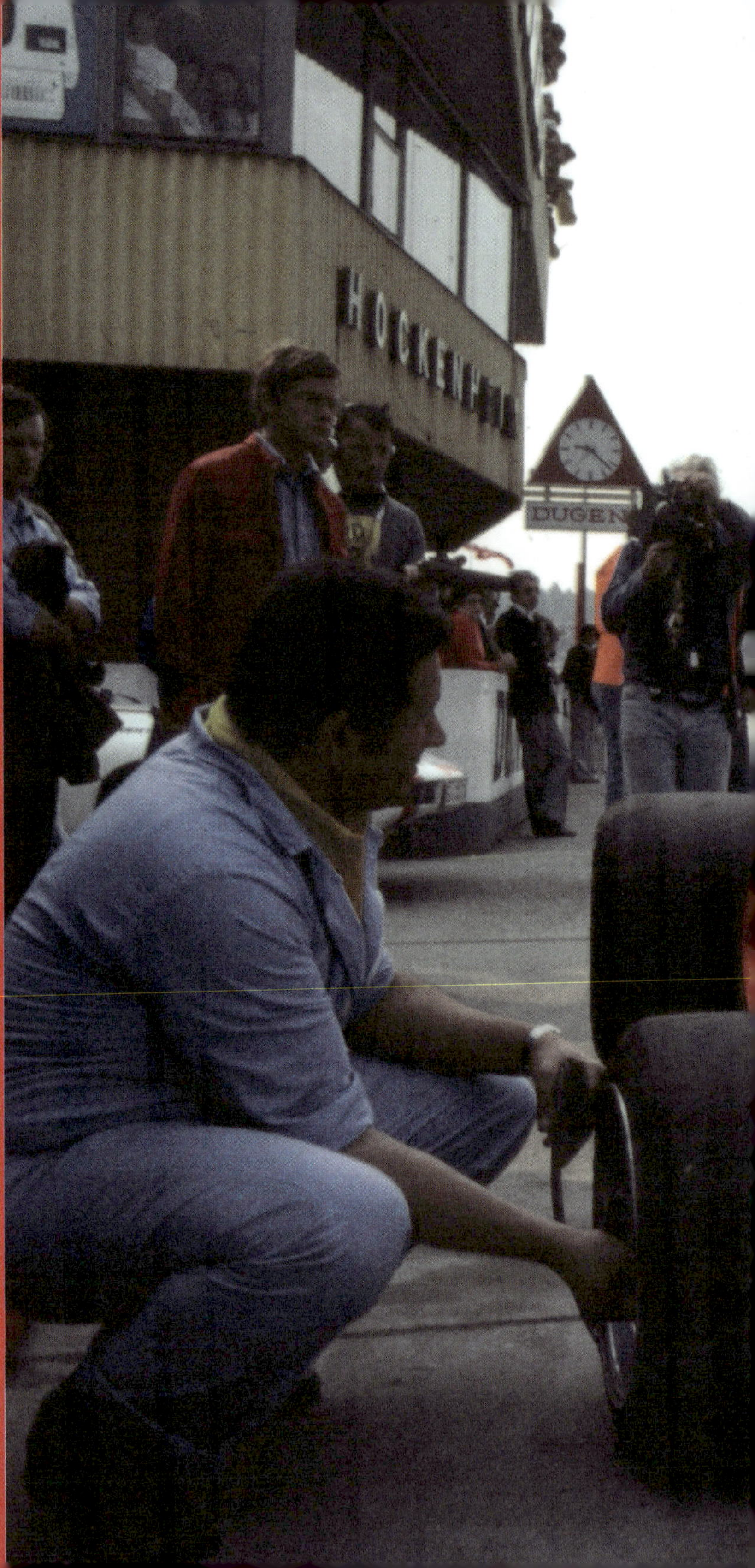

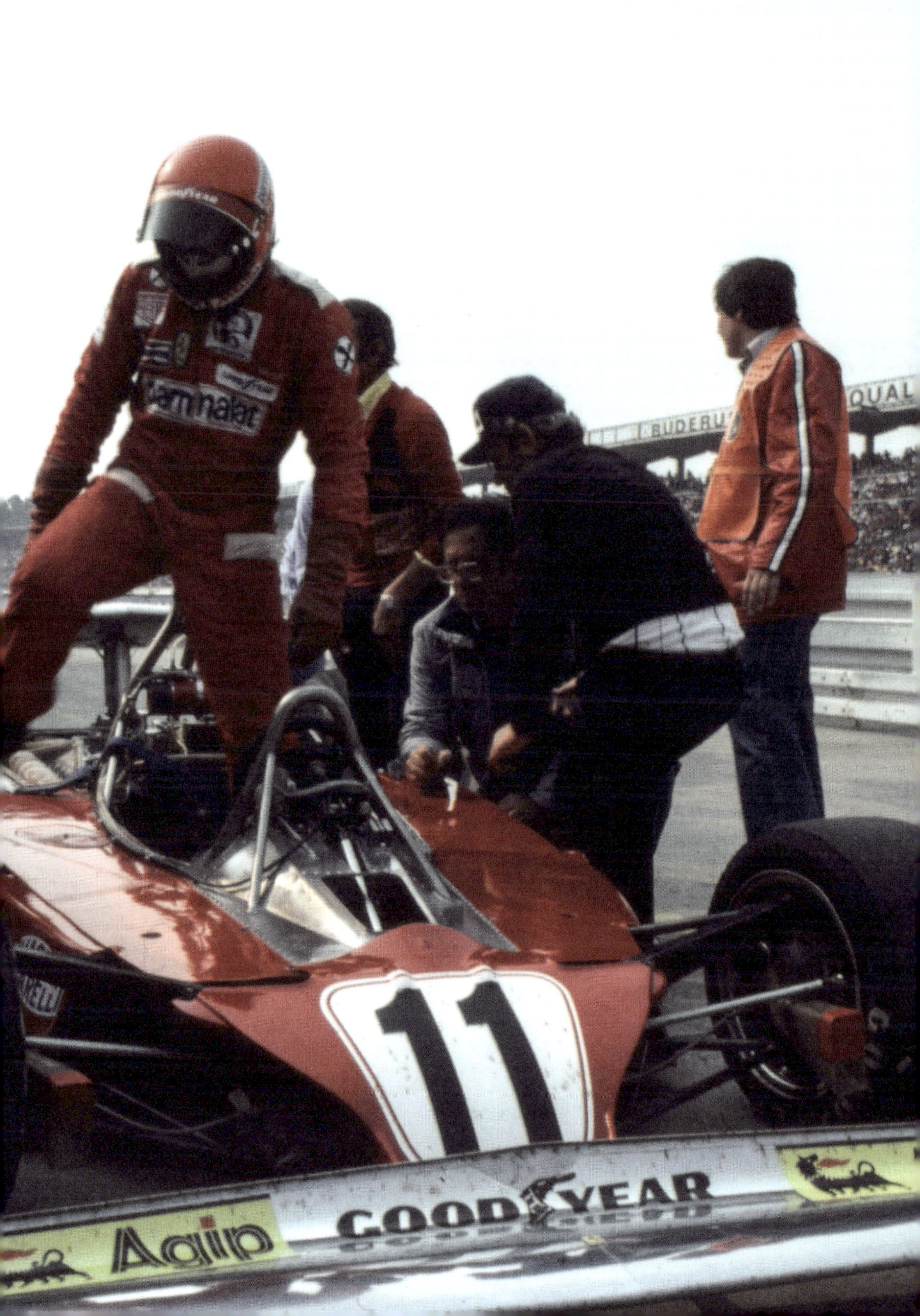
11
GOODYEAR
Agip
BUDERUS

»MYTHOS HIN, MYTHOS HER« – WELTMEISTER 1977, CIAO, FERRARI

Einen besseren Ort hätten sich Bernie Ecclestone und seine Männer nicht aussuchen können. Der britische Formel-1-Macher und seine engsten Mitarbeiter trafen sich völlig ungeniert mit dem in der Fahrerwertung führenden Österreicher Niki Lauda rund um den Großen Preis von Italien in Monza. Am 11. September 1977 sollte Lauda hier, beim »Heimspiel« in Rot, hinter Mario Andretti (Lotus-Ford) auf dem Weg zu seiner zweiten Weltmeisterschaft auf Platz zwei rasen.

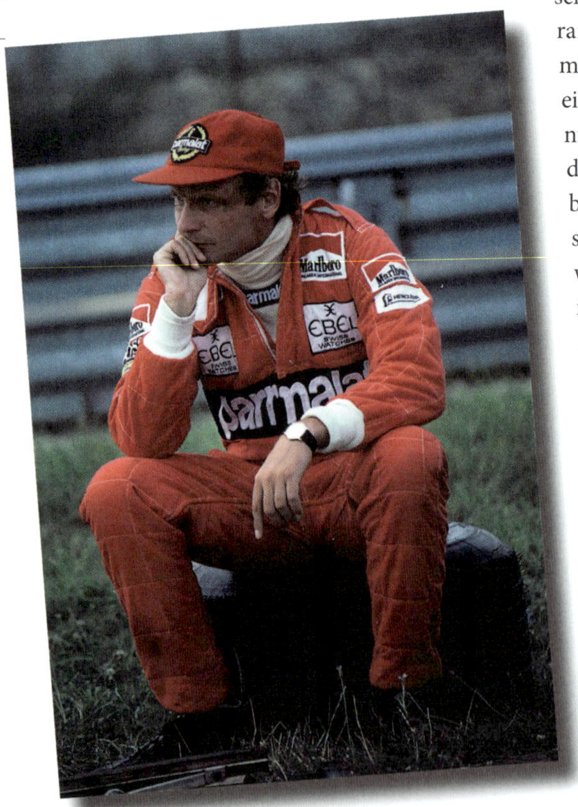

Günstiger als im Auge des Taifuns respektive des Tycoons, Enzo Ferrari, konnte die Gelegenheit für die Verhandlungen über einen Wechsel zu Brabham nun wirklich nicht sein. Ein Coup.

»Niki sagte mir, wie es um den Wechsel zu Brabham steht«, erzählte Bernie Ecclestone 2021 in der sehenswerten Dokumentation Lucky! (DAZN), »also trafen wir ihn seltsamerweise in Monza und besprachen die ganze Sache.«

»MISTER FERRARI WAR DARÜBER NICHT GLÜCKLICH«

Lauda hatte auf die Frage, ob es denn ein seltsames Paradoxon sei, dass er mit Ferrari den Titel in Monza gewann und sich mit der Scuderia zerstritt, seine ganz eigene Antwort: »Ich denke, es ging nur darum, Rennen zu gewinnen, und dass ein Team sehr gut zusammenarbeiten muss, ohne dass es Ärger gibt«, sagte der Ferrari-Pilot, »der Ärger wurde aber immer größer, also habe ich mich entschlossen, mit Bernie abzuschließen, weil ich sicher bin, dass es da keine Missverständnisse geben wird.«

Ecclestone trocken: »Mister Ferrari war darüber nicht glücklich.«

Das war feinstes britisches Understatement. Wohl selten hat man

Niki Lauda - hier 1982 in Zandvoort - in Denkerpose.

»Il Commendatore«, wie Enzo Ferrari von seinen Mitarbeitern ehrfurchtsvoll genannt wurde, so in Rage gesehen als an dem Tag, an dem Niki Lauda ihm eröffnete, dass er die Scuderia verlassen würde.

Nikolaus Lauda schilderte dieses so wichtige Treffen, bei dem auch Chef-Ingenieur Mauro Forghieri, Finanzchef Ermanno della Casa sowie Sportdirektor und Kommunikationschef Franco Gozzi, der 2013 verstorbene

»ICH GEBE DIR, SO VIEL DU WILLST!«
ENZO FERRARI ZU LAUDA, 1977

»Schattenmann« von Enzo Ferrari, mit am Tisch saßen, im Jahr 2017 beim Portal motorsport.com so: »Der Boss war

Lauda nahm seine Ehefrau Marlene häufig zu Formel-1-Rennen mit, hier zum Großen Preis der Niederlande in Zandvoort.

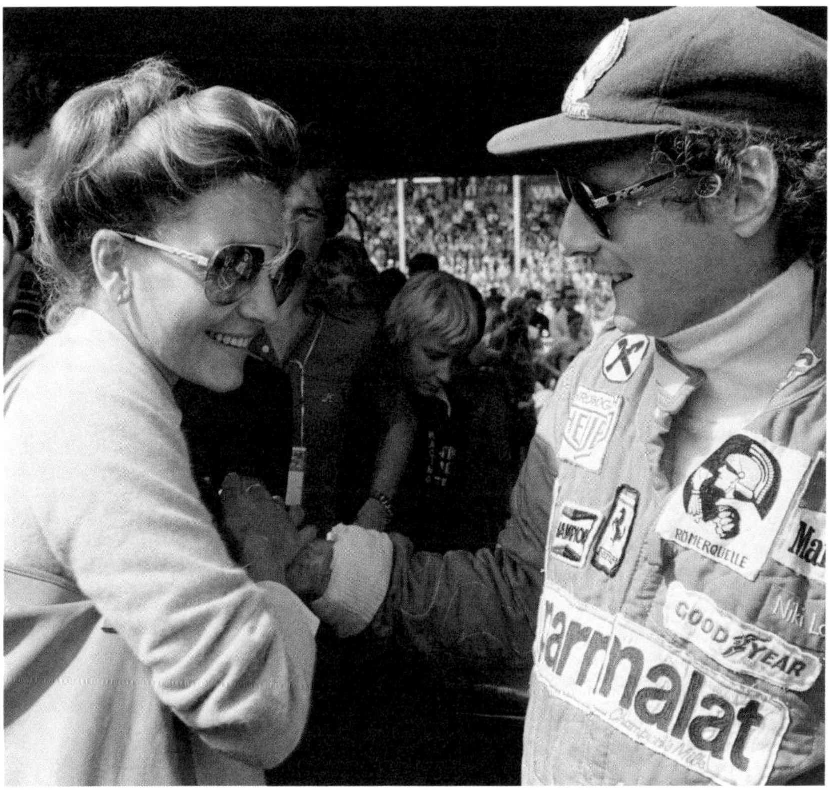

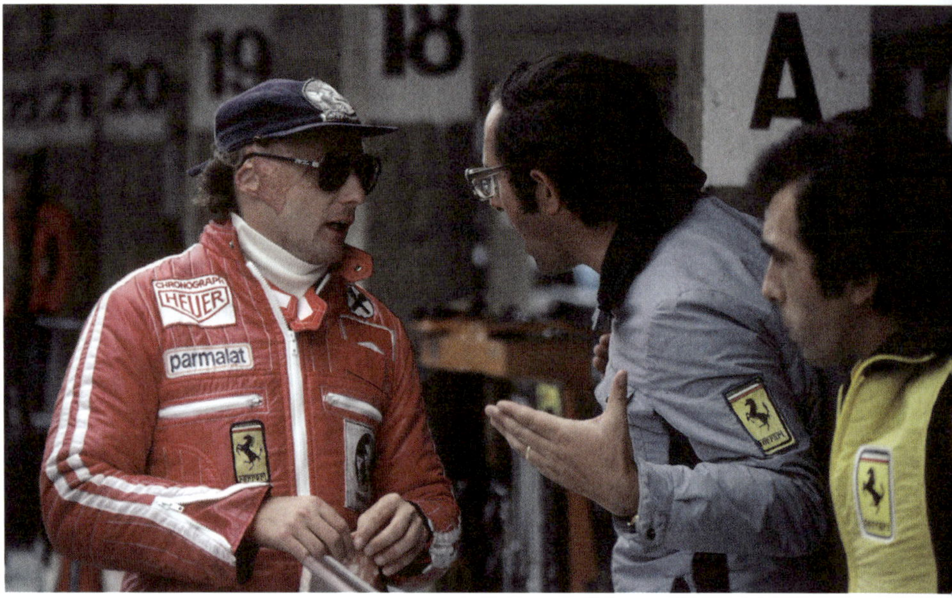

Differenzen innerhalb des Ferrari-Teams waren in Laudas letztem Jahr bei der Scuderia keine Seltenheit.

entzürnt. Bist du verrückt, hat er gesagt. Wie viel willst du? Ich gebe dir so viel, wie du willst. Ich meinte, dass ich meine Entscheidung getroffen und bei Brabham-Alfa-Romeo einen Vertrag unterschrieben habe.«

»Ferrari brüllte und tobte«, schrieb das Portal speedweek.com dazu im Jahr 2019, »er bezeichnete Lauda als Judas, unerhört, dass sich ein Rennfahrer erlauben konnte, Ferrari den Rücken zu wenden. Er, Lauda, so zeterte der Italiener, habe sich für dreißig Salami an die Konkurrenz verkauft, er solle sich raus scheren. Die ganz große italienische Oper halt.«

Oder anders: Italienische Schimpfwörter ohne gallische Übersetzung.

Am Ende waren es etwas mehr als »dreißig Salami«, für die Niki Lauda den Rennstall wechselte. Dass Ecclestone und der vom zweifachen Formel-1-Weltmeister Jack Brabham († 2014) gegründete Konkurrent Lauda überhaupt abwerben konnten, lag an dem finanziellen Volumen, das durch den Einstieg des italienischen Lebensmittelkonzerns Parmalat, der in den 1990er-Jahren mit einer 45-prozentigen Beteiligungen auch den Fußballclub AC Parma mit immensen Investitionen zu drei Europapokaltiteln führte, ins Spiel kam.

Ecclestone: »Ich hatte nicht die geringste Ahnung, was Parmalat ist, ehe ich herausfand, dass es eine Molkereifirma war. Niki sagte, er würde mich dort vorstellen, was er auch tat. Also ging ich zu Mister Calisto Tanzi, der sich um die kaufmännischen Belange kümmerte. Er operierte mit einem Werbebudget von ungefähr 8

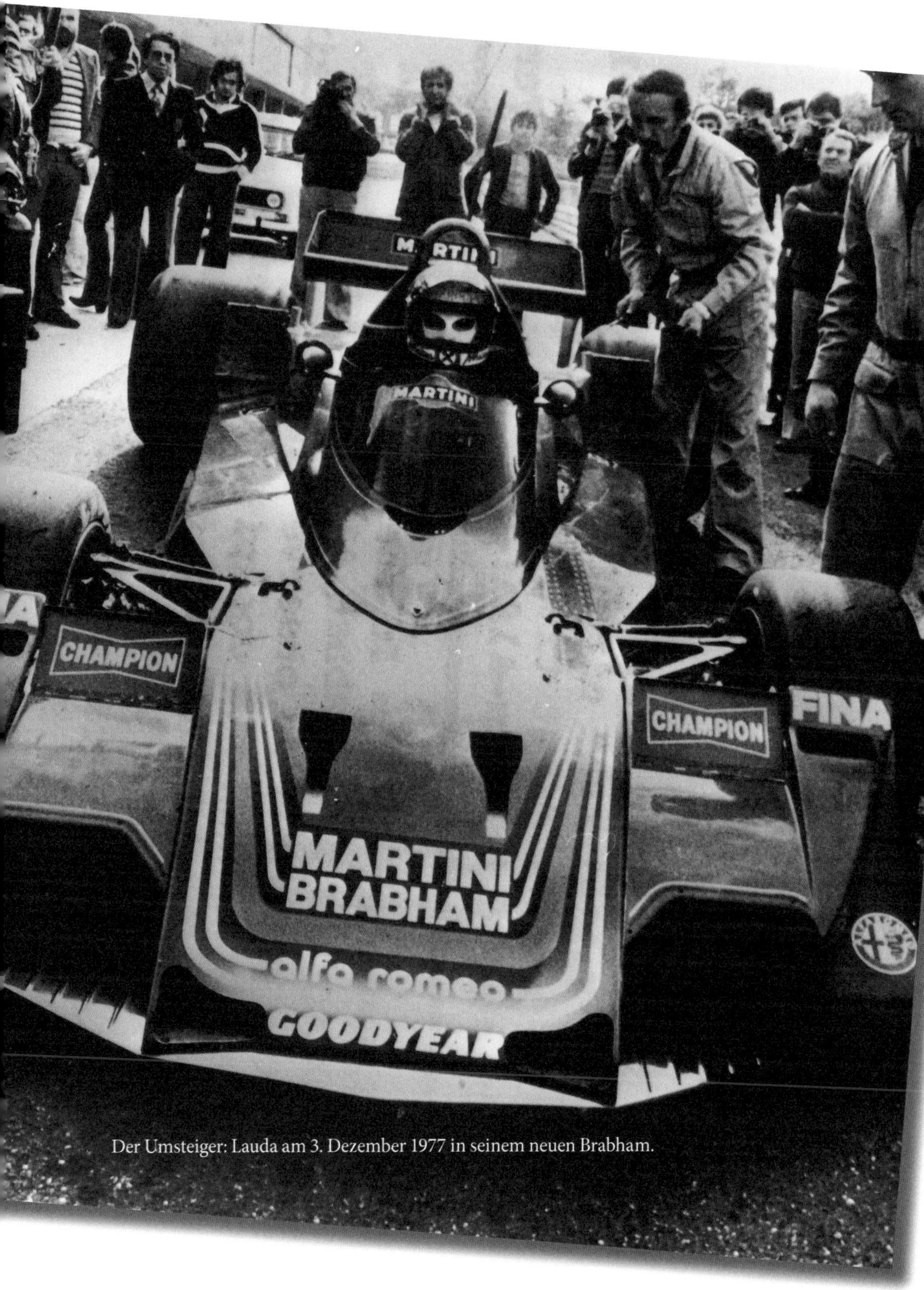

Der Umsteiger: Lauda am 3. Dezember 1977 in seinem neuen Brabham.

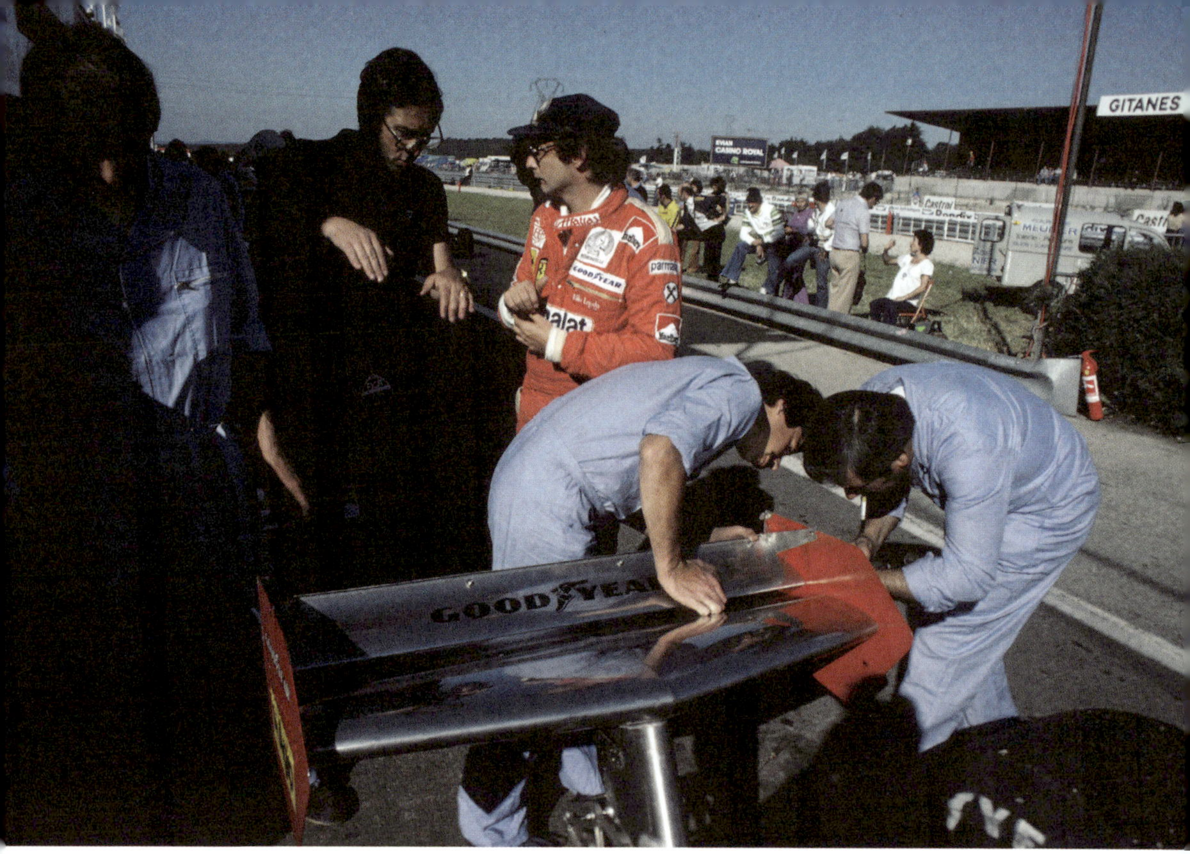

Fachgespräch: Mauro Forghieri und Lauda am 3. Juli 1977 beim Grand Prix von Frankreich.

Millionen Dollar. Ich sagte: Das könnte genug sein, um den Job zu erledigen. Keinem Fahrer war jemals eine Million Dollar gezahlt worden. Also waren wir die Ersten.«

Das Geld – Ferrari hatte Lauda 1974 für eine Jahresgage von umgerechnet 150.000 Euro angeworben – war der eine, Laudas Unzufriedenheit bei Ferrari der andere Aspekt. »Meine letzte Saison bei Ferrari war, obschon ich meine zweite Weltmeisterschaft gewann, die schlimmste«, sagte der Österreicher, »ich litt immer noch unter ihrer Reaktion nach meinem Unfall. Dazu kam, dass ich mit Clay Regazzoni als Teampartner sehr glücklich gewesen war und Carlos Reutemann nicht wollte. (…) Ich wollte nur die Weltmeisterschaft gewinnen, um ihnen zu beweisen, dass ich mich vom Unfall erholt hatte, und dann raus, etwas anderes machen, eine neue Herausforderung annehmen.«

Raus war Lauda schon zwei Rennen vor Saisonschluss. In Kanada und Japan startete bereits sein Nachfolger bei Ferrari, Gilles Villeneuve. Der Große Preis der USA (Ost) in Watkins Glen im US-Bundesstaat New York am 2. Oktober 1977 wurde somit Laudas letztes Rennen

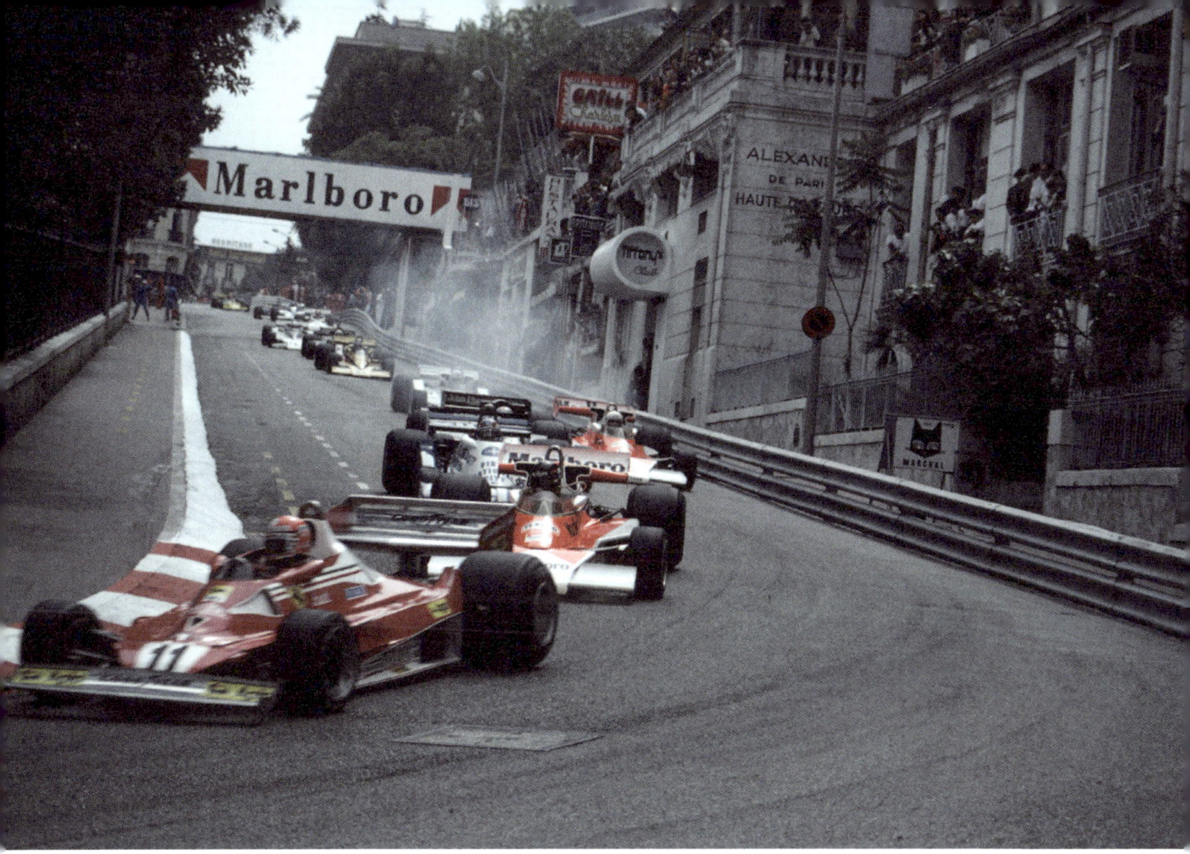

Grand Prix von Monaco, am 25. Mai 1977: Niki Lauda vor James Hunt.

für Ferrari. Er schloss es mit Rang vier ab. Zu diesem Zeitpunkt stand der Österreicher, der für diesen Erfolg in seiner Heimat als »Sportler des Jahres 1977« ausgezeichnet werden sollte, schon als Weltmeister fest.

»In der Saison 1978 werden Niki Lauda und John Watson als Teamfahrer für Brabham Racing fahren«, so konnten es die Briten nicht ohne Stolz verkünden.

Zuvor war Lauda in einem Ferrari 312T2 zum Titel gefahren. Es handelte sich um eine Anpassung seines Weltmeister-Wagens aus dem Jahr 1975.

Es war ein Auto, das ohne die bekannten, mächtigen Lufthutzen über dem Cockpit auskam und eine größere Cockpitöffnung hatte. Die Aufhängungen, das Getriebe und der flache 12-Zylinder-Motor wurden völlig überarbeitet.

Ferrari experimentierte bei den Testfahrten mit einer De-Dion-Hinterradaufhängung, die im Rennen aber nicht zum Einsatz kam.

DER OMINÖSE HERR REUTEMANN

1977 trat die Scuderia mit dem fast unveränderten 312T2 und dem Piloten-Duo Lauda und Carlos Reutemann in die

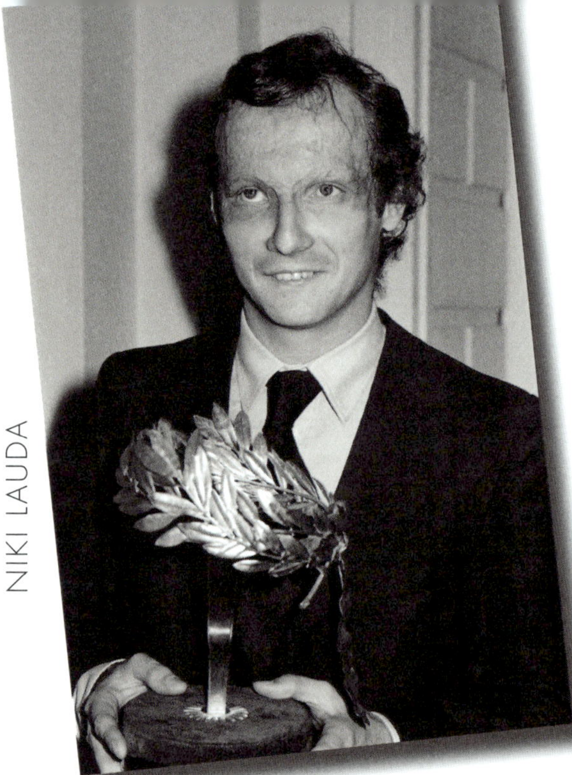

Eine von zahllosen Ehrungen für Niki Lauda.

Formel-1-Saison ein.

Mit dem neuen Team-Ranking konnte sich der Weltmeister von 1975, dessen Nummer-1-Stellung innerhalb der Ferrari-Order in seinem Vertrag verankert war, nicht abfinden. »Ferrari sagte mir, dass Herr Reutemann besser sei als ich und dass ich mich nicht so schnell wie erwartet von meinem Unfall 1976 erholen würde«, erklärte Niki Lauda 2017 die Situation vor seiner letzten Saison in Diensten des italienischen Traditionsrennstalles, »ich sagte, dass er mich gehen lassen soll, wenn er den Vertrag nicht erfüllt und mich nicht als Nummer-1-Fahrer akzeptiert.«

Carlos Reutemann: Der 2021 verstorbene Rennfahrer aus Argentinien genoss im beinharten Formel-1-Geschäft nicht die höchsten Popularitätswerte.

»Dieser Indianer«, schimpfte der 1970

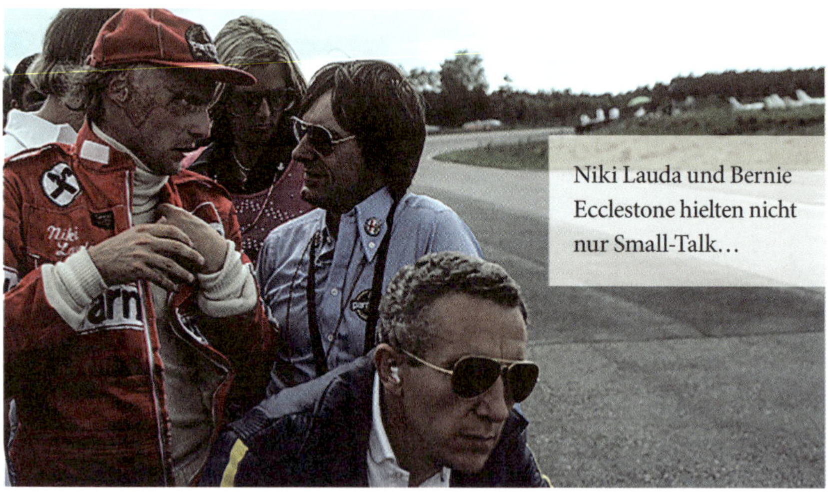

Niki Lauda und Bernie Ecclestone hielten nicht nur Small-Talk…

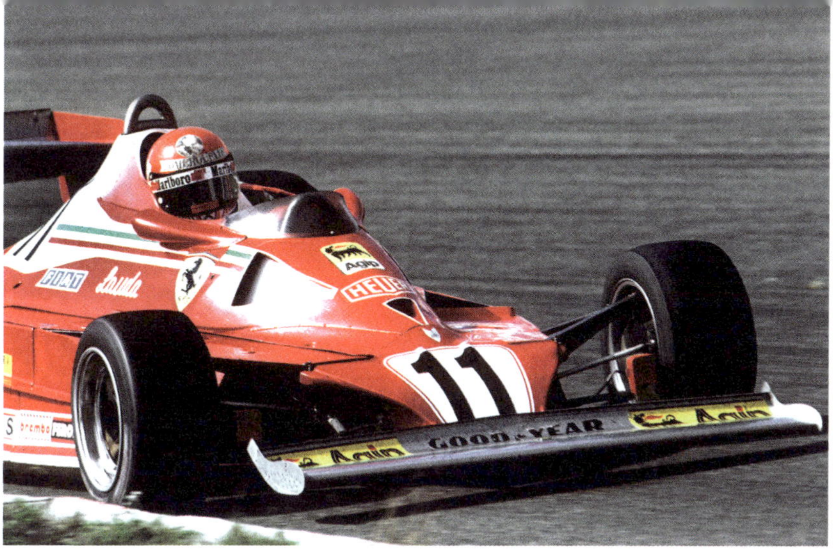

Großer Preis der Niederlande, Zandvoort, am 28. August 1977.

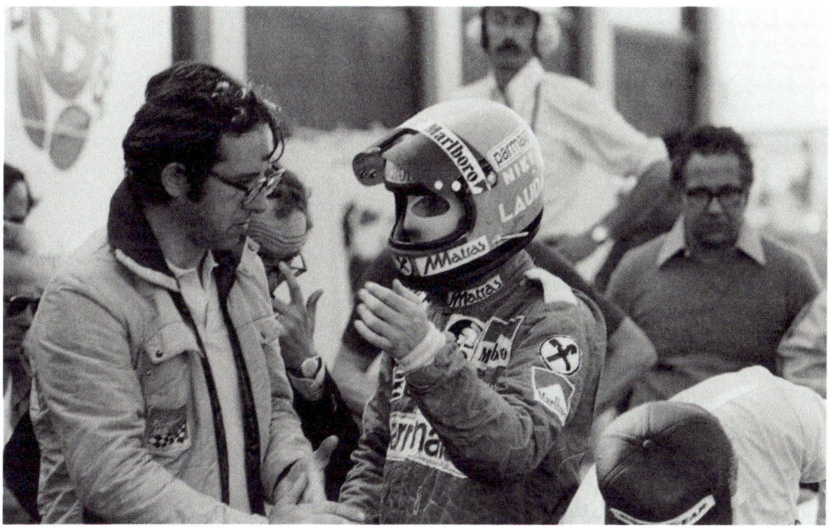

Mauro Forghieri im Gespräch mit dem früheren Weltmeister Niki Lauda.

in Monza tödlich verunglückte Mainzer Pilot Jochen Rindt einmal, »soll zurück in den Urwald.« Reutemann, Spitzname: »El Lole« (»Das Schweinchen«), hatte Rindt während eines Formel-2-Rennens von der Piste gedrängt, respektive behindert.

Doch mit seiner langen Mähne war der Südamerikaner – wie Argentiniens ungezähmte Fußball-Weltmeister von 1978 um Mario Alberto Kempes und Leopoldo Jacinto Luque – ein echter Frauenschwarm und eine echte Primadonna der Formel 1.

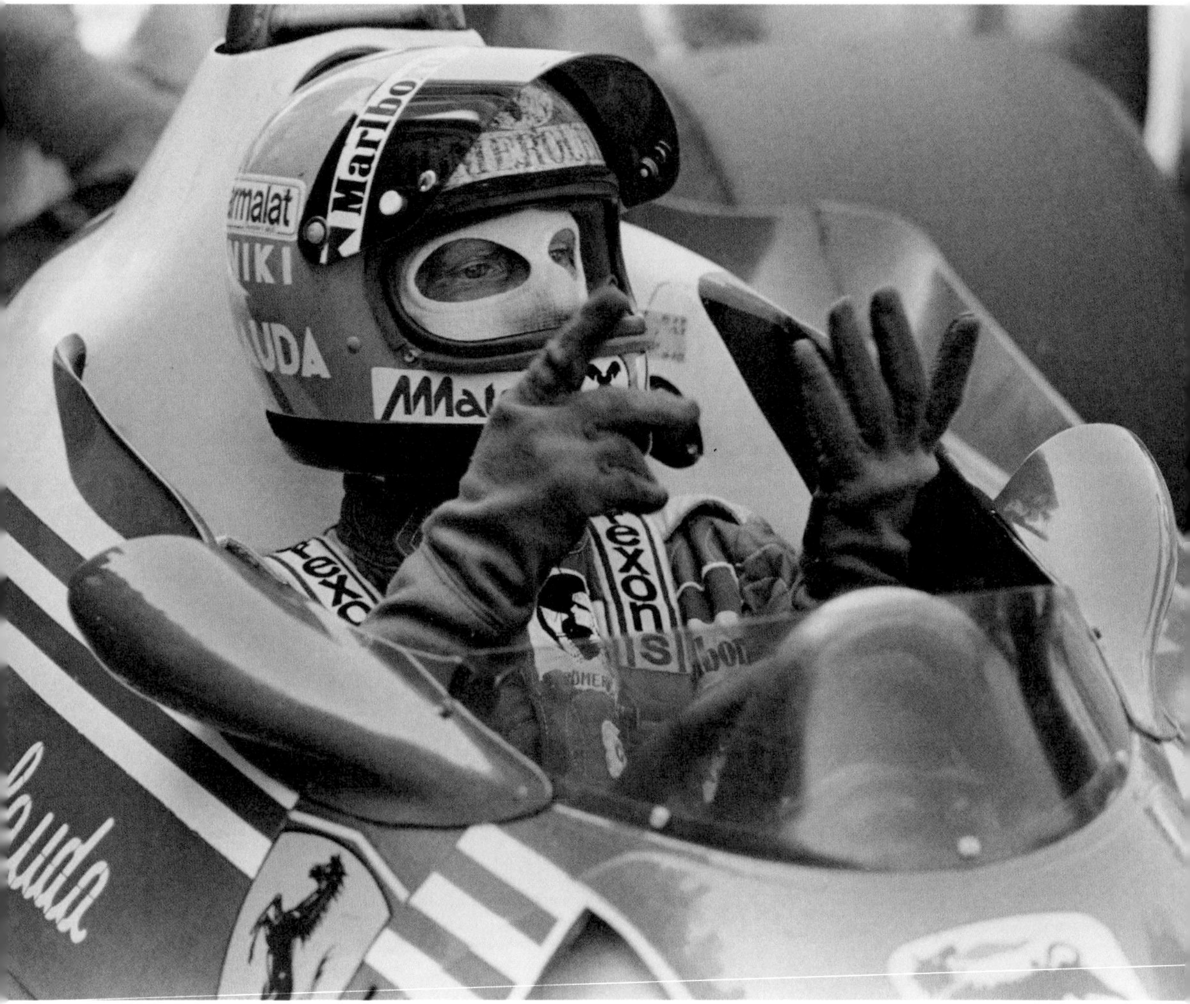

Nach Laudas schwerem Feuer-Unfall auf dem Nürburgring rechnete sich »El Lole« wohl Chancen aus, den Österreicher zu ersetzen. Umso mehr, als ihn Ferrari 1977 für Lauda-Freund Clay Regazzoni († 2006) ins Team holte.
Enzo Ferrari ließ sich mit Lauda auf einen Machtpoker ein.
»Wohin willst du gehen?«
«Zu McLaren!«
Eine Aussage des Wieners, die dem Tycoon zu denken gab.
»Er hat mich wieder angerufen«, berichtete Lauda 40 Jahre danach, »er sagte, ich solle das mit der Nummer-2-Position vergessen, aber Reutemann sei ab sofort für die komplette Entwicklung des Autos verantwortlich. «
Trotz dieser Dissonanzen gelang es Lauda, die Fahrer-Weltmeisterschaft im

Vor dem Start zum Großen Preis der Niederlande, Zandvoort, August 1977.

312T2 zu gewinnen.

Dafür reichten ihm drei Siege – beim Großen Preis von Südafrika, in Deutschland (Hockenheim) und in den Niederlanden. Aus.

Mit 17 Punkten Vorsprung hatte Lauda am Ende seinen ärgsten Verfolger, den Südafrikaner Jody Scheckter auf Wolf-Ford, abgehängt. Reutemann gewann lediglich in Brasilien.

Reutemanns Erfolg in Jacarepaguá, einem Vorort von Rio de Janeiro ein Jahr später war das letzte Rennen des 312T2, der danach durch den Ferrari 312T3 ersetzt wurde.

Laudas Entschluss, Ferrari zu verlassen, ließ sich durch den Erfolg bei der Weltmeisterschaft 1977 nicht mehr umkehren.

»Der Schritt wirbelte schon damals Staub auf«, schrieb motorsport.com dazu im Jahr 2017, »abgesehen von Juan Manuel Fangio ist Lauda bis heute der einzige Pilot, der Maranello auf dem Höhepunkt verließ.«

»NUR LOGISCH«

»Ein Fehler«, wie Niki Lauda später einräumte.

Trotzdem. Lauda war verletzt. Als er Ferrari in einem Special von auto motor und sport 1988 würdigte, hatte er die Ereignisse von 1977 längst nicht verwunden. So schrieb Niki Lauda in seinem bemerkenswerten Essay »Ich habe Respekt vor ihm und ich mag ihn« (S. 111 ff.): »Die Instinktlosigkeit, mit der Ferrari den neuen Liebling Carlos Reutemann mir gegenüber ausspielte, lässt im Rückblick Zweifel aufkommen, ob die größte Figur des Motorsports die gleichen Gefühle haben mag wie wir kleinen Fans: Dass auch in dieser Disziplin der Mensch noch mehr zählen müsse als die tollste Maschine und deren Ruhm. So war es nur logisch, dass ich 1977, als ich meinem zweiten Weltmeistertitel entgegenfuhr, mich innerlich schon Ferrari gelöst hatte – Mythos hin, Mythos her. Ich war cool genug, um nicht zu vergessen, dass ich die Kohlen des Bernie Ecclestone gerne annahm, um elegantissimo von Ferrari abzuhauen.«

»ICH WAR COOL GENUG, UM NICHT ZU VERGESSEN, DASS ICH DIE KOHLEN DES BERNIE ECCLESTONE GERNE ANNAHM, UM ELEGANTISSIMO VON FERRARI ABZUHAUEN.«
NIKI LAUDA, 1988

KAPITEL 7

»EIN FREUND FÜRS LEBEN«

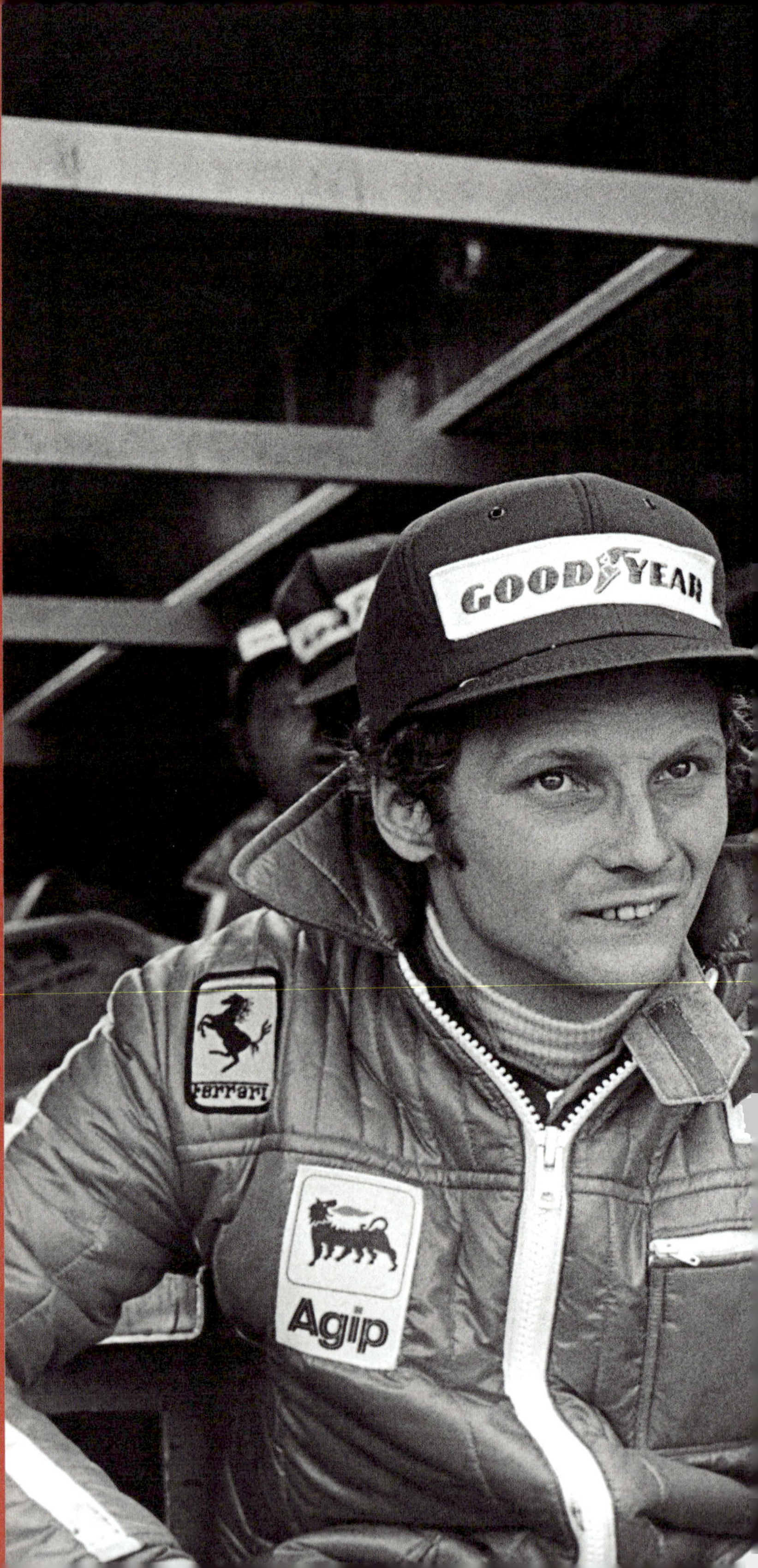

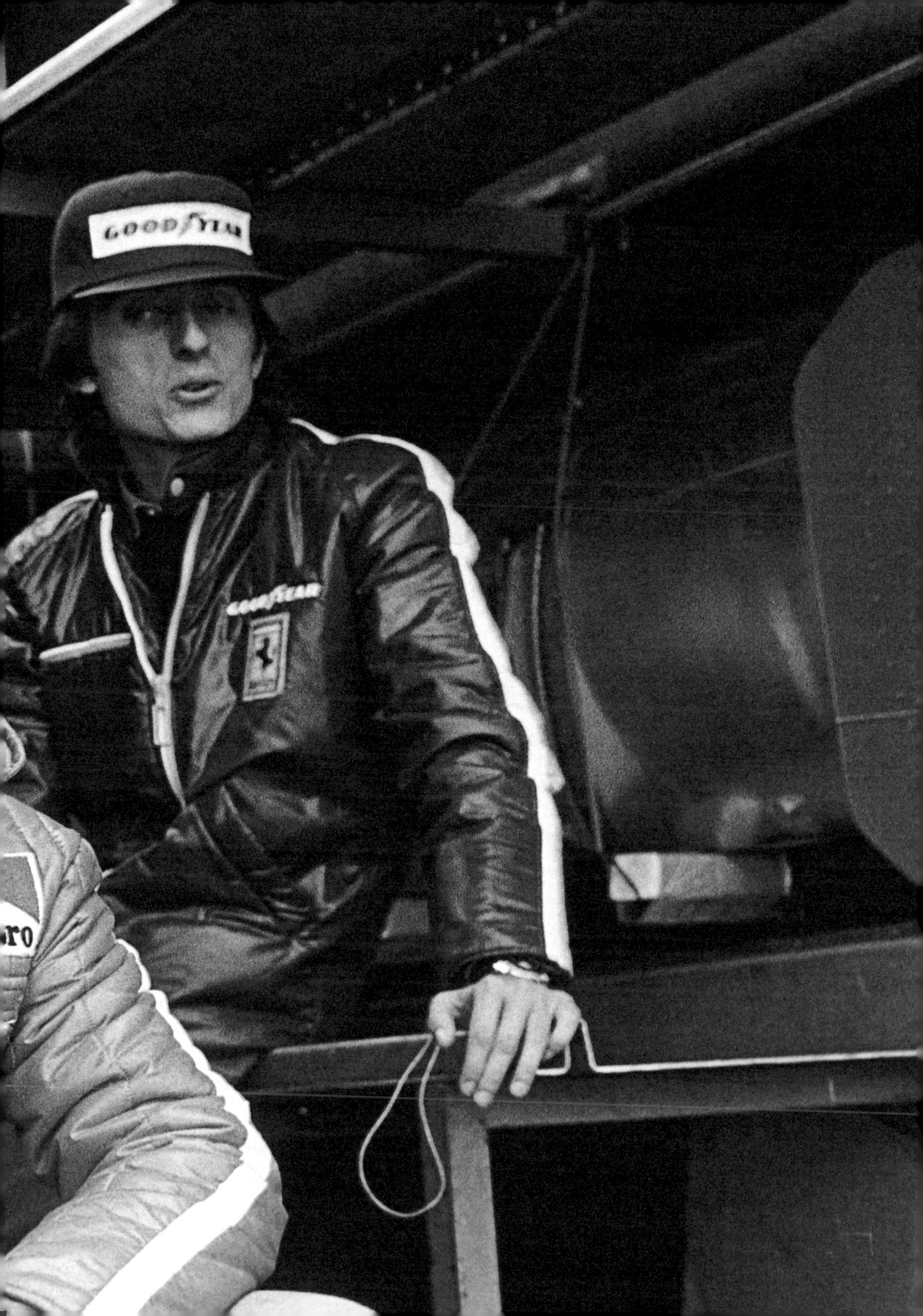
GOODYEAR
GOODYEAR

»EIN FREUND FÜRS LEBEN« – LUCA DI MONTEZEMOLO ÜBER LAUDA

Es sind drei Elemente, die Niki Lauda zu einer echten Legende machen. Er hat den Weltmeistertitel gewonnen. Er ihn mit zwei verschiedenen Autos errungen – und das, nachdem er zwei Jahre lang nicht gefahren war.

In dieser Zeit hat er nicht mal Autos aus dem Autosalon gefahren. Was macht einen Helden aus? Er braucht Ergebnisse – und Lauda lieferte diese Ergebnisse.

Er war ein sehr intelligenter Mann mit einem hohen Maß an Glaubwürdigkeit. Wenn Niki kam, haben ihm alle Journalisten zugehört. Dieser persönliche Aspekt war der dritte Faktor, warum Niki Lauda ein Held war.

»ICH DRÄNGTE FERRARI, IHN ZU HOLEN«

Über die Episoden, die ich mit Niki erlebt habe, könnte ich stundenlang sprechen. Zuallererst kann ich, ohne unbescheiden dabei zu klingen, sagen, dass ich es war, der Enzo Ferrari gedrängt hat, ihn zu verpflichten. Enzo Ferrari hatte Zweifel, was Niki Lauda anging. Er wollte eine

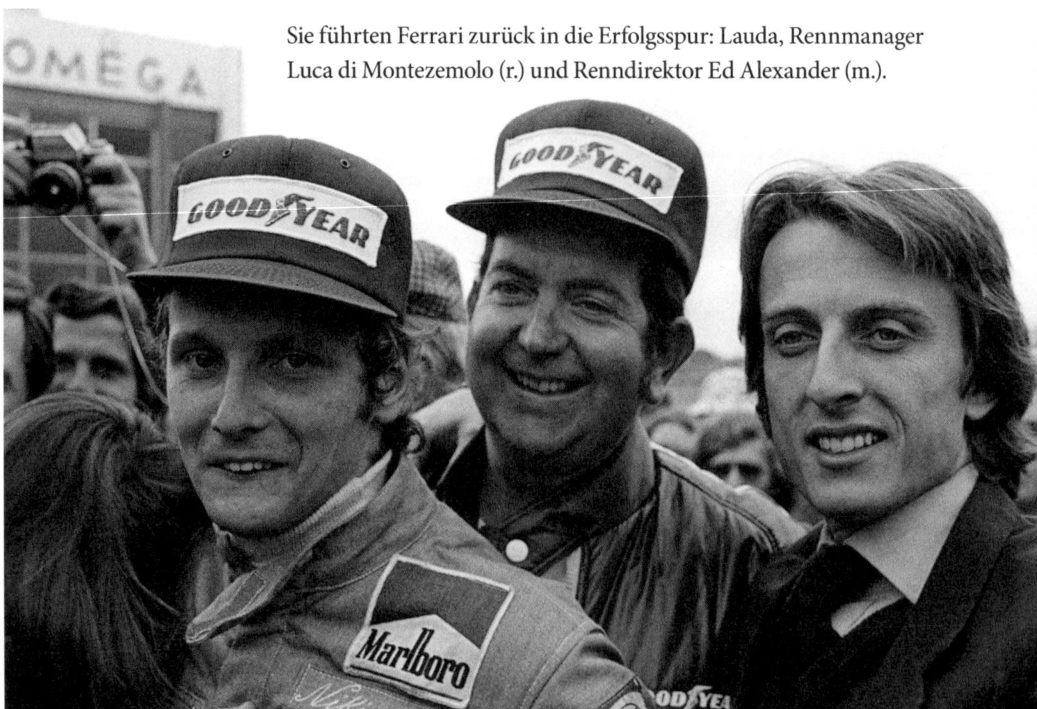

Sie führten Ferrari zurück in die Erfolgsspur: Lauda, Rennmanager Luca di Montezemolo (r.) und Renndirektor Ed Alexander (m.).

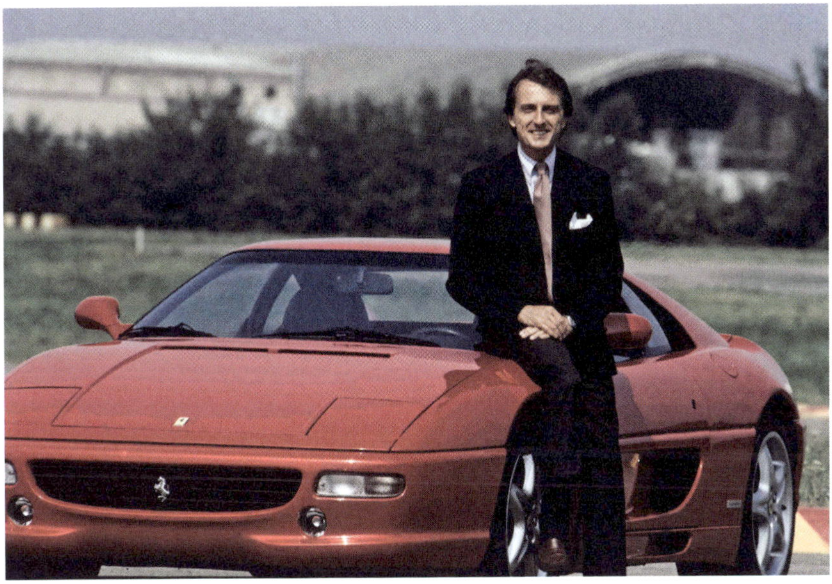

Luca di Montezemolo vor einem Ferrari F355.

Entscheidung zwischen ihm und einem französischen Fahrer namens Jean Pierre Jarier (In 180 Rennfahrer von Burkhard Nuppeney und Joseph Emonts-pohl als »schlampiges Genie« bezeichnet, d. Red.). Clay Regazzoni sprach mit Enzo Ferrari und erklärte ihm, dass dieser junge Österreicher sehr stark war – und ich redete dann auf Ferrari ein, ihn zu holen.

»ICH MACHE KEINE WITZE!«

Als ich Niki das erste Mal traf – und das ist eine schöne Geschichte – war er begeistert von dem Gedanken, zu Ferrari zu wechseln. Das war am Mailänder Flughafen, in einem eigens bestellten Raum. Als ich ihn zuvor anrief, war er misstrauisch und fragte mich: »Sind Sie wirklich Luca di Montezemolo oder machen Sie Witze?«
Ich sagte: »Nein, ich mache keine Witze, hier ist Luca di Montezemolo und ich möchte mit Ihnen reden.« Er hat mir am Telefon nicht getraut.

»LAUDA UND SCHUMACHER WAREN DIE BESTEN FAHRER, MIT DENEN ICH GEARBEITET HABE.«
LUCA DI MONTEZEMOLO, 2022

Als wir uns in Mailand getroffen hatten, fragte ich ihn, was für ihn ein gutes Gehalt im ersten Jahr bei Ferrari wäre. Er nannte mir eine Zahl – aber in österreichischen Schilling. Ich ging sofort zum nächsten Zeitungsstand am Flughafen und schaute mir in der Financial Times den Wechselkurs des Schillings an und rechnete ihn in italienische Lira um. Das war unsere erste Begegnung… Später verbrachten wir viel Zeit bei den Auto-Tests in Fiorano und in Maranello und gingen oft zusammen essen. Damals war der Teamgeist in einem Formel-1-Rennstall weitaus wichtiger als heute.

Niki verbrachte viel Zeit in Italien, um zu arbeiten, er beschäftigte sich in der Scuderia mit seinem Wagen und wir trafen uns häufig in Modena.

1974 fuhr Niki Lauda eine gute Saison, doch er machte ein paar Fehler. Ich erinnere mich an den Grand Prix von Kanada 1976 in Montreal, den er gegen James Hunt verlor. 1976 lag er am Ende einen Punkt hinter Hunt, obwohl er vorher nur wenige Rennen gefahren war.

Als ich Ferrari 1977 verließ, entschied er sich, mitzukommen. Vielleicht hatte er das Gefühl, dass nun niemand mehr hinter ihm stehen und ihn beschützen würde.

»NIKI HALF UNS, SCHUMACHER ZU HOLEN«

Als ich 1991 zu Ferrari zurückkehrte, fragte ich ihn sofort, ob er mein Berater werden will. Ich sage Ihnen das, Niki der erste war, der den Kontakt

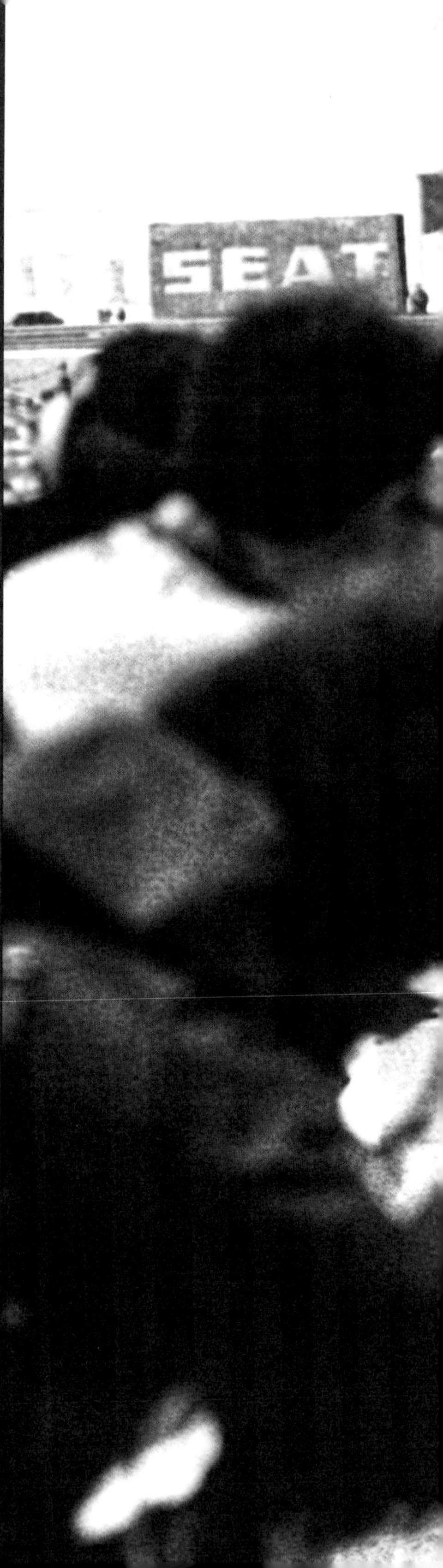

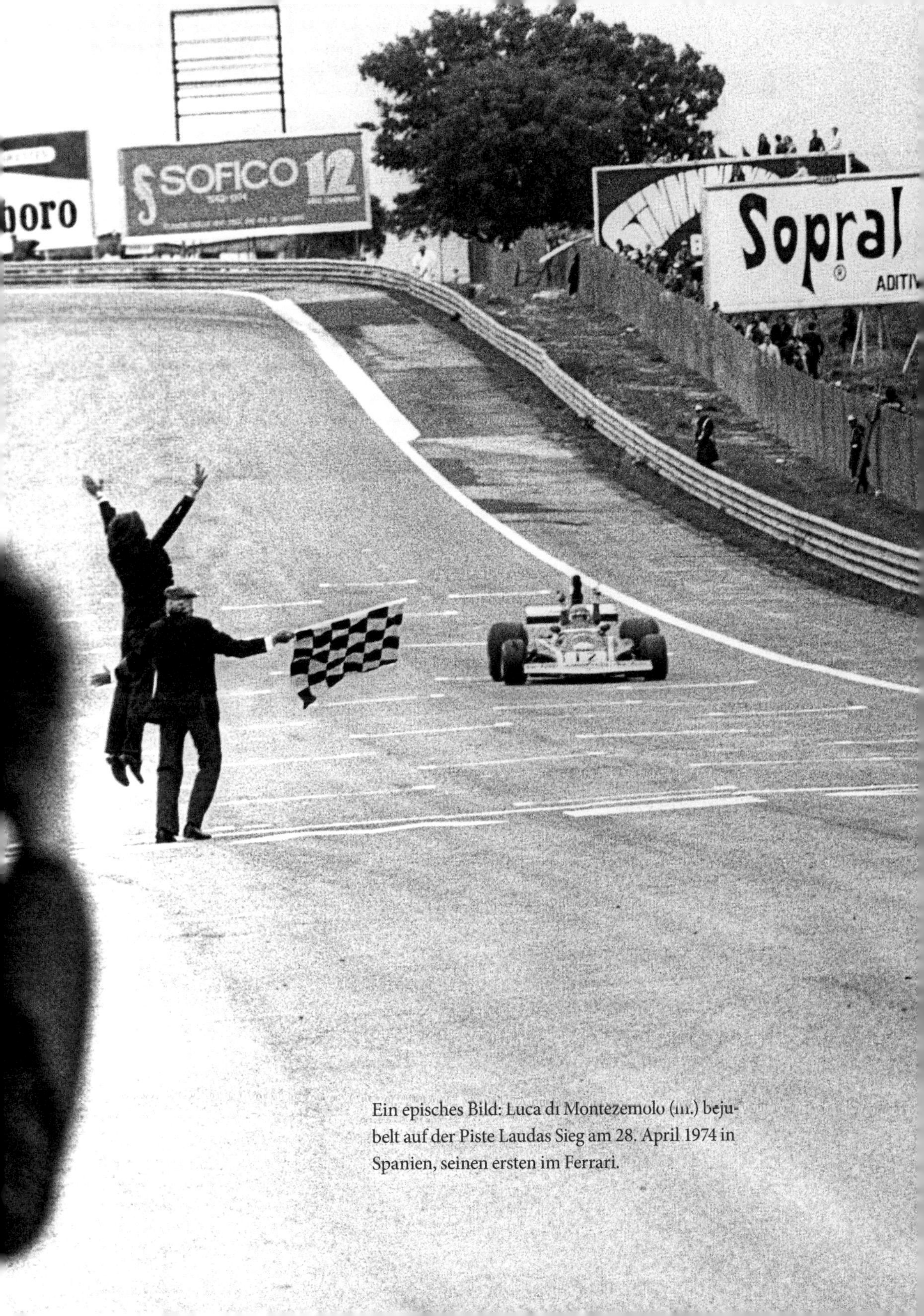

Ein episches Bild: Luca di Montezemolo (m.) bejubelt auf der Piste Laudas Sieg am 28. April 1974 in Spanien, seinen ersten im Ferrari.

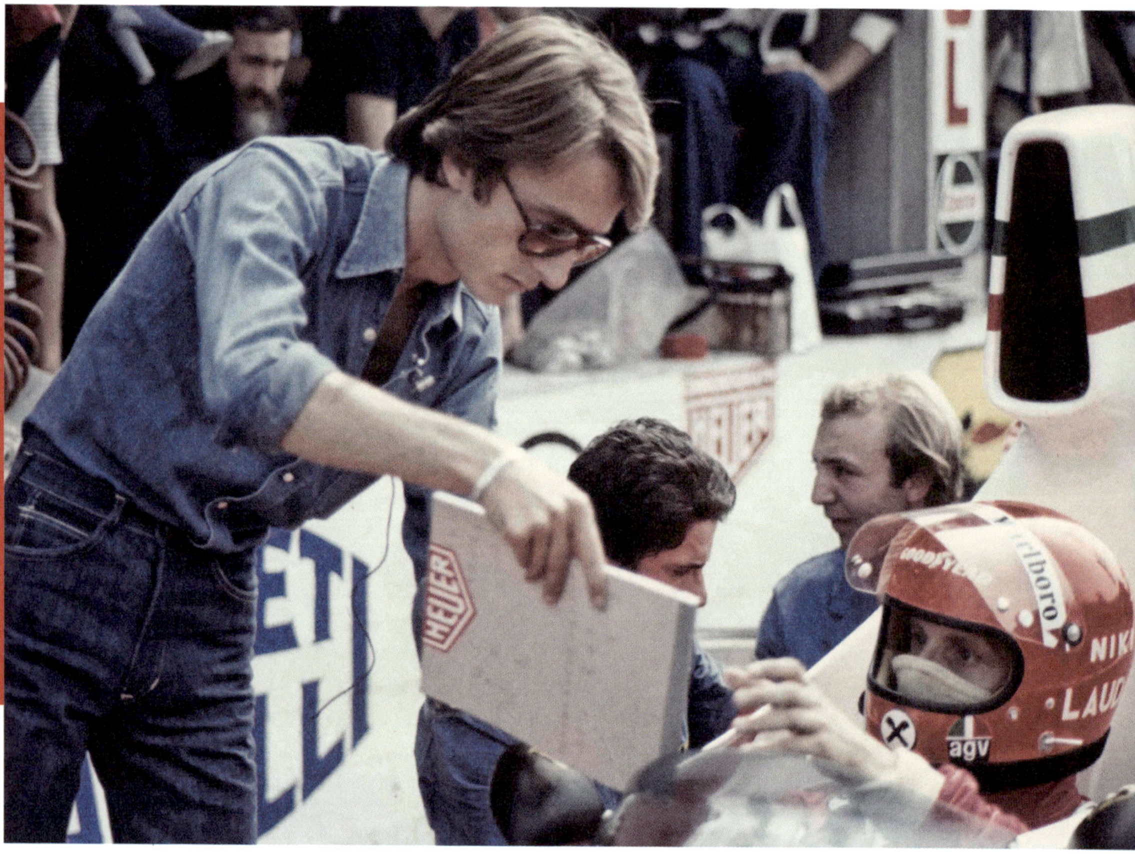

Montezemolo und der Taktiker Lauda vor dem Start. Sie überließen nichts dem Zufall.

zu Michael Schumacher und dessen Management aufnahm.

Später hat Niki Lauda erfolglos bei Jaguar in der Formel 1 gearbeitet und wurde mein Konkurrent, ebenso wie bei Mercedes.

Das letzte Mal sprach ich kurz vor seinem Tod mit ihm. Für mich war er ein Freund fürs Leben – von 1973 bis zu seinem Tod 2019, wir waren über so viele Jahre in Kontakt.

Lauda war jemand mit großem Potenzial, hoher Intelligenz und Schnelligkeit. Für Ferrari war er ein Investment. Im Jahr 1974 brauchte Niki mehr Erfahrung, deshalb war sein Engagement bei Ferrari eine Entwicklung, die sich Schritt für Schritt vollzog. Niki Lauda und Ferrari wurden zu einer starken Einheit. Er gewann für Ferrari zwei Weltmeister-Titel, 1975 und 1977, 1976 verlor er den Titel nur wegen eines Punkts Rückstand an Hunt.

Die Frage, ob Lauda ein »fahrender Ingenieur« war, lässt sich schwer beantworten. Zu dieser Zeit wurde das Setup zu einem Rennen oder zu einem einzelnen Auto nicht vom Computer

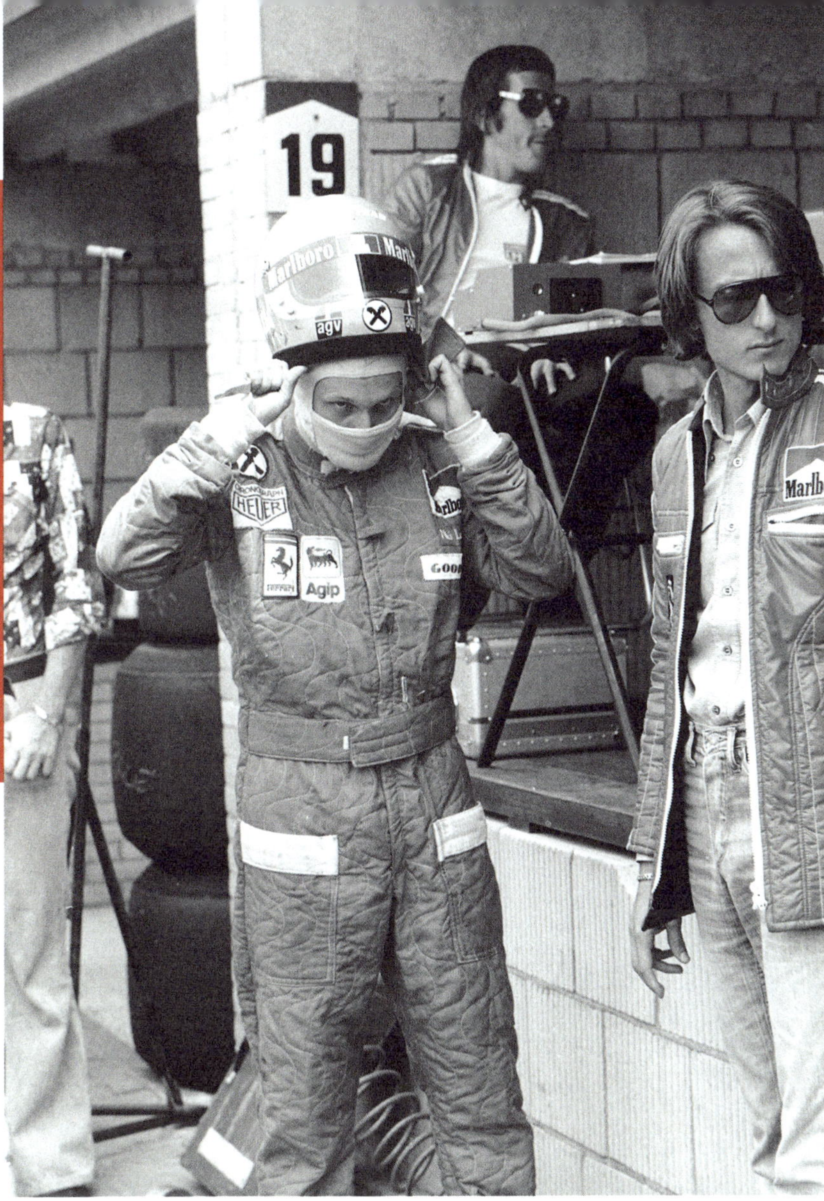

Di Montezemolo verpflichtete Niki Lauda für Ferrari.

beherrscht und Niki hatte, was Autos anging, eine hohe Sensibilität. Seine Fähigkeit, gemeinsam an Details zu arbeiten, im Austausch mit den Mechanikern zu stehen, ein Gefühl für das Auto zu bekommen, war einzigartig.

Niki konnte seine Vorstellungen und sein Gefühl für den Rennwagen den Technikern sehr gut mitteilen. Er wusste sehr, sehr gut, was mit dem Auto stimmte und was falsch lief. Deshalb war es für die Techniker so wichtig, so eng mit Lauda zusammenzuarbeiten. Er hatte immer eine klare Idee,

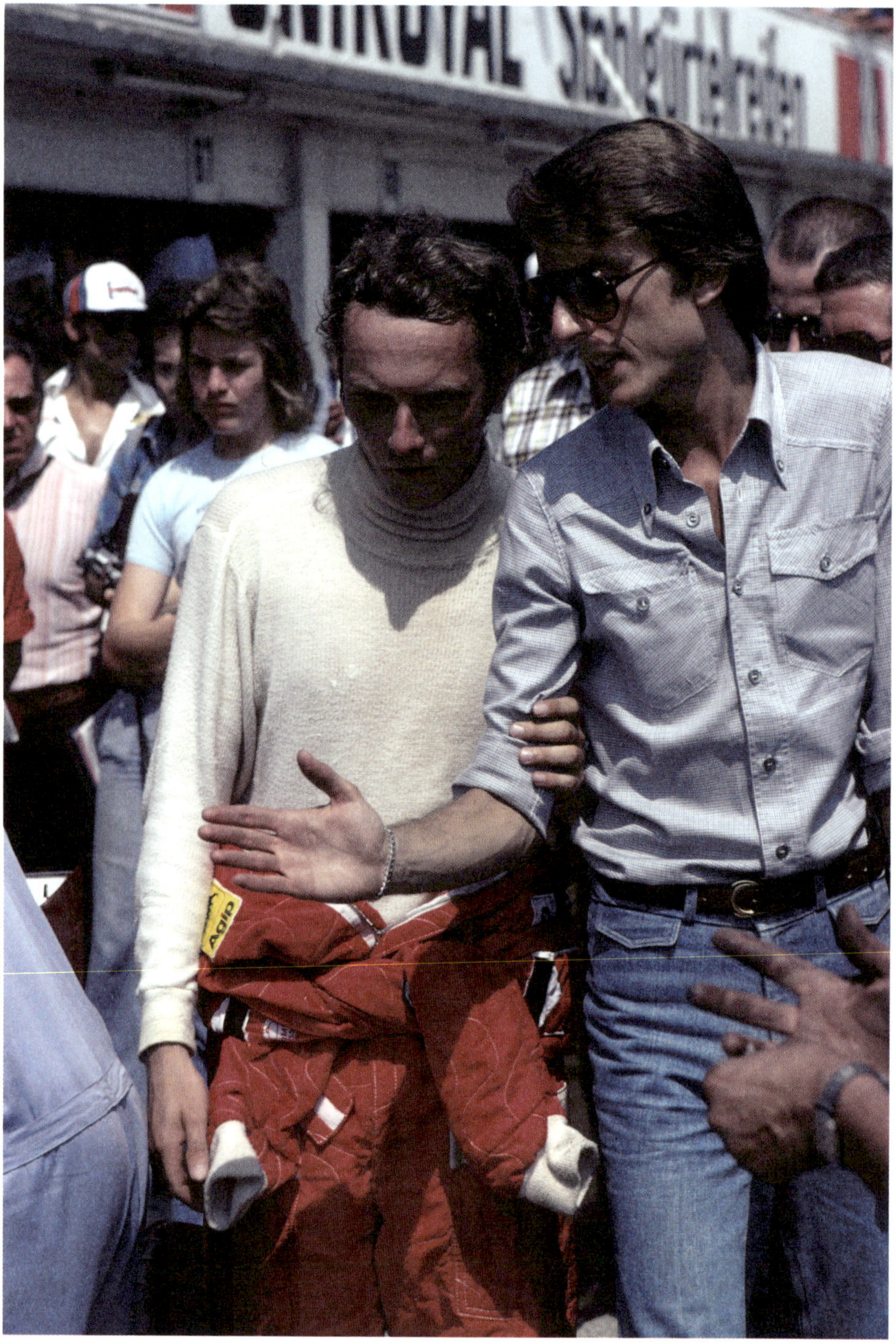

Freunde - auf und außerhalb der Rennstrecke. Niki Lauda und Luca di Montezemolo.

wie man das Auto verbessern konnte. Er war kein Techniker, aber er war ein Fahrer. Einer, der es verstand, für die Techniker und für sich die besten Arbeitsbedingungen zu schaffen. Deshalb war er ein Fahrer mit der Mentalität eines Technikers. In diesem Punkt war er Michael Schumacher sehr ähnlich.
Beide hatten dieses Gespür für die Details und die Eigenart, Tag und Nacht mit dem Team arbeiten zu können. Sie hatten ein Gefühl dafür, wie sie mit den Mechanikern arbeiten mussten und wenn sie gewannen, betonten sie stets, dass sie als Team gewonnen hatten. Sie sahen sich als Teil eines großen Teams, sie verkörperten hohen Teamgeist.

»EINER DER BESTEN TAGE MEINES LEBENS«
LUCA DI MONTEZEMOLO ÜBER MONZA 1975

»LAUDA MERKTE NICHT, DASS ICH IN ZANDVOORT VERLETZT WAR«

Ich könnte Ihnen hunderte von Anekdoten über Niki Lauda erzählen. Ich denke oft an ihn und mir fällt eine sehr besondere Episode ein.
Es war beim Großen Preis der Niederlande in Zandvoort, als es ungefähr nach der Hälfte des Rennens zu regnen begann. Damals gab es noch kein Team-Radio und somit keine Kommunikation mit der Box.
Ich hatte zuvor einen schweren Unfall, als ich von Ronny Peterson (starb im Oktober 1978 an den Folgen einer Start-Kollision beim Großen Preis von Italien in Monza, d. Red.) angefahren wurde. Mein Arm und mein Bein waren gebrochen und ich musste aufgrund des schlechten Wetters im Motorhome warten, ehe ich ins Krankenhaus ging. Somit konnte ich Niki keine Signale mehr für das Rennen geben. Niki beendete das Rennen, stieg aus und fragte: »Wo ist Luca?« Als er mich sah, sagte er zu mir: »Ich habe das Rennen verloren, weil du mich allein gelassen hast, ich habe mich allein gefühlt!« Dann hielt er inne und sah erst, dass ich in der Ecke saß und große Schmerzen hatte…

»MONZA 1975 – DER BESTE TAG MEINES LEBENS«

Ich kann ihnen, was Niki Lauda angeht, auch etwas über einen der besten Tage meines Lebens sagen. Im September 1975 haben wir den Grand Prix von Italien in Monza gewonnen – mit Clay Regazzoni und am gleichen Tag gewannen wir die Fahrer-Weltmeisterschaft dank Niki Lauda.
Nach elf Jahren mit John Surtees 1964 hatte Ferrari wieder die WM-Wertung gewonnen, das war fantastisch. Können Sie sich vorstellen, wie es sich für

Ferrari anfühlte, den Heim-Grand-Prix in Italien und die Weltmeisterschaft gleichzeitig zu gewinnen? Niki wurde natürlich zu vielen Interviews eingeladen, aber er sagte nur: »Wartet eine Sekunde, ich möchte jetzt bei Luca sein und bei meinem Team, mit den Menschen, mit denen ich arbeite, um ihnen Danke zu sagen – und dann komme ich ins Fernsehstudio.«
Natürlich erinnere ich mich auch an Nikis schrecklichen Unfall am Nürburgring. Ich weiß noch, als ich danach bei ihm zu Hause in Hof war und in seine Augen sah: Ich konnte erkennen, dass er unbedingt zurückkommen will. Das hätte ich nach einem solchen Unfall nicht erwartet.

»NACH DEM UNFALL HAT NIKI SOFORT WIDERSTAND GELEISTET«

Der für mich schlimmsten Moment nach dem Unfall war, als ich im Krankenhaus in Mannheim mit dem Arzt gesprochen habe. Er sagte zu mir: »Mister de Montezemolo, die Verbrennungen im Gesicht sind nicht das Problem, dafür gibt es plastische Chirurgie. Das Problem ist, dass sehr viel Gas in seine Lungen eindrang und seine Reaktion darauf ist sehr wichtig, er muss wach bleiben.«
Niki hat zugehört und versucht, Widerstand zu leisten. Der ästhetische Aspekt war ihm völlig egal.
Nun, dass Enzo Ferrari Niki Lauda

Michael Schumacher (mit seinem Bruder Ralf, m.) wechselte auf Initiative von Lauda zu Ferrari und Luca di Montezemolo.

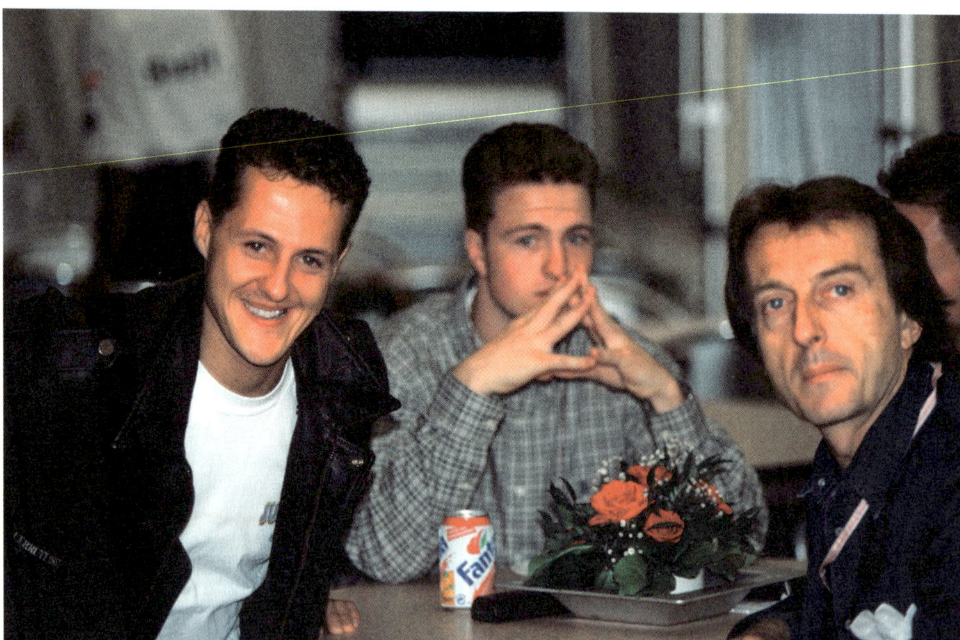

nach dem Unfall loswerden wollte, ist eine typische Presse-Legende. Natürlich war Ferrari gezwungen, Niki zu ersetzen, zudem hatte niemand damit rechnen können, dass Lauda sich so schnell erholen und nach einem Monat wieder fahren konnte.

Das ist ein weiterer Beweis für seinen starken Charakter. Sonntagnacht, nach dem Unfall, dachten und hofften alle im Krankenhaus, dass er überlebt. Jeder dachte, dass seine Karriere als Rennfahrer beendet sei.

Ich sage Ihnen die Wahrheit: Ich war nicht überrascht, als ich ihn in seinem Haus in Hof gesehen habe. Er war in einem körperlich schlechten Zustand, aber sein Kopf war perfekt, seine psychische Konstitution war großartig.

Die Medien, die Mechaniker, alle waren total überrascht, ihn in Monza wiederzusehen. Das ist einer der Gründe, warum Niki weltweit zum Held wurde. 1978 unterschrieb er bei Brabham und ich denke, dass jede Erfolgsgeschichte früher oder später ein Ende finden muss. Niki Lauda war bei Ferrari nicht mehr motiviert genug, um weiterzumachen.

Lauda suchte eine neue Herausforderung, ein neues Team. Meine Entscheidung, Ferrari zu verlassen, hat ihn dabei beeinflusst. Als ich mich entschied, zu gehen, fühlte er sich einsam. Ich denke, ich war wie ein Mentor für ihn.

TV-Experte Lauda und di Montezemolo in der Boxengasse.

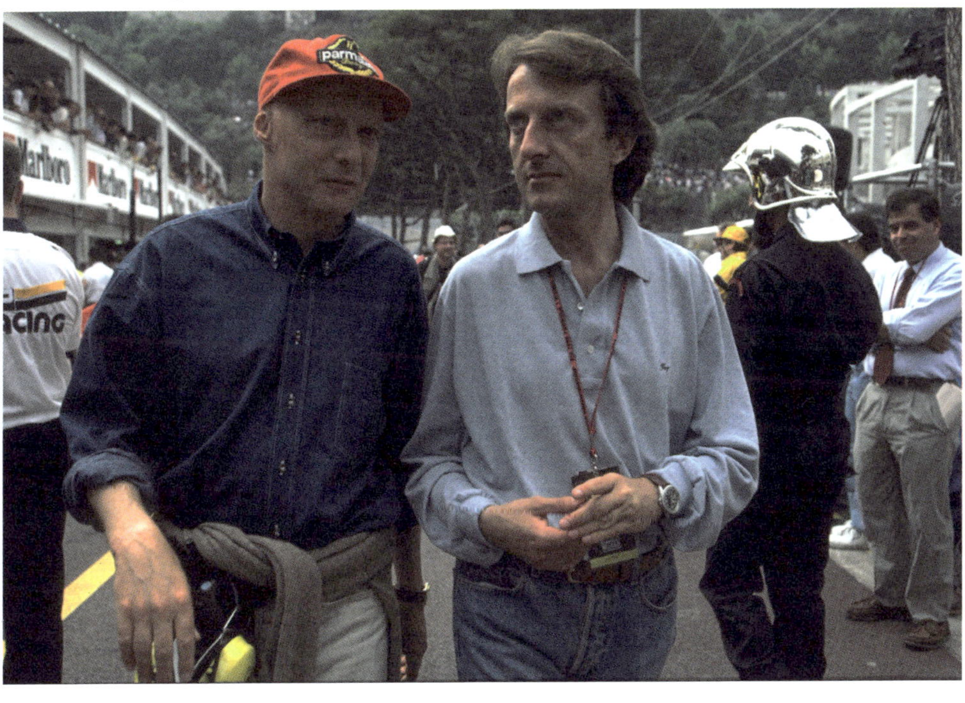

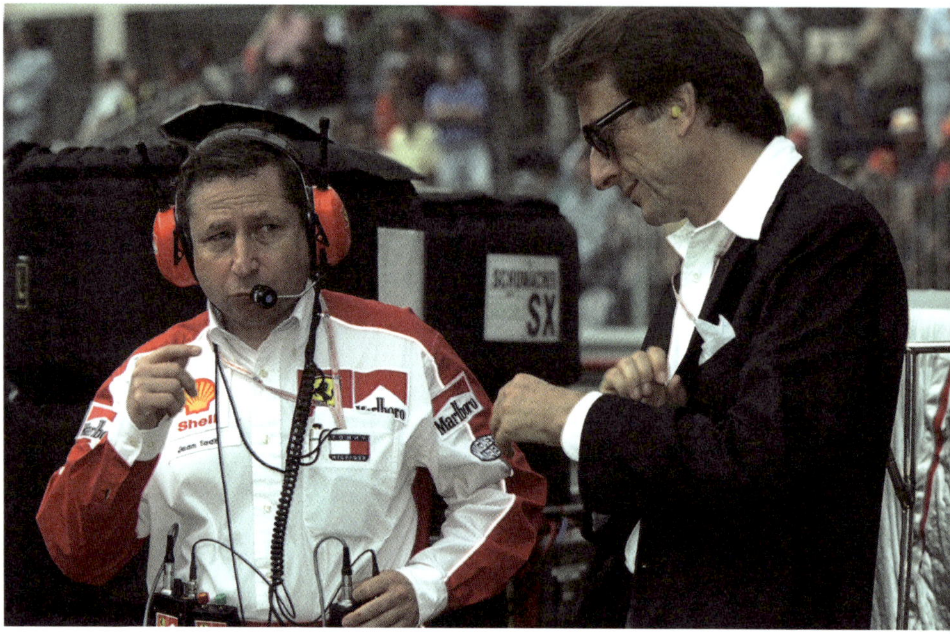

Noch ein Erfolgsgarant für Ferrari: Jean »Totti« Todt (l.) mit Luca di Montezemolo.

Es ist deshalb sehr einfach, Laudas Wert als Weltmeister für Ferrari einzuschätzen. Neben Michael Schumacher war er der wichtigste Fahrer in der Geschichte von Ferrari. Bevor er kam, war Ferrari über Jahre ohne WM-Titel. Nach Jody Scheckter 1979 dauerte es dann über 20 Jahre und das ist in diesem Sport eine lange Zeit. Deshalb: Als Michael 2000 in Suzuka gewann, war das so fantastisch wie 1975 mit Niki in Monza.

»HUNT WAR NICHT DER EINZIGE RIVALE«

Ich sage: Niki hat vier Mal die Weltmeisterschaft gewonnen. Hunt hat ihn 1976 mit einem Vorsprung von nur einem halben Punkt geschlagen. Eine solche Rivalität ist immer gut fürs Kino, aber nicht für die Realität.

James Hunt war ein guter Typ und einige Male hat ihm Lord Hesketh auch ein gutes Auto hingestellt. Der Wettbewerb mit ihm war da, aber er war nicht der einzige Konkurrent. Es gab schließlich auch den Brasilianer Emerson Fittipaldi.

Nach der Formel 1 bin ich mit Niki Lauda immer in Verbindung geblieben. Er war eine große Persönlichkeit und er hatte diesen Willen, Ziele unbedingt erreichen zu wollen.

Er hat danach seine eigene Fluggesellschaft aufgebaut und das ist keine kleine Sache gewesen. Niki Lauda hat mit mir gearbeitet, bis ich Jean Todt verpflichtet habe (nach dem Grand Prix von Frankreich 1993, d. Red.).

Wir haben oft über die Formel 1

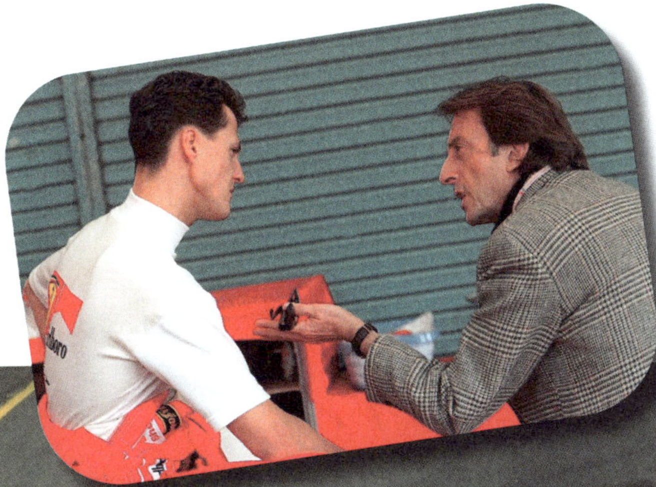

Michael Schumacher wurde bei Ferrari unter der Regie von Luca di Montezemolo Rekord-Weltmeister.

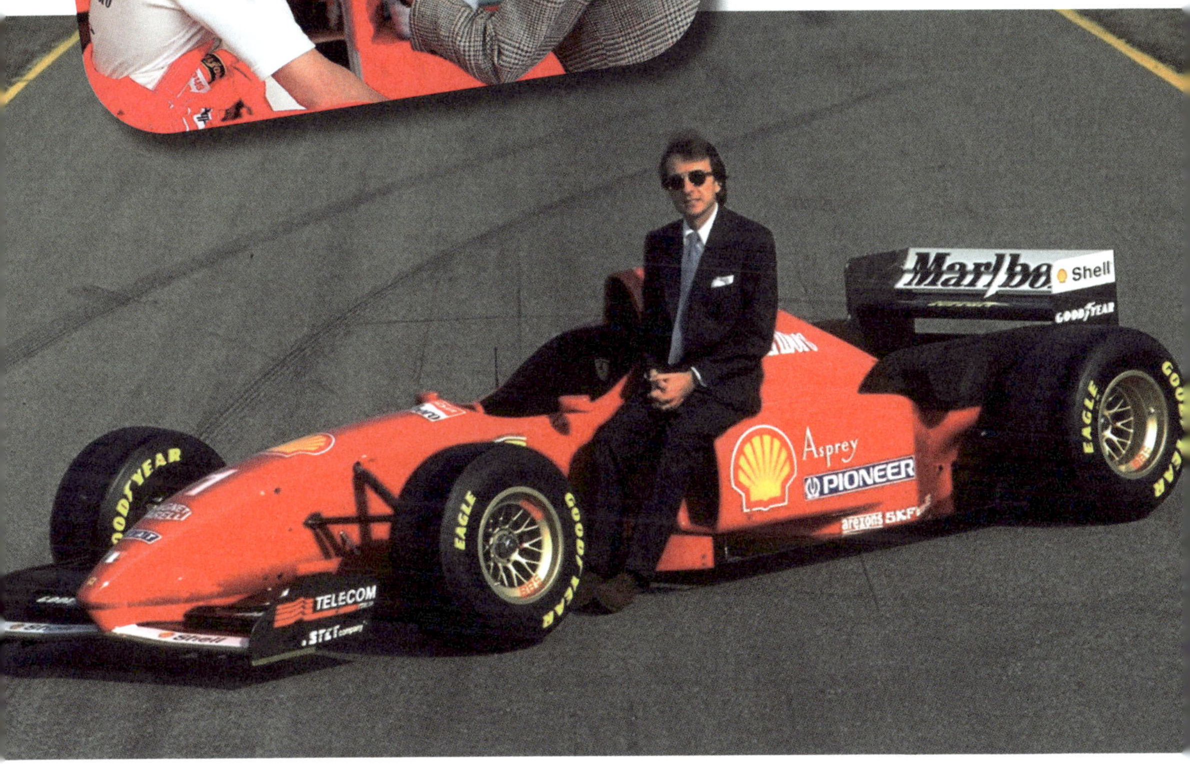

gesprochen, über die Regeln, über Bernie Ecclestone. »Toto« und Lauda waren zwei absolut verschiedene Charaktere, aber Niki war für Todt in den ersten Jahren ein sehr wichtiger Ansprechpartner.

Später war Lauda auch bei Mercedes ein gefragter Ratgeber, seiner Glaubwürdigkeit, seiner Erfahrungen, seines Umgangs mit den Medien und seiner Ansprache an die Fahrer wegen.

LAUDAS VERMÄCHTNIS

Ich sage Ihnen: Ich vermisse Lauda sehr. Als Freund. Als ich Ferrari 2014 endgültig verlassen musste, gab er ein fantastisches Interview und hatte sehr schöne Worte für mich, für meine

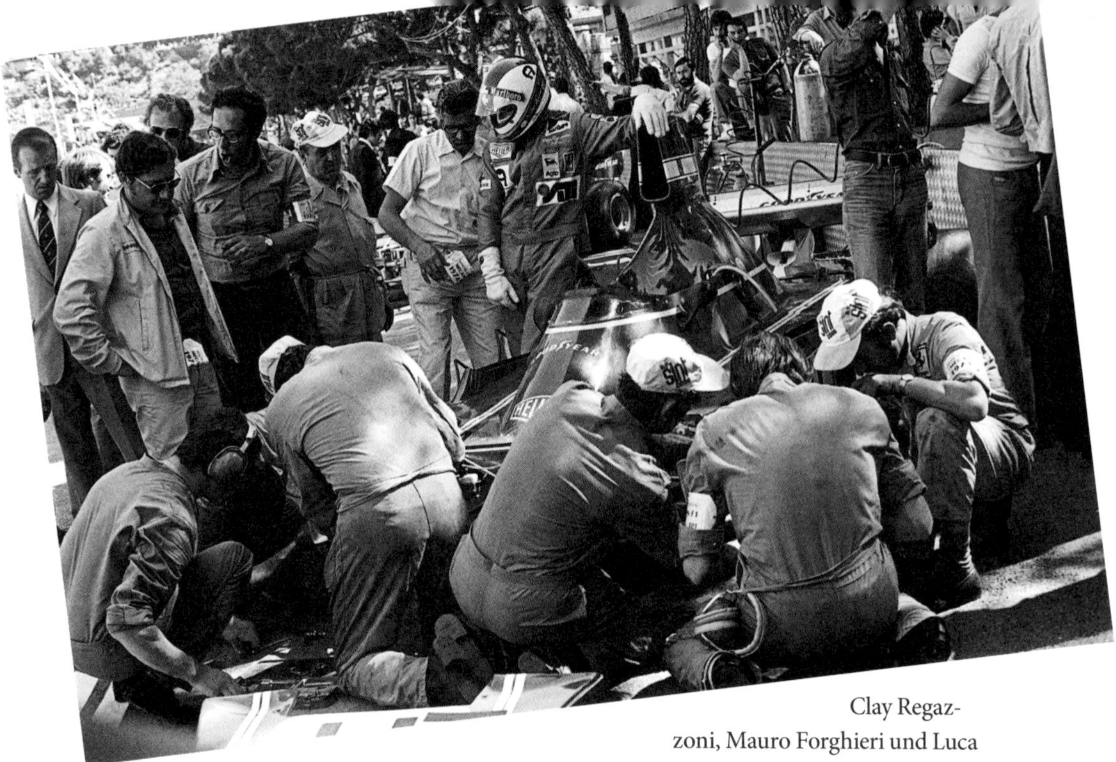

Clay Regazzoni, Mauro Forghieri und Luca di Montezemolo am Rande des Grand Prix von Monaco 1974.

Arbeit mit Ferrari.

Was also ist Laudas Vermächtnis? Es fußt auf seinem Anspruch, nicht nur ein guter Fahrer auf der Rennstrecke sein zu wollen, sondern auch in der Vorbereitung eines Rennens gut zu sein, in der Zusammenarbeit mit dem Team. Er war immer beim Team, in guten wie in schlechten Momenten. Er hatte auch die Fähigkeit, der Presse die Wahrheit sagen zu können, auch wenn diese niemand hören wollte.

» ›DIESES AUTO IST SCHEISSE‹, SAGTE LAUDA - UND ICH WAR ENTSETZT.«
LUCA DI MONTEZEMOLO

Manchmal sagte er zu viel, manchmal ging er zu weit, wenn er Dinge sagte wie »Dieses Auto ist scheiße«, und ich war entsetzt und entgegnete »Wie kannst du sagen, dass dieses Auto scheiße ist, Niki?« Aber er sagte immer, was er denkt.

Er war ein sehr, sehr guter Fahrer. Intelligent im Rennen, fähig, das Beste aus dem Auto herauszuholen, fähig, Rennen zu gewinnen.

Ich denke, er und Michael Schumacher waren die besten Fahrer, mit denen ich gearbeitet habe – weil beide so smart waren.

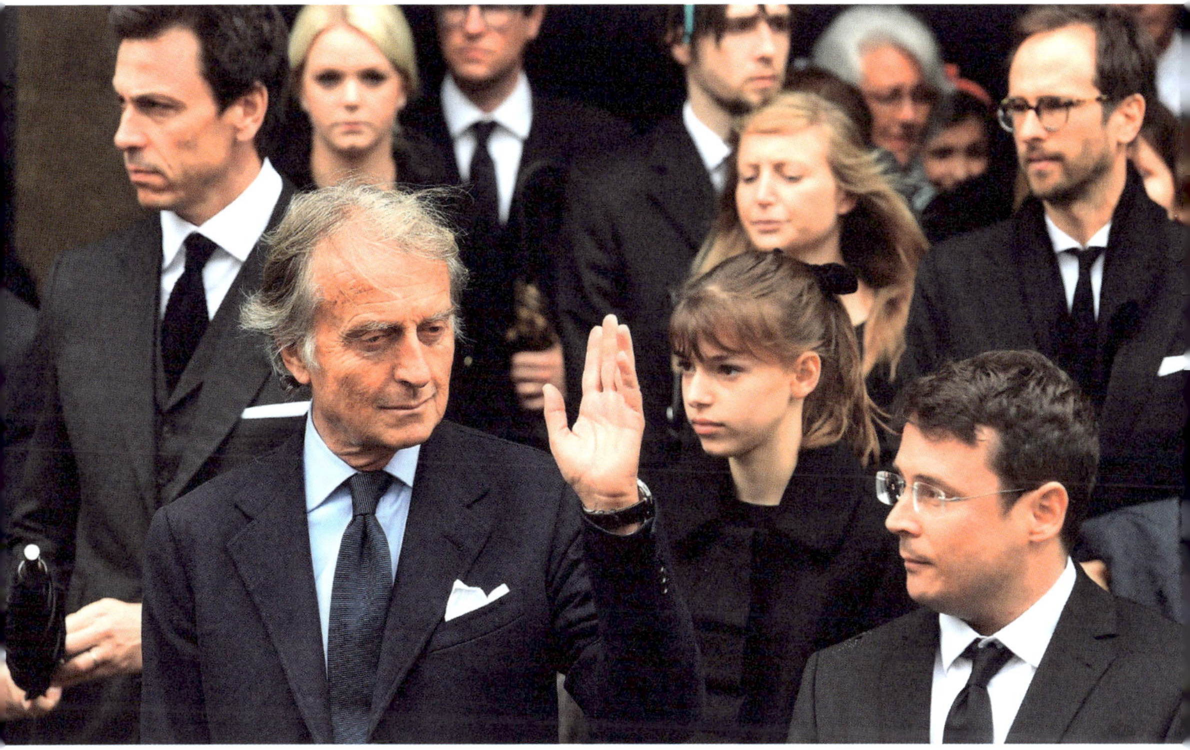

Ciao, mein Freund! Luca di Montezemolo bei der Trauerfeier für Niki Lauda am 29. Mai 2019 im Wiener Stephansdom.

LUCA DI MONTEZEMOLO

Luca di Montezemolo wurde im Anschluss an eine Radio-Sendung von Enzo Ferrari entdeckt und 1974 zum Leiter der damals wenig erfolgreichen Rennsportabteilung Scuderia Ferrari befördert. Nach ersten Erfolgen mit der von Mauro Forghieri gestalteten Neukonstruktion Ferrari 312B3 und später mit der Ferrari-312T-Serie, pilotiert von Niki Lauda und Clay Regazzoni, wurde Montezemolo nur ein Jahr später zum Leiter aller Rennsportaktivitäten von Fiat ernannt. Mit Niki Lauda gewann Ferrari in den Jahren 1975 und 1977 die Fahrerweltmeisterschaft und zwischen 1975 und 1977 drei Mal die Weltmeisterschaft der Konstrukteure. Danach verließ er Ferrari und wurde Verantwortlicher Direktor für die Öffentlichkeitsarbeit bei Fiat von 1977 bis 1981 und anschließend Geschäftsführer der ITEDI.

KAPITEL 8

ABGEHAUEN – LAUDA BEI BRABHAM 1978 / 79

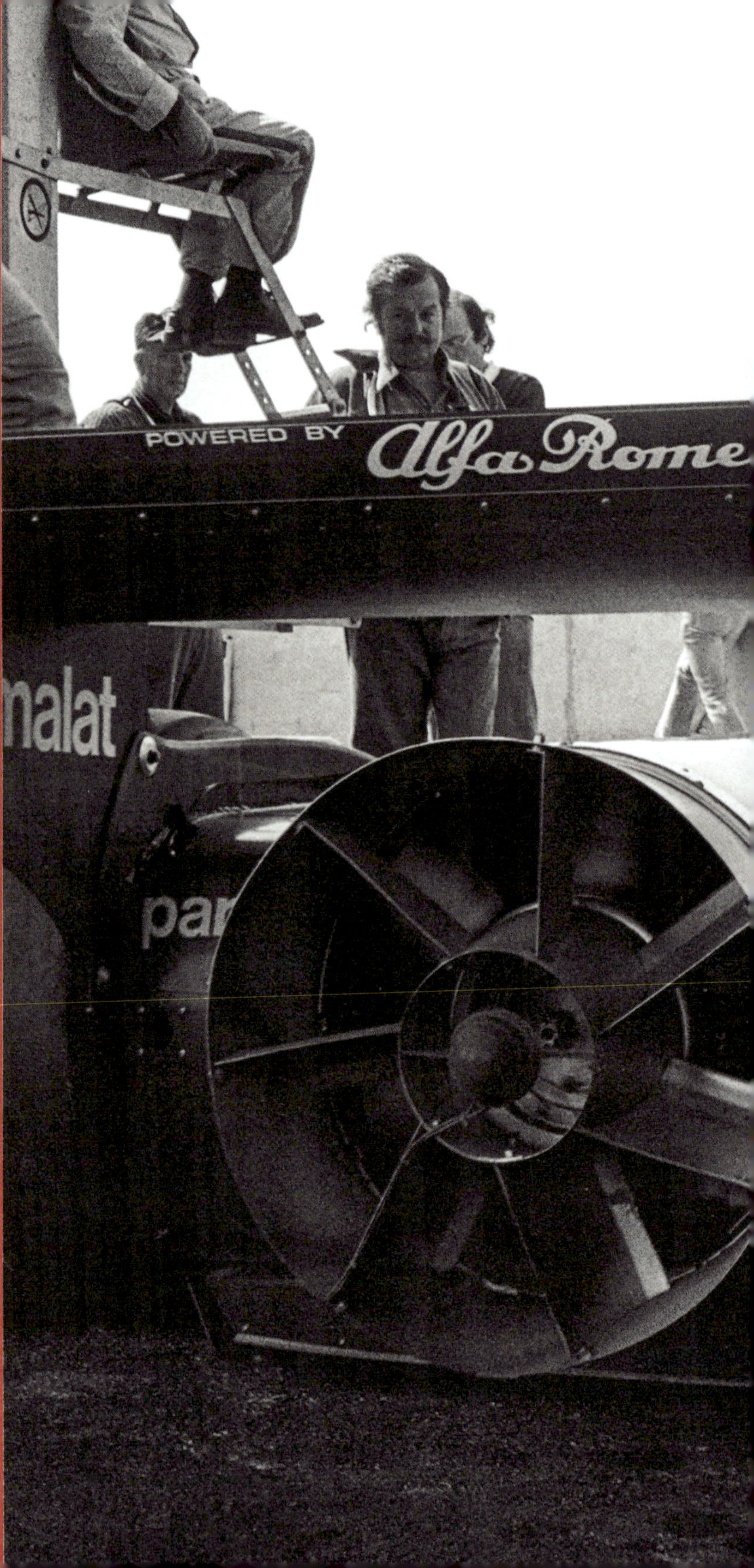

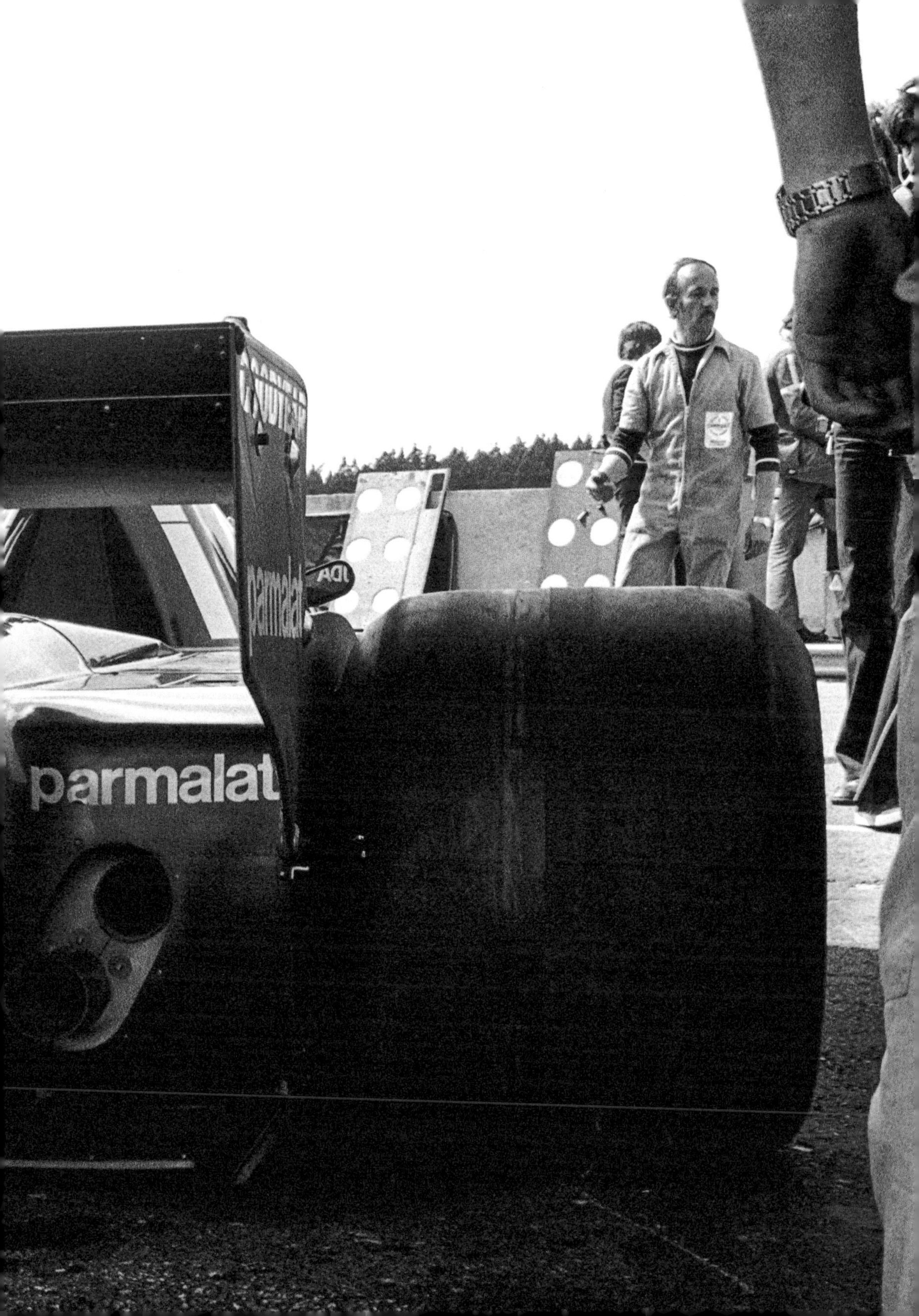
parmalat
parmalat

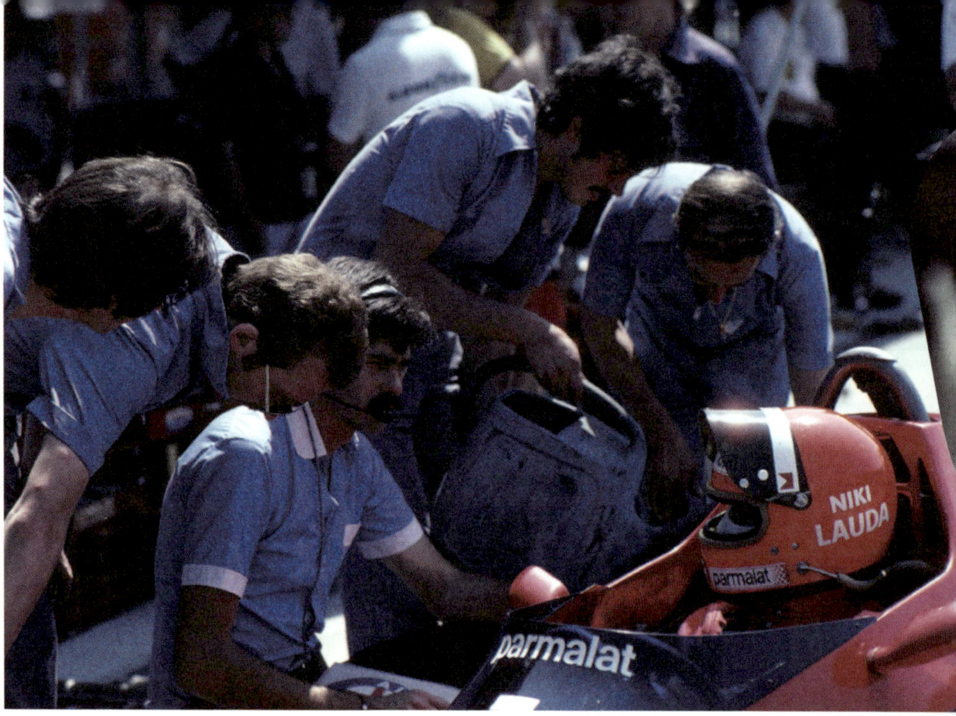

Niki Lauda 1978 am Hockenheimring.

ABGEHAUEN – LAUDA BEI BRABHAM 1978 / 79

Hauptgesetz: Nur wer das beste Auto hat, kann Weltmeister werden. Und: Wer in einem guten Team die Nummer eins ist, ist es auch am Ende in der WM-Wertung. « Ersteres hatte Brabham 1978 und 1979 nicht…

Kyalami Grand Prix Circuit, 4. März 1978. Vor dem Großen Preis von Südafrika trat der Rennfahrer Niki Lauda fast wie ein Konstrukteur auf. Mit dunkler Pilotenbrille, roter Mütze und rotem Rennoverall präsentierte der Wiener den Fernsehzuschauern seinen neuen Brabham-Alfa Romeo BT 46.

Sein Ton: Sachlich-fachlich. Nicht im Stile eines Showmans. »Die Sicherheit für den Fahrer ist durch den Überroll-Bügel optimal gegeben. Die Bremsbeläge werden auch für das Flugzeug Concorde verwendet«, dozierte der passionierte Flieger Lauda vor laufender TV-Kamera, »das hat den Vorteil, dass das Auto wesentlich leichter ist und dass die Sicherheit wesentlich verbessert ist. Wir haben es getestet und müssen nun schauen, wie wir die ganzen Dinge weiterentwickeln. Das Rennen hier wird kein leichtes werden, weil jedes neue Auto tausende von Problemen hat. Wir haben eine Woche getestet und hoffen, dass wir alles im Griff

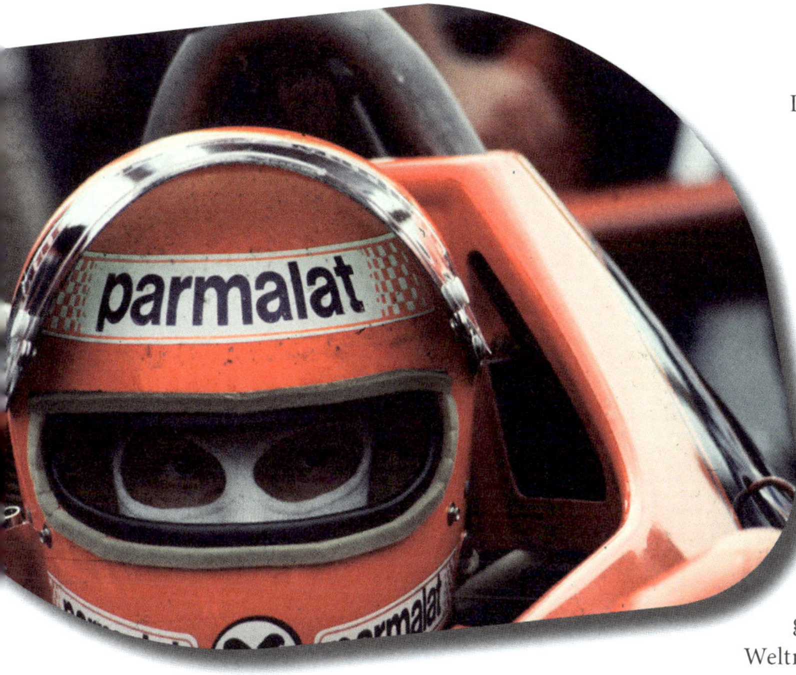

Lauda in Brabham-Livrée, beim Großen Preis von Großbritannien 1978.

haben. Mir ist es lieber, es geht hier in Kyalami etwas kaputt, als später.«
Laudas Gespür sollte ihn mal wieder nicht im Stich lassen. Der seit 1978 für Brabham aktive Pilot schied nach 52 Runden mit Motorschaden aus – obwohl er von der Pole Position gestartet war. Es war das letzte Formel-1-Rennen, in dem Niki Lauda von Platz eins aus startete – und der Anfang einer »Pleiten, Pech und Pannen«-Saison für den neuen Star der Briten.
Brabham hatte Niki Lauda mit hohem finanziellen Aufwand (»Wir hatten eine lange Diskussion, vor allem über das Geld« / Lauda im TV) verpflichtet. Doch die Konkurrenz baute zu diesem Zeitpunkt die besseren Autos. Die Dominanz der von Lotus entwickelten »Bodeneffektautos« (Modell: Lotus 78) der Formel-1-Saison 1978 war derart überwältigend, dass die Konkurrenz zum Handeln gezwungen war.
Weltmeister Mario Andretti hatte in seinem Lotus-Ford fünf Rennen gewonnen, unter anderem zum Saisonstart in Argentinien und am 30. Juli 1978 beim Großen Preis von Deutschland auf dem Hockenheimring. Die Lotus-Ford-Piloten Andretti und der während der Saison, am 11. September 1978 an den Folgen seines Unfalls in Monza verstorbene Schwede Ronnie Peterson (†34), fuhren zu vier Doppel-Siegen, zuletzt am 27. August 1978 in Zandvoort in den Niederlanden.

»JEDES NEUE AUTO HAT TAUSENDE VON PROBLEMEN.«

Die ersten von Brabham und seinem 1973 eingesetzten Chefdesigner Gordon Murray entwickelten Wagen wie der BT45C und der BT46A, konnten zu dieser Zeit nicht mit Lotus mithalten.

EIN RENNEN, EIN SIEGER: LAUDA

Da der vom Team verwendete Alfa-Romeo-Zwölfzylinder-V-Motor (Tipo 115-12) mit einem Bankwinkel von 180 Grad für ein so genanntes »Ground-Effect-Car« (Bodeneffekt-Auto) zu breit war, musste ein völlig neues, revolutionäres Konzept entwickelt werden. Murray kopierte Teile des Chaparral 2J, eines als »Sucker Car« bekannten Modells aus der US-amerikanischen Sportwagen-Szene. Mit der Folge, dass die beim Chaparral 2J am Heck montierten Ventilatoren (»Fans«) die Luft vom Unterboden absaugten und am Heck ausstießen.

Dieses Verfahren sorgte für einen niedrigen Druck unter dem Fahrzeug, das vom äußeren Luftdruck gegen den Boden gepresst wurde, wobei höhere Motordrehzahl einen höheren Ansaugeffekt zur Folge hatte. Im Gegensatz zum Chaparral 2J hatte der Brabham jedoch nur einen Propeller am Heck. Wie auch beim »Ground-Effect-Car« von Konkurrent Lotus sorgten seitlich montierte Schürzen für einen abgedichteten Unterboden.

Um den Wagen regelkonform ein-

Laudas Wagen wurde 1978 von einem Alfa Romeo-Motor angetrieben.

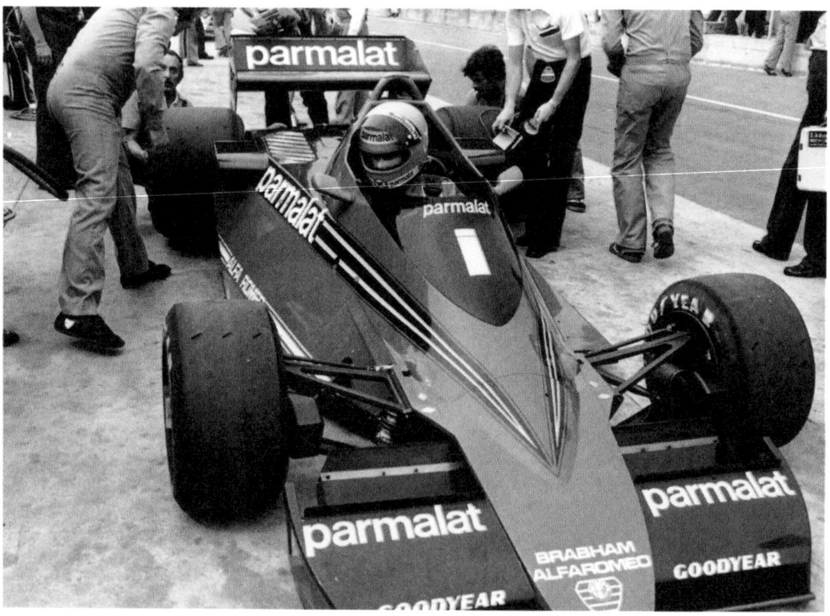

zuschreiben, war das Gebläse offiziell ein Teil der Motorkühlung. Der Wagen wurde dank dieses Details für den Großen Preis von Schweden 1978 zugelassen. Was passierte? Natürlich dieses: Niki Lauda gewann das Rennen vom 17. Juni 1978 auf dem Scandinavian Raceway in Anderstorp von Startplatz drei aus – beim einzigen Einsatz des BT46B – und bei Übernahme der Führung in der 38. Runde.

ILLEGALES »FAN CAR«

Doch in Schweden herrschte im wahrsten Sinne des Wortes dicke Luft. Bereits beim Training auf der im Jahr 1978 letztmalig im Formel-1-Saisonkalender vertretenen Rennstrecke beschwerten sich die Fahrer, die dem sogenannte »Fan-Car«, dem BT46B folgten, über aufgewirbelten Schmutz und Kies, die der Propeller auswarf.

Trotz dieser Klagen durften die

1979: Niki Lauda im Brabham beim Großen Preis von Österreich - »Aus« in Runde 45.

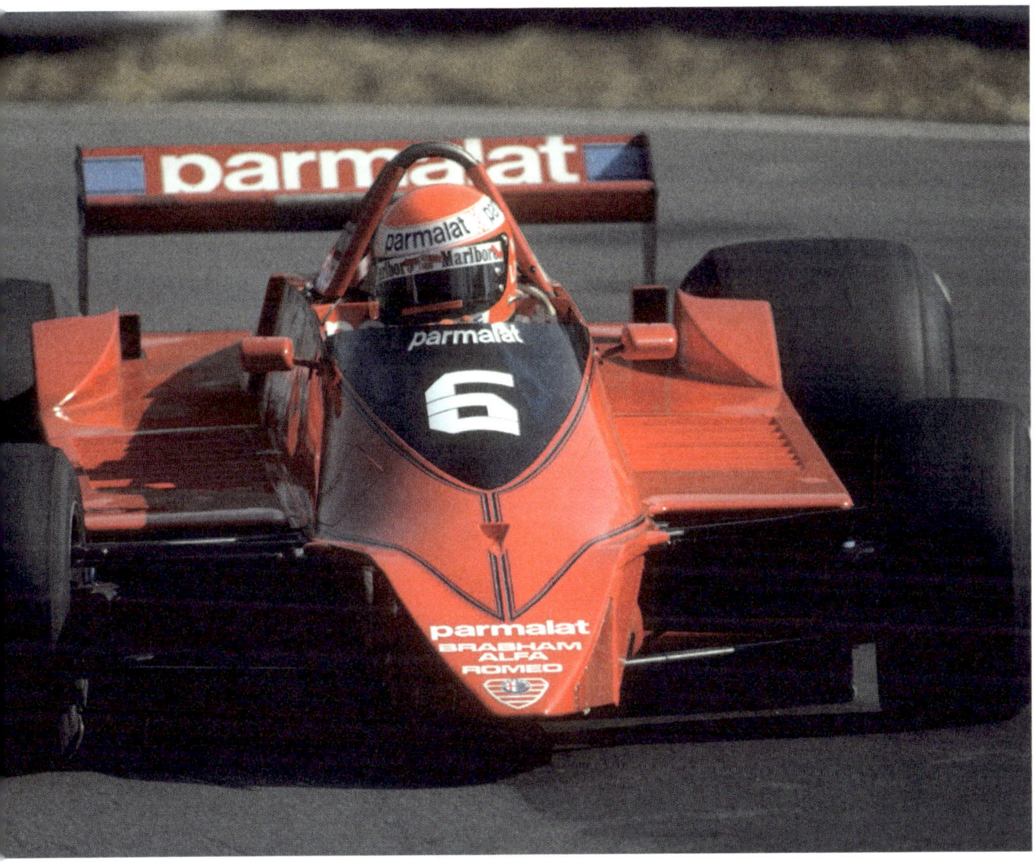

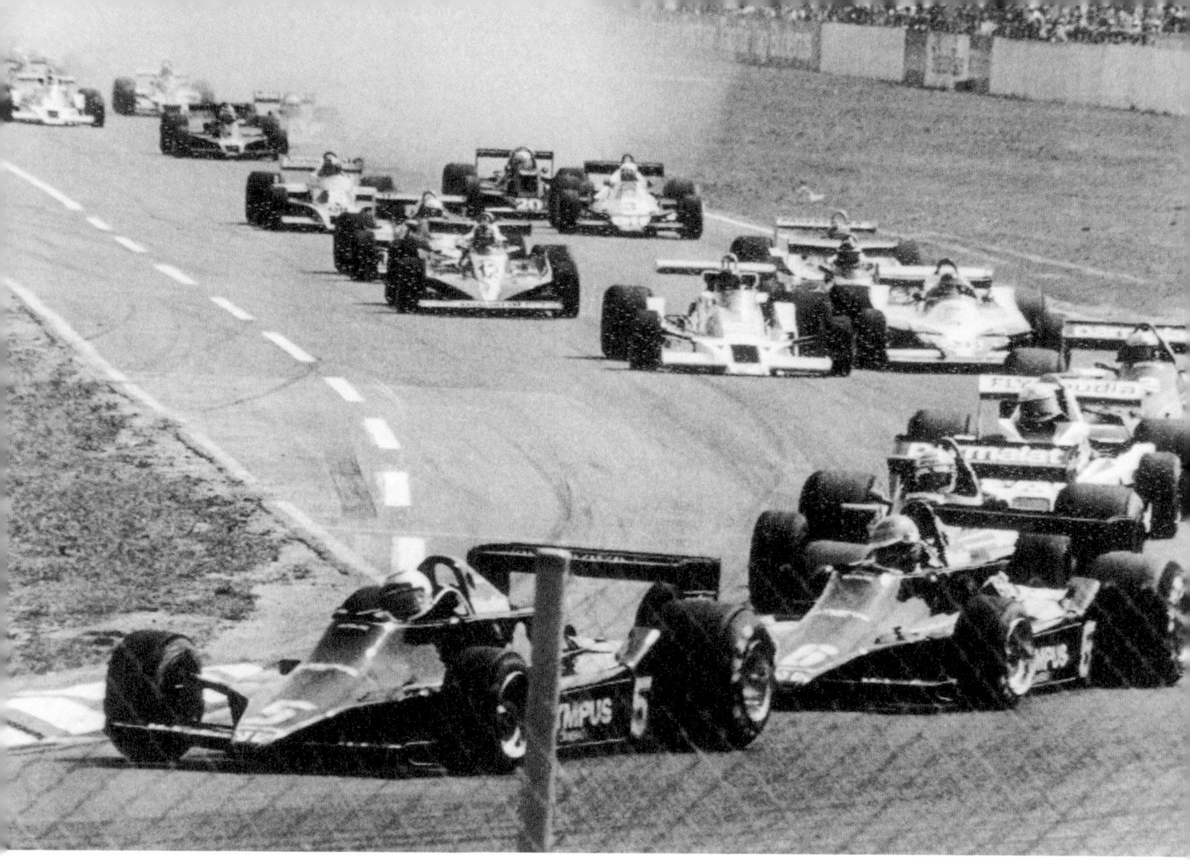

Start in Hockenheim: Mario Andretti im Lotus liegt vorn…

Brabham-Piloten Niki Lauda und John Watson mit dem BT46B starten. Der Brite Watson landete bereits nach zwei Runden im »Aus«. Er schied nach einem Dreher aus. Nach dem Rennen wurde der Widerstand der anderen Teams so groß, dass Brabham-Teamchef Bernie Ecclestone, bereits 1978 mit einer großen Machtfülle im Formel-1-Geschäft, gezwungen war, den BT46B zurückzuziehen.

Nicht ohne einen der für Ecclestone charakteristischen Deals. »Sehr zum Ärger von Gordon Murray gab Ecclestone nach«, schrieb der Autor Keith Collantine 2007 über das »Banned Car«, »aber wie immer versuchte er, einen für sich komfortablen Kompromiss auszuhandeln.

»ZEIT, DIESES MONSTER ZU STOPPEN!«

Dieser sah vor, dass das Auto nach drei Rennen von der Teilnahme ausgeschlossen werden sollte. Die Absetzung des BT46B wurde zum Politikum. Zu weiteren Einsätzen nach dem GP von Schweden kam es nicht, die Commission Sportive Internationale, heute FIA, bekam Details über den Ecclestone-Deal heraus und erklärte den Wagen offiziell als »illegal«.

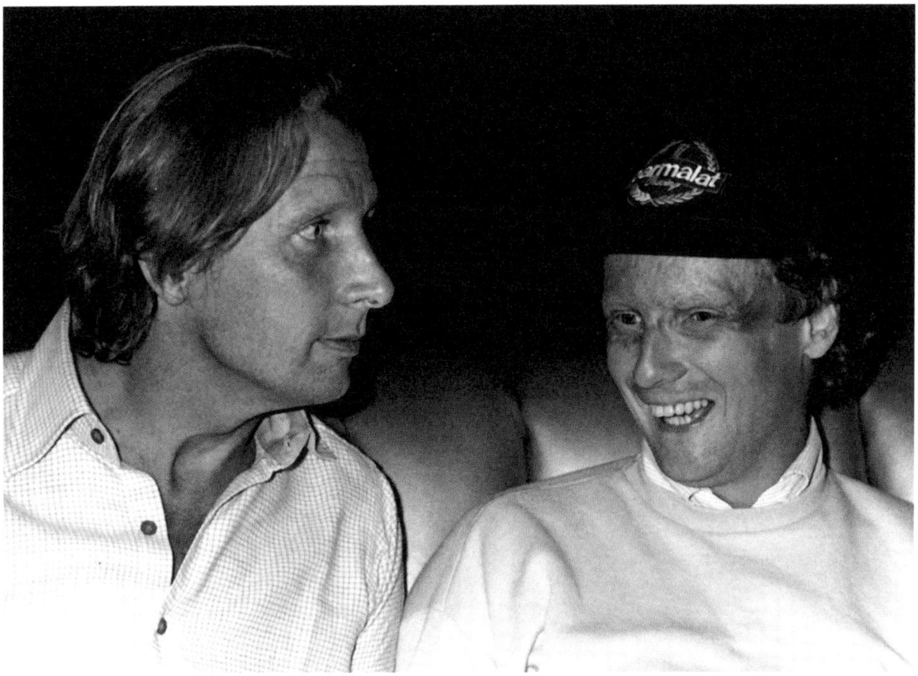

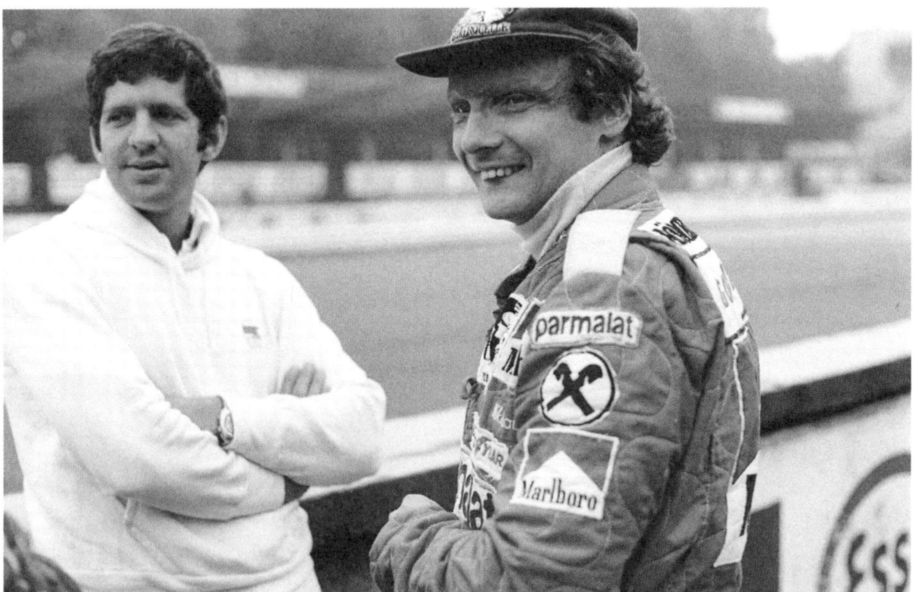

Oben: Niki Lauda im legendären »Studio 54« in New York City

Unten: Ein lächelnder Niki Lauda auf der Rennstrecke.

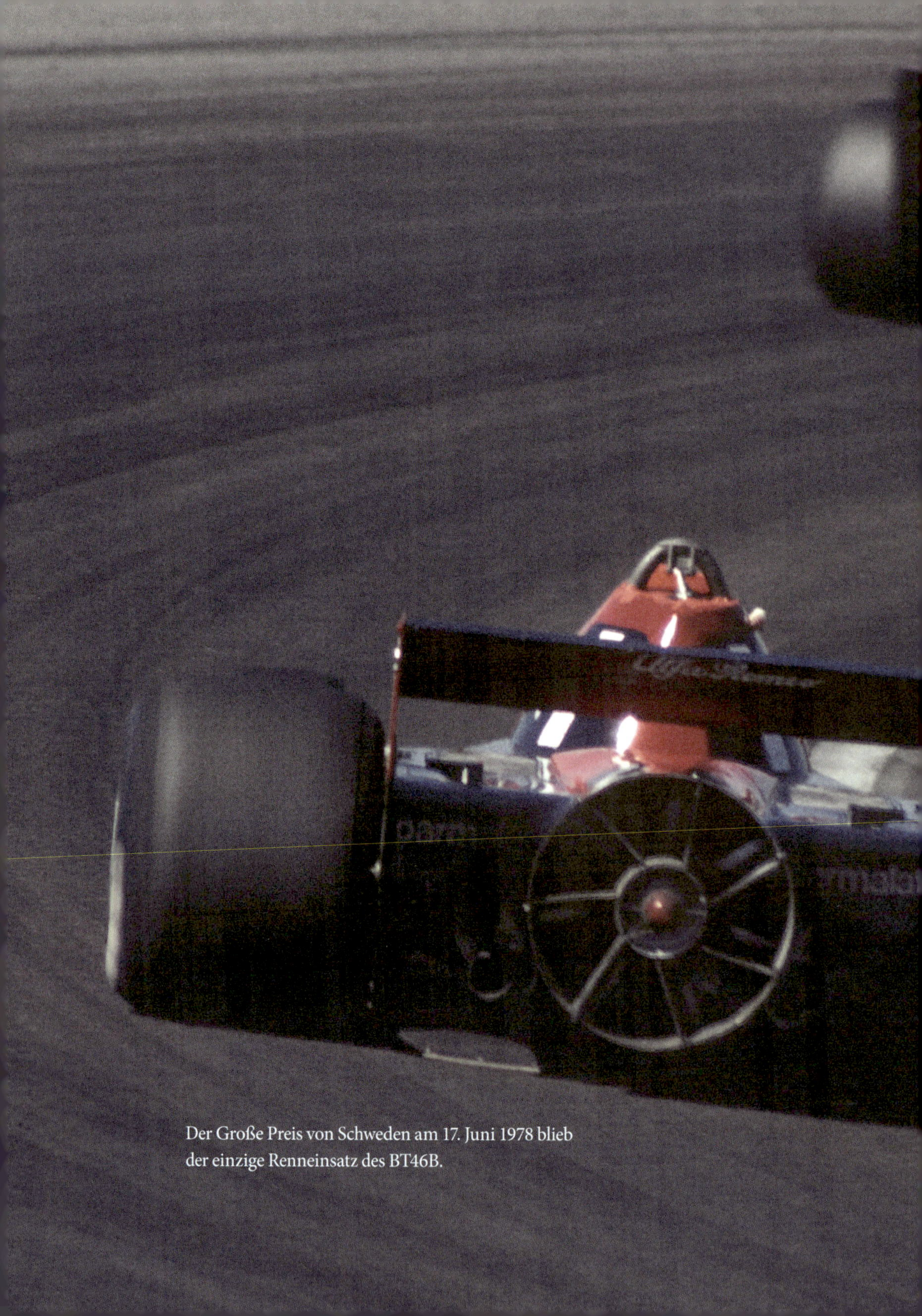

Der Große Preis von Schweden am 17. Juni 1978 blieb der einzige Renneinsatz des BT46B.

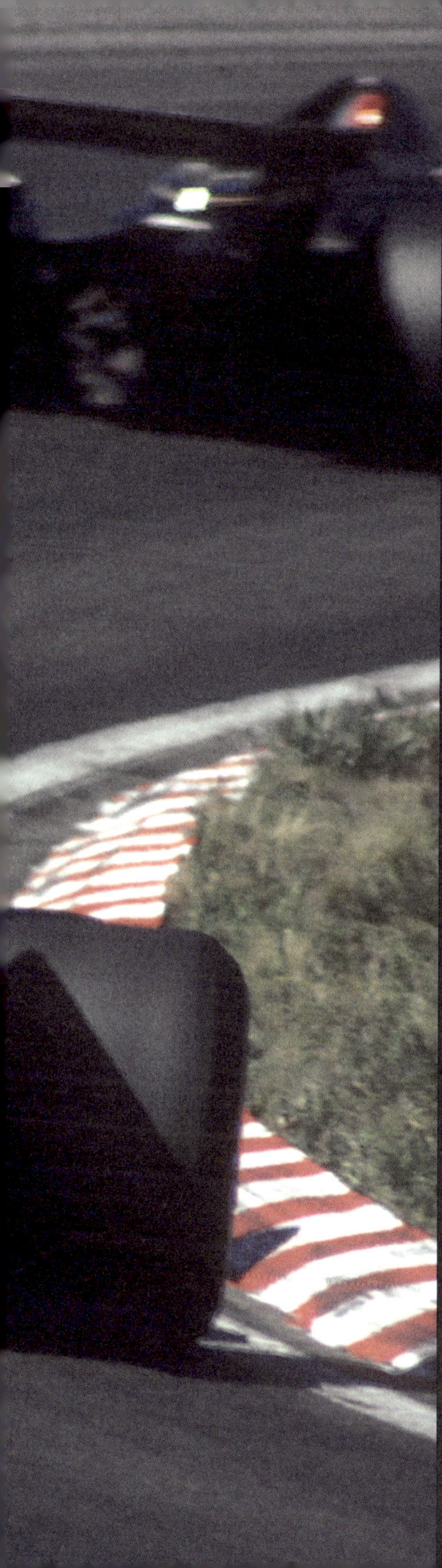

Begründung: Der Propeller sei eine »bewegliche aerodynamische Einheit«. Auf das Rennergebnis von Schweden hatte diese Entscheidung keinen Einfluss. Dem Ruf nach einer Disqualifikation kam die Kommission nicht nach. »Das Auto wurde nie disqualifiziert, wir haben es zurückgezogen«, stellte Brabham-Macher Ecclestone 2021 klar.

McLaren-Teamchef Teddy Mayer († 2009) sah es so: »Es ist der richtige Zeitpunkt, um dieses Monster zu stoppen.« Welche Details gab es zu Laudas »Fan-Car«? Der BT46B hatte ein Aluminium-Monocoque und wog leer 629 kg, sein Motor war ein Zwölfzylinder-V mit 180 Grad-Bankwinkel von Alfa Romeo.

Für Lauda war Platz vier in der Fahrer-Wertung am Saisonende 1978 nicht das, was sich der akribische Österreicher von seinem Wechsel zu Brabham erhofft hatte.

Die einzige Konstante in Laudas Zeit in Ecclestones Team wurde – neben den Problemen mit den Autos – die rote Parmalat-Mütze.

»Das Kapperl« wurde zu seinem Markenzeichen. Zog er es ab, dann musste schon etwas Besonderes in der Formel 1 passiert sein.

Wie im Rahmen einer RTL-Live-Übertragung zum Großen Preis von San Marino 1999 in Imola. Nach 16 Jahren fuhr die Scuderia mit ihrem neuen Top-Piloten Michael Schumacher wieder einen Sieg auf der nach Enzo und Dino Ferrari benannten Hausstrecke

ein, die nur 80 Kilometer vom Stammsitz der Roten entfernt liegt.
Zurück im RTL-Studio in Köln saß Moderator Florian König nach dem Rennen allein am Tisch – mit Laudas Parmalat-Mütze. »Das ist das gute Stück«, sagte König. Lauda hatte vor dem Start auf Schumacher gesetzt. »Wenn der Michael hier in Imola gewinnt, dann ziehe ich so vor ihm die Kappe, dass ich dann hier ohne Kappe sitze oder stehe.« Lauda hielt Wort – und tauchte wenige Minuten später barhäuptig und unter dem tosenden Applaus der RTL-Zuschauer auf.
Begonnen hatte der Kapperl-Kult nach seinem schweren Feuerunfall im Jahr 1976. Mit gewohnter Lauda-Pragmatik. »Damit der blutverschmierte Verband (in der Zeit nach dem Unfall) nicht verrutschte, wenn ich den Helm abnahm, hat mir mein Physio Willi Dungl die Kappe aufgesetzt«, erklärte Lauda einst gegenüber der BILD am SONNTAG. Und er verstand es, die Fläche auf dem »Kapperl« gewinnbringend zu vermarkten. Schon ab 1977, also weniger als ein Jahr nach seinem Unfall, sponserte der italienische Lebensmittelkonzern Parmalat Laudas Kopfbedeckung. Das ließ sich Lauda zunächst mit 100.000 Schilling

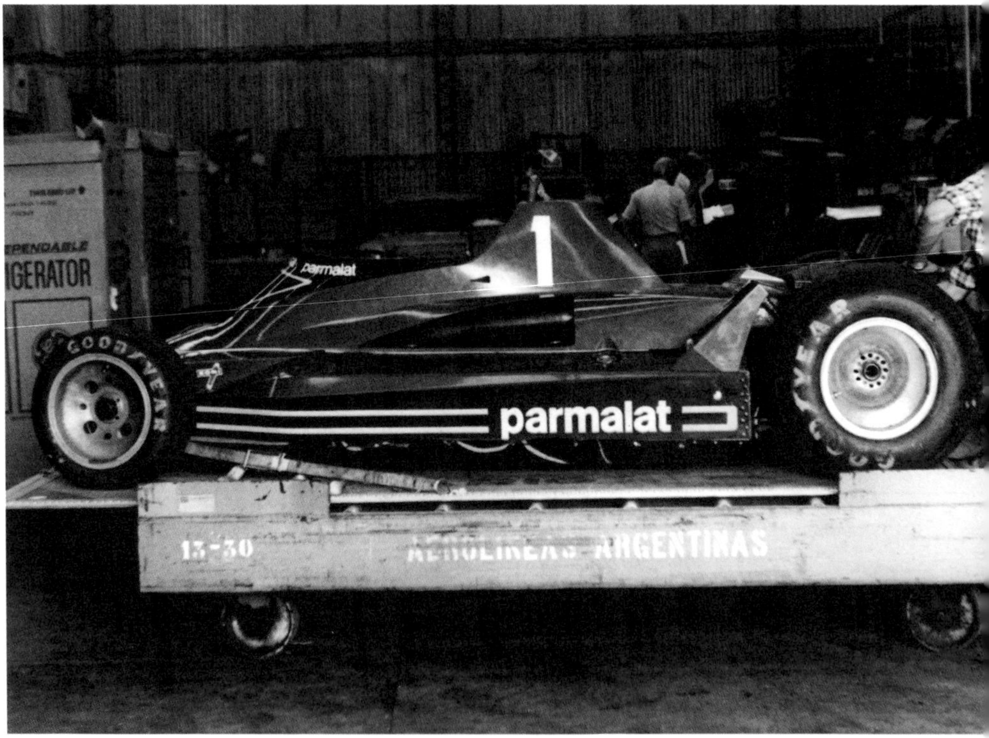

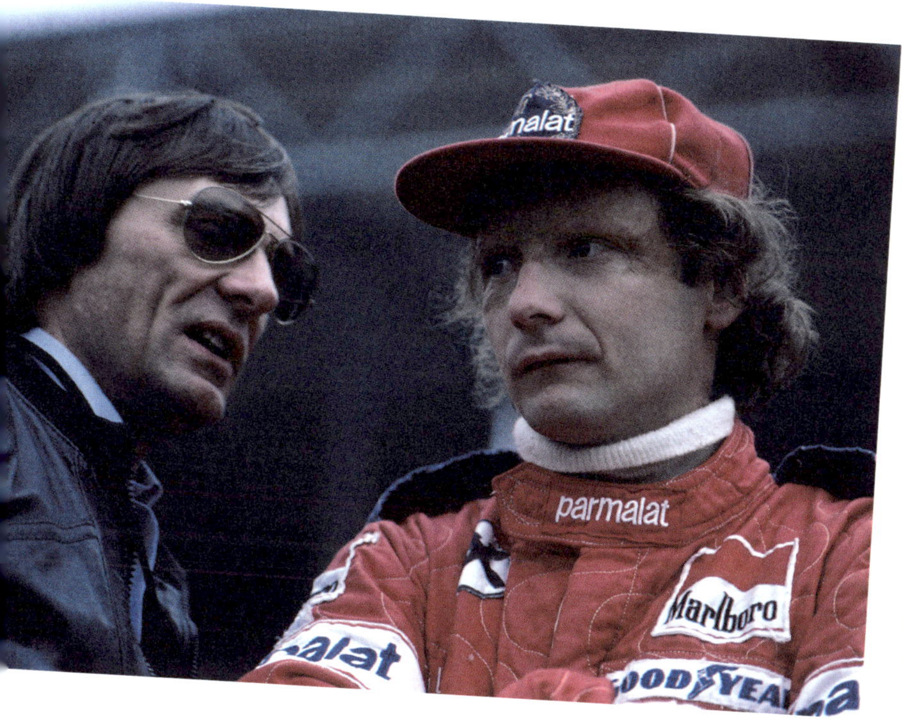

Bernie Ecclestone konnte Lauda nicht von seinem Rückzug aus der Formel 1 abhalten…

pro Jahr (umgerechnet gut 7.000 Euro) versilbern.

25 Jahre trug Lauda die Parmalat-Kappe und nahm damit immer mehr Geld ein. Gegenüber dem Portal capital.de verriet er einmal, dass es am Ende bis zu 200.000 Euro pro Jahr waren.

Trotz dieses Markenzeichens: Lauda konnte in seiner zweiten Saison bei Brabham nicht gegensteuern. Bei den Briten versuchte man zwar 1979, aus den Vorfällen rund um das »Fan-Car« die richtigen Schlüsse zu ziehen. Doch das gelang nicht.

Erste Amtshandlung von Braham-Boss Ecclestone: Er beendete die Zusammenarbeit mit dem italienischen Motorenhersteller Alfa Romeo. Die Alfa-Motoren waren sehr kraftvoll, aber sie erwiesen sich als beschwerlich. Innerhalb von nur sechs Wochen wurde der neue Wagen, der BT49, entwickelt. Es wurden viele Elemente des glücklosen Vorgänger-Modells, unter anderem das Chassis, genutzt. Zudem wurde ein Cosworth DFV Motor verwendet. Der neue Brabham startete erstmals beim Großen Preis von Kanada am 30. September 1979. Zwei der drei Renner verfügten noch über das alte Chassis des BT48, nur einer war neu gebaut worden. Auch 1980 wurden zwei dieser Fahrgestelle noch einmal genutzt.

Glaubte man Designer Gordon Murray,so war die Aerodynamik die große

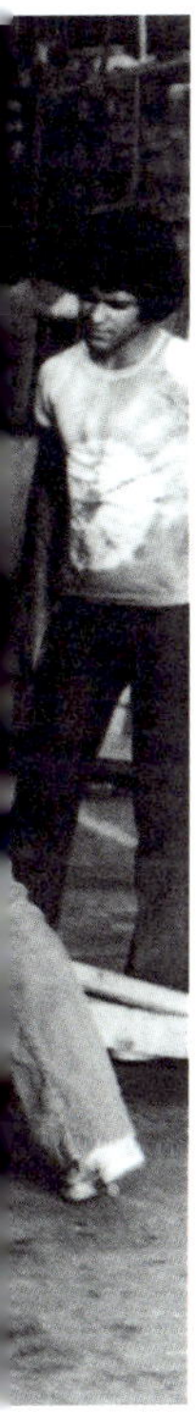
Laudas Brabham BT45 kommt am 4. Januar 1978 auf dem Flughafen von Buenos Aires an.

Stärke des neuen Autos: »Der Wagen hatte eine größere Anpresskraft als jeder andere.«

Der Brabham-Bolide wurde in den folgenden vier Formel-1-Saisons mehrfach modifiziert.

Er kam auf lediglich sieben Grand-Prix-Siege, sechs Pole Positions und 135 WM-Punkte.

Niki Lauda und der 1952 in Rio de Janeiro geborene Rookie Nelson Fredo Piquet Sotto Maior, genannt Nelson Piquet (Weltkarriere unter bürgerlichem Namen nicht möglich), fuhren nur drei Mal in die Punkte-Wertung.

Unter diesen drei Ergebnissen waren zwei vierte Plätze. Es waren dies die besten Ergebnisse, die die beiden Spitzenfahrer bei den zahlreichen Rückschlägen mit dem Brabham BT 48 und BT49 noch herausholen konnten.

Der Grand Prix von Frankreich am 1. Juli 1979 war bereits Laudas sechster Ausfall im Brabham in dieser Saison. Es wurde ein Horror-Jahr für den Österreicher, der elf von 13 Rennen vorzeitig beenden musste. Piquet ging es mit drei eingefahrenen WM-Punkten nicht besser.

Zwei Rennen vor Saisonende flog Lauda nach Montreal. Ob er zum Start des Renn-Wochenendes von Kanada am 28. September 1979 schon die für ihn und die Formel 1 folgenschwere Entscheidung getroffen hatte, lässt sich nicht sagen.

»MACH WAS ANDERES«

»Als ich nach Montreal kam, hatte ich einen unglaublichen Zwei-Millionen-Dollar-Vertrag für das folgende Jahr mit Brabham in der Tasche und alles war so fantastisch, dass mir das Herz bis zum Hals schlug, als ich am Freitagmorgen zur Rennstrecke ging«, sagte Lauda später, »aber ich fuhr, ich weiß nicht, drei oder vier Runde und ich dachte: Was zum Teufel machst du hier? Ich hatte ein so schlechtes Gefühl. Es kam einfach und traf mich hart: Mach was Anderes! Warum Rennen fahren? Und ich hielt an, ging zu Bernie Ecclestone und sagte: Ich möchte mit Ihnen sprechen.«

Es wurde ein legendäres Rede-Duell zweier Freunde, das in die Geschichte der Formel 1 einging.

Ecclestone: »Ich fragte Niki: Wann willst du dich zur Ruhe setzen?«

Lauda: »Am Ende des Jahres.«

Ecclestone: »Willst du dich von Brabham oder von der Formel 1 zurückziehen?«

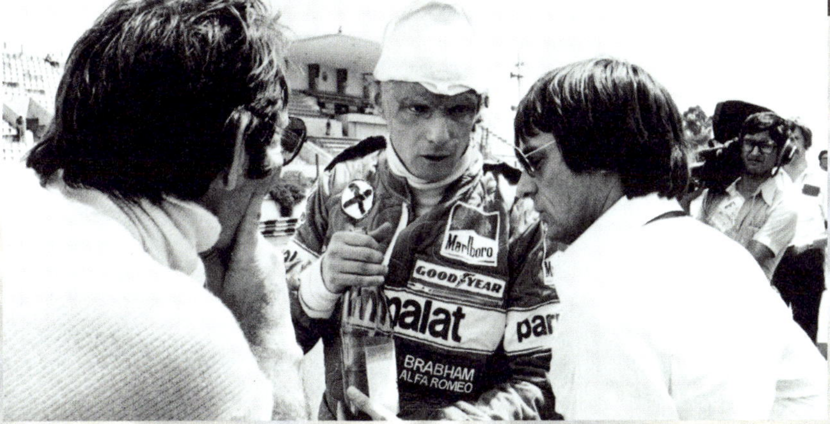

Lauda und Ecclestone besprechen sich rund um den Großen Preis von Argentinien 1978.

Lauda: »Nein, nein, nein, mit Brabham ist alles in Ordnung. Ich ziehe mich aus der Formel 1 zurück.«
Ecclestone: »Ich habe keine Ahnung, was du tun wirst, aber zieh dich zurück, wenn du kannst. Ich sagte: 'Du solltest jetzt gehen. Stell dir vor, du hast heute einen Unfall und liegst im Krankenhaus. [...] Du gehst jetzt!'«
Lauda: »Was soll ich denn machen?«
Ecclestone: »Zieh deine [Renn-]Kleidung aus, lass sie liegen, steig ins Auto und verschwinde.«
Das tat Lauda – und zwar am Ende des Trainings. »Ich habe es satt, blöd im Kreis herum zu fahren«, erklärt er anschließend. Der Argentinier Ricardo Zunino kam somit in Kanada zu seinem Formel-1-Debüt. Er blieb 1979 ohne WM-Punkte.
»Einziger Höhepunkt der Zunino-Karriere: Beim ersten Lauda-Rücktritt 1979 muss er mit Lauda-Helm und Lauda-Anzug mitten im Training einspringen«, heißt es in 180 Rennfahrer über ihn, »Fittipaldi wunderte sich: Warum fährt Niki heute so eine merkwürdige Linie?«
2019 stellte Bernie Ecclestone jedoch klar, dass Lauda »bei Brabham nicht einfach abgehauen ist«. Der Engländer bei Sky: »Es stimmt nicht, dass Lauda das Team im Stich gelassen hat.« Frei nach Oasis: Don't look back in anger.
Ecclestone sagte am Saisonende 1979 über Lauda: »Er ist immer noch der beste, der kompletteste Rennfahrer, den es gibt. Viele dieser Jungs fahren mit einigen Emotionen, aber er fährt komplett mit dem Kopf. Er denkt über

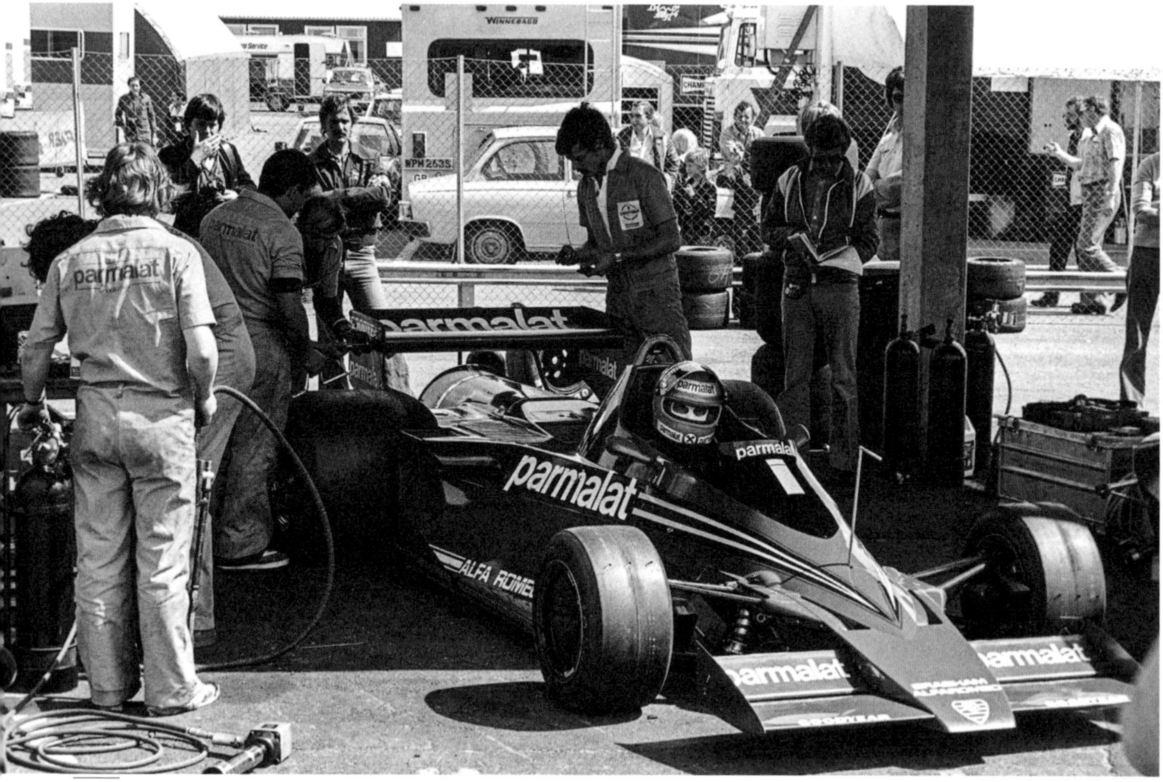

Lauda 1978 in Anderstorp beim Grand Prix von Schweden im später verbotenen Wagen.

das Rennen nach, denkt die Situation durch.«

Und er hatte einen Blick für die jungen Wilden. »Nelson Piquet ist der kommende Weltmeister«, sagte Lauda 1979 über seinen Teamkollegen. Der Brasilianer fuhr 1980 in Long Beach im US-Bundesstaat Kalifornien zu seinem ersten Grand-Prix-Sieg und wurde 1981 zum ersten Mal Weltmeister.

»Von Niki habe ich viel gelernt«, sagte Nelson Piquet später, »vor allem das Hauptgesetz: Nur wer das beste Auto hat, kann Weltmeister werden. Und: Wer in einem guten Team die Nummer eins ist, ist es auch am Ende in der WM-Wertung. «

Ersteres hatte Brabham 1978 und 1979 nicht...

»ICH HABE ES SATT, BLÖD IM KREIS HERUM ZU FAHREN.«

NIKI LAUDA »ERKLÄRT« SEINEN FORMEL-1-RÜCKZUG 1979

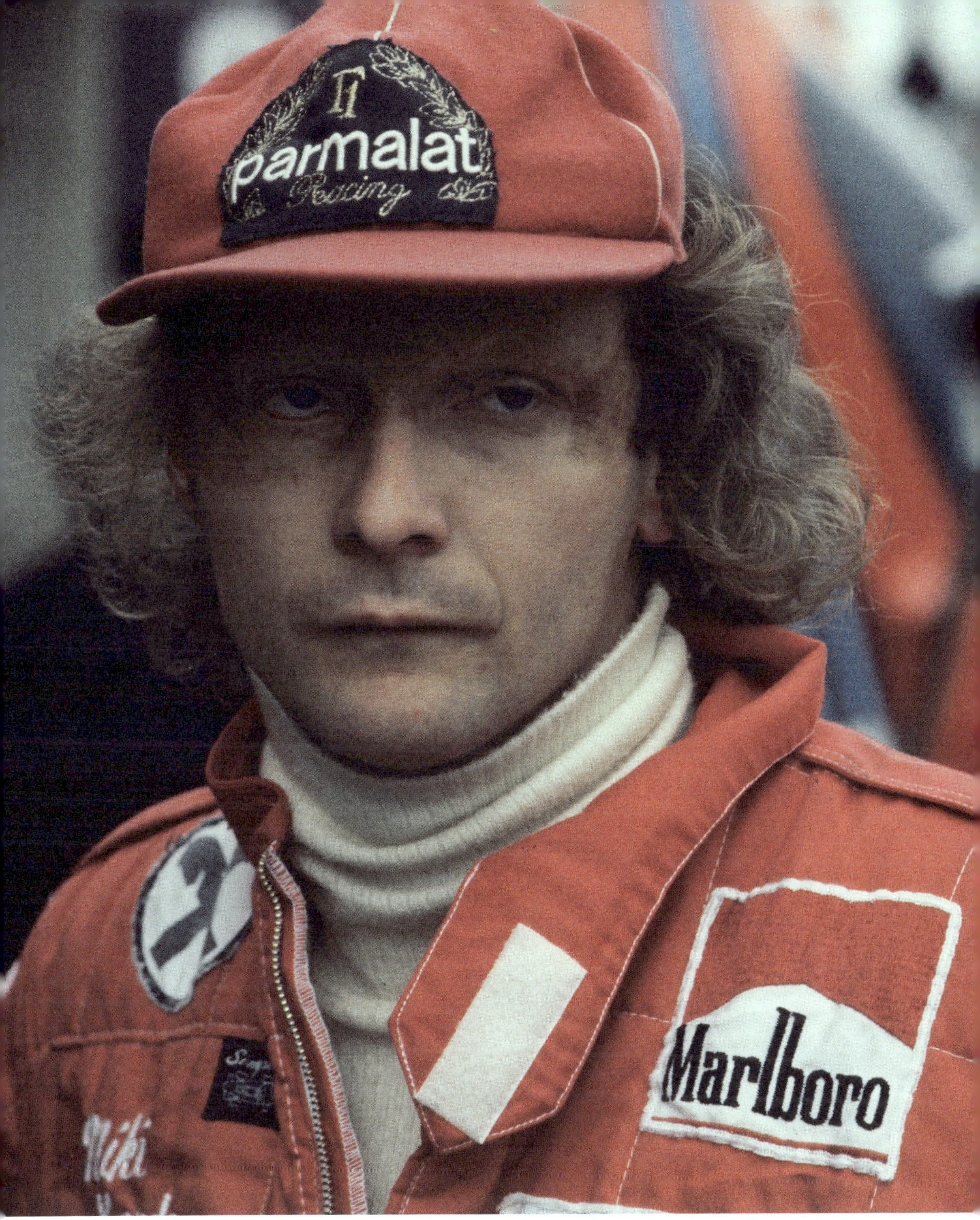

Niki Lauda stieg bei Brabham von einem Moment auf den nächsten aus…

KAPITEL 9

»DAS GRÖSSTE COMEBACK IM MOTORSPORT«

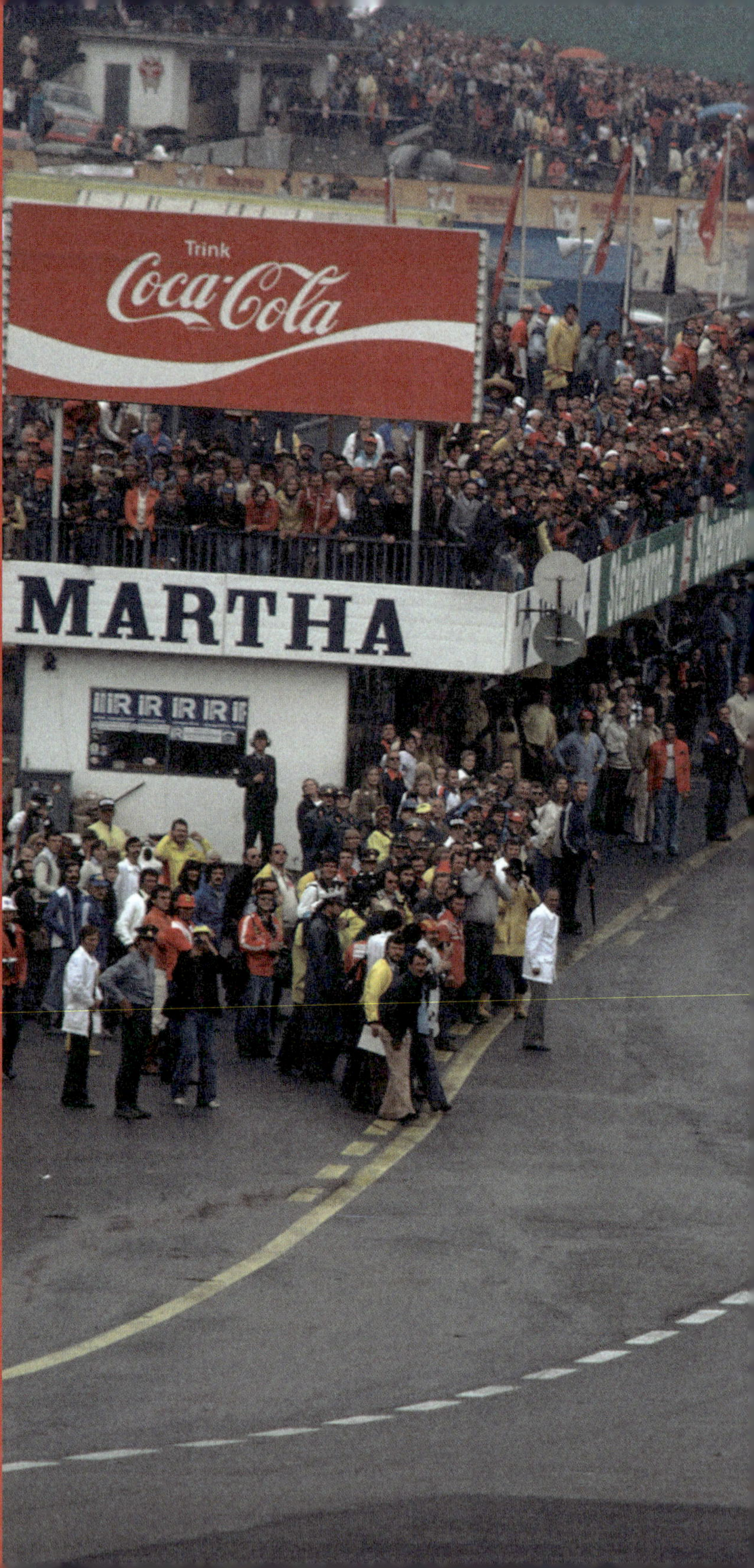

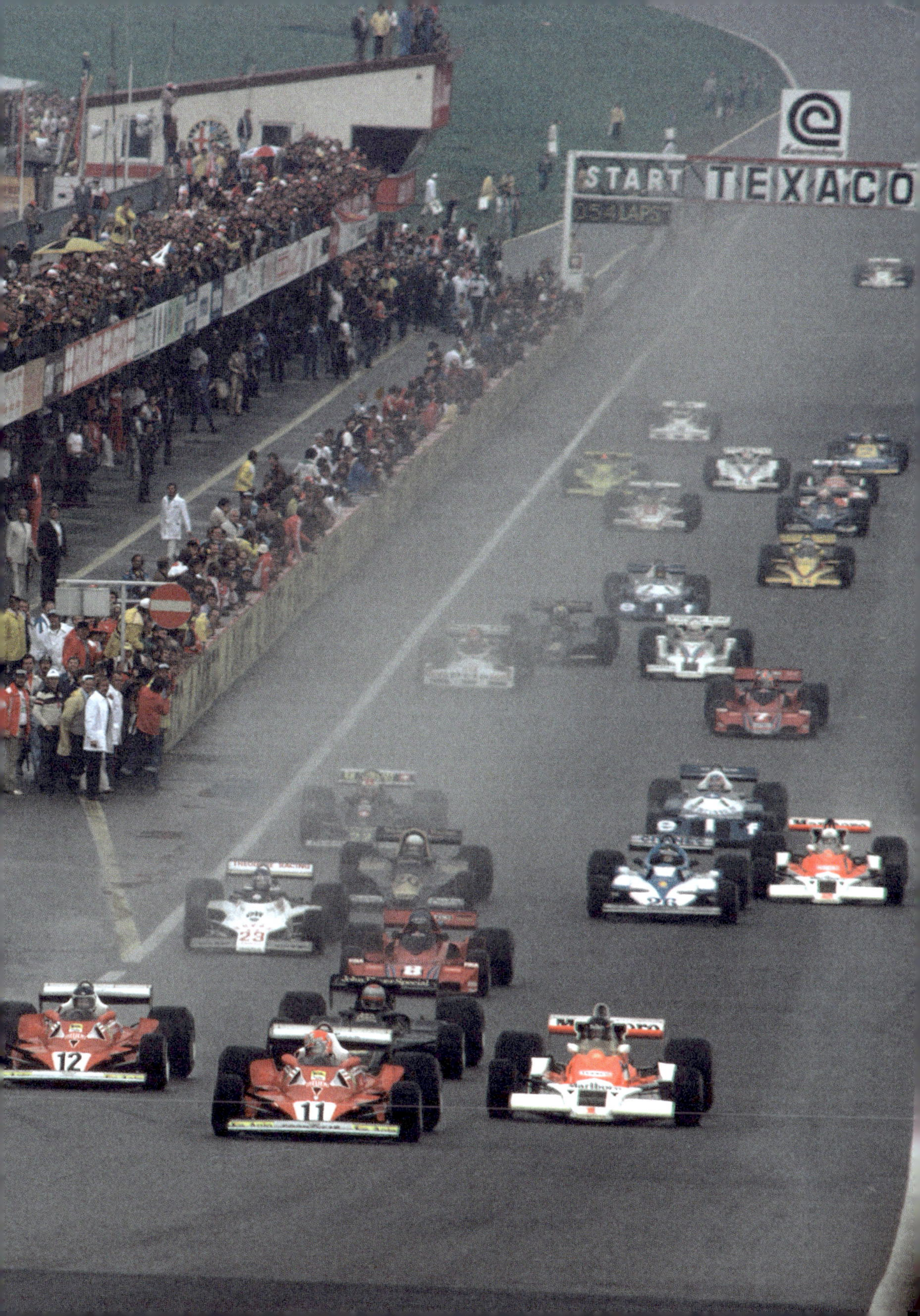
START
TEXACO

»DAS GRÖSSTE COMEBACK IM MOTORSPORT« – FORMEL-1-LEGENDE MARIO ANDRETTI

Niki Lauda ist ohne Frage eine wahre Legende. Jedes Mal, wenn ich gefragt wurde, wer die größten Formel 1-Champions aller Zeiten waren, war Niki Lauda immer mit auf dieser Liste der absolut Besten.

Ich bin dankbar, dass ich die Gelegenheit hatte, mit einer Legende wie ihm Rennen fahren zu dürfen.

Er war ein sehr direkter Mensch, wir waren uns in vielen Dingen einig, insbesondere bei dem Aspekt »Sicherheit der Formel-1-Fahrer.« Er brauchte nicht viele Worte. Wenn er aber etwas sagte, dann war es gut, wenn man ihm zuhörte. Es war effektiv. Man konnte ihm und seinen Aussagen vertrauen.

Nun, ich habe viele großartige Erinnerungen mit Niki Lauda. Besonders sind die Rennen, die wir gemeinsam fuhren und um die Plätze gekämpft haben.

Es gab viele Rennen, in denen ich eine große Zufriedenheit empfunden habe, wenn ich ihn hinter mir ließ, denn ich habe ihn als Fahrer sehr geschätzt. Es war aber auch in Ordnung, hinter ihm durchs Ziel zu gehen. Ich konnte ihn zu meinen Freunden zählen, auch wenn wir außerhalb der Rennstrecke nicht viel Zeit miteinander verbracht haben.

»WENN DU EINEN TAG HATTEST, AN DEM DU DICH IM VORTEIL WÄHNTEST, WAR LAUDA ZUR STELLE.«
MARIO ANDRETTI

»NIKI HAT SEHR HART GEARBEITET«

Aber sobald wir ein Gespräch hatten, war dieses wichtig für mich. Vor allem in der Saison 1978. Niki war einer der Fahrer, die sehr hart arbeiten mussten. Bei Brabham, aber vor allem zuvor bei Ferrari.

Ferrari war in den 1970er-Jahren unser größter Konkurrent. Mit Lauda, aber auch mit Ronnie Peterson und mir, war die Weltmeisterschaft sehr eng. Ich denke fast, dass in diesem Jahr Ronny der größere Gegner war, weil er im Team das bessere Equipment hatte. Bei Niki schien es so, als sei er einfach immer schon da gewesen. Er zählte in jedem Rennen

zu den Favoriten, mit ihm musste man immer rechnen. Man durfte ihn nie abschreiben, weil er auf der Rennstrecke immer stark und konstant war.
Diese Beständigkeit machte ihn zu einem großen Gegner, es war schwer, ihn zu übertreffen, man konnte ihn nicht einfach abschütteln.
Wenn du einen Tag hattest, an dem du dich im Vorteil gewähnt hast, war er zur Stelle und hat auch jeden deiner kleinsten Fehler genutzt, um dir diesen Vorteil wieder abzujagen. In jedem Rennen willst du gewinnen, aber er war derjenige, an dem du vorbei kommen musstest.
Schaut man sich seine Karriere an, muss man sagen, dass er als Rennfahrer immer wettbewerbsfähig war.

»ICH WÄRE NICHT MUTIG GENUG GEWESEN…«

Besonders erinnere ich mich daran, wie er 1976 nach seinem schweren Unfall beim Großen Preis von Deutschland wieder zurückkam.
Und dann kam der Grand Prix von Japan in Fuji – bei schrecklichem Wetter. Einige Leute haben ihn kritisiert, weil er während des Rennens aufgegeben hat. Aber ich habe applaudiert und ihm Recht gegeben. Ich bewundere ihn für diese Entscheidung, ich wäre nicht mutig genug gewesen, um das zu fordern, was er einforderte.
Denn: Er wollte, dass am nächsten Tag

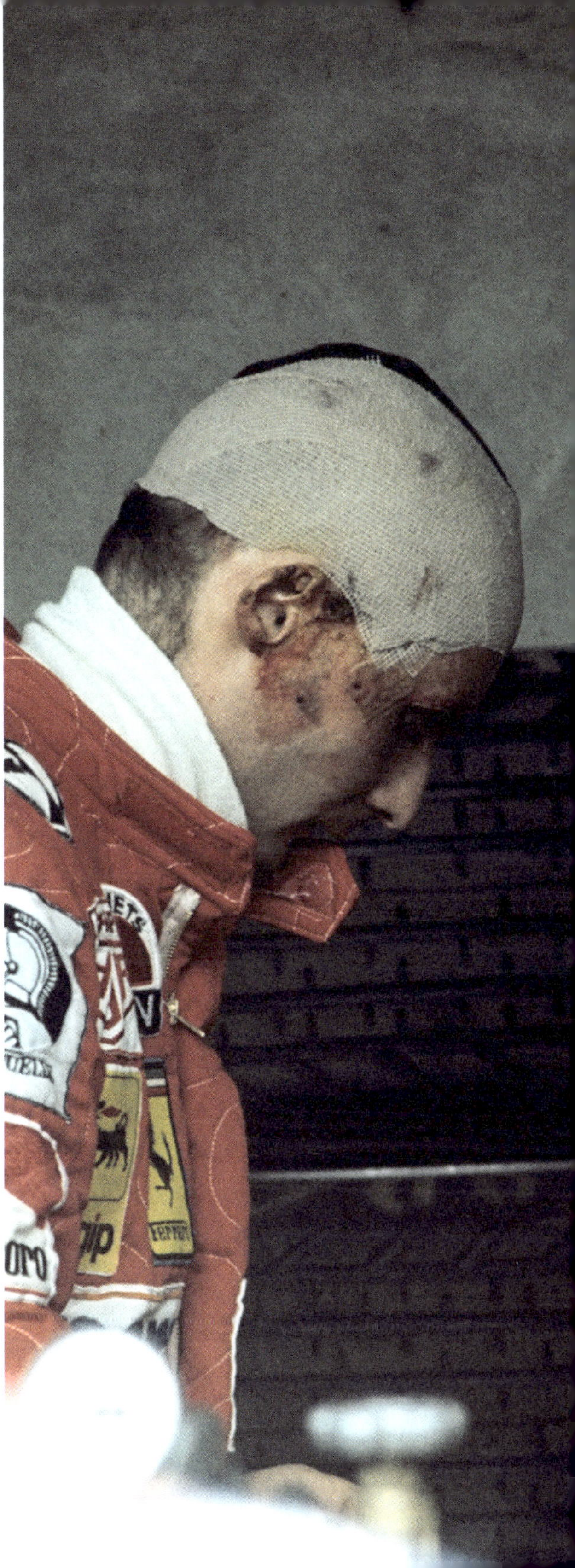

Niki Lauda - Gezeichnet von den schweren Verletzungen seines Feuer-Unfalls.

gefahren wird. Niki Lauda hatte nach dem Unfall Probleme, immer wieder schossen Tränen und Kondenswasser in seine Augen. Er hat das aber alles kalkuliert. Und dann für sich diese Entscheidung getroffen, das Rennen vorzeitig zu beenden. Diese Dinge bleiben in Erinnerung.

Wann immer wir über die Sicherheits-Aspekte für die Fahrer gesprochen haben, haben wir versucht, die FIA nicht nur zu überzeugen, sondern sie zu beeindrucken. Was Niki sagte, war nicht nur überzeugend, sondern es hat sehr viel Sinn ergeben. Man konnte sich immer darauf verlassen, dass er die richtige Entscheidung traf.

1976 war das Jahr des schrecklichen Unfalls von Niki Lauda auf dem Nürburgring in Deutschland. Ich fuhr in diesem Rennen direkt hinter ihm. Als es passiert ist, wurde alles sofort blockiert und es war ein schockierender Anblick. Ich glaube, es war Arturo Merzario, der ihm aus dem Auto geholfen hat. Egal, als wir diese Szenerie sahen, war das einfach unglaublich und es war schwer zu glauben, dass er überlebt hat.

Sein Gesicht hat sehr gelitten und es war eine extrem gefährliche Situation. Das er zurückkam, war heldenhaft. Dafür muss man Niki Lauda für immer verehren, weil er später sogar die Weltmeisterschaft gewann. Es war kein Rückschlag

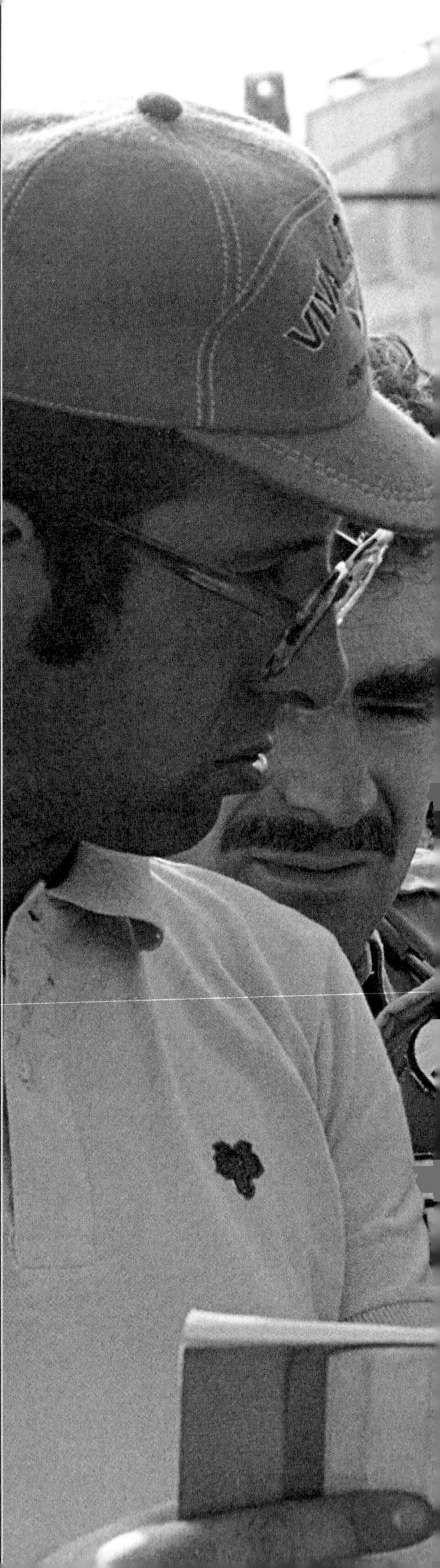

»Willst du es wirklich wagen«, so scheinen die Ferrari-Techniker um Mauro Forghieri (r.) Niki Lauda 1976 in Fuji die Vertrauensfrage zu stellen…

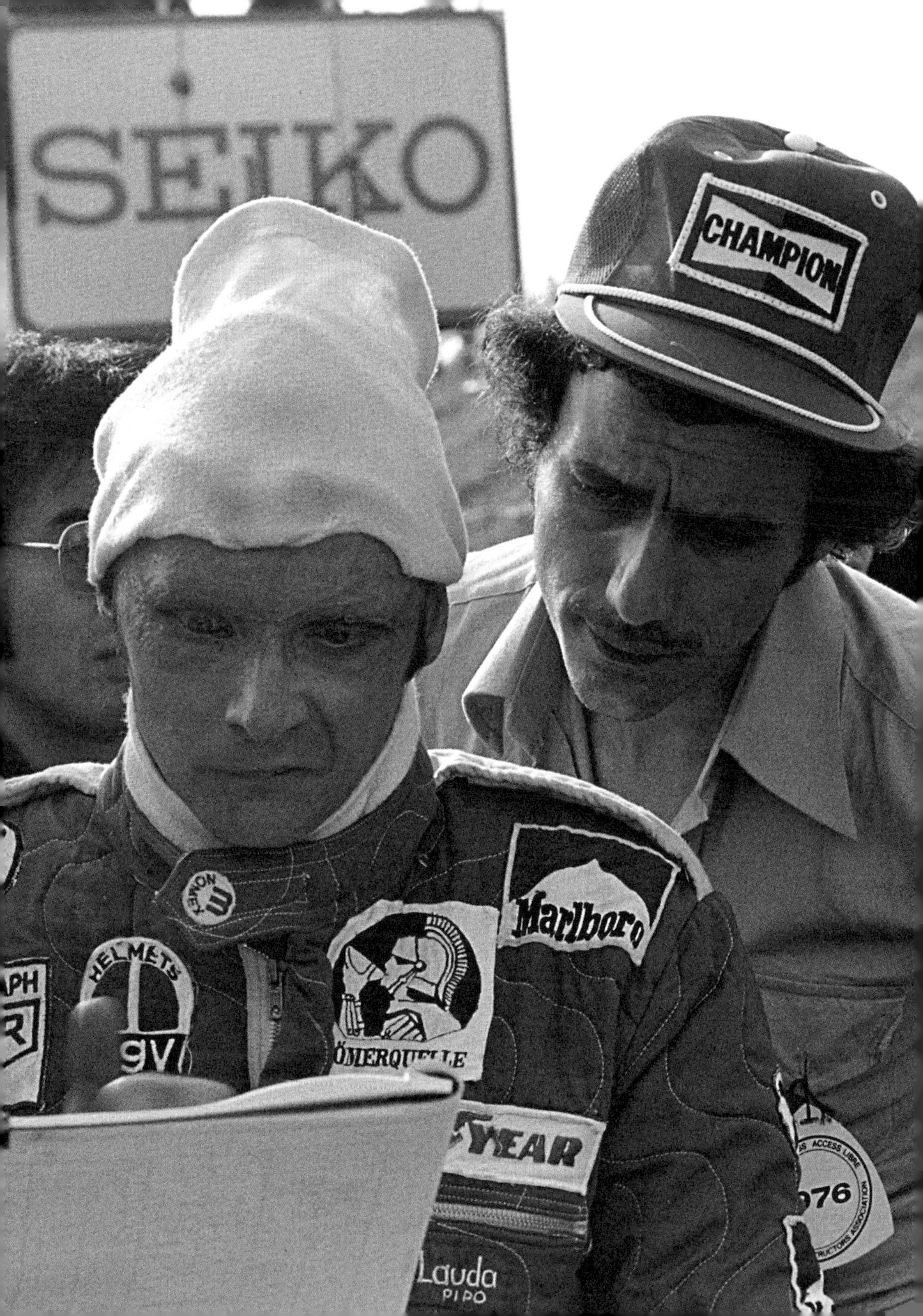
SEIKO
CHAMPION
Marlboro
HELMETS
Lauda
PIPO

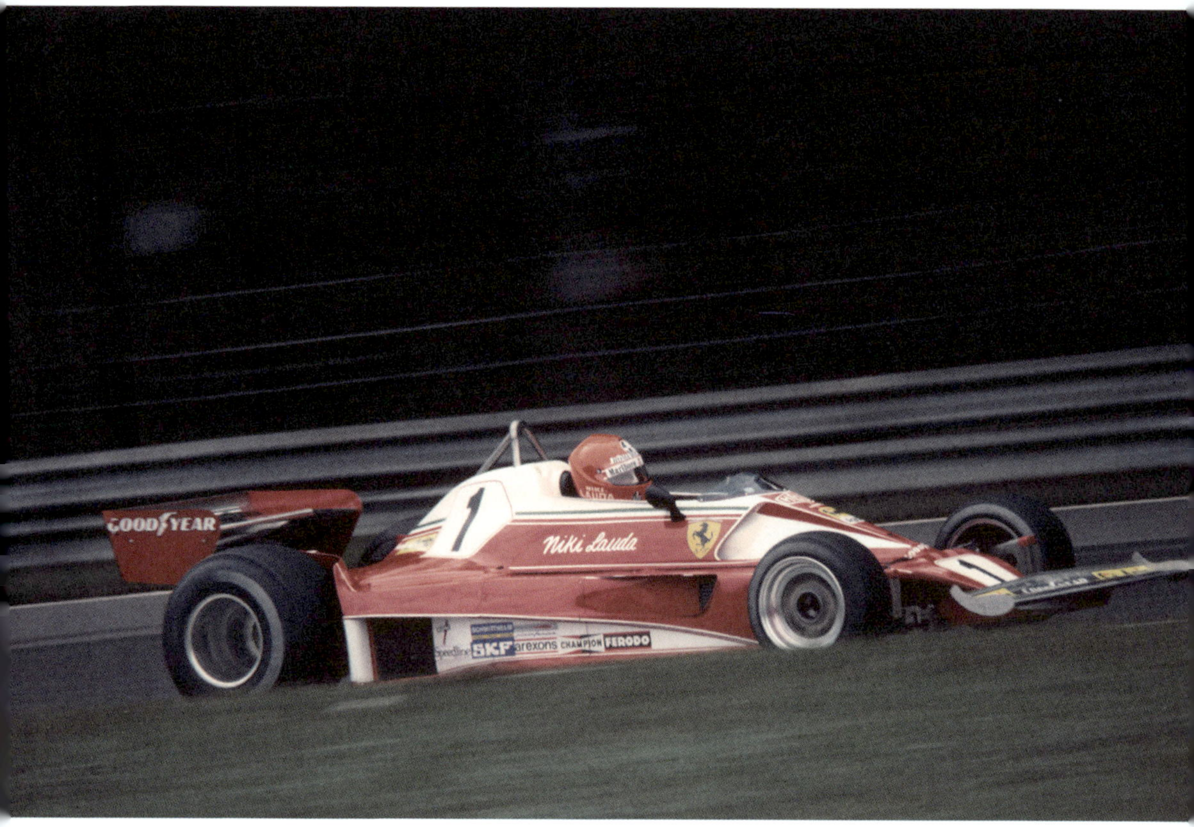

Lauda fuhr bei seinem Fabel-Comeback am 12. September 1976 in Monza auf einen sensationellen vierten Platz.

für seine Karriere, denn er hatte für das, was er tat, die pure Liebe und Leidschaft in sich. Du brauchst eine Menge Mut, um das zu tun, was er tat.

LAUDA UND »MISTER FERRARI«

Laudas Beziehungen zu den anderen Fahrern, insbesondere zu Clay Regazzoni bei Ferrari, schätze ich, soweit es diesen Zeitpunkt betrifft, als gut ein. Ich glaube nicht, dass es irgendwelche Streitpunkte gegeben hat. Clay kannte ich auch sehr, sehr gut und er war ein feiner Kerl. Ich denke, das Verhältnis zwischen beiden Fahrern war in Ordnung. Ob Enzo Ferrari, der mächtige Tycoon der Scuderia, nach dem Unfall darüber nachgedacht hat, sich von Lauda zu trennen, kann ich allerdings nicht beurteilen. Wenn man »Mister Ferrari« kannte, dann sollte man eigentlich meinen, dass er sehr hilfsbereit war – und glücklich, Niki zurückzuerwarten.

Enzo Ferrari hat den Mut seiner Fahrer immer respektiert und er hat es auch goutiert, dass Niki so schnell wieder zurück war. Er musste ihn für ein paar Rennen ersetzen, um im Wettbewerb zu bleiben. Ich glaube, es gibt keinen Zweifel daran, dass er ihn zurück haben wollte, denn »Mister Ferrari« war ein echter »Racer«! Er hat seine Fahrer sehr gut verstanden und er hätte Lauda niemals entlassen, wenn er einen Fehler gemacht hätte. Sicher ist aber: Ferrari hat Fahrer bewundert, die ans Maximum gingen und hätte sie deshalb niemals enttäuscht.

»ICH WERDE EIN ANDERES MAL GEWINNEN«

Das Comeback von Lauda ein paar Wochen nach seinem Unfall war

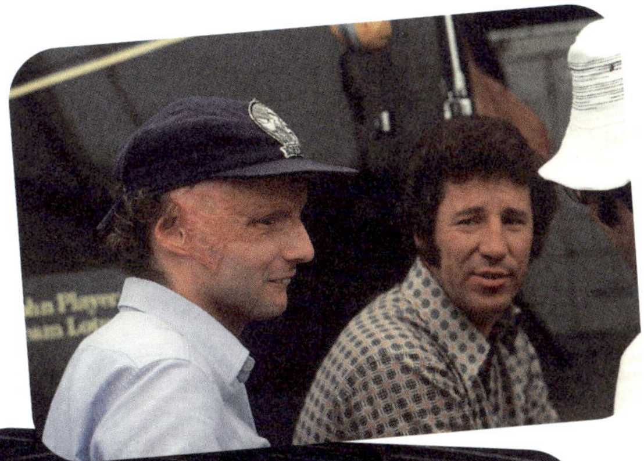

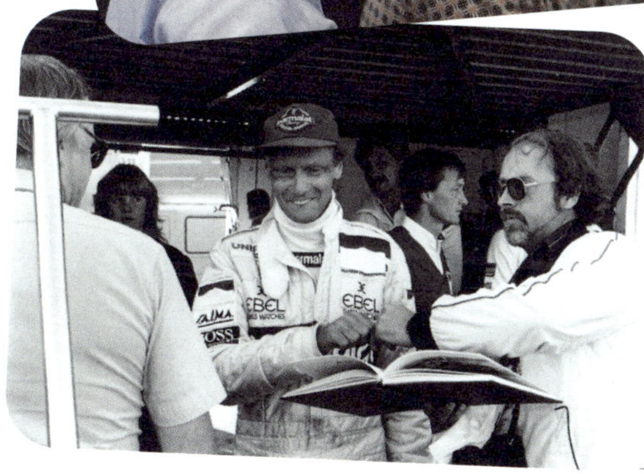

Vor dem Comeback: Andreas Nikolaus Lauda im Gespräch mit Mario Andretti 1976 in Monza.

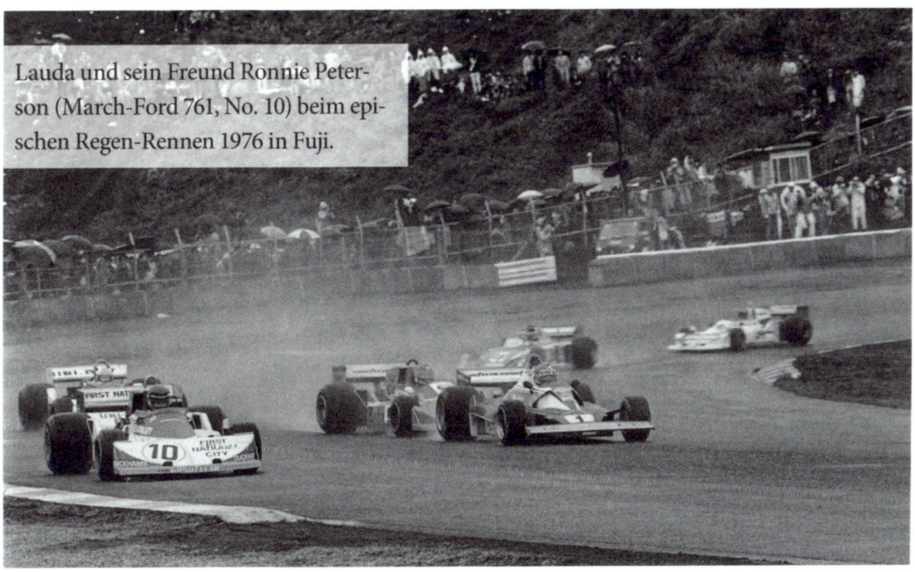

Lauda und sein Freund Ronnie Peterson (March-Ford 761, No. 10) beim epischen Regen-Rennen 1976 in Fuji.

MARIO ANDRETTI

Mario Andretti – Der gebürtige Italiener emigrierte 1955 mit seiner Familie aus Istrien in die USA. Seit 1964 besaß er die US-amerikanische Staatsbürgerschaft und startete ab 1968 in insgesamt 128 Rennen in der Formel 1. Unter anderem fuhr Andretti für die Teams Lotus, March, Ferrari und Williams. Er wurde 1978 Formel-1-Weltmeister und gewann insgesamt 12 Grand-Prix-Rennen.

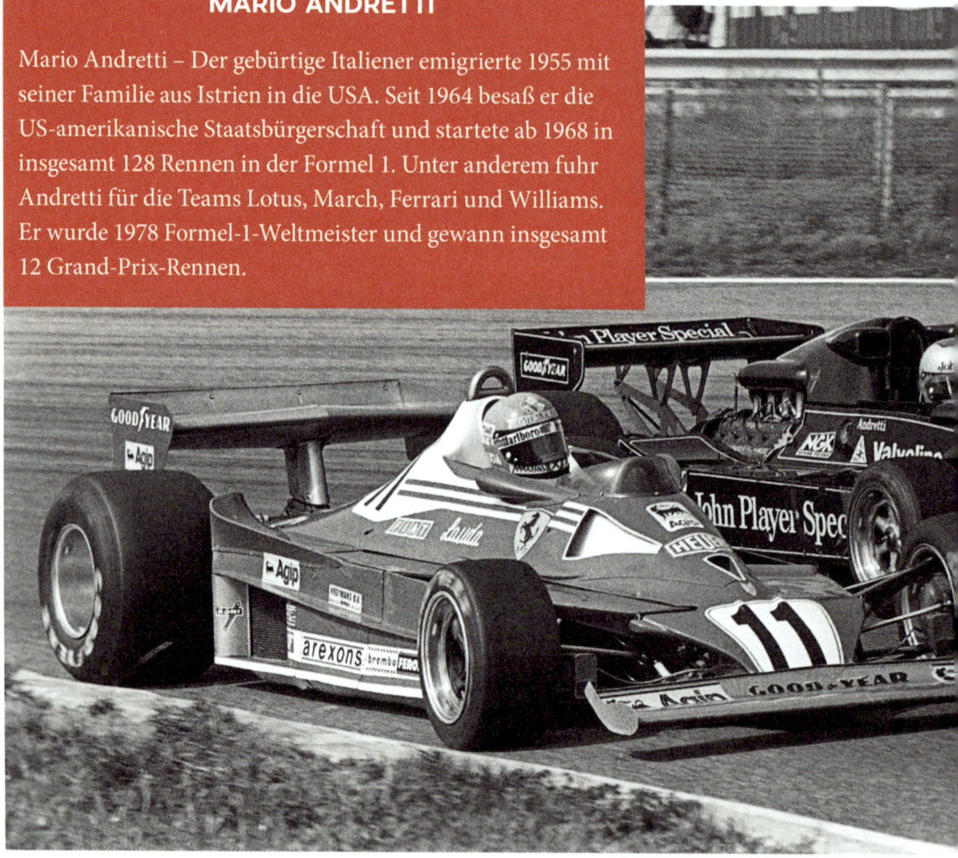

fan-tas-tisch. Wir haben alle applaudiert und waren glücklich darüber, weil er früher zurückkam, als wir alle dachten. Er hat sich mit dem heftigen Regen befasst, es war unmöglich, mit ihm darüber zu verhandeln. Um ehrlich zu sein: Genau dafür habe ich ihn bewundert.

Ich würde Laudas Rückkehr als das größte Comeback im Motorsport definieren.

Im letzten Rennen 1976 in Fuji hat James Hunt hinter mir und aus Startposition zwei den Titel gewonnen. Für mich war das ein gutes Rennen, wir konnten die Wetterbedingungen gut einschätzen und für James und Niki stand nichts weniger als die Weltmeisterschaft auf dem Spiel. Lauda verpasste den WM-Titel um einen Punkt. Aber er konnte mit diesem Ergebnis leben. »Ich werde ein anderes Mal gewinnen«, sagte er. Dafür habe ich ihm applaudiert.

Natürlich haben wir mit ihm gelitten, denn es wäre ein Traum gewesen, wenn er

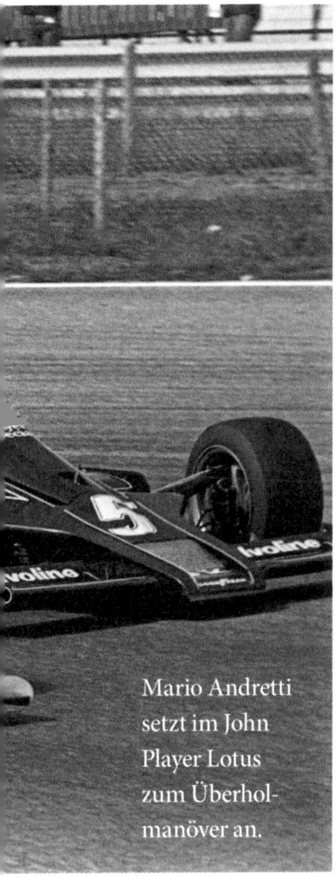

Mario Andretti setzt im John Player Lotus zum Überholmanöver an.

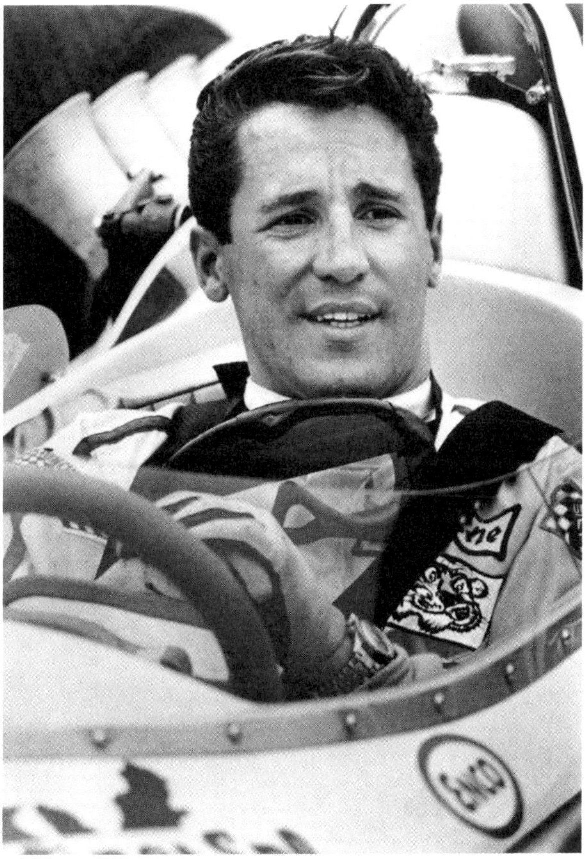

Mario Andretti kam 1968 mit Lotus in die Formel 1.

die Weltmeisterschaft geholt hätte. Aber das macht dieses heldenhafte Comeback um keinen Deut schlechter.

Klar, es war ein regnerischer Tag in Japan und ich war in der Pole Position. Ich hatte eingeschränkte Sicht, sah nicht mehr als 20 Prozent. Als Lauda sagte, er habe »höchstens drei Prozent Sicht«, konnte ich das nicht glauben. Ich hatte totales Verständnis dafür, als er rein gefahren ist und das Rennen aufgab.

Für mich war das eine ehrenhafte Entscheidung, denn er hätte jemand anderen in Gefahr bringen können. Das tat er nicht.

Hunt hat an diesem Tag die Weltmeisterschaft gewonnen, doch ich glaube und das mag wie ein Witz klingen, dass er 1979 nur wegen Niki Lauda so früh aus der Formel 1 ausgestiegen ist.

KAPITEL 10

DER FLIEGER – DIE ZWEITE KARRIERE DES NIKI LAUDA

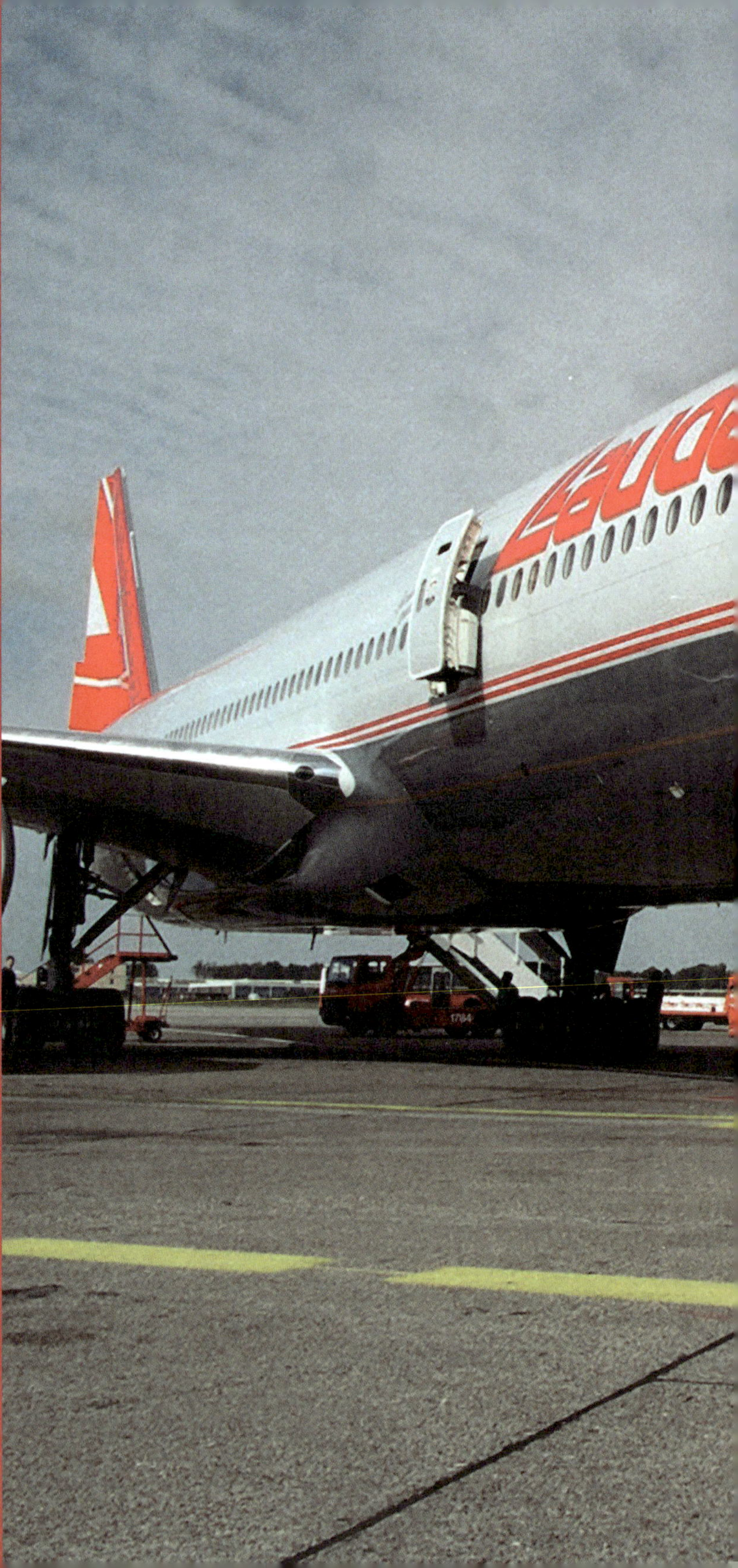

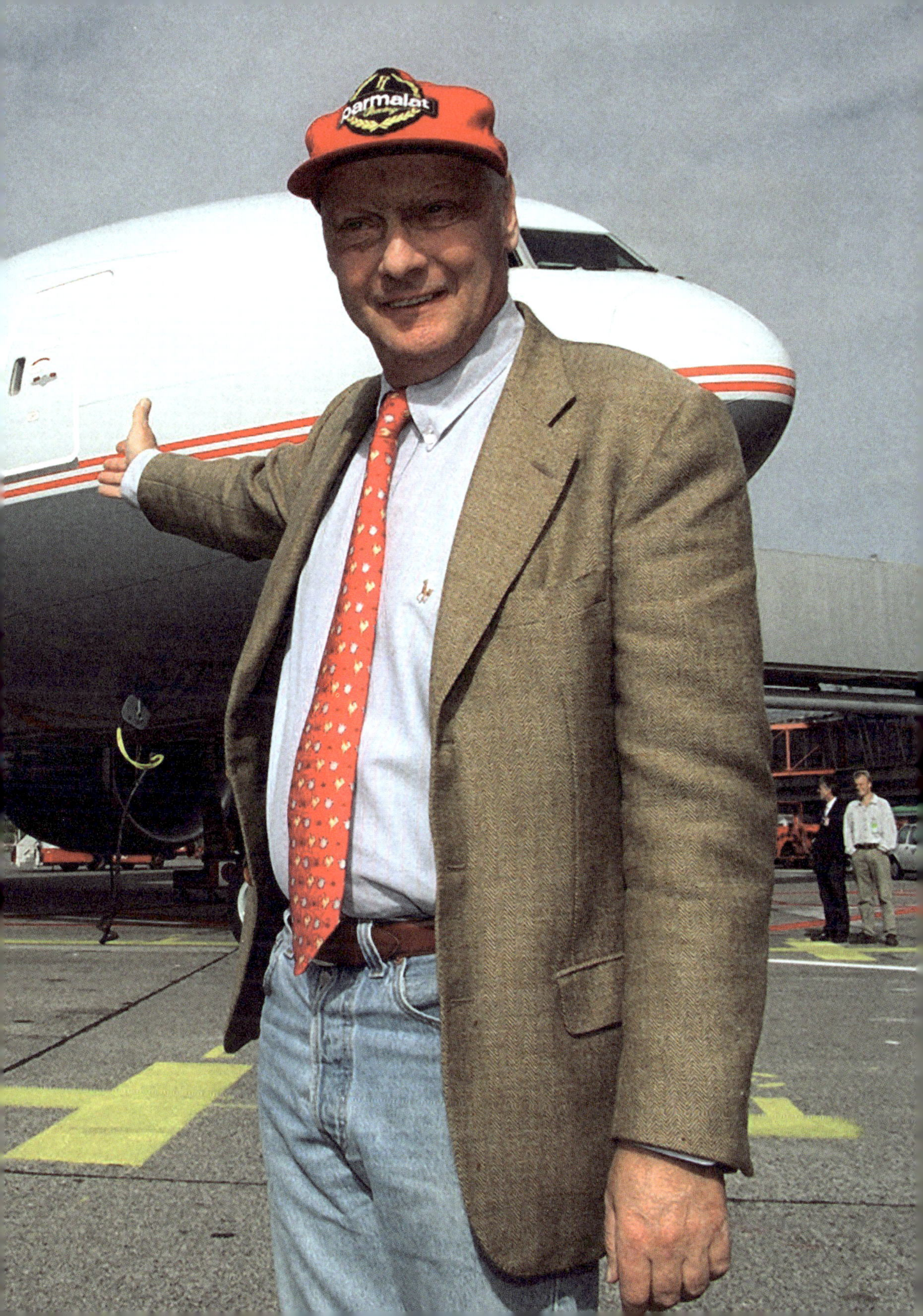
parmalat

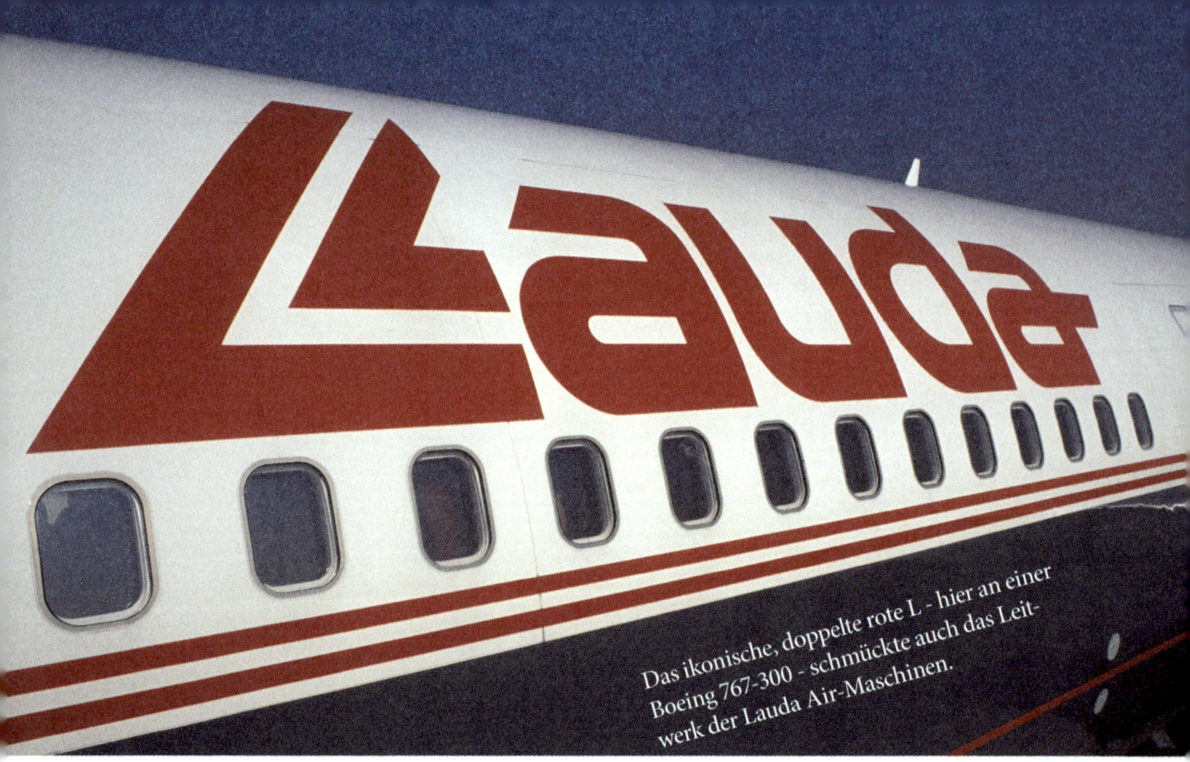

Das ikonische, doppelte rote L - hier an einer Boeing 767-300 - schmückte auch das Leitwerk der Lauda Air-Maschinen.

DER FLIEGER – DIE ZWEITE KARRIERE DES NIKI LAUDA

Jody Scheckter musste mehrmals nachfragen. Glauben konnte der südafrikanische Formel-1-Rennfahrer, der 1979 für Ferrari die Weltmeisterschaft gewinnen sollte, diese Erzählung, diesen allerbesten Flur-Funk in der Boxengasse, immer noch nicht.

»Niki ist verrückt«, schüttelte Scheckter den Kopf, »so was hätte ich nie gemacht.« Lauda hatte sich während der Grand-Prix-Saison 1977 in seinem Privat-Flugzeug von Salzburg auf den Weg zum Großen Preis der USA in Long Beach aufgemacht – und saß natürlich persönlich am Steuerknüppel. Mit an Bord dieser frühen Variante von »Lauda Air« waren seine Frau Marlene, der Linienpilot Helmut Kaar und Lauda-Weggefährte Helmut Zwickl.

Der legendäre österreichische Motorsportjournalist hatte schon die Karriere des am 5. September 1970 in Monza tödlich verunglückten Österreichers Jochen Rindt († 28) begleitet. Max Mosley verlieh Zwickl 2005 als einem von nur vier Sportjournalisten eine »lebenslange Akkreditierung« für die Formel 1.

Seit 1960 im Motorsport, hatte Zwickl schon so einiges erlebt. Aber mit Niki zu fliegen, statt zu fahren, das sollte sich 1977 als echtes Abenteuer erweisen.

AN BORD DER GOLDEN EAGLE

»Um Flugstunden zu sammeln«, nahm Lauda seine Frau und den Reporter Zwickl mit in der zweimotorigen Cessna 421 »Golden Eagle«.

In dieser zweimotorigen Propeller-Maschine, die im Mai 1967 an den ersten Kunden ausgeliefert wurde und die bereits 1965 in den USA ihren Erstflug absolviert hatte, finden bis zu acht Passagiere Platz.

Angetrieben wurde die »Golden Eagle« von zwei Continental GTSIO-520-D-Kolbenmotoren. 1970 wurden die Spannweite und die Motorenleistung erhöht. Bis zur Einstellung der Produktion aufgrund der geänderten Produkthaftung in den Vereinigten Staaten (1985) stellte Cessna insgesamt 1.916 Maschinen her.

Bei einer Reisegeschwindigkeit von bis zu 420 km/h war der Lauda-Flug – mit mehreren Zwischenstopps in Glasgow, Kanada und Kansas City – 23 Stunden und 33 Minuten unterwegs. Helmut Zwickl hatte genau auf die Uhr geschaut.

In der Luft fiel Lauda immer wieder

Leidenschaftlicher Flieger: Lauda im Cockpit seiner Cessna Citation I.

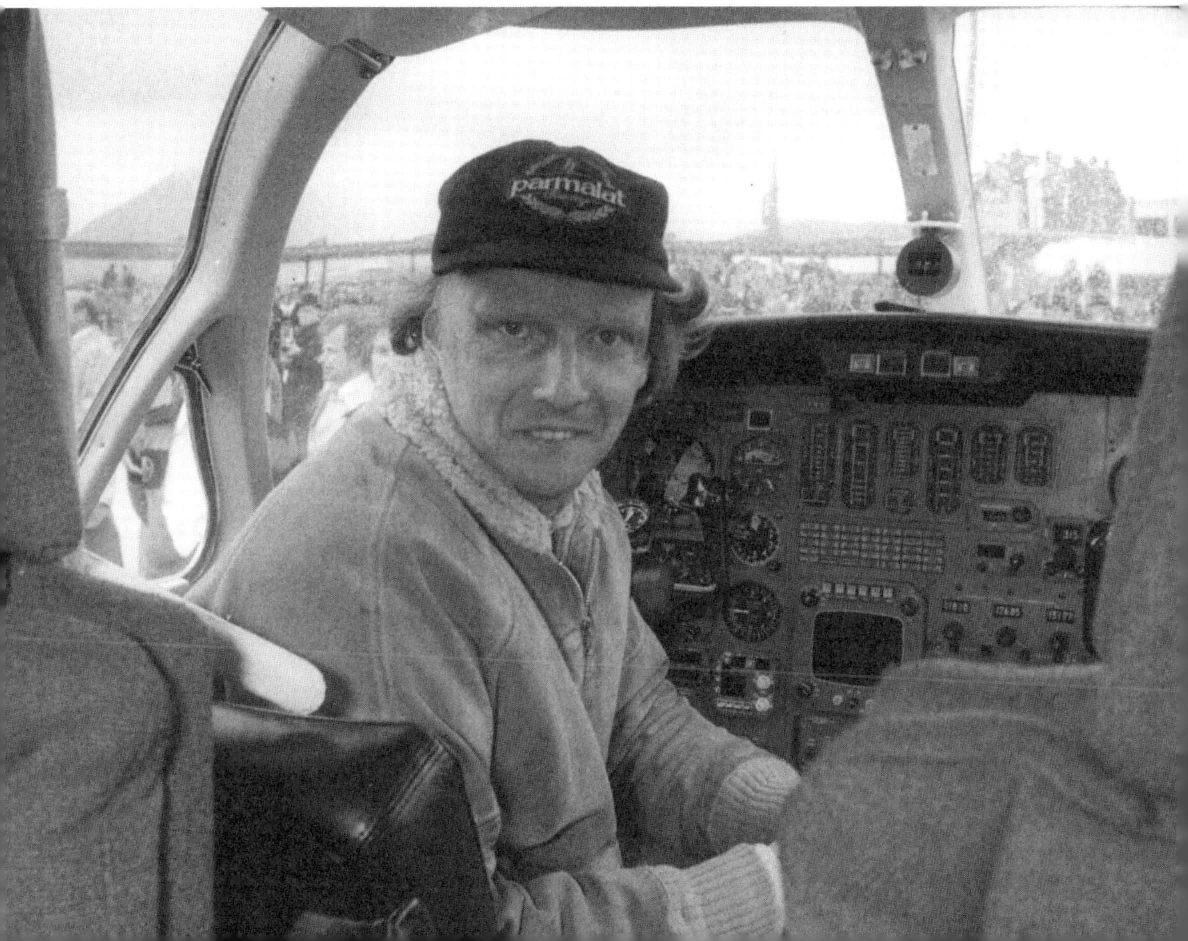

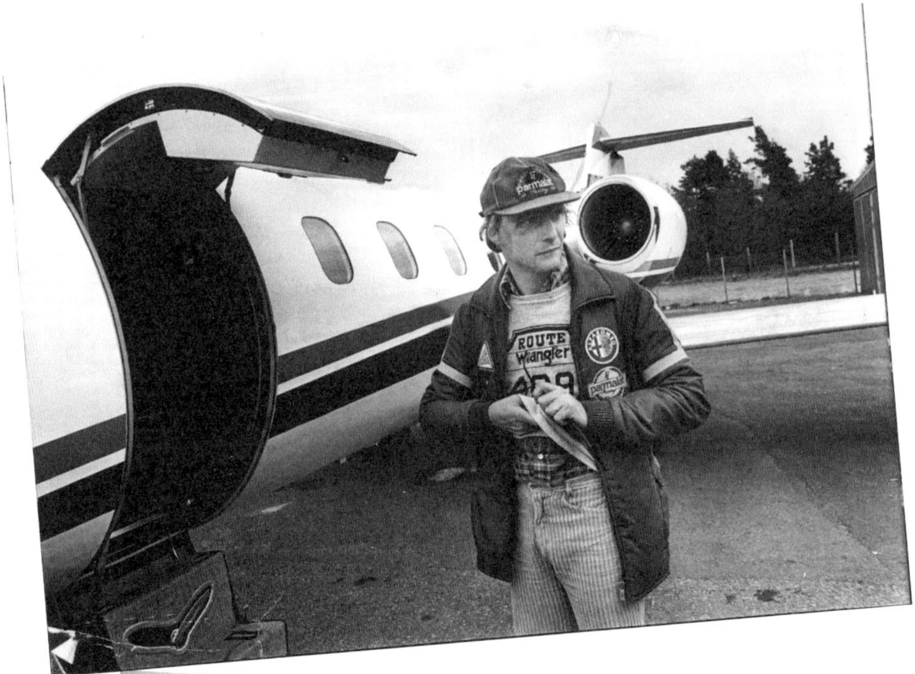

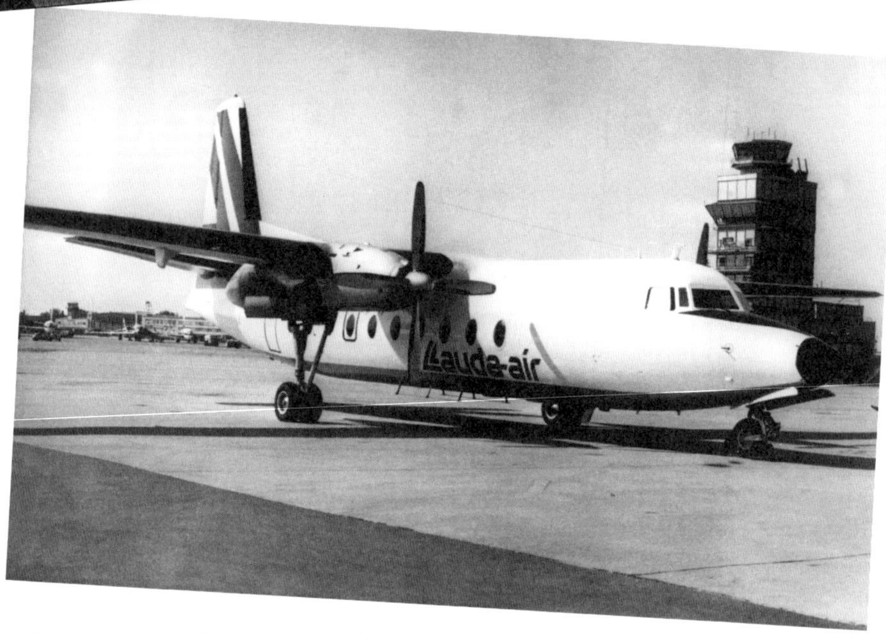

Oben: Lauda vor seiner Cessna Citation, darunter eine Fokker F-27 der Lauda Air.

Flug-Pionier Charles Lindbergh († 1974) ein, der am 20. / 21. Mai 1927, also ziemlich genau 50 Jahre zuvor, den ersten Alleinflug nonstop über den Atlantik gewagt hatte. »Stellt Euch vor«, sinnierte Kapitän Lauda, »was der Lindbergh für ein armer

Hund war, der hatte nur ein Triebwerk, flog kaum 200 km/h schnell, hatte keinen Autopiloten, kein Funkgerät.«

Auch Andreas Nikolaus Lauda hatte während seines Fluges am 26. März 1977 auf einer Flughöhe von rund 9.200 Metern (die »Golden Eagle« ist mit einer Druckkabine ausgestattet) mitunter nur sporadischen Funkkontakt, etwa über Island.

Im Flughafen-Hotel in Island sprach sich schnell herum, dass mit Lauda ein Prominenter gelandet war und Reporter tauchten beim Essen der österreichischen Fluggäste auf.

Grönland und seine bizarren Gletscherlandschaften ließ Lauda von Helmut Kaar anfliegen: »Du landest, du hast mehr Erfahrung als ich.«

Später sagte der fliegende Rennfahrer dazu: »Ich lass mich ungern auf eine Situation ein, die mein persönliches Limit übersteigt. Ich weiß, wenn ich hier schlecht aufsetze, reißt es mir womöglich einen Reifen runter, ein Rad ist womöglich hin, dann sitzen wir hier fest und ich versäume den Grand Prix.«

»ALS PILOT WAR ER EINFACH COOL«

Doch Lauda versäumte den Grand Prix nicht, sondern fuhr hinter Mario Andretti im Lotus-Ford auf Rang zwei und damit noch vor Jody Scheckter aufs Podium.

Hans-Joachim Stuck war selbst oft Fluggast von Niki Lauda. Der Deutsch-Österreicher berichtete 2024 über die Akribie des Formel-1-Piloten im Flugzeug: »Als Pilot war er einfach cool, Niki hatte Spaß am Fliegen. Aber: Wenn selbst in einer guten Maschine ein Transponder nicht ging, was normalerweise nicht schlimm ist, dann ist er nicht geflogen. Das war schon gewaltig.«

Wie auf der Rennpiste, so sorgte der Quereinsteiger auch bei den Präsentationen seiner Flugzeuge mit seinem tro-

»ALS PILOT WAR NIKI EINFACH COOL, ER HATTE SPASS AM FLIEGEN.« HANS-JOACHIM STUCK

ckenen Humor für Lacher. Ernst Glatzl, Pilot bei der Lauda Air und in der Boeing 737 und 777 oft an Laudas Seite im Cockpit, erinnerte sich 2019:

»Ich weiß um eine Aussage Laudas vor geladenen Journalisten bei der Präsentation der neuen Boeing 777 in den USA: Die hat am WC, welches sich gleich hinter dem Cockpit befindet, einen Klodeckel mit Stoßdämpfer. 'Jetzt höre ich endlich nicht mehr den Klodeckel zufallen', sagte er.«

»Noch viel schneller als im Formel-1-Cockpit ist Niki Lauda im

Niki Lauda besaß das Type-Rating für alle Maschinen seiner Fluggesellschaft und übernahm auch selbst Linienflüge, hier posiert er im Cockpit einer Boeing 737

Rechts: Lauda-Maschinen wurden meist nach prominenten Musikern benannt, hier der Canadair CRJ100 »Herbert von Karajan« (OE-LRA).

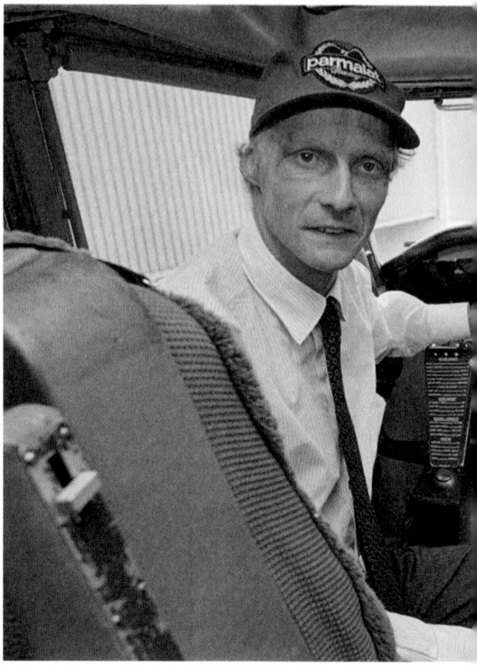

Flugzeug-Cockpit heimisch geworden. Bereits bevor er einen Privat-Pilotenschein hatte, besaß er eine zweimotorige Cessna »Golden Eagle«. Und kaum hatte er dann den Privat-Pilotenschein, war ihm sein Kolbenmotorflieger schon nicht mehr schnell genug. Lauda kaufte sich 300 km/h dazu: eine Cessna Citation. Dieser Klein-Jet schafft eine Reisegeschwindigkeit von 650 km/h«, beschrieb Zwickl 2019 Laudas große Leidenschaft für die Fliegerei.

Zwei Fokker F-27 Propeller-Passagiermaschinen mit Rolls-Royce-Dart-Triebwerken bildeten 1979 den Anfang von Laudas eigener Flotte, der Lauda Air.

Diese Fluglinie wurde am 4. April 1979 mit einem Startkapital von 15 Millionen Schilling (umgerechnet 2,1 Mio. Euro) aus der Taufe gehoben, 51 Prozent der Anteile hielt die Lauda Air GmbH, 49 Prozent die ITAS Reisebüro GmbH.

Der damals noch bei Brabham unter Vertrag stehende Rennfahrer erwarb die Bedarfsflugkonzession der Alpair und nahm den Flugbetrieb zunächst mit den beiden gebrauchten Fokker-Flugzeugen auf, ehe eine dritte F-27 aus Frankreich geleast wurde. Lauda Air startete mit Charterflügen nach Italien, Jugoslawien und Griechenland. 1985 wurden die Propellermaschinen durch gemietete zweistrahlige Jets des Typs BAC 1-11-500 und eine Boeing 737-200 ersetzt. Lauda expandierte: Ab Ende der 1980er-Jahre ergänzten fabrikneue Boeing 737-300 und Boeing 737-400 die Flotte, 1989 stießen zudem zwei neue Langstreckenflugzeuge des Typs Boeing 767-300ER dazu. Bereits im Juni 1990 war Lauda Air an der Wiener Börse notiert, am 23. August erhielt der Gründer die erforderliche, weltweite Linienflugkonzession, die bis dahin nur die staatliche AUA (Austrian Airlines) besaß. Er musste auf dem Weg dorthin viele bürokratische Hindernisse überwinden. »Niki Lauda hat ab 1977 die österreichische Luftfahrt ordentlich

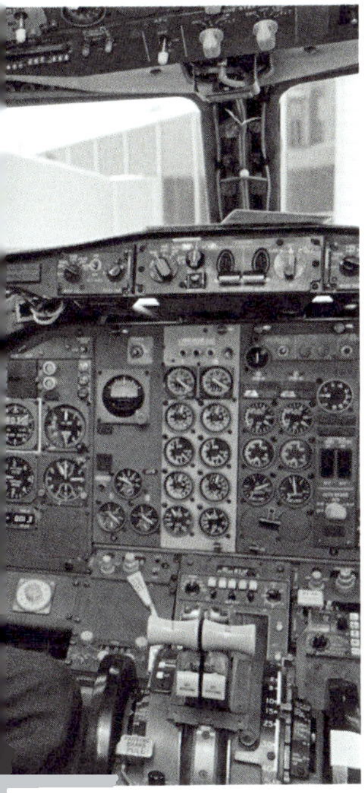

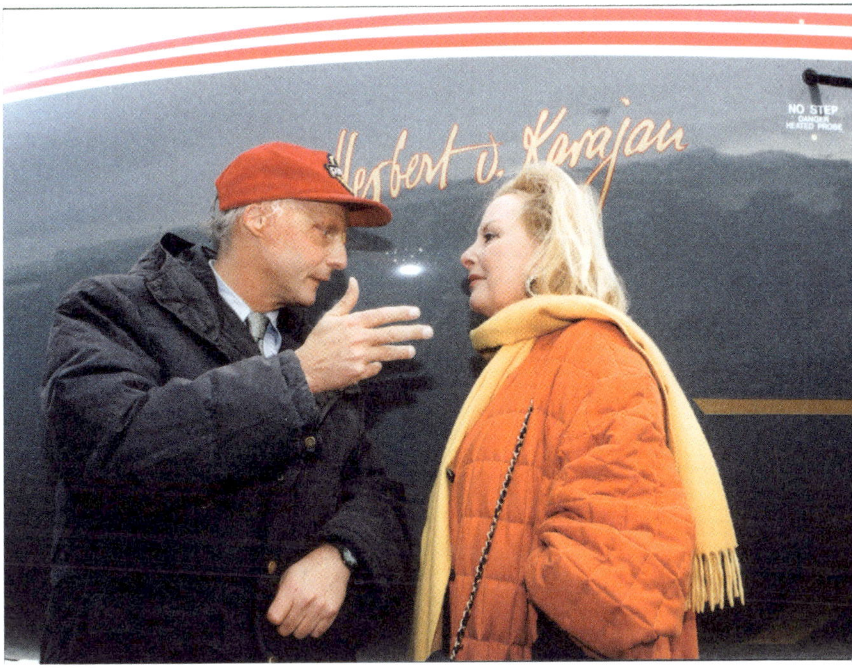

durcheinandergewirbelt«, konstatierte die Kleine Zeitung (21. Mai 2019).

LAUDA-AIR-FLUG 004: MOZART UND DER TOD

Die Fliegerei war Laudas Leidenschaft und seine wirtschaftliche Säule nach dem (vorübergehenden) Ausstieg aus der Formel 1. Sie brachte ihm aber auch die größte Katastrophe seines Lebens.

Am 26. Mai 1991 kam es beim Lauda-Air-Flug 004 zu einem schweren Unfall mit 223 Todesopfern, als die Boeing 767-300ER mit dem Taufnamen »Mozart« und dem Kennzeichen OE-LAV in Thailand abstürzte.

Die Maschine startete um 23:02 Uhr Ortszeit am Flughafen Bangkok-Don Mueang, wo sie auf dem Weg von Hongkong nach Wien einen Zwischenstopp eingelegt hatte. An Bord befanden sich 213 Passagiere sowie zehn Besatzungsmitglieder. Flugkapitän war der erfahrene Thomas John Welch (11.700 Flugstunden).

15 Minuten nach dem Start öffnete sich jedoch die Schubumkehr am linken Triebwerk der zweistrahligen Maschine. Zwar wurde es sofort auf Leerlauf geschaltet, dennoch führte der plötzliche einseitige Schubverlust zu einem Strömungsabriss, aus dem die Piloten ihre Boeing nicht mehr abfangen konnten.

Die fatale Folge: Aus 24.700 Fuß Höhe, etwa 7.500 Metern, stürzte die Boeing 767 exakt 5,6 Kilometer von der thailändischen Ortschaft Phu Toey entfernt ab. Im Sturzflug lösten sich innerhalb von Sekunden Leitwerk und Tragflächen, der Rumpf brach daraufhin in mehrere Teile

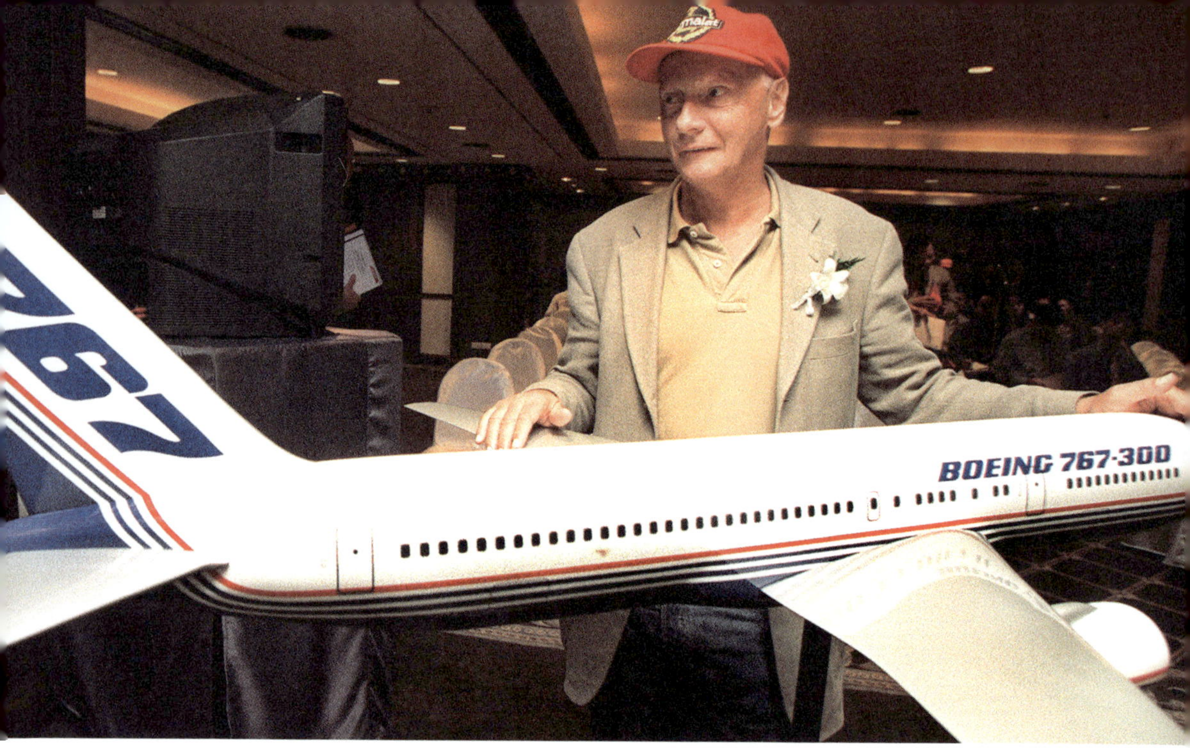

Lauda 1999 mit dem Modell einer Boeing 767-300. Nach dem verhängnisvollen Unglück stießen noch weitere Maschinen dieses Typs zur Flotte.

auseinander. Die Insassen hatten keine Chance. Es gab keine Überlebenden.

Mit seiner berühmten roten Parmalat-Mütze und ohne Sakko machte sich Niki Lauda nur einen Tag später auf zur Absturzstelle.

Der ORF-Dokumentation Mein Leben (2012) sagte der Luftfahrtunternehmer: »Ich habe noch nie in meinem Leben so dramatische Bilder gesehen wie dort, Tote auf fünf Kilometer verteilt, das werde ich niemals vergessen.«

Am Unglücksort fand Lauda schnell die Fassung wieder. Der Pragmatiker meldete sich zu Wort: »Wir müssen die Untersuchung abwarten und die Ursache finden. Das ist das Wichtigste.«

Bei der Untersuchung wurde ein Konzeptionsfehler der hydraulischen Steuerung der Schubumkehr aufgedeckt, der diese ungewollt auslösen konnte.

Lauda-Air-Flug 004 ist bis heute der einzige tödliche Absturz einer Boeing 767, bei dem nicht kriminelle Handlungen wie Pilotensuizid, eine Flugzeugentführung oder ein reiner Pilotenfehler als Unfallursache ermittelt werden konnten.

»Es gab damals Airlines«, sinnierte der Airline-Gründer 2012, »die hatten 50 solcher Maschinen, ich hatte nur wenige. Die Wahrscheinlichkeit, dass es bei großen Airlines dazu kommt, war wesentlich größer. Aber es hat die junge Lauda Air getroffen. Dafür habe ich keine Erklärung.«

Allerdings weisen einige Medien wie

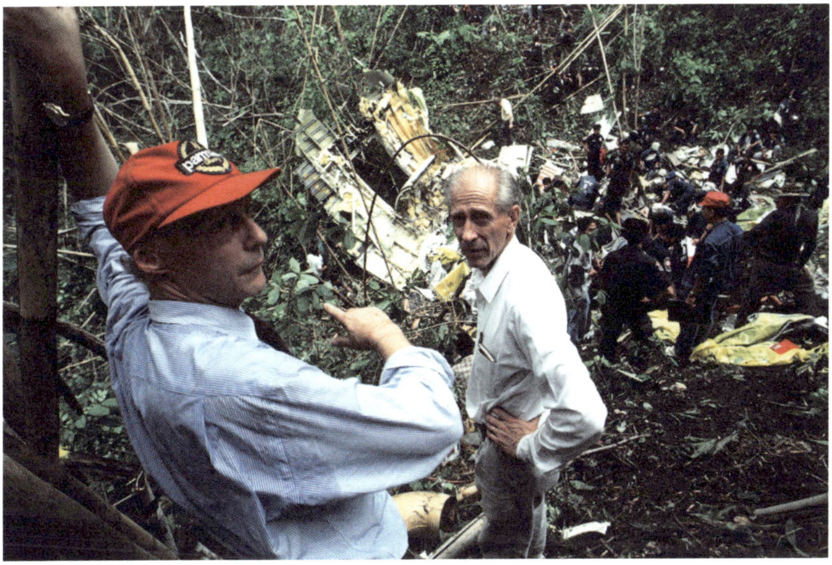

Niki Lauda reiste selbst zur Absturzstelle von Flug 004 im Westen Thailands.

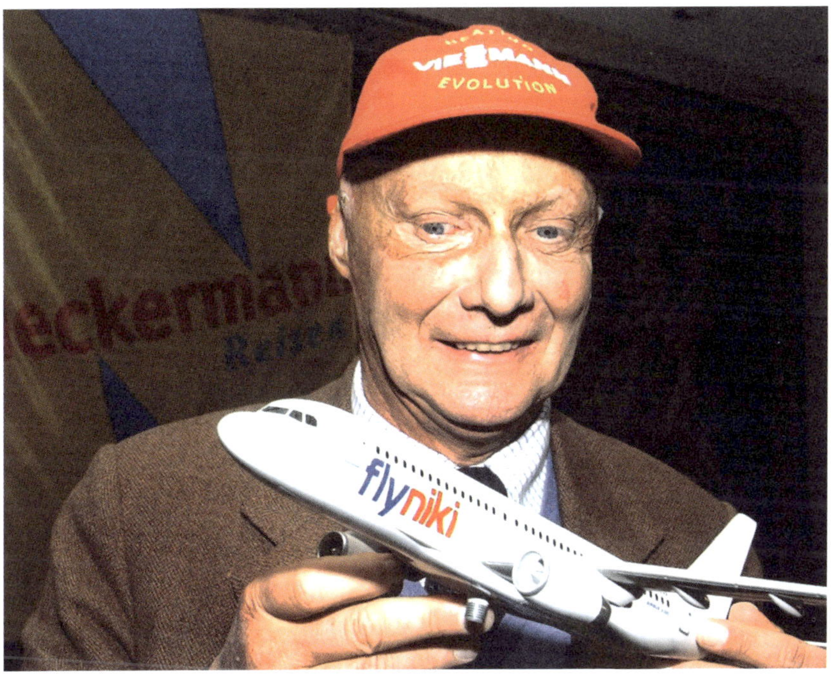

Im November 2003 übernahm Lauda aus der Insolvenzmasse der deutschen Aero Lloyd deren Österreich-Tochter Aero Lloyd Austria. Der erste Designentwurf erinnerte noch an die frühere deutsche Muttergesellschaft.

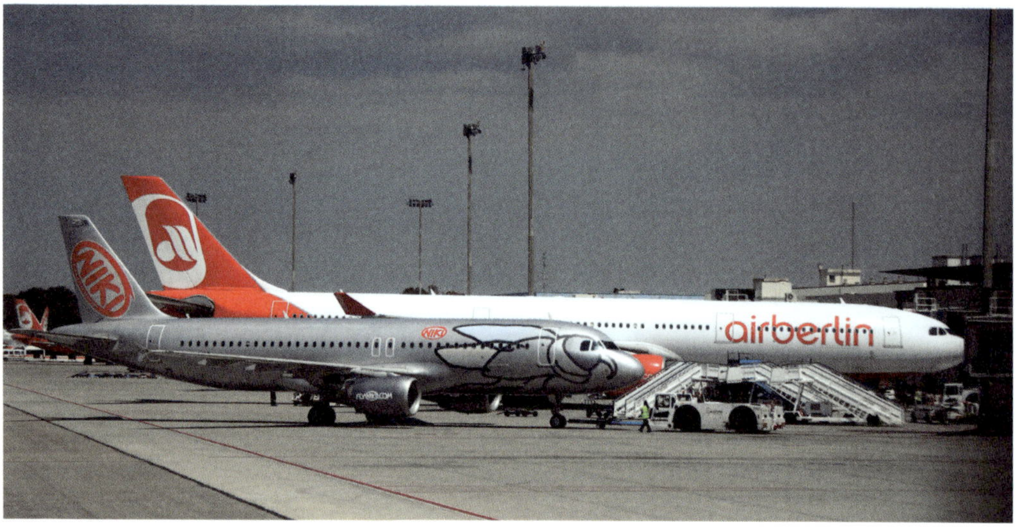

Ab Januar 2004 übernahm Air Berlin schrittweise die Mehrheit an der Niki. Nach der Pleite der deutschen Muttergesellschaft kaufte Lauda »seine« Airline zurück.

das Luftfahrtmagazin »Austrian Wings« mittlerweile auch auf eine Mitverantwortung der Fluggesellschaft hin: So habe es an der verunfallten Maschine bereits einige Tage vor dem Crash immer wieder Probleme mit der Schubumkehr gegeben, man hatte sich jedoch dagegen entschieden die »Mozart« für eine gründliche Ursachensuche aus dem Linienverkehr zu nehmen.
Thematisiert wurde der Absturz u. a. in der Doku-Serie Mayday – Alarm im Cockpit, Staffel 14 (Deutschsprachige Erstausstrahlung: 17. Januar 2015), in der Episode »Niki Lauda: Tragödie in Thailand.«

AUFARBEITUNG: »EIN MEISTERSTÜCK«

Gerhard Berger erinnerte sich 2024 im Gespräch mit dem Autor dagegen folgendermaßen an diesen schwarzen Tag für seinen Freund Niki Lauda:

»Den katastrophalen Flugzeugabsturz, dieses Thema hat er frontal angenommen. Er ist hin geflogen, war vor Ort an der Unfallstelle und hat sich um die Angehörigen und die Hinterbliebenen gekümmert. Lauda hat das nicht durch irgendein Management gelöst, sondern persönlich, er hat die Tragödie vor Ort in Angriff genommen. Das war – für mich – sein größter Erfolg.«
In der Aufarbeitung sei der ehemalige Ferrari-Pilot zäh geblieben, meint Berger: »Er hat gegen die Mühlen des US-amerikanischen Boeing-Konzerns gekämpft, der genau weiß, wie er seine Spielchen spielt, wie er seine Sachen unter dem Tisch hält, der weiß, was er machen muss, um sein Produkt nicht unter die Räder kommen zu lassen.
Da hat Niki Widerstand geleistet! Alles mit extremer Härte zu sich selbst. Er hat die technischen Schwierigkeiten gegenüber Boeing aufgedeckt. Soweit ich mich

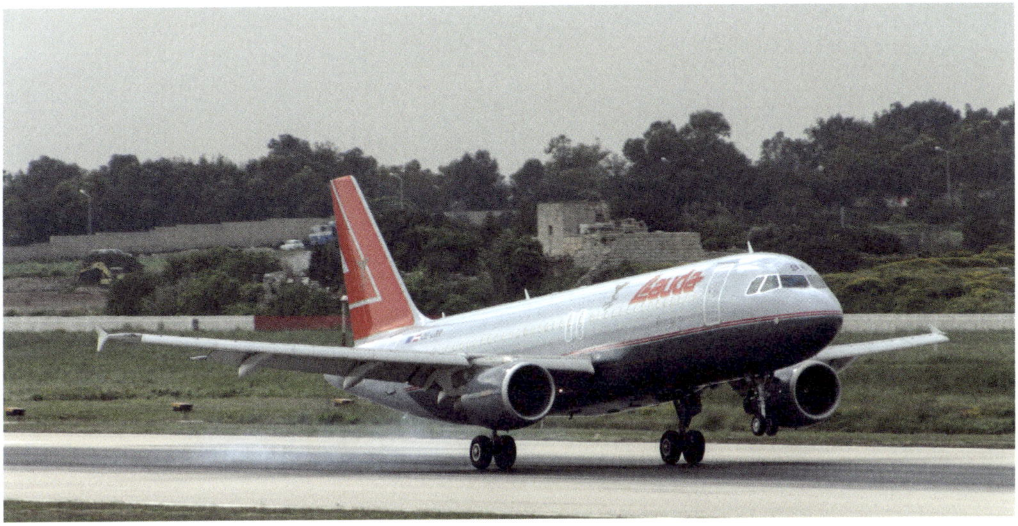

Die Lauda Air-Farben zählten für zahlreiche Luftfahrtenthusiasten zu den schönsten überhaupt. Zuletzt war nur noch der Airbus A320 OE-LBR in der traditionsreichen Bemalung unterwegs.

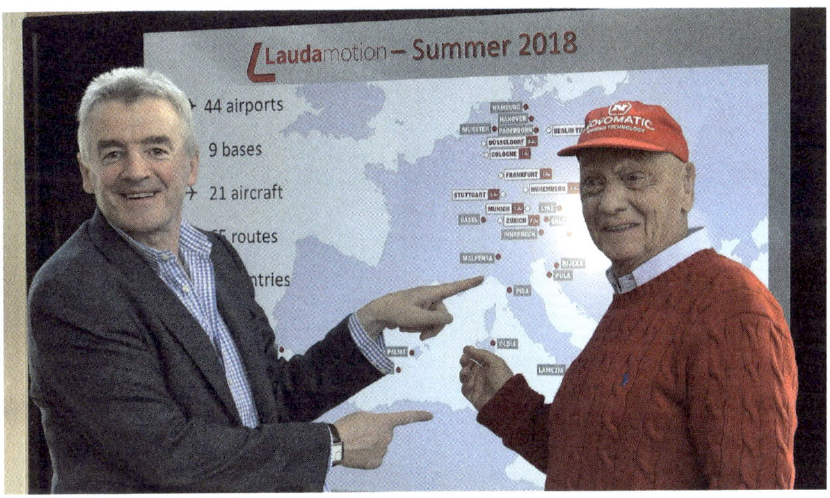

Für sein letztes Luftfahrt-Abenteuer suchte sich Lauda mit der irischen Ryanair (hier mit CEO Michael O'Leary) von Beginn an einen starken Partner.

erinnere, wollte Boeing das »sauber« lösen, ohne große Öffentlichkeit. Aber Niki hat bis zum letzten Thema alles aufgeklärt. Er hat geschaut, dass die Flieger am Boden stehen bleiben, bis auch die letzten Modifikationen durchgeführt sind. Es war ihm egal, was für Kosten und Probleme daran hängen. Dieser Rattenschwanz an Konsequenzen hat ihn nicht interessiert, er sagte nur: »So etwas darf

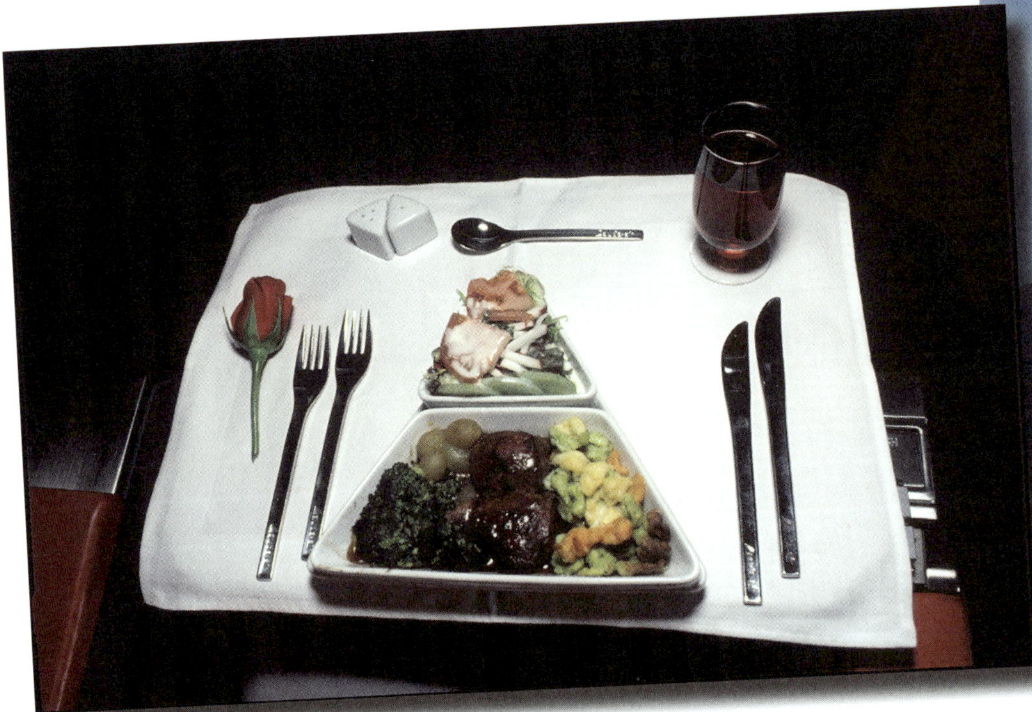

nie wieder passieren!« Ein Meisterstück von ihm.«

Gerhard Berger ist auch nach Jahren sicher: »Der Flugzeugabsturz war für ihn persönlich die größere Tragödie als der Feuerunfall am Nürburgring 1976.« Auch Niki Lauda zog rückblickend für sich ein bitteres Fazit »Ich bin als Verlierer aus dieser Sache raus gegangen, ich habe meine Lauda Air verloren.«

Verloren hatte er das Unternehmen Anfang der 1990er-Jahre allerdings ganz und gar nicht: Nach dem Unfall setzte die Fluggesellschaft ihren vorsichtigen Expansionskurs fort. Nach 1996 begann Zusammenarbeit mit dem Konkurrenten Austrian Airlines und der Lufthansa, 1997 stieß die erste Boeing 777-200 zur Flotte dazu, dazu kamen zahlreiche Auszeichnungen, etwa als »Europas beste Fluggesellschaft« im Jahr 2001. Doch Lauda selbst war bereits am 21. November 2000 als Geschäftsführer ausgeschieden.

Die Lauda Air wurde schließlich 2002 durch die größere Austrian Airlines übernommen. Einige Zeit führte man den Betrieb als Ferienflieger fort, doch 2013 verschwand dann das ikonische rote »L« von den Leitwerken.

LAUDA AIR, FLYNIKI, NIKI UND LAUDAMOTION

Es sollte nicht lange dauern, bis der passionierte Flieger mit flyniki das nächste Projekt als Luftfahrtunternehmer anging. Ende 2003 gründete er nach Übernahme der insolventen Aero Lloyd

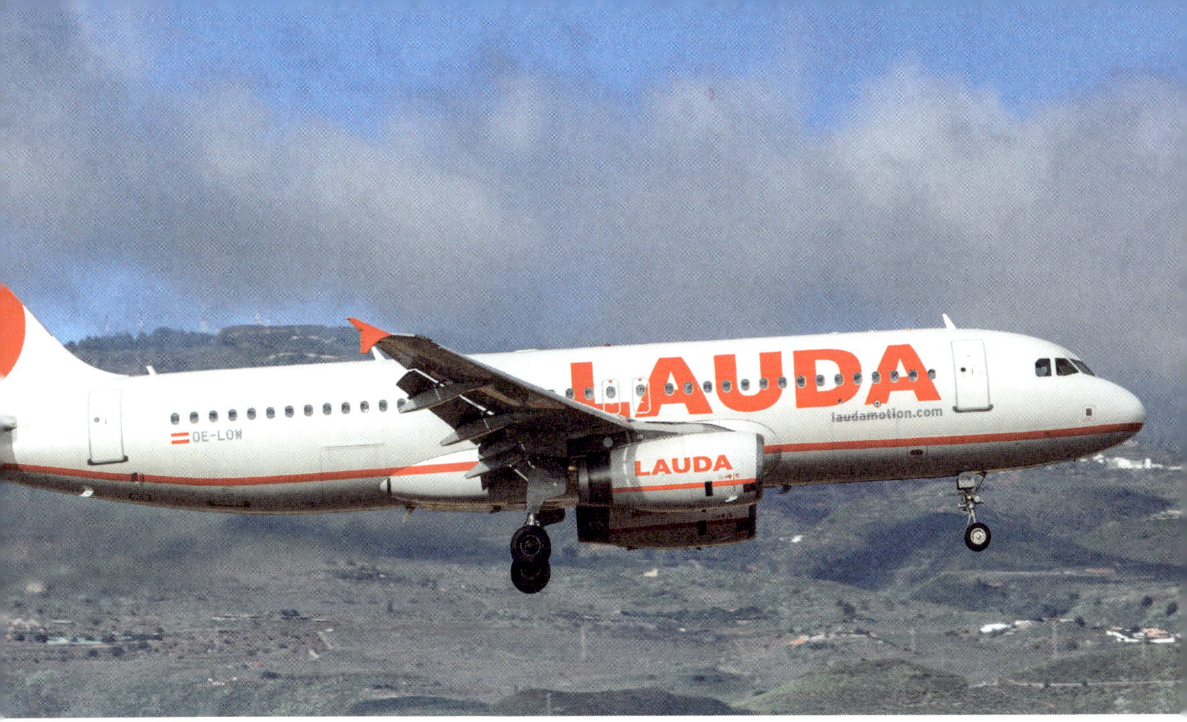

Der Name Lauda lebt in der Luftfahrtbranche fort: Zwischenzeitlich hat die Ryanair-Tochter ihren Hauptsitz nach Malta verlagert. Mit dem Serviceniveau der alten Lauda Air (links) kann sich der Billigflieger allerdings nicht messen lassen.

Austria GmbH seine zweite eigene Fluglinie. Seit 2004 hieß die Airline schlicht NIKI.

Am 8. November 2011 wurde veröffentlicht, dass Lauda seine restlichen Kapitalanteile an die Air Berlin übertragen habe. Diese Anteile kaufte er im Januar 2018, bei der Zerschlagung der Air Berlin, im zweiten Anlauf samt der Air-Berlin-Tochter Niki zurück, um sie in die Laudamotion einzugliedern. Dafür ging er eine Kooperation mit Ryanair ein, der er schon im März 2018 einen Anteil verkauft hatte, ehe sich der alternde Ex-Rennfahrer im März 2019, zwei Monate vor seinem Tod, als Geschäftsführer verabschiedete.

Die Lauda Motion GmbH war ein im Oktober 2003 von Niki Lauda gemeinsam mit einem Partner in Wien gestartetes Mietwagen-Service-Unternehmen. Das Konzept: Er vermietete mit Werbung beklebte Kleinwagen (Smart, Mini, Fiat 500, 1er BMW), quasi als rollende Litfaßsäulen. Im Oktober 2009 stieg er aus der Lauda Motion GmbH aus. Die Fluggesellschaft firmiert mittlerweile unter dem Namen Lauda Europe und hat ihren Sitz auf Malta. Sie ist weiterhin im Besitz der irischen Ryanair.

Lauda, der Unternehmer, landete lange Jahre nach dem Tod seines Großvaters Hans Lauda († 1974), der sich den eigenwilligen Enkel »lieber auf den Wirtschaftsseiten« gewünscht hatte, eben doch noch in diesem Ressort.

KAPITEL 11

1982: ER IST WIEDER DA – LAUDA STREIKS BACK

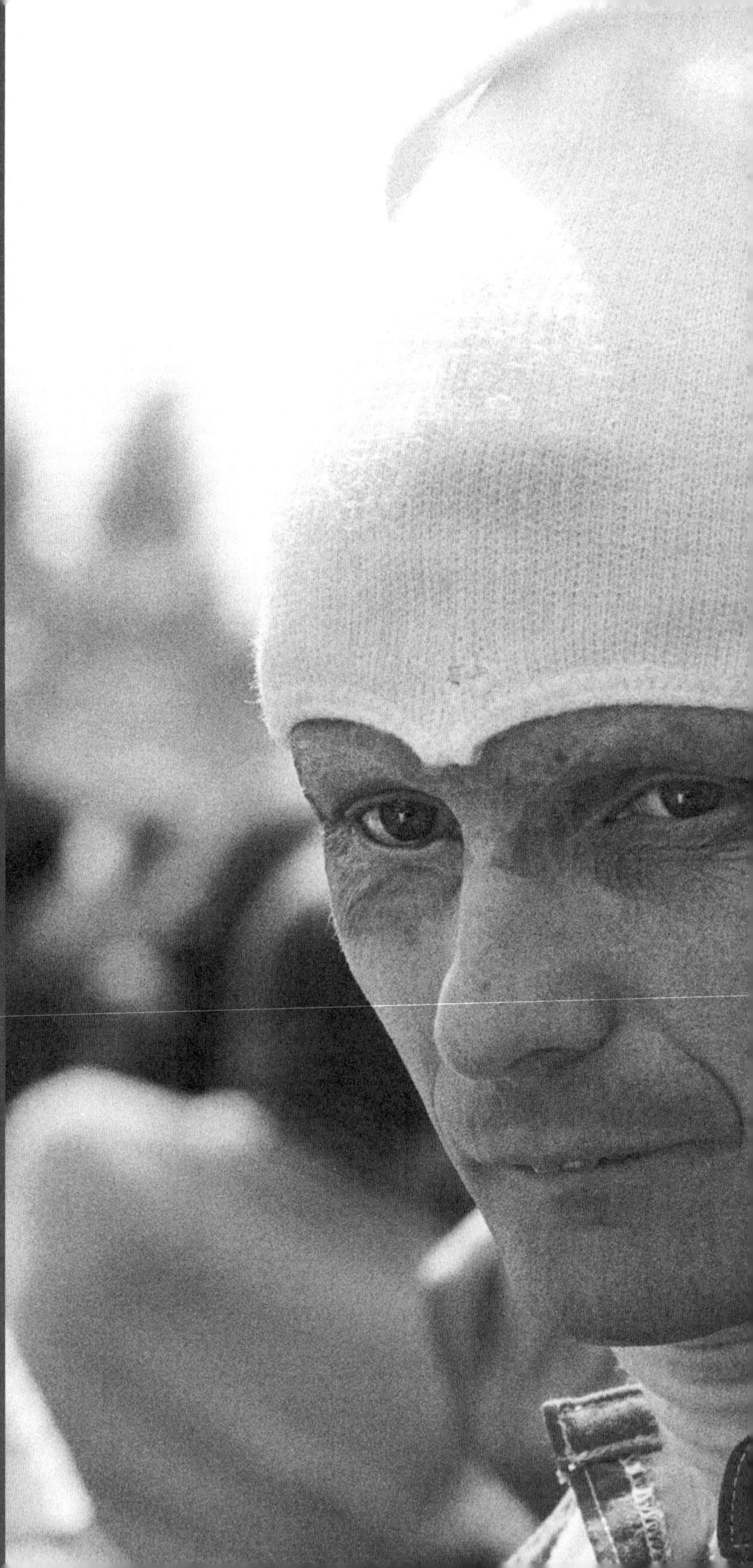

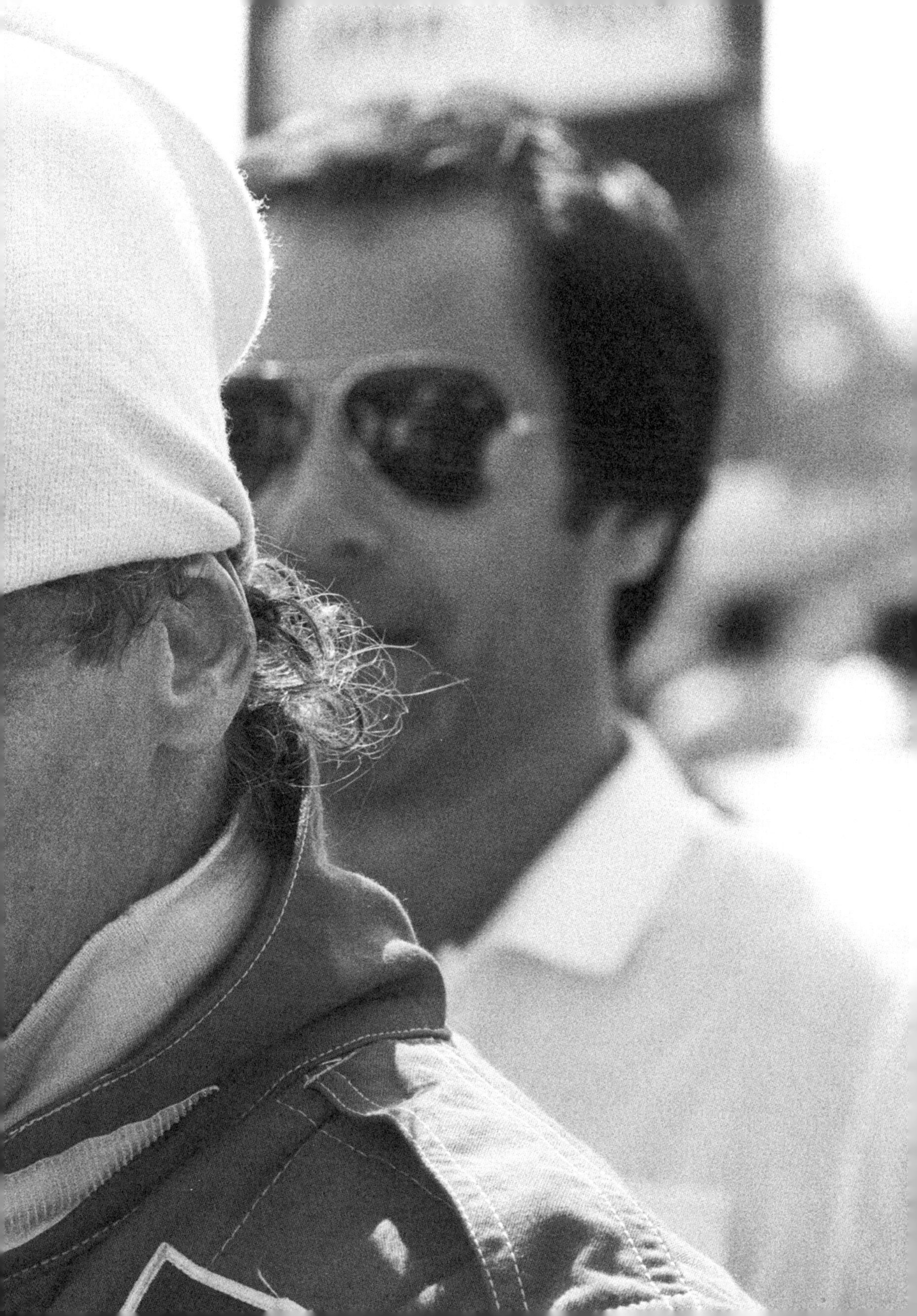

1982: ER IST WIEDER DA – LAUDA STREIKS BACK

»Zwei Minuten, vorm Tunnel steht ein Bus«, so viel Zeit gab Andreas Nikolaus Lauda dem deutschen Rennfahrer Manfred Winkelhock vom Team ATS am Morgen des 21. Januar 1982 auf dem Kyalami Circuit in Südafrika. Dann, so seine Regieanweisung, sollte sich der deutsche Formel-1-Pilot der streikenden Mehrheit der Fahrer anschließen, die in einem Reisebus auf ihn warteten.

Stars wie Alain Prost (Equipe Renault Elf) oder Nelson Piquet von Parmalat Racing saßen dort bereits. Mit sparsamen Mienen.

Schon am Anreisetag waren die Verhandlungen zwischen den Fahrern und dem Rennsportverband gescheitert.

»Der Automobil-Weltverband FIA«, so das Portal motorsport-magazin.com, »hatte in der Winterpause 1981/82 die neu eingeführte Superlizenz an alle Fahrer zur Unterschrift gesendet.

In ihr wurden die Rahmenbedingungen abgesteckt, die man erfüllen musste, um Formel 1 zu fahren. Lauda, der sich im Zwischenruhestand auf seinen Zweitjob als Fluglinien-Manager konzentriert hatte, las genau.«

Schwerwiegendster Passus der Superlizenz war aus Sicht der Fahrer eine so genannte Exklusivitäts-Klausel, in der jeder von ihnen sich festlegen musste, wie lange er für welches Team fahren wird. Einen vom Fahrer initiierten Wechsel würde es damit nicht mehr geben…

Die Formel-1-Rennfahrer verpflichteten sich mit der Superlizenz, mindestens drei Jahre für das gleiche Team zu fahren, keine Kritik an der FIA zu üben und ihre finanzielle Situation vor Saisonbeginn offen zu legen.

»IDIOTEN VON GNADEN DER TEAMCHEFS«

Bei Lauda, dem Pragmatiker, schrillten die Alarmglocken. Er fürchtete ein Transfer-System wie im Fußball (dieses bestand in seiner ursprünglichen Form bis zum Bosman-Urteil 1995 und zur »uneingeschränkten Arbeitnehmerfreizügigkeit von Profi-Fußballern«, der Autor), sah er alle Macht bei den Teams und nicht mehr bei den Fahrern.

Seine klare Meinung: »Wenn wir das unterschreiben, sind wir alle Idioten, die komplett von der Gnade ihrer Teamchefs abhängig sind.« So zitierte ihn Maurice Hamilton in seiner Biografie Niki Lauda – Es ist nicht einfach, perfekt zu sein (2020).

Die Formel-1-Fahrer entschlossen sich, unter der Führung von Lauda und dem Präsidenten der Fahrergewerkschaft, Didier Pironi (Ferrari), einfach das freie Training zum Großen Preis von Südafrika zu boykottieren.

»Niki Lauda, vor kurzem erst in die

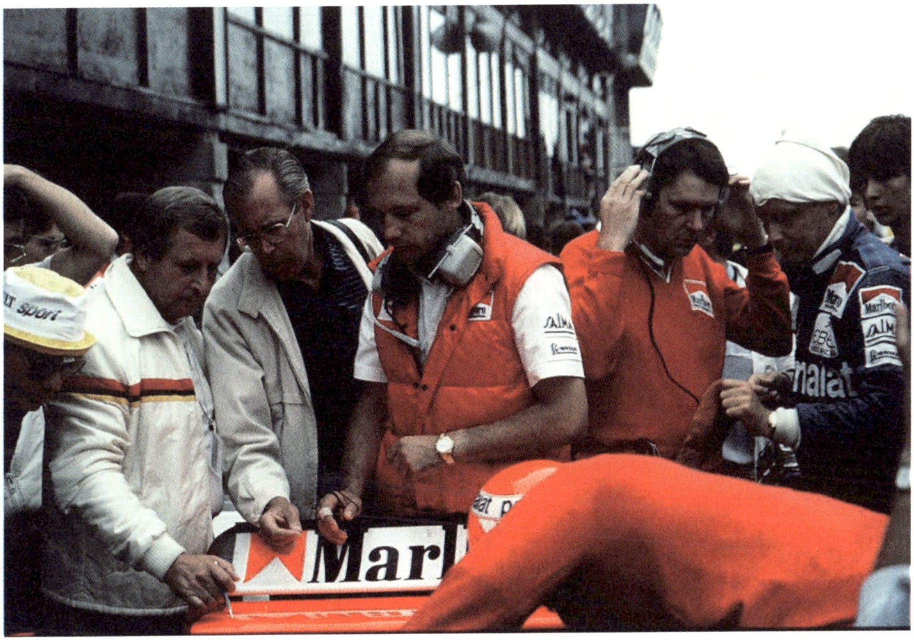

Konstrukteur John Barnard im Gespräch mit Niki Lauda, dritter von links: McLaren-Teamchef Ron Dennis.

Die Bilder von Niki Lauda und Ricardo Patrese auf einer Matratze im Konferenzraum gingen um die Welt.

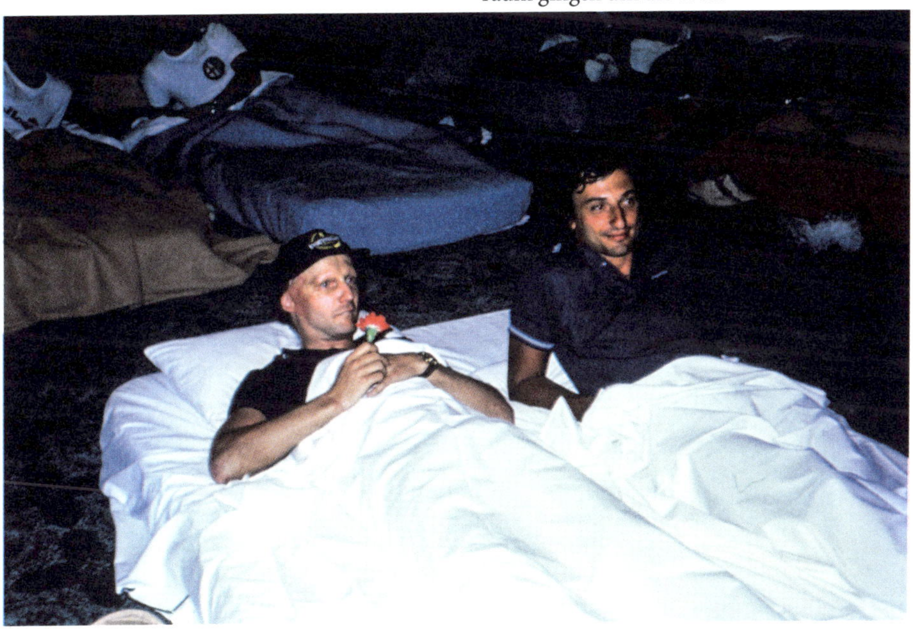

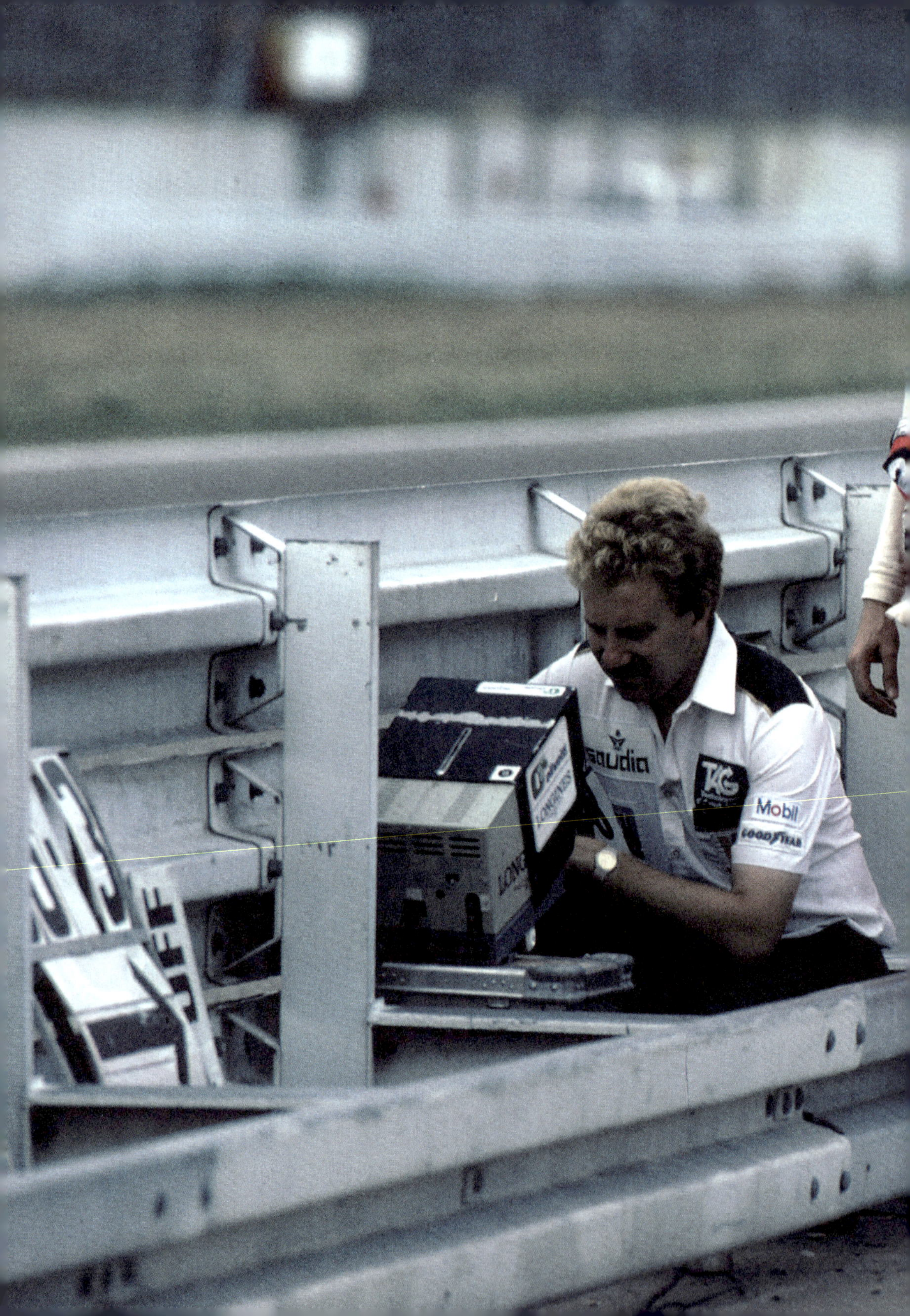
saudia
TAG
Mobil
GOODYEAR
LONGINES

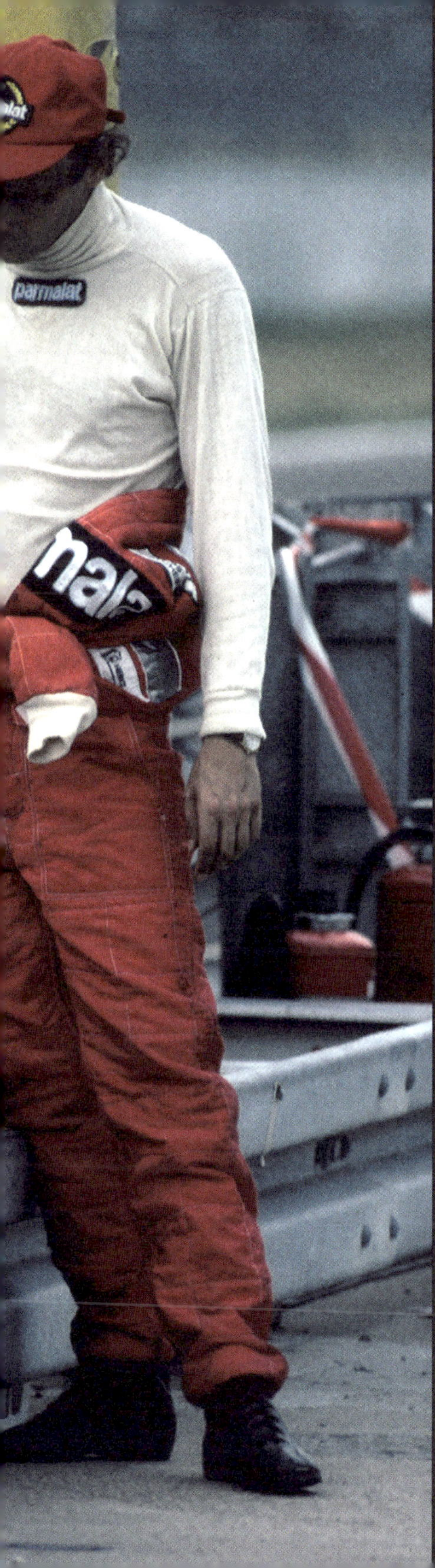

Formel 1 zurückgekehrt, hatte das Kommando übernommen«, wusste die ARD-Sportschau zu berichten.

Der Österreicher trat im Stile eines Gewerkschafters auf, wuselte durch die Boxengasse, feuerte seine Statements für die Journalisten im berühmten Lauda-Stakkato ab. »Der Pironi«, gab Lauda vom Busfenster aus Auskunft an die wartenden Medienvertreter, »wird die Verhandlungen führen. Einer muss da sein, der das Ganze verbindet. Ich bin sicher, dass alle fahren wollen. Jeder, der hier ist, will fahren. Es ist nur die Frage, einen Kompromiss zu erreichen. Sie haben uns zu Weihnachten genauso erpresst.«

An Weihnachten 1981 hatte Andreas Nikolaus Lauda einen Brief zur neuen FISA-Superlizenz erhalten. Die darin gebrauchten Formulierungen gefielen ihm überhaupt nicht. Die Lizenz sollte nur dann erteilt werden, wenn sich ein Fahrer komplett zu seinem Team bekannte. Die handelsüblichen Wechsel während der Saison waren damit passé. Galten die bisherigen Lizenzen für den Fahrer allein, so war dies ein Papier für Fahrer und Team gleichermaßen. Lauda rief Didier Pironi an. Der Franzose war wie er der Meinung, dass diese Vereinbarung die Fahrer zu so etwas wie dem Eigentum der Teams werden ließ.

Blick in die Boxengasse während der Testfahrten am Hockenheimring, Juli 1982 - Neil Oatley mit Niki Lauda.

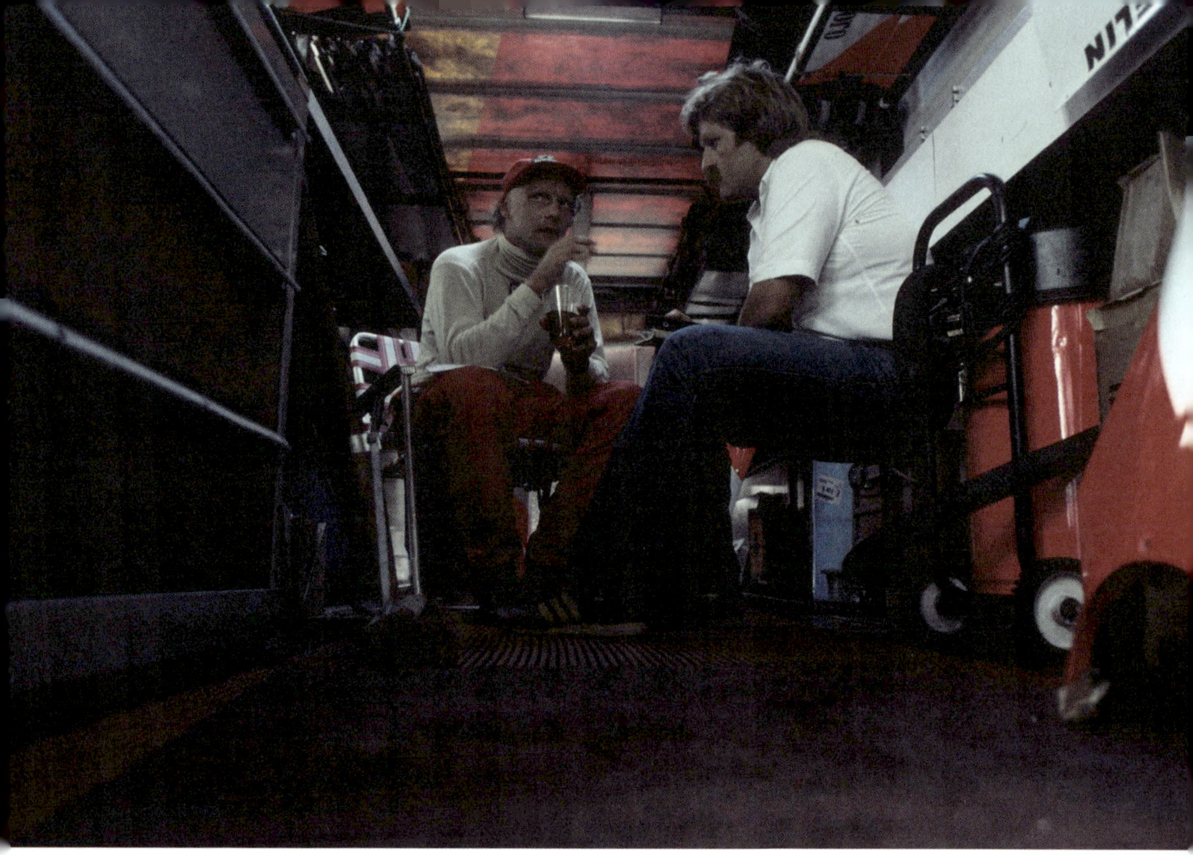

Niki Lauda und Norbert Haug, damals noch für »auto motor und sport« tätig, während der Tests auf dem Hockenheimring.

FUSSBALL STATT FORMEL-1-TRAINING

Pironi hatte sich mittwochs vor dem Start des Rennwochenendes in Südafrika zu einem ersten Treffen mit den Formel-1-Bossen verabredet. Die Macher blieben aber bei ihren Positionen, sodass eine gefährliche Patt-Situation entstand. Wenig später waren 31 der Fahrer weg – nur der erst später in Südafrika eingetroffene deutsche Pilot Jochen Mass (March-Ford) fehlte.

Ein quer geparkter VW Bus konnte die Streik-Profis nicht stoppen. Jacques Laffite (Equipe Talbot Gitanes) fuhr den Buli zur Seite und die Fahrerflucht begann. Gejagt von einer Presse-Eskorte, ging es für die Piloten in ein Hotel nahe Johannesburg, wo sie dem Druck der Teamchefs und der Formel-1-Dachorganisation FISA nicht ausgesetzt waren.

»So schnell werden wir nicht aufgeben«, versprach Lauda auf dem Weg ins Sunnyside Park Hotel einem Reporter der BBC.

Der 1979 zurückgetretene Formel-1-Weltmeister James Hunt bot sich in dieser zerfahrenen Situation als Vermittler an. »Es ist eine Riesen-Schande, dass es zum Streik kommen soll«, sagte

»DIE MASCHINE LAUDA LÄUFT TOPFIT.«

NIKI LAUDA BEI SEINEM COMEBACK 1982

Hunt bei BBC, »alle sollten sich lieber in ihre Autos setzen und die Probleme außen vor lassen, beide Seiten könnten dann ein Agreement treffen und sich vor dem nächsten Grand Prix an den runden Tisch setzen, es wäre genügend Zeit.« Ein Rat, der für den Moment ungehört verhallte. Lauda und die übrigen Formel-1-Fahrer schotteten sich unterdessen in einem Konferenzraum des Hotels ab. Stichwort: Wagenburg-Mentalität.

Pironi stellten die südafrikanischen Organisatoren des Rennens einen Militär-Helikopter zur Verfügung, mit dem er zur Strecke zurückfliegen und erneute Verhandlungen mit den Team-Vertretern (FOCA) um Bernie Ecclestone und Jean-Marie Balestre führen konnte. Eine Taktik, die kaum Erfolg versprach.

Laudas McLaren MP4B während des Monaco Grand Prix am 23. Mai 1982.

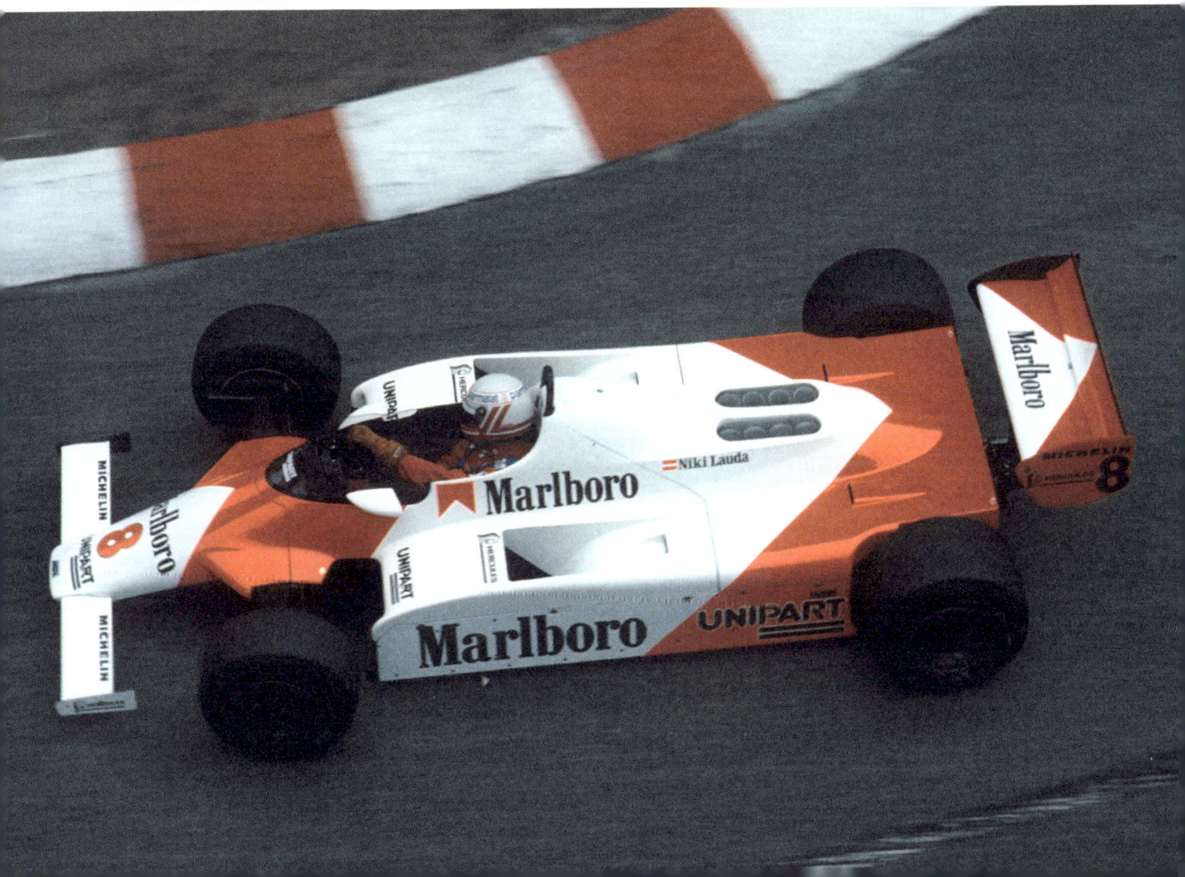

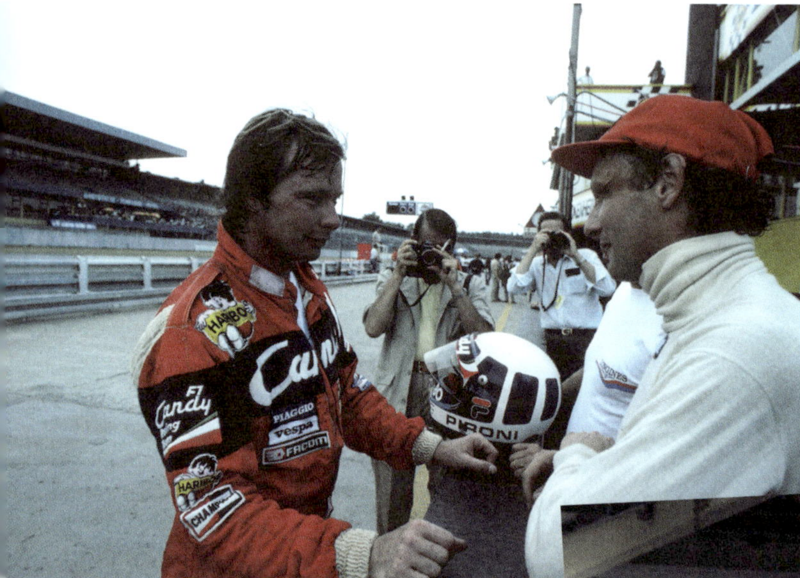

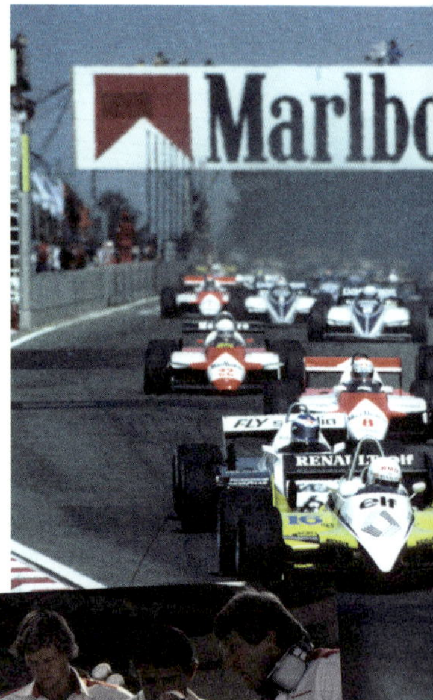

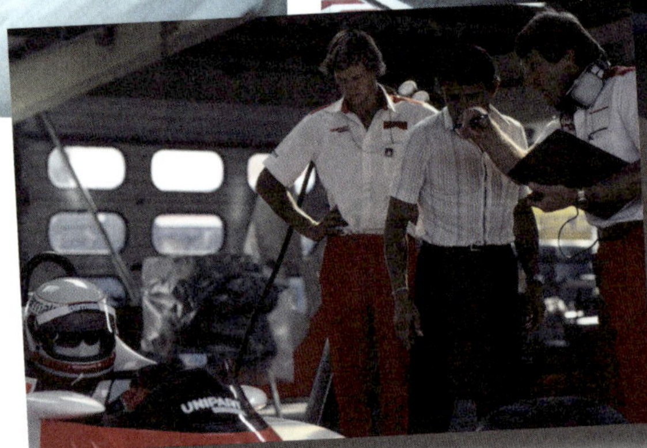

Mit Didier Pironi am Hockenheimring, Juli 1982.

Rechts: Blick in die McLaren-Box.

Auf dem verwaisten Kyalami Grand Prix Circuit bei Johannesburg, bis 1993 Schauplatz von Formel-1-Rennen, spielten die allein gelassenen Mechaniker gelangweilt Fußball, während die Boliden abgedeckt blieben. Ein bizarres Bild. »Das ist so kindisch, darüber brauchen wir nicht zu diskutieren«, echauffierte sich FOCA-Sprecher Max Mosley († 2021), »dem Niki würde ich nicht die Schuld geben, er hat eine Fluglinie geleitet, er ist ein Geschäftsmann und er muss das Beste machen, was er kann.«

Frank Williams († 2021), Chef des Teams Williams-Ford, klagte indes: »Seit gestern Vormittag hat keiner meiner Fahrer den Anstand besessen, mich wenigstens anzurufen. Ich hätte erwartet, dass sie ihren Vertrag erfüllen, für den sie bezahlt werden.«

»NACHT DER LEGENDEN«

Davon waren die Rennfahrer in diesen denkwürdigen Stunden, während dieser Zerreißprobe für die Formel 1, weit entfernt. Sie blieben alle im gleichen

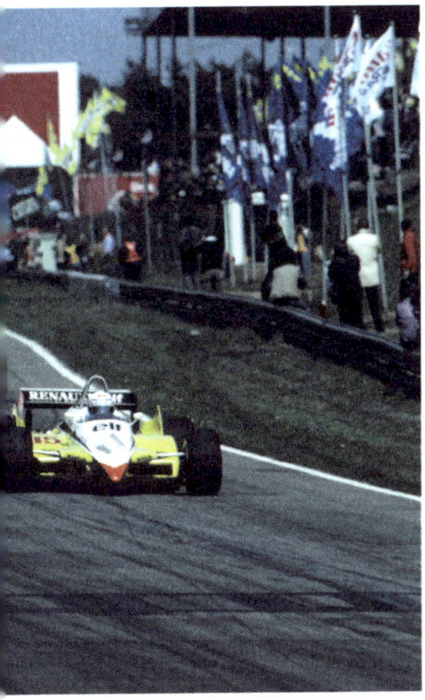

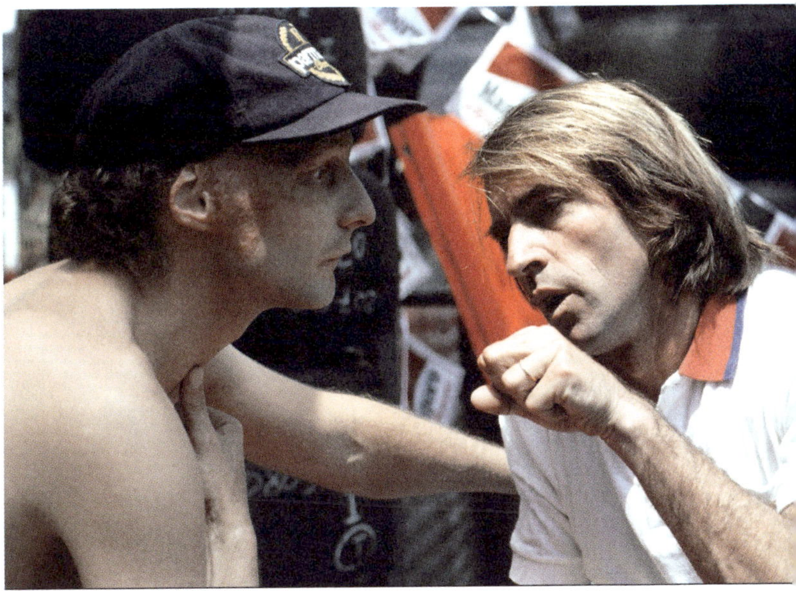

Start zum Großen Preis von Belgien 1982 in Zolder. In Führung: René Arnoux und Keke Rosberg.

Lauda mit Jacques Laffite in Monaco, Mai 1982.

Raum, um einen Streikbruch zu verhindern. Drivers on Strike. Es drohten ihnen lebenslange Sperren vom Rennsport.

Die Wiener Zeitung Die Presse schrieb: »Sie waren mit einem gecharterten Bus (Reiseleiter: Niki Lauda) in aller Herrgottsfrüh von der Rennstrecke am Rand der Savanne abgehauen und hatten sich im Konferenzraum eines Hotels, fernab der Strecke, eingeschlossen. Der Schlüssel lag auf einem Teller in der Mitte des Zimmers. Wenn einer aufs Klo musste, nahm er den Schlüssel, sperrte auf, sperrte zu, ging über den Gang, sperrte wieder auf, sperrte von innen zu und legte den Schlüssel auf den Teller. Zwischendurch schlugen wildgewordene Teamchefs und zwei oder drei Gorillas an die Tür, wurden aber nicht eingelassen. Es waren auch kräftige Kerle dabei.« Manchmal kann man die Wahrheit nur mit einer Satire erzählen.

Um die nervige Wartezeit zu verkürzen, klimperten der Kanadier Gilles Villeneuve (Ferrari), der am 8. Mai 1982 beim Großen Preis von Belgien starb, und der Italiener Elio de Angelis († 1986) von John Players Team Lotus auf dem im Konferenzraum stehenden Klavier, das eigentlich nur als Barrikade gegen sämtliche Eindringlinge dienen sollte.

Oder: Sie sorgten mit Hits wie »Rivers of Babylon« von der durch Franz Reuther, genannt Frank Farian († 2024), zusammengestellten Gruppe Boney M. für Zerstreuung. Manfred Winkelhock

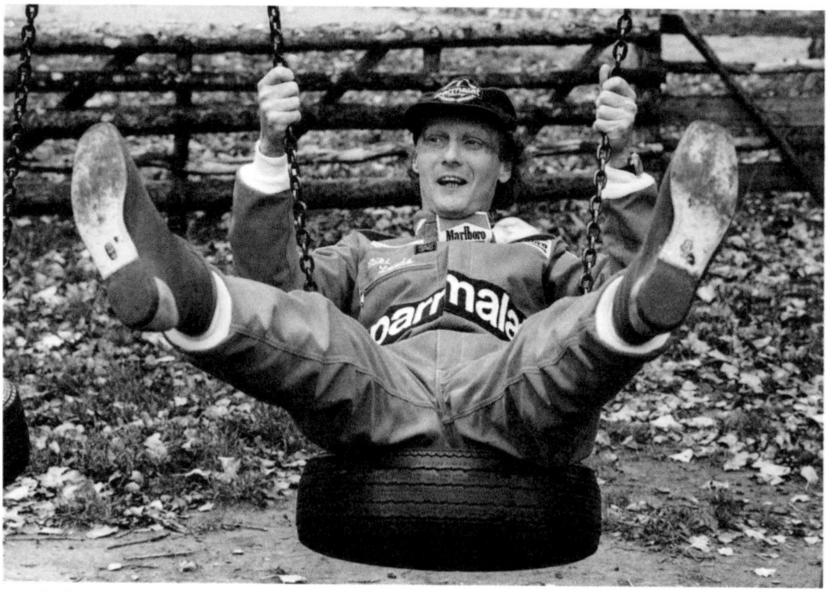

Nach dem Ende des kurzen Fahrerstreiks in Südafrika startete Lauda mit neuem Schwung in sein Formel-1-Comeback. Aufnahme vom Februar 1982.

(† 1985) legte auch mal Kraftwerk auf. Diese deutsche Elektropop- und Krautrock-Band hatte 1978 mit ihrem Album Die Mensch-Maschine (Beste Platzierung in den deutschen Langspiel-Charts: Rang 12) eine LP geliefert, die vom Titel her irgendwie zu den streikenden Formel-1-Fahrern passen wollte. Zwischendurch wurden vom Hotelmanager Snacks gereicht.

Es wurde eine »Nacht der Legenden« (Motor Sport Magazine). Die Bilder mit Niki Lauda und Ricardo Patrese (Parmalat Racing) auf einer Matratze im Konferenzraum gingen um die Welt. Nur ein Fahrer bekam kalte Füße und flüchtete über die Toilette aus dem Hotel. Teodorico »Teo« Fabi von Candy Toleman Motorsport. Sehr zum Ärger von Keke Rosberg. »Er hat den Respekt von uns allen verloren«, giftete der »fliegende Finne« von TAG Williams, der am Saisonende die Fahrer-Weltmeisterschaft gewinnen sollte, »nicht weil er ging, sondern, weil er uns alle verraten hat.«

Und das nicht nur, ehe der Hahn gekräht hatte, sondern bevor Fabi überhaupt sein erstes Rennen gefahren war…

Fabi brachte die Team-Manager und die FIA-Funktionäre nach seiner Flucht offenbar auf den neuesten Stand.

Am 22. Januar 1982, einen Tag vor dem Rennen, nahmen Pironi, Nelson Piquet und die FIA die Verhandlungen wieder auf. Die Presse schilderte

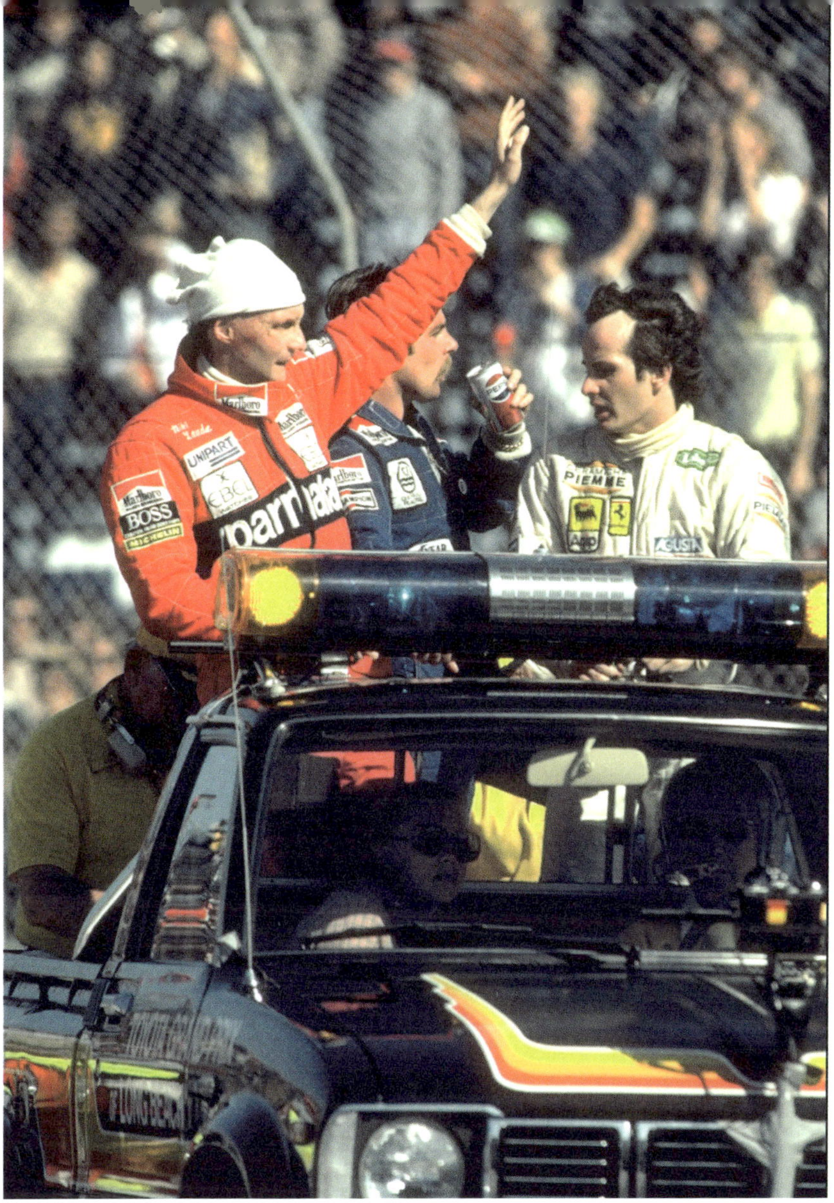

Niki Lauda und Keke Rosberg - Sieger und Zweitplatzierter des Rennens in Long Beach am 4. April 1982. Der drittplatzierte Gilles Villeneuve wurde nachträglich disqualifiziert.

den Durchbruch so: »Nach einer Nacht auf dem Boden oder im harten Gestühl erhoben sich die jungen Männer wie rheumatische Kojoten und warteten auf Nachrichten von ihren Unterhändlern draußen an der Rennstrecke. Ihre Leute waren keine Kleineren als Nelson Piquet und Didier Pironi. Sie ließen der Außenstelle (Chef im Hotel: Lauda) ausrichten: Ihr könnt zurückkommen, wir

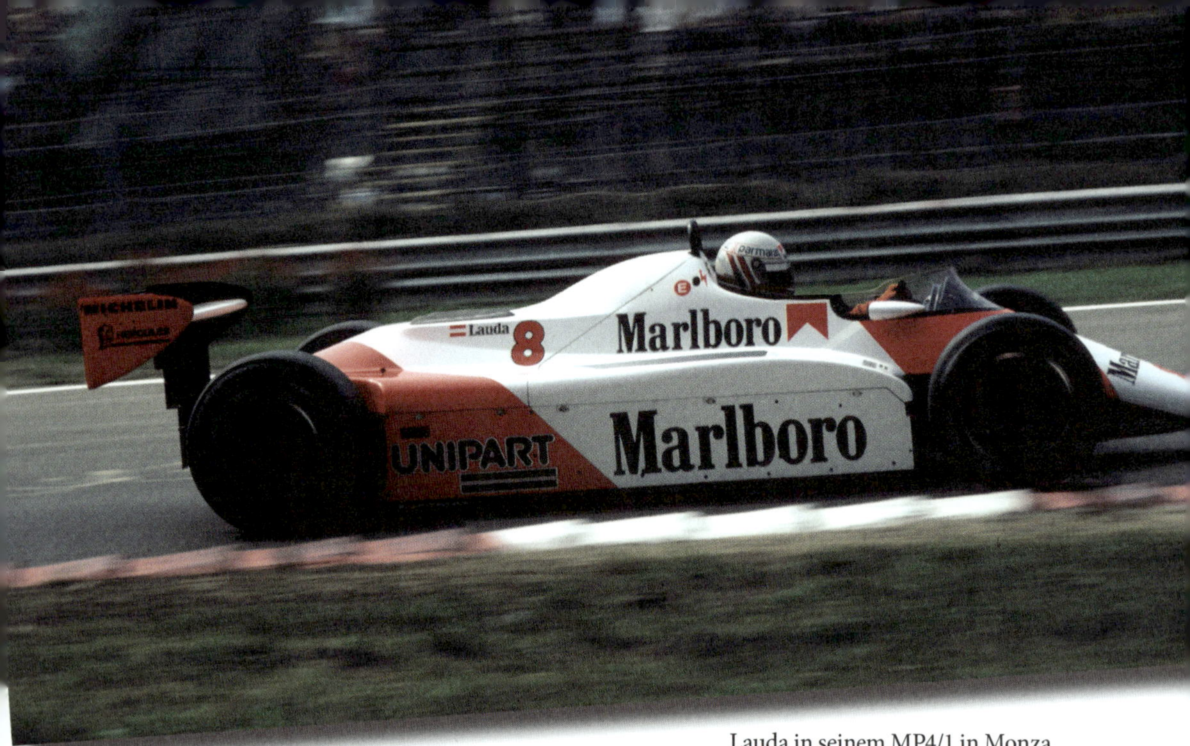

Lauda in seinem MP4/1 in Monza.
Der »Project Four« setzte Maßstäbe - McLaren blieb der traditionsreichen Typenbezeichnung bis zum MP4/31 von 2016 treu.

haben gewonnen, wir starten!«

»DER PROPHET DER NEUEN ZEIT«

Die 1948 gegründete, bürgerlich-liberale Zeitung aus Wien schrieb weiterhin:
»Streik also, um es kurz zu machen. Zum ersten Mal im Rennsport kam Anfang der 1980er-Jahre richtig Geld in Bewegung (wenn auch ein Klacks gegenüber heute). Die Begehrlichkeiten von Teambesitzern und Sportbehörde erwachten, der Prophet der neuen Zeit war Bernie Ecclestone. Die Fahrer sollten zu Saisonbeginn 1982 ein Papier unterschreiben, das man ruhig als Knebelungsvertrag gegenüber Grundrechten (z. B. Ausstieg, Transfer) verstehen konnte. Der Streik führte aber dann zum Verzicht auf diese Forderung und auch zur Aufhebung der »lebenslangen« Sperren.
Chef der anderen Seite, also der »Unternehmer«, war schon damals Bernie Ecclestone, der das Brabham-Team gekauft hatte und drauf und dran war, den Zirkus nach seinen Ideen zu modellieren und eine Geldmaschine draus zu machen, wie sie die Welt im Sport noch nicht gesehen hatte.
Wenn es irgendeinen Grand Prix gegeben haben konnte, bei dem solch ein Streik als theatralische Geste passierte, dann wohl nur Südafrika, an jenem wunderbaren Hotel an der Rennstrecke von Kyalami, wo alle Fahrer auf einen Fleck zu haben waren.«

»PUBLICITY WAR IHM SCHEISSEGAL«

Die deutsch-österreichische Formel-1-Legende Hans-Joachim Stuck sagte dem Autor 2024: »Niki Lauda hat seine Meinung immer ganz klar kundgetan. Er hat sich aber nie unbeliebt gemacht und ich kann Ihnen sagen: Publicity war im absolut scheißegal. Er hat alles so gemacht, dass er für sich und das Team immer das Beste rausgeholt hat.«

Ein letztes Telefonat von Lauda rettete das Rennen. Man vertagte die Verhandlungen um eine Woche, um sich, wie es auch Hunt angeregt hatte, in Paris erneut zu treffen. »Laudas Comeback war eindrucksvoll«, kommentierte die ARD das erste Rennen von Niki Lauda nach drei Jahren Pause, »obwohl es sicher nicht allen gefallen hat.«

Der eigenwillige Rückkehrer fuhr bei einem der skandalösesten Rennen der Formel-1-Historie auf Platz vier. Prost gewann vor Carlos Reutemann (TAG Williams) und Prosts Renault-Teamkollegen René Arnaux.

Das Nachrichtenmagazin DER SPIEGEL brannte für Laudas Rückkehr ein Feuerwerk deutsch-österreichischer Klischees – im Sommer 1982 sollten diese Ressentiments bei der Fußball-WM in Spanien und der »Schande von Gijon« eine neue Dimension erreichen – ab

:

»NIKI NATIONALE« UND »DIE ZYNISMEN DER ÖSTERREICHER«

»Keiner von denen legt wie Lauda die eingewebte Brutalität des Gewerbes verbal so deutlich dar: Als er gefragt wurde, weshalb er denn einem brennenden Fahrer nicht durch Löschen beigestanden habe, antwortete er ganz emotionslos: ‚Ich werde fürs Fahren bezahlt, nicht fürs Parken.' Solchen Zynismus schätzen ja nicht nur die Österreicher, die sich mit Niki Nationale schon wieder einen Helden gönnen (nachdem es gelungen ist, Hitler zum Deutschen und Beethoven zum Wiener zu machen).«

Wenn sie einen in Hamburg nicht mögen, dann aber richtig.

Der Österreicher fuhr nun für das Marlboro McLaren International-Team – Werbeflächen für 1,15 Millionen Dollar, u. a. für die US-amerikanische Zigarettenmarke Marlboro, den italienischen Molkereikonzern Parmalat und den französischen Reifenhersteller Michelin zierten seinen Overall.

Laudas neuer Wagen war ein McLaren MP4/1B mit Cosworth-Motor. Ein Rennwagen, den motorsport-total.com als »eines der wichtigsten Autos

»LAUDAS COMEBACK WAR EINDRUCKSVOLL - AUCH WENN ES SICHER NICHT ALLEN GEFALLEN HAT.«

ARD-SPORTSCHAU

in der Geschichte der Königsklasse« bezeichnete.

DAS AUTO, DAS DIE FORMEL 1 VERÄNDERTE

Warum? Der McLaren MP4/1 war eine Innovation. »Das Auto gewann nicht nur mehrere Rennen, es veränderte den kompletten Sport und verfügte über Technologien, die im Laufe der Jahrzehnte viele Leben retteten. Der MP4/1 war der erste Bolide, dessen Chassis vollständig aus Carbon zusammengesetzt war«, schrieb Giorgio Piola dazu bei motorsport-total.com im Jahr 2020, »Heutzutage ist es kaum noch vorstellbar, dass es einmal eine Zeit ohne Carbonautos gab. Umso unglaublicher ist es, dass damals viele daran zweifelten, ob das Material für Rennautos tauglich sei. Das lag vor allem daran, dass einige Teams bereits damit experimentiert hatten. Allerdings wurde es meistens in nichttragenden Bereichen und nur zu dem Zweck eingesetzt, Gewicht zu sparen.«

Das Debüt des Boliden gab es beim Großen Preis von Argentinien am 12. April 1981, gefahren wurde der MP4/1 damals von dem Engländer John Watson.

Der legendäre italienische Formel-1-Journalist Piola weiter: »Viele wussten einfach nicht, wie man dieses Material korrekt einsetzen sollte. Sie verwendeten es ähnlich wie Fiberglas. Erst der britische McLaren-Technikchef John Barnard war derjenige, der alles veränderte. Barnard

Großer Preis von Belgien 1982 in Zolder: Raul Boesel (March-Ford) vor Niki Lauda.

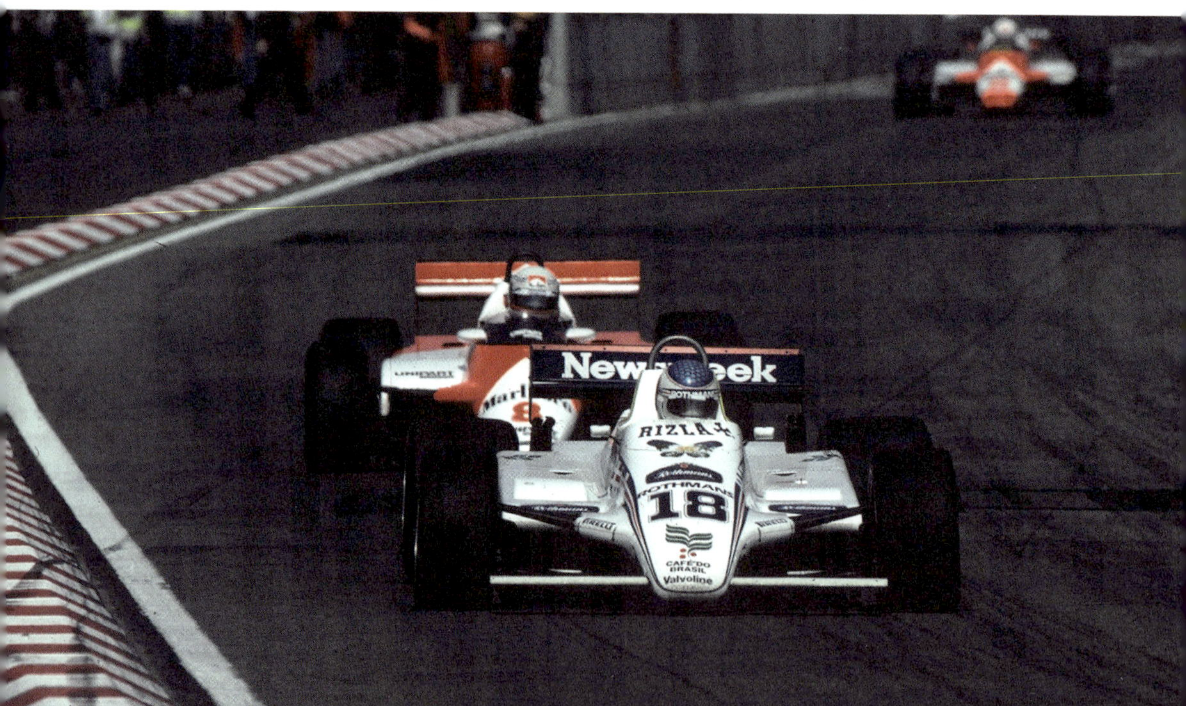

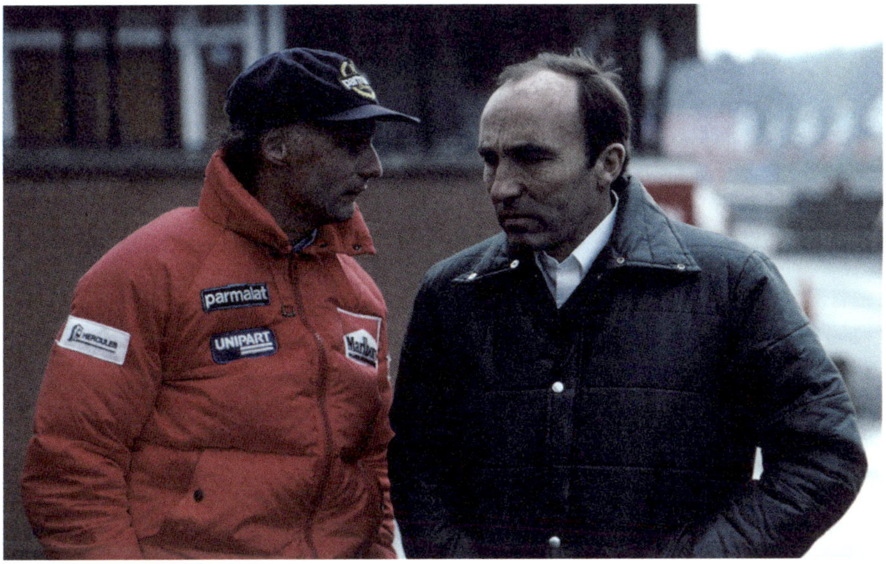

Niki Lauda und Frank Williams in Zolder, 5. Mai 1982.

arbeitete bereits ab 1979 für Ron Dennis und dessen Rennstall Project Four. In einem geheimen Projekt werkelte er an einem Auto mit einem Carbon-Chassis als Grundlage. Er wusste, dass er ein Auto mit einem sehr schmalen Monocoque bauen musste, um einen Vorteil gegenüber den anderen Teams zu haben. So konnte er die Venturi-Tunnel vergrößern und den Bodeneffekt maximieren.«

Das Projekt MP4/1 wurde für McLaren aber zum finanziellen Drahtseilakt. Ron Dennis konnte die Kosten nicht mehr stemmen, hatte bereits eine Anfrage an den Tabakgiganten Marlboro gestellt – ohne Erfolg. Erst die Fusion brachte die Wende: Einerseits wollte McLaren wieder Erfolg im Rennsport, andererseits sollte das neuartige Chassis die Grundlage bilden.

»Das gesamte Chassis des MP4 bestand lediglich aus fünf Teilen. Zum Vergleich: Ein Aluminium-Chassis bestand damals aus mindestens 50 Komponenten. Trotzdem waren nicht alle von dem neuen Konzept überzeugt«, so Piola.

Dass McLaren mit diesem revolutionären Fahrzeug auf der richtigen Spur war, sollte sich bei Watsons Unfall beim Großen Preis von Italien am 13. September 1981 zeigen. Nach 19 gefahrenen Runden wurde bei einem Crash fast das komplette Hinterteil von Watsons Wagen abgerissen, was bei einem Chassis aus Aluminium wahrscheinlich weit schlimmere Folgen gehabt hätte.

»ES WAREN EIGENTLICH KEINE AUTOS MEHR«

Diese Innovation überraschte auch den »fahrenden Ingenieur« Niki Lauda bei seiner Rückkehr 1982. »Ich konnte nicht glauben, was mit den Wagen während meiner Abwesenheit geschehen war. Als ich zurückkam, hatte der Bodeneffekt seinen Höhepunkt erreicht und ich war erstaunt, dass ein Wagen so schlecht zu fahren sein könnte. Es waren eigentlich gar keine Autos mehr«, zitierte Nigel Roebuck Lauda 1986 in Stars der Formel 1, »es gab keine Warnung, wenn das Limit erreicht war, weil man keinen Unterschied merkte.«

Der Formel-1-Rennzirkus hatte Lauda am 17. Januar 1982 wieder – und erlebte einen »neuen« Niki. Drahtig, angriffslustig, gestählt von regelmäßigen 13-Kilometer-Skilangläufen in der Loipe und 30 Kilometern Rennrad in den Bergen, kam der McLaren-Pilot in Südafrika an.

Seine Botschaft war bereits vor dem Fahrer-Streik unmissverständlich: »Die Maschine Lauda läuft topfit.«

Den neuen Wagen fuhr Lauda erst unmittelbar vor dem Großen Preis von Südafrika. »So präpariert, wird der Ex-Weltmeister am Montag dieser Woche,

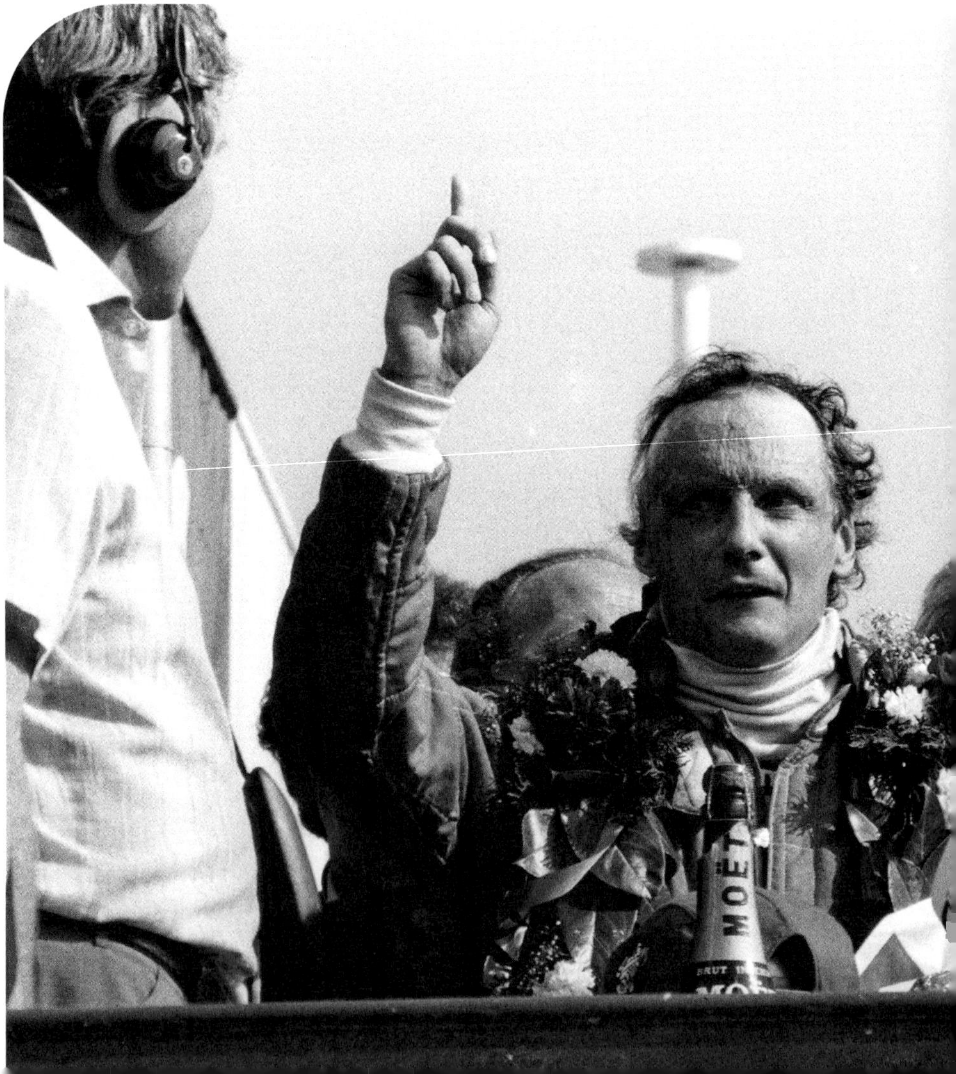

beim ersten Training zum Großen Preis von Südafrika in Kyalami, in eine feuerspeiende Röhre geschoben werden«, schrieb DER SPIEGEL (Ausgabe vom 17. Januar 1982) über das bevorstehende Comeback, »den sensiblen Hintern nur fünf Zentimeter überm Beton, die blauen Augen knapp in Knie-Höhe, hinter sich den 550-PS-Achtzylinder-Motor, rundum 250 Liter Super in fünf Benzintanks.«

Niki Lauda gewann den Großen Preis von Großbritannien in Brands Hatch am 18. Juli 1982.

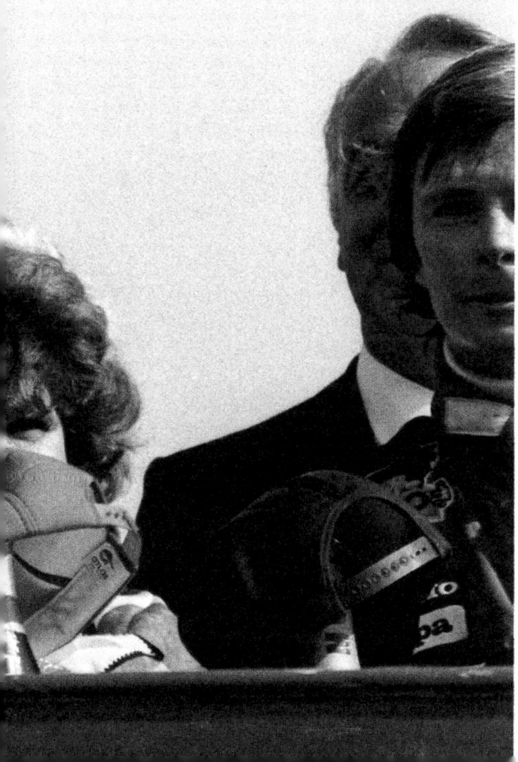

Mit 32 Jahren war der ehemalige Champion fast schon ein Veteran. Doch Lauda wollte es den jungen Wilden noch einmal zeigen. Seine wichtigste Überlegung: »Kann man die Jungen, die gar nichts zu verlieren haben, überhaupt schlagen?«
Zwar sah Lauda die Formel 1 keineswegs in der Krise (»So viele Rennen, so viel Geld und so viele Sponsoren gab's noch nie.«), doch es fehlte ein wenig an Charismatikern.
James Hunt war ausgestiegen, Ronnie Peterson 1978 in Monza tödlich verunglückt, Jody Scheckter 1980 nach Riesen-Problemen mit Ferrari – die Italiener lieferten mit dem 312T5 eine absolute Fehlkonstruktion ab – zurückgetreten. Die »jungen Wilden«, das waren Typen wie der französische Ehrgeizling Alain Prost, der 1953 geborene Brite Nigel Mansell (»Il Leone«) bei Lotus-Ford, der Italiener Riccardo Patrese im Brabham-Ford oder der 1958 geborene US-Amerikaner Eddie Cheever im Ligier-Matra.
Der zurückgekehrte Routinier brauchte nicht lange, um sich zu akklimatisieren. Beim Großen Preis der USA (West) am 4. April 1982 in Long Beach fuhr Lauda nach fast vierjähriger Pause und nach Monza 1978 wieder einen Grand-Prix-Sieg ein. Auch beim Rennen von Brands Hatch beim GP von Großbritannien rauschte er auf Platz eins.
Die Saison 1982 schloss Lauda mit Rang fünf in der Fahrer-Wertung ab. Er war wieder da. Nach Kyalami konnten die Formel-1-Piloten sicher sein: »Die Stimme der Fahrer« war zurück.

KAPITEL 12

1984: AUF DEN HALBEN PUNKT GEBRACHT – LAUDA GEGEN PROST

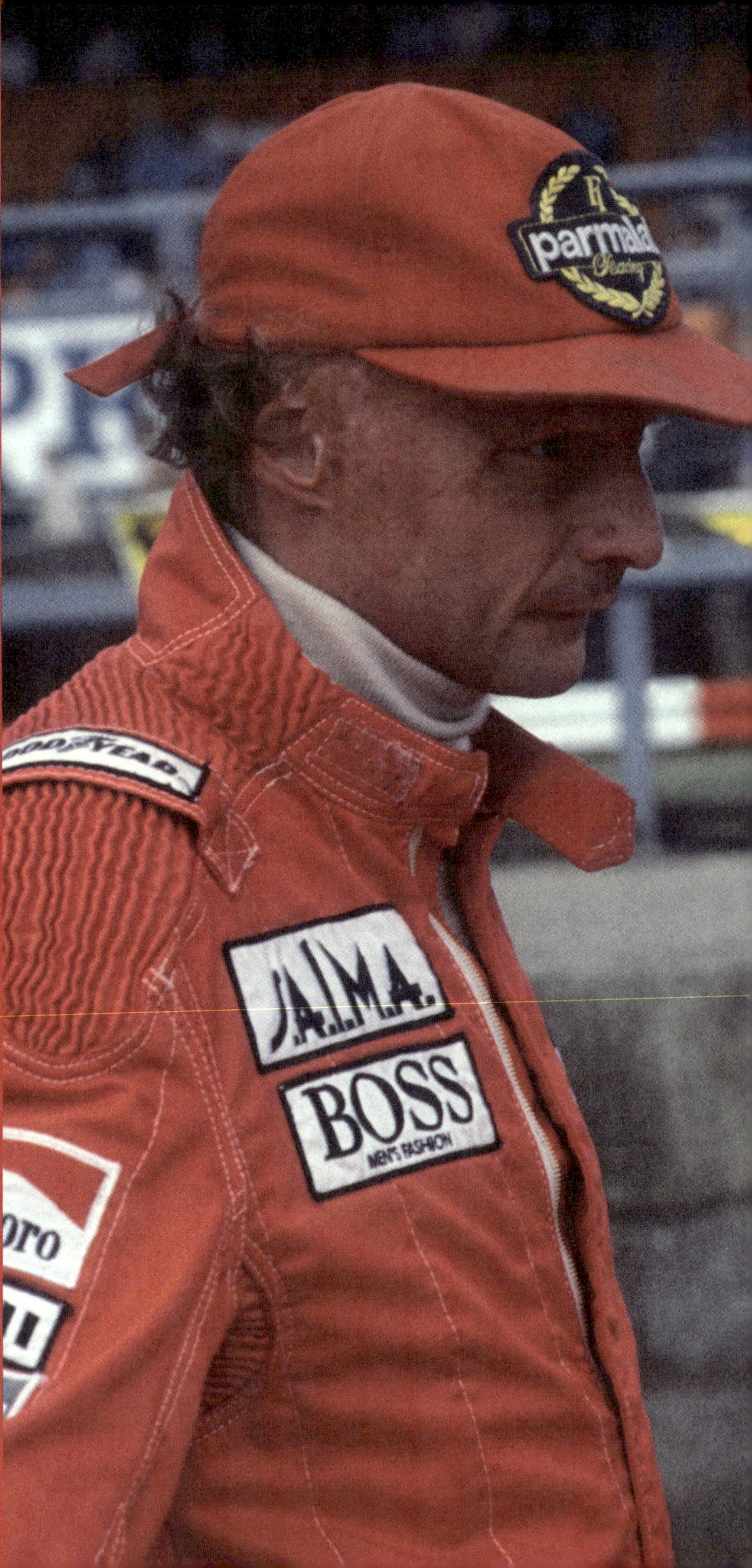

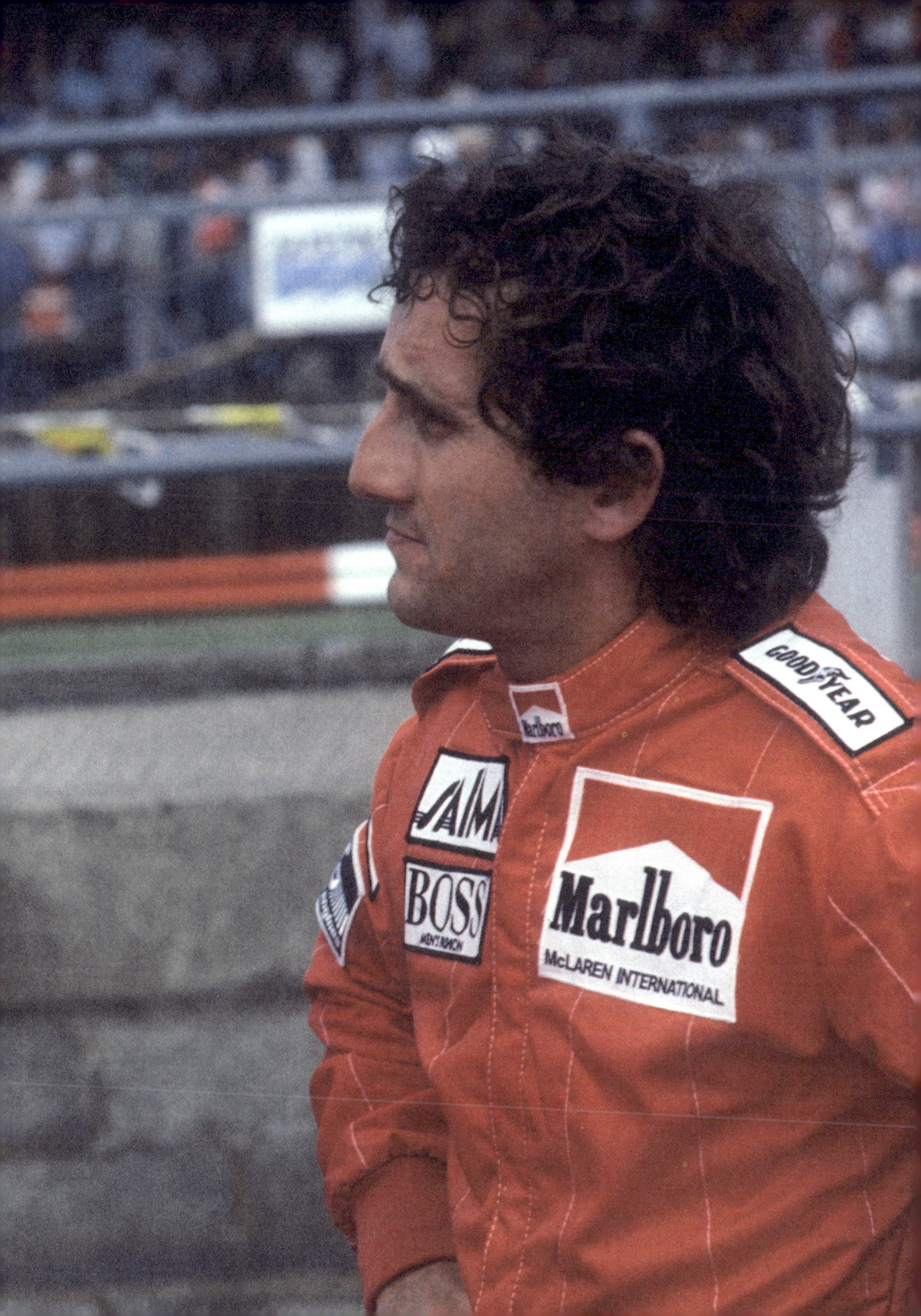
GOOD YEAR
Marlboro
BOSS
Marlboro
McLAREN INTERNATIONAL

1984: AUF DEN HALBEN PUNKT GEBRACHT – LAUDA GEGEN PROST

Estoril, 21. Oktober 1984. McLarens Hauptsponsor Marlboro hatte vor dem Großen Preis von Portugal bereits tausende von Postern drucken lassen, die Alain Prost als neuen Weltmeister zeigten.

Das war voreilig. »Le Professeur«, der Professor, wie der ehrgeizige Franzose im Formel-1-Zirkus genannt wurde, verlor den Weltmeistertitel auf der Zielgeraden – an seinen McLaren-Teamkollegen Niki Lauda.
Für den Österreicher war die Frage nach dem »wichtigsten Rennen seines Lebens« aufgrund der Dramaturgie dieses Titel-Duells einfach.

DIE GEDULDSPROBE

»Es war das letzte Saisonrennen 1984 in Portugal«, gab Nikolaus Andreas Lauda im Jahr 1993 der Zeitschrift Autosport salopp zu Protokoll, »ich gewann damals die Weltmeisterschaft um einen halben Punkt vor meinem Teamkollegen Alain Prost.«
Für Lauda wurde es auf dem Weg zu seiner dritten und letzten Weltmeisterschaft eine absolute Geduldsprobe.
»1984«, sagte er später, »war es für mich am härtesten, zu gewinnen.«
Ein Psycho-Duell um den Titel? Keine unbekannte Konstellation für Niki Lauda. Gerhard Berger, der die Saison 1984 auf ATS-BMW auf Rang 22 der

Großer Preis von Großbritannien 1983: Alain Prost siegte, Niki Lauda wurde Sechster.

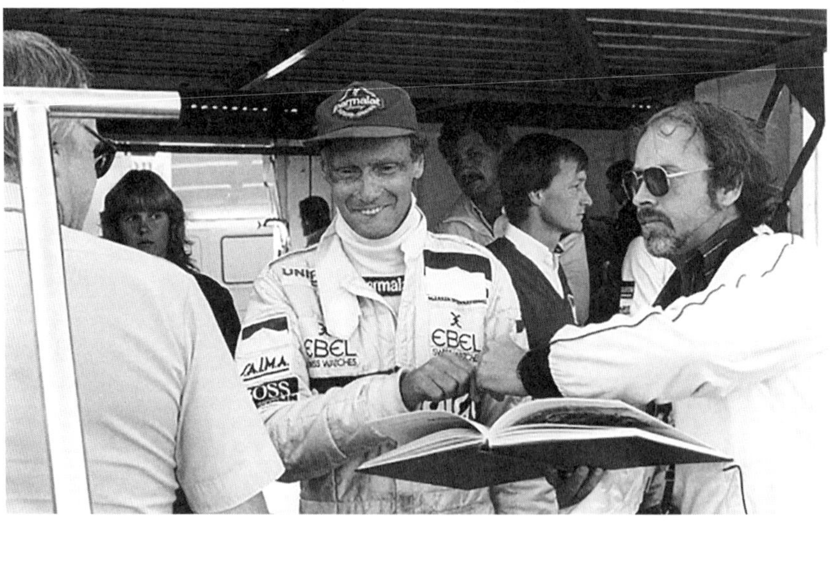

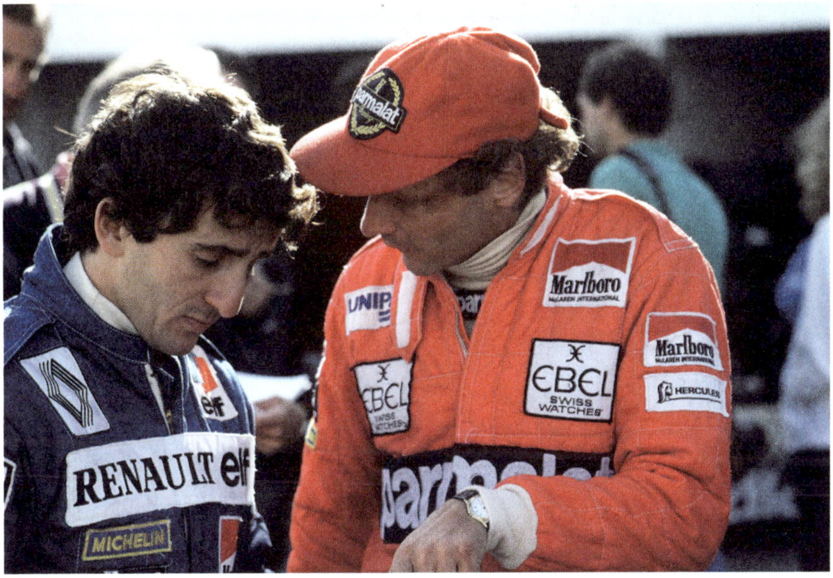

Noch keine Team-Kollegen: Lauda (McLaren) und Prost (Renault) während der Vorbereitung zum Großen Preis der Schweiz 1982.

Fahrerwertung abschloss, sagte dem Autor 2024: »Ich glaube, dass im Duell mit Prost mehr Pfeffer drin war als einige Jahre zuvor im Zweikampf mit Hunt.«

Berger erklärte weiter: »James Hunt war ein Lebemann, den hat der Niki so im Griff gehabt, weil er schon allein wusste, dass er selbst ausgeschlafen war vor dem Rennen und dass Hunt am Abend vorher oftmals feiern gegangen ist. Die Challenge mit Prost war viel größer für ihn als gegen Hunt, weil beide Pragmatiker waren.«

Alain Prost hatte während seiner großartigen Rennfahrerkarriere eine einfache Philosophie: »To finish first, you have to finish first« – Um Erster zu werden, musst du das Rennen als Erster beenden.

Gegen sein eigentliches Vorbild, Sir John Young Stewart, genannt »Jackie«, fuhr der 1980 in die Formel 1 eingestiegene Prost nie. Doch sein einmal geäußertes Vorhaben »Jackies Siegerrekorde zu

»PROST CRASHTE. DAS HAT MICH GEFREUT.«

NIKI LAUDA ÜBER DEN GRAND PRIX VON ÖSTERREICH 1984

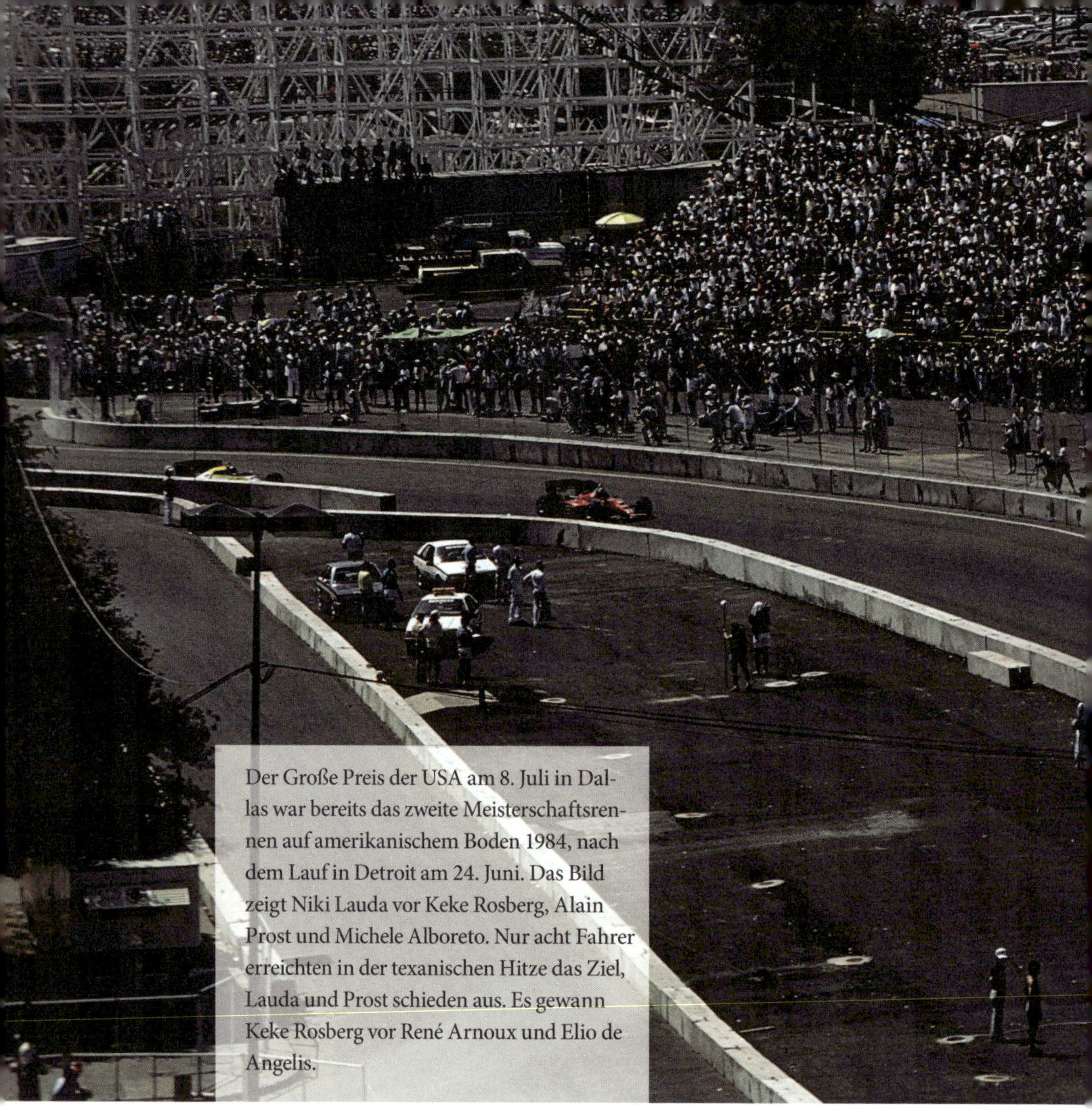

Der Große Preis der USA am 8. Juli in Dallas war bereits das zweite Meisterschaftsrennen auf amerikanischem Boden 1984, nach dem Lauf in Detroit am 24. Juni. Das Bild zeigt Niki Lauda vor Keke Rosberg, Alain Prost und Michele Alboreto. Nur acht Fahrer erreichten in der texanischen Hitze das Ziel, Lauda und Prost schieden aus. Es gewann Keke Rosberg vor René Arnoux und Elio de Angelis.

brechen« (Stewart wurde drei Mal Weltmeister), setzte er mit Akribie um.

DAS PSYCHOGRAMM ZWEIER CHAMPIONS

Gerhard Berger hat Recht: Vom Psychogramm her unterschieden sich Lauda und Prost kaum. Beide Fahrer zeichnete eine hohe Selbstdisziplin, unbedingter Siegeswille, taktische Klugheit im Rennen und analytische Fähigkeiten in der Abstimmung mit dem Auto aus. Dass man Prost nachsagte, er könne ein Rennen aus dem Cockpit heraus »lesen«,

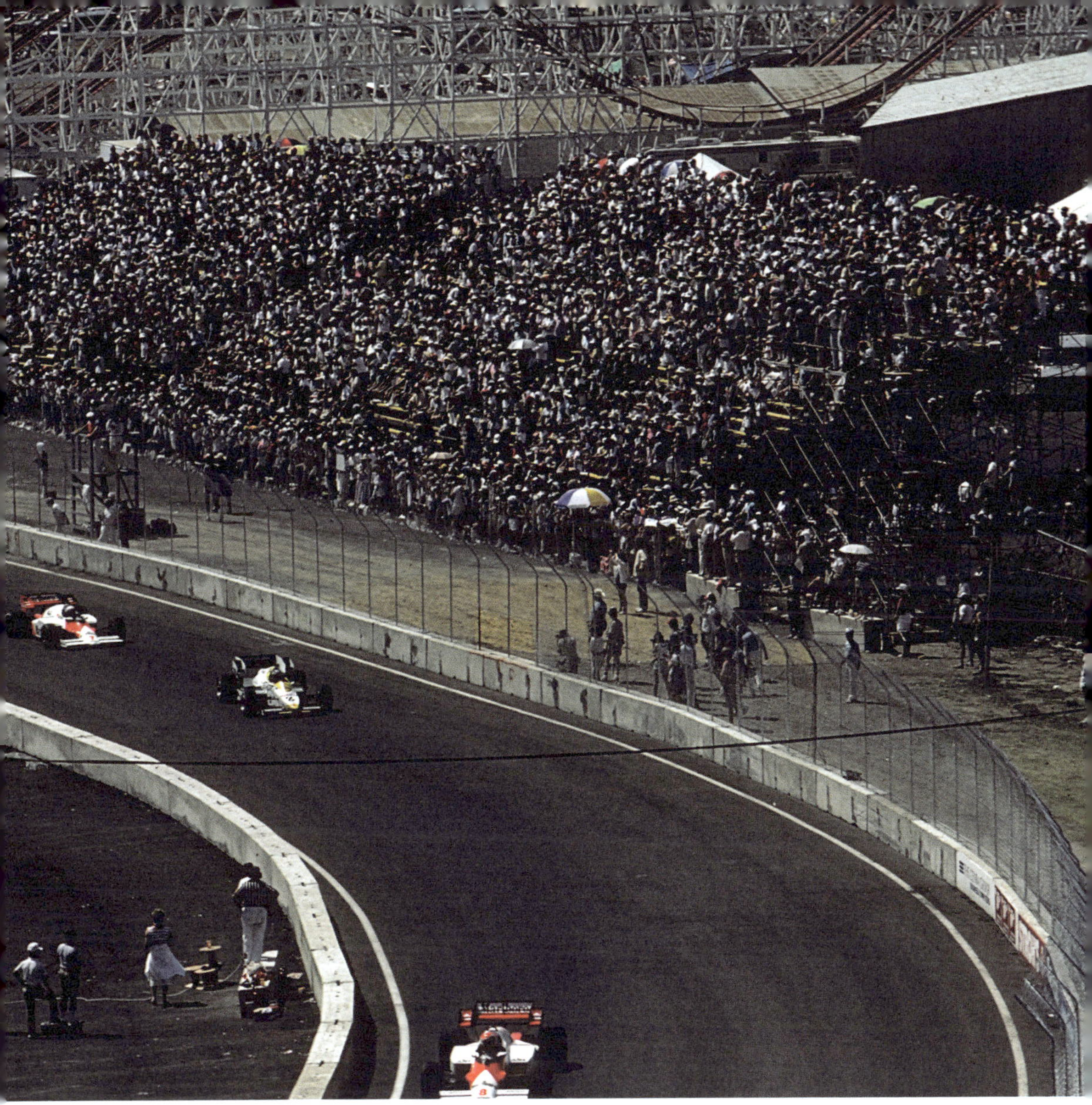

brachte ihm den Spitznamen »Der Professor« ein.
Alain Prost durchlief ab seinem 14. Lebensjahr alle, meist staatlich geförderten Rennsport-Klassen in Frankreich. 1978 wurde er französischer und europäischer Meister in der Formel 3, ehe ihn McLaren 1979 ins Formel-1-Team holte. Prost wollte sich, so Nigel Roebuck in Grand Prix Greats (1986), allerdings mit der Rolle als dritter Fahrer bei den Briten nicht abfinden und lehnte deren erstes Angebot ab.
Erst 1980 feierte Alain Prost beim Großen

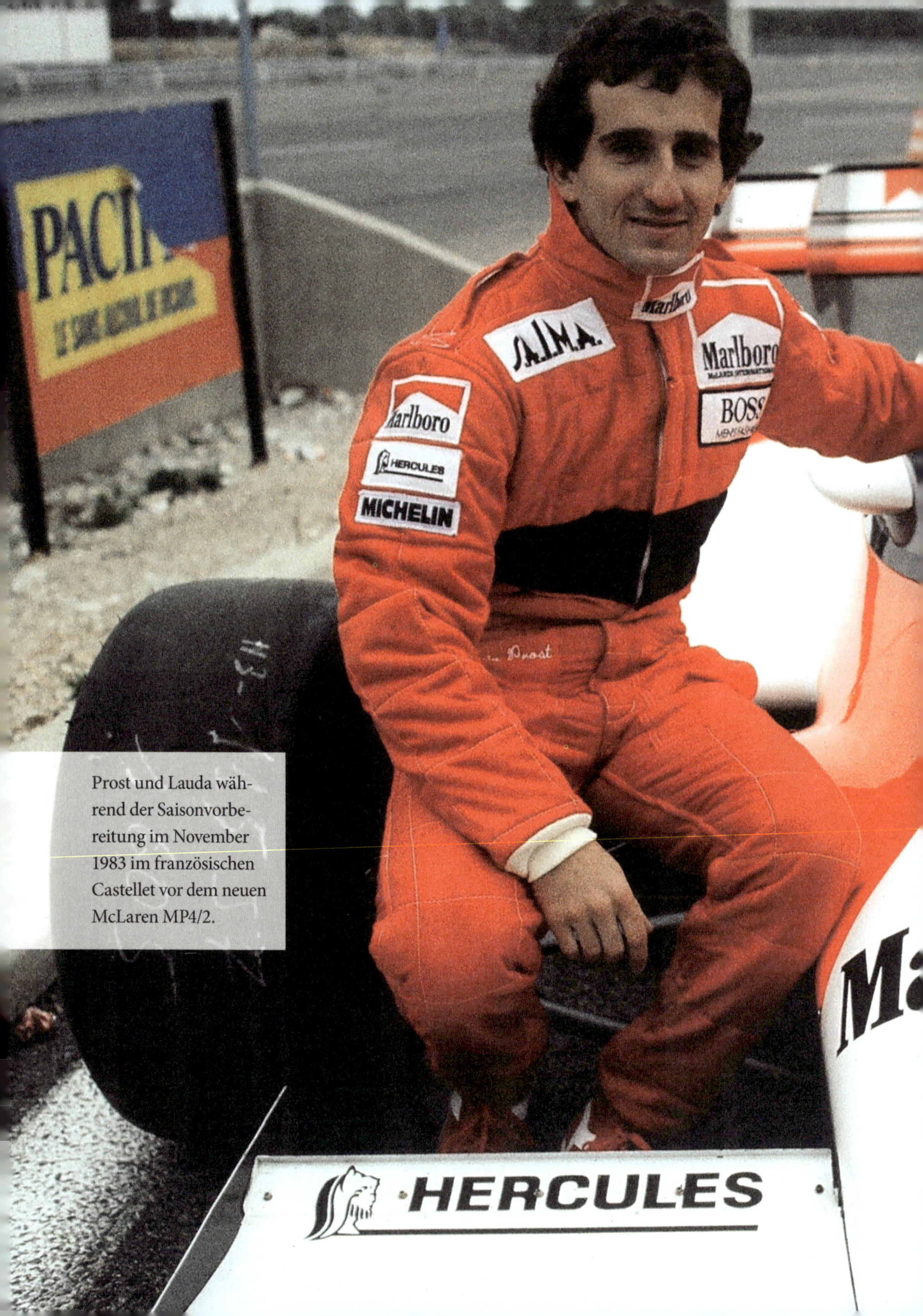

Prost und Lauda während der Saisonvorbereitung im November 1983 im französischen Castellet vor dem neuen McLaren MP4/2.

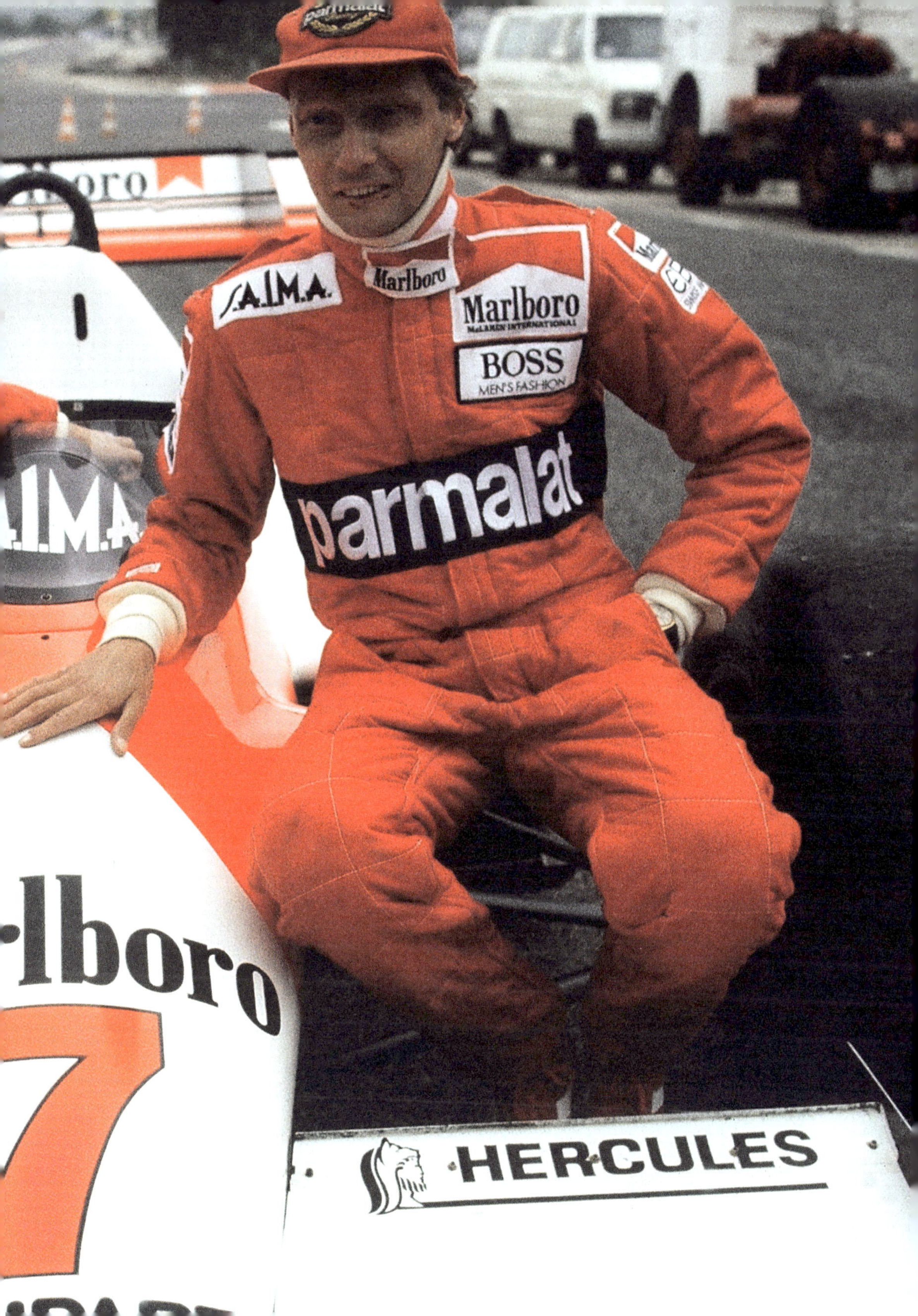
S.A.I.M.A.
Marlboro
Marlboro
McLAREN INTERNATIONAL
BOSS
MEN'S FASHION
parmalat
7
HERCULES

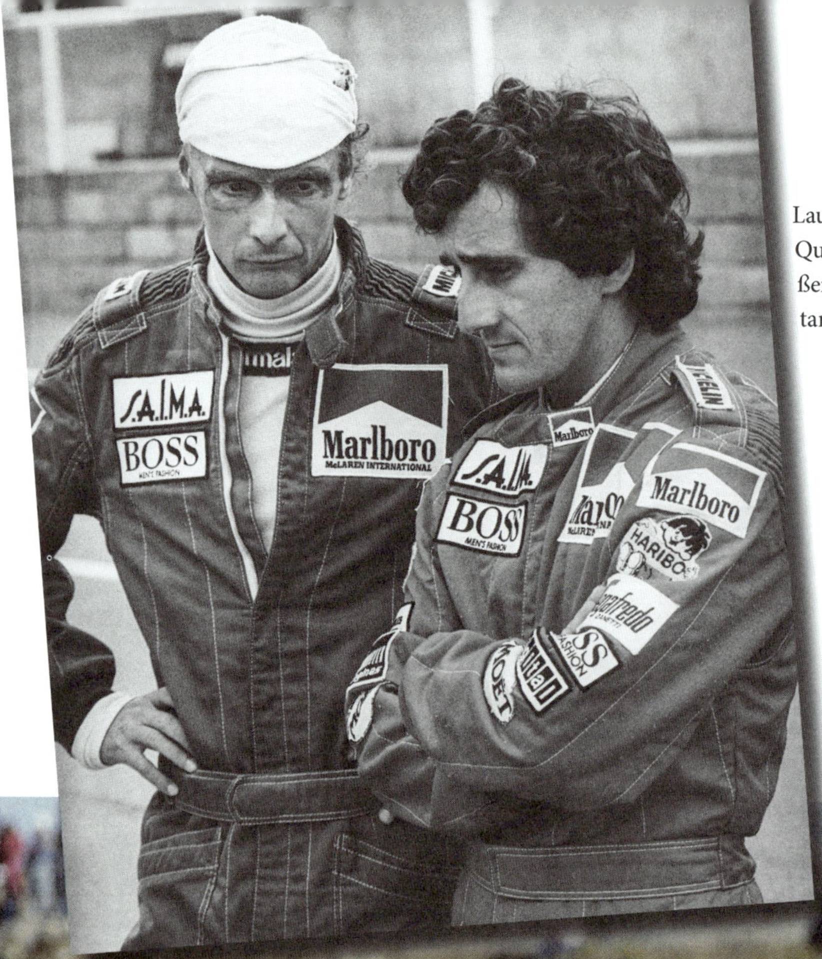

Lauda und Prost beim Qualifying zum Großen Preis von Großbritannien 1984.

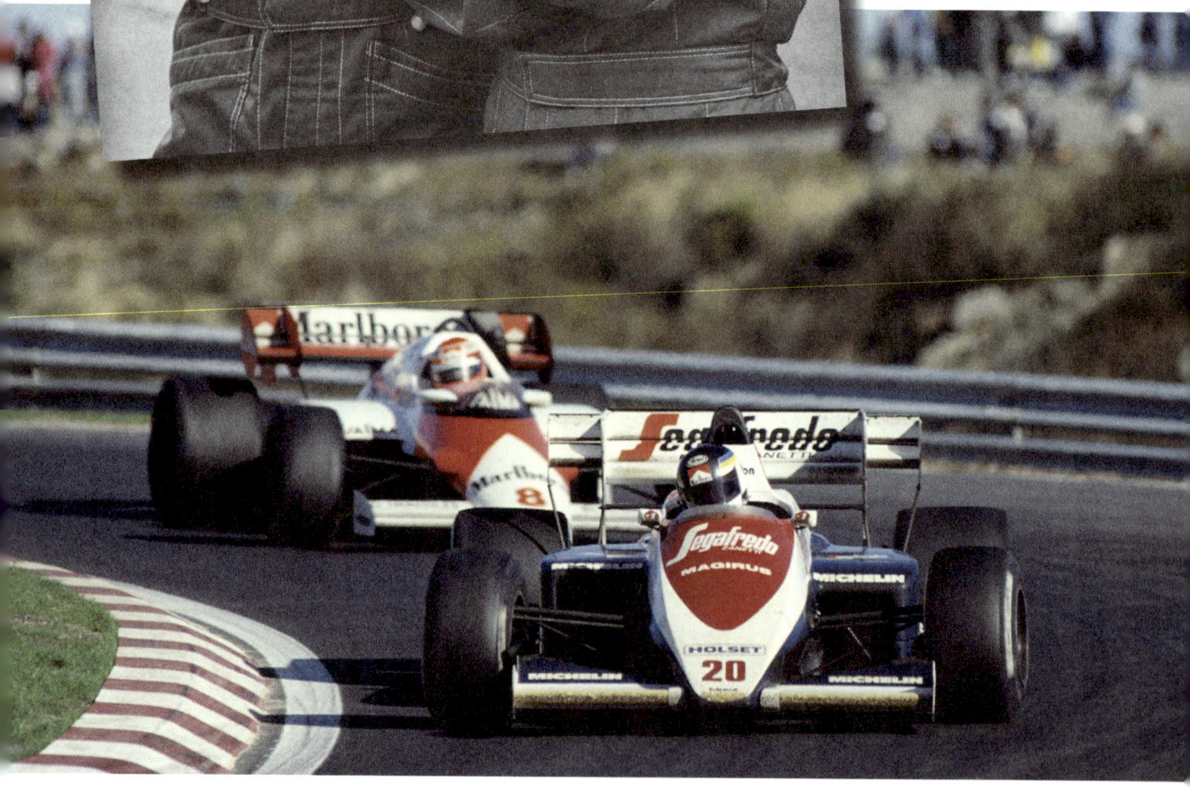

Lauda hinter Stefan Johansson im Toleman TG184 während des letzten Saisonrennens in Portugal.

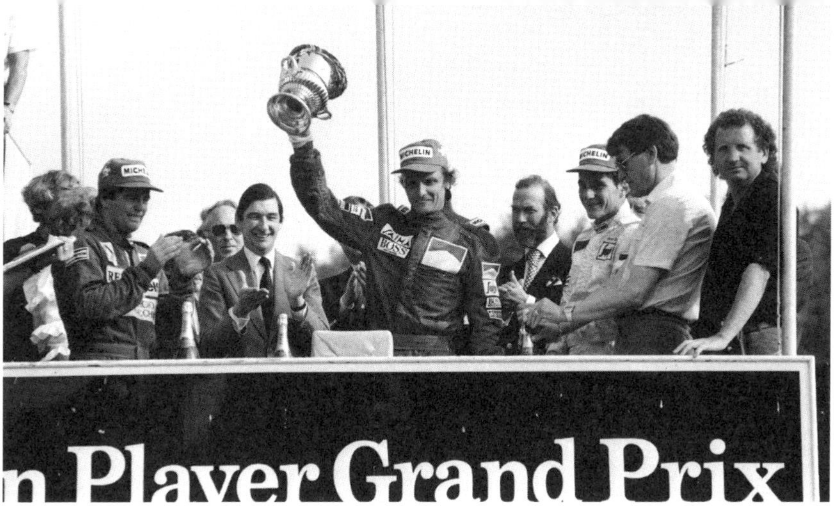

Beim Großen Preis von Großbritannien 1984 auf dem Brands Hatch Circuit siegte Niki Lauda vor Derek Warwick und Ayrton Senna.

Preis von Argentinien sein Debüt und fuhr – damals noch im Team mit dem Engländer John Watson – in Buenos Aires auf Rang 12.

Seine Bilanz in der Formel 1: Vier Weltmeister-Titel (1985, 1986, 1989, 1993), bei 51 Siegen und 33 Poles in 199 absolvierten Rennen.

Prost und sein Dauer-Duell mit dem am 1. Mai 1994 in Imola tödlich verunglückten Brasilianer Ayrton Senna († 34) war vom Typus her anders als sein Zweikampf mit Lauda. Es begegneten sich zwei Kontrastfiguren.

Hier der berechnende Prost, dort der impulsive Südamerikaner, ein Duell, von den Motorsport-Medien getragen und angeheizt, mit kontroversen Kollisionen in Suzuka 1989 und 1990, das den Sport bis zu Prosts Rückzug aus der Formel 1 ein Jahr vor Sennas Tod in Atem hielt.

Aber: In dem um sechs Jahre älteren Lauda hatte Prost ab 1984 einen Rivalen im eigenen Team.

Ähnlich wie Lauda, eckte auch Alain Prost mit der ihm eigenen Sichtweise auf die Autos bei seinen Bossen immer wieder an. Seine Meinung, dass Renault den RE40 in der Saison 1983 »zu konservativ entwickelt« habe, führte zwei Tage vor dem Finale in Südafrika zu seiner Entlassung durch den französischen Rennstall. Der neue Vize-Weltmeister stand plötzlich ohne Auto da – und verließ mit seiner Familie Frankreich.

Seitdem lebte der 1955 in Saint-Chamond im französischen Département Loire geborene Alain Prost in der Schweiz.

Er kehrte zu McLaren zurück, wo inzwischen Ron Dennis als Teamchef das Sagen hatte, und löste den Briten John Watson als Fahrer neben Niki Lauda ab.

»KATZ-UND-MAUS-SPIEL« AUF DER PISTE

»Prost hatte Ende 1983 unerwartet sein Cockpit verloren und so hatte ich ihn plötzlich als Teamkollegen«, erzählte Lauda Jahre später, »alle gingen davon aus, dass Prost gewinnen würde, die

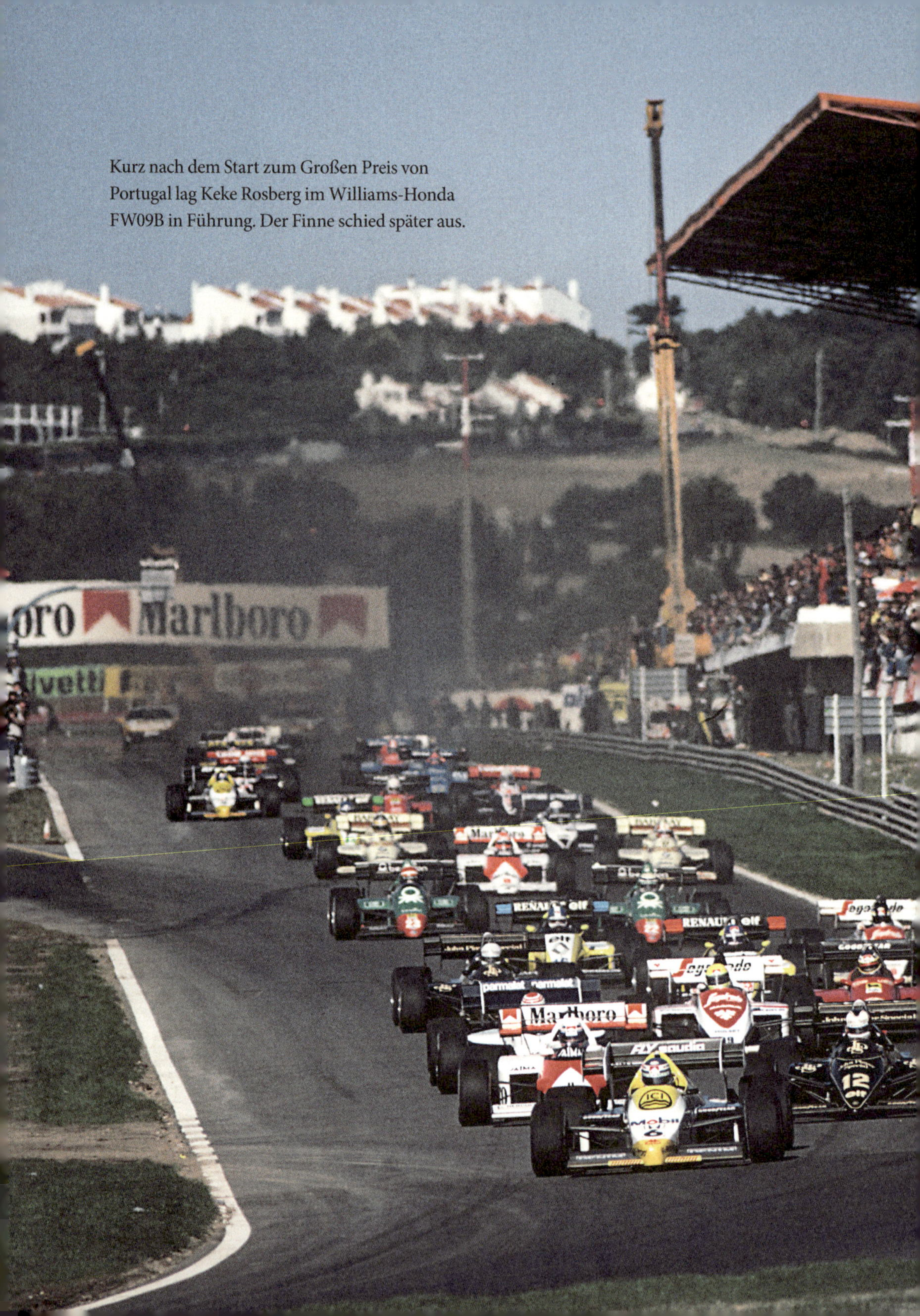

Kurz nach dem Start zum Großen Preis von Portugal lag Keke Rosberg im Williams-Honda FW09B in Führung. Der Finne schied später aus.

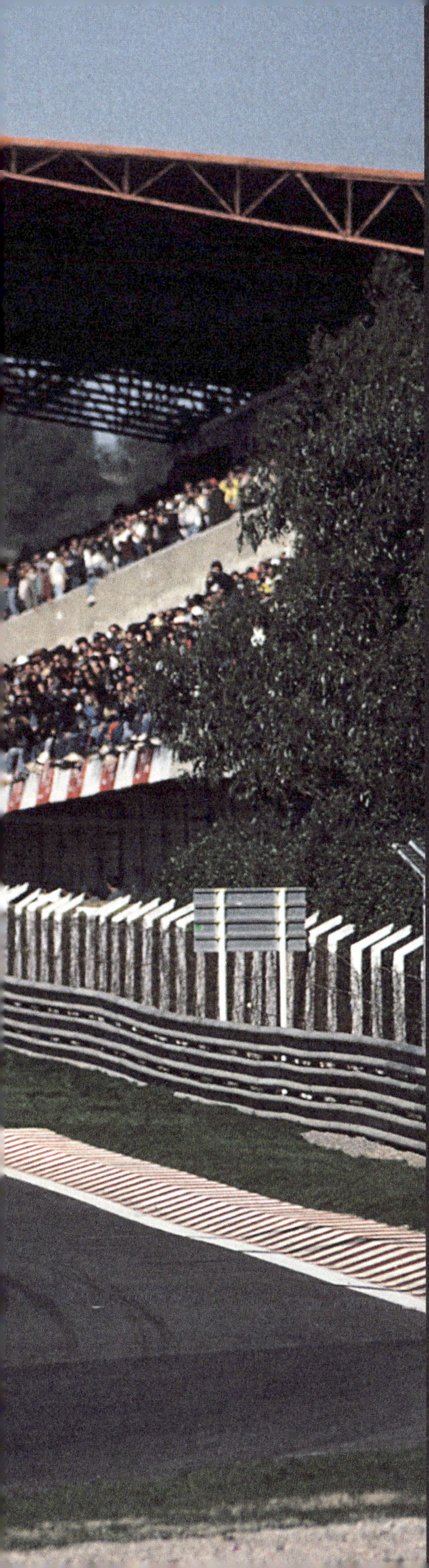

ganze Saison haben wir uns ein Katz-und-Maus-Spiel geleistet.«

In der Formel-1-Saison 1984 steckte eine unglaubliche Dramatik, die beim Rennen in Österreich ihren (vorläufigen) Höhepunkt fand.

Prost war nach 28 Runden und nach einem Fahrfehler ausgeschieden – und stapfte missmutig durch die grünen Hügel der Rennstreckenumrahmung.

»Prost crashte, was mich gefreut hat«, sagte Niki Lauda in einem TV-Interview mit den offiziellen Kanälen der Formel 1. Lauda gewann trotz Getriebedefekts. Dabei wurde er von dem von der Pole Position verdrängten Brasilianer Nelson Piquet von Brabham-BMW irrtümlich nicht attackiert.

Piquet glaubte, dass Lauda die technischen Probleme nur antäuscht, um im Rennen mit ihm zu spielen. Ein Irrtum. Lauda war kein Spieler. Aber er zeigte Nervenstärke, gewann als erster und einziger Österreicher den Heim-Grand-Prix. »Ich wusste, dass es noch eine lange Distanz war – und um aufzugeben und zurück zu laufen, war mir der Weg zur Box zu weit«, erinnerte sich Lauda.

»Von da an«, erinnerte sich ORF-Reporterlegende Heinz Prüller 2017 bei redbull.com, »ist die Sache richtig explodiert. Das war ein epochales Ereignis, als ob ein Österreicher auf dem Mond gelandet wäre.«

Ähnlich muss sich Lauda auch am 9. September 1984 in Monza gefühlt haben, als er den Großen Preis von Italien gewann. Drei Österreicher – Lauda als Sieger, Jo Gartner auf Osella-Alfa Romeo und

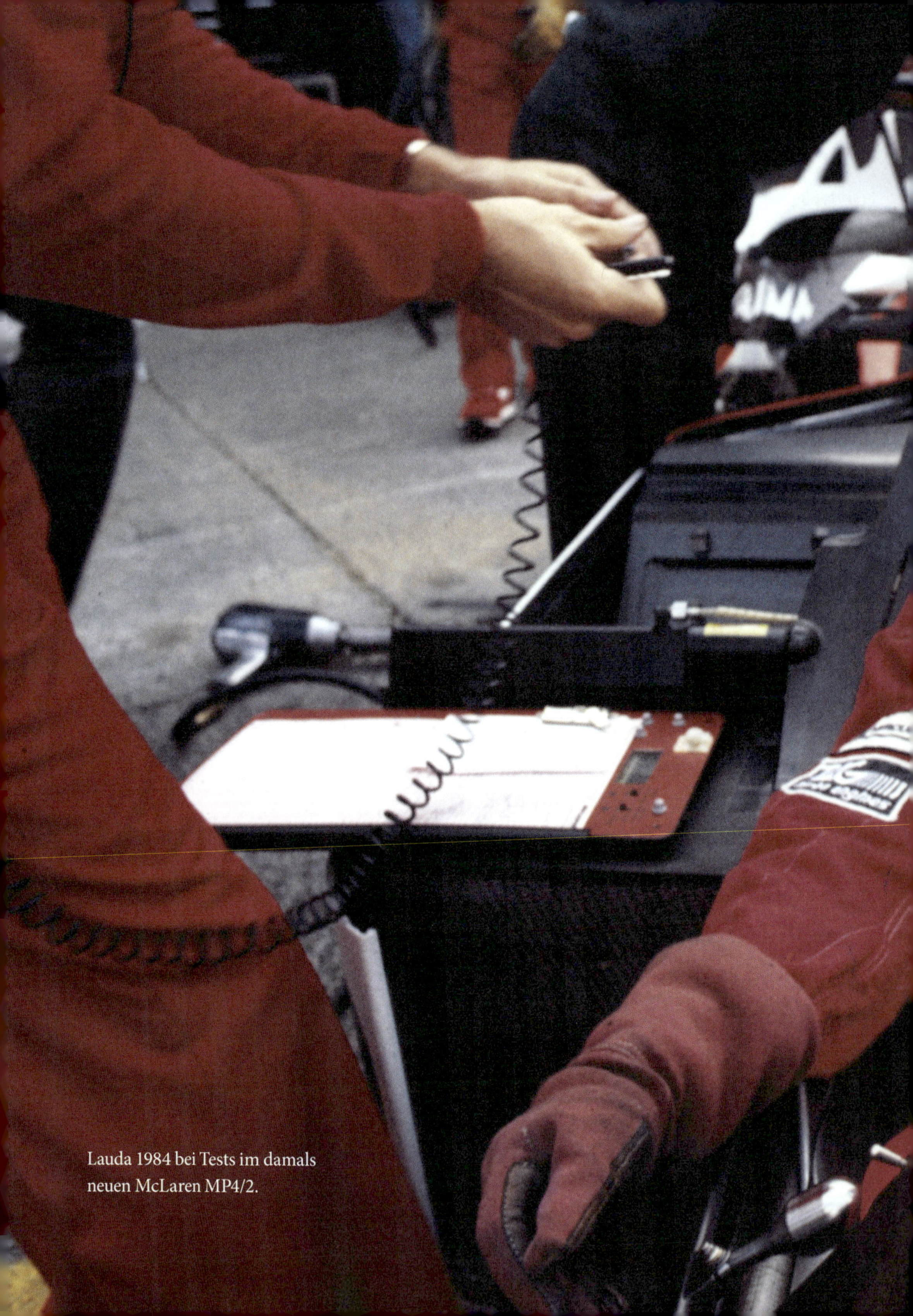

Lauda 1984 bei Tests im damals neuen McLaren MP4/2.

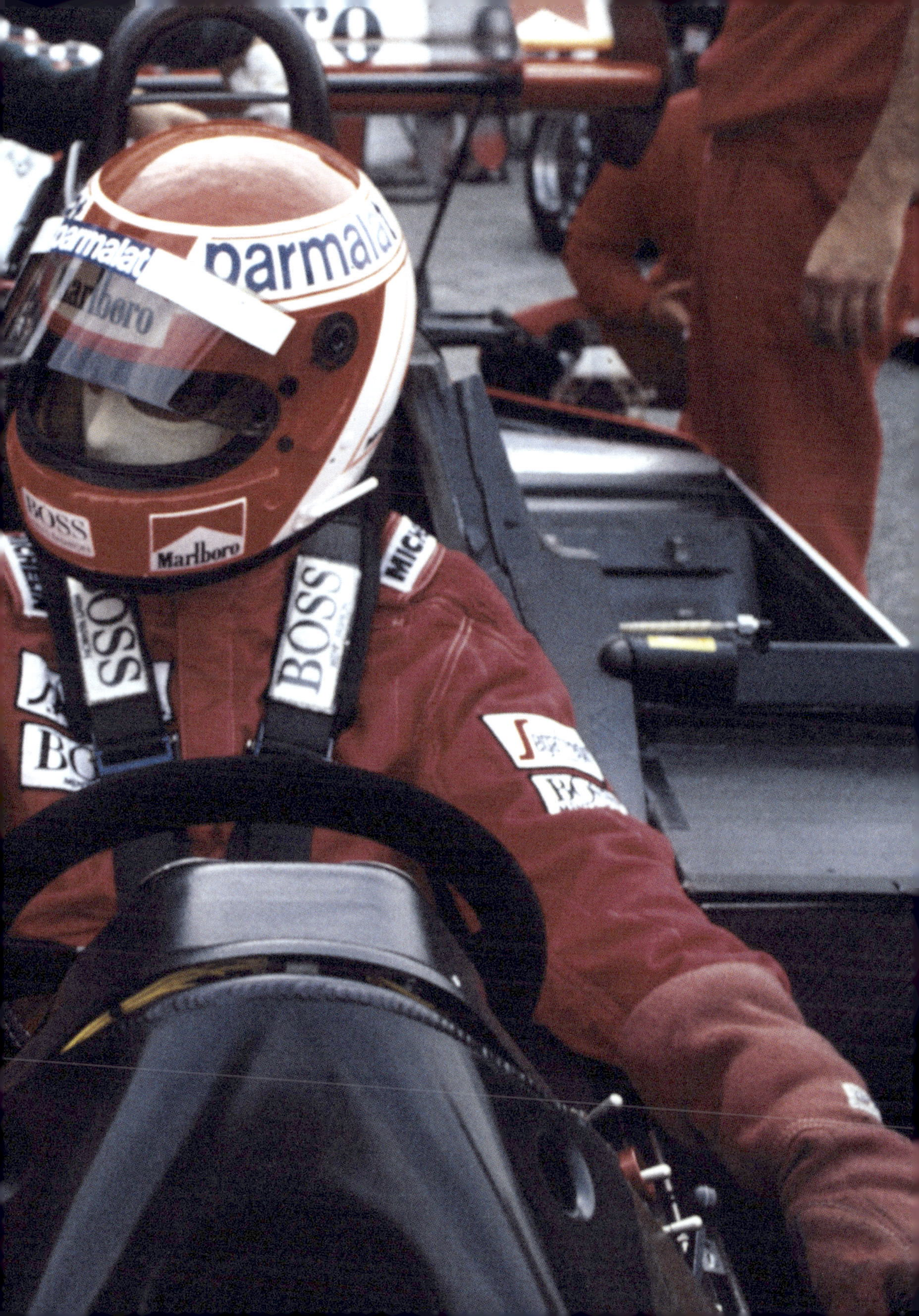
parmalat
parmalat
Marlboro
BOSS
Marlboro
BOSS
BOSS

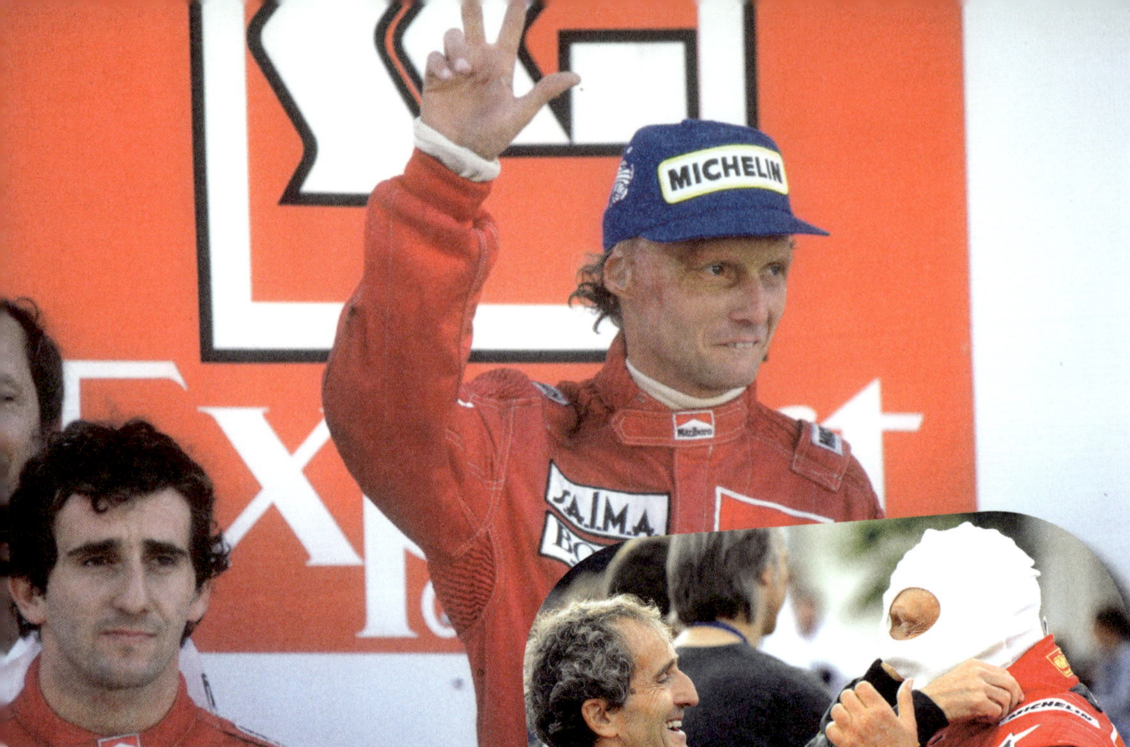

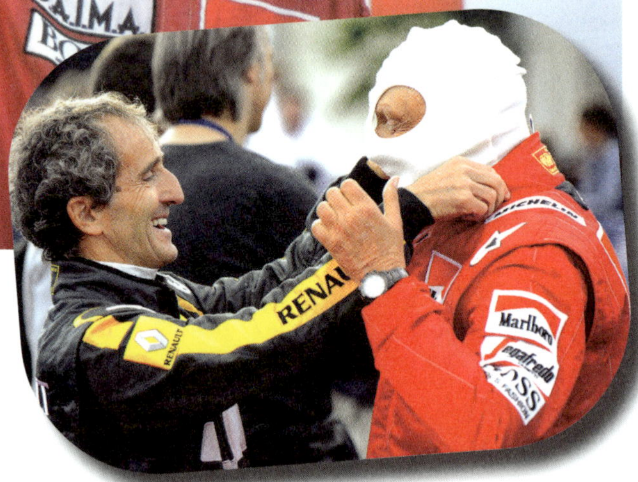

Dreimaliger Formel-1-Weltmeister Niki Lauda.
Rechts: Lauda und Prost im Juni 2015 während des Trainings für das Legendenrennen am Red Bull Ring in Spielberg.

Gerhard Berger für ATS-BMW – fuhren unter die ersten Sechs.
Der drittplatzierte Italiener Ricardo Patrese brachte Alfa Romeo den letzten Sprung aufs Podium in der Teamgeschichte.

LAUDA IM MCLAREN MP4/2

Niki Lauda 1984 – seine Auto-Biografie wäre nicht komplett ohne den McLaren MP4/2, den auch der Finne Keke Rosberg fuhr.
Der MP4/2C war eine Weiterentwicklung der MP4/2-Serie und Nachfolgemodell des McLaren MP4/2B-Turbo aus dem Vorjahr, mit dem Prost Vize-Weltmeister geworden war. Chefdesigner des neuen Wagens war John Barnard. Als Antrieb verwendete McLaren einen von TAG finanzierten und bei Porsche gebauten Sechszylinder-Turbomotor (Typ: TTE-PO1) mit einem Hubraum von 1499 Kubikzentimetern. Die Leistung betrug rund 590 kW (ca. 800 PS). Als Kraftübertragung diente ein Fünfganggetriebe von McLaren.
Beim Großen Preis von Europa am 5.

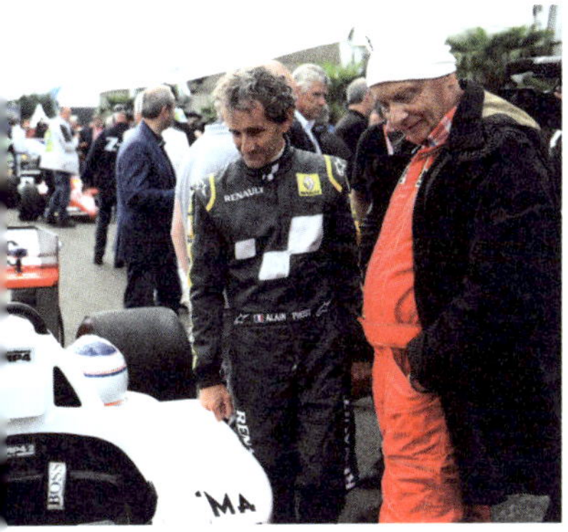

Lauda und Prost vor dem 1984er-Weltmeisterauto McLaren MP4/2.

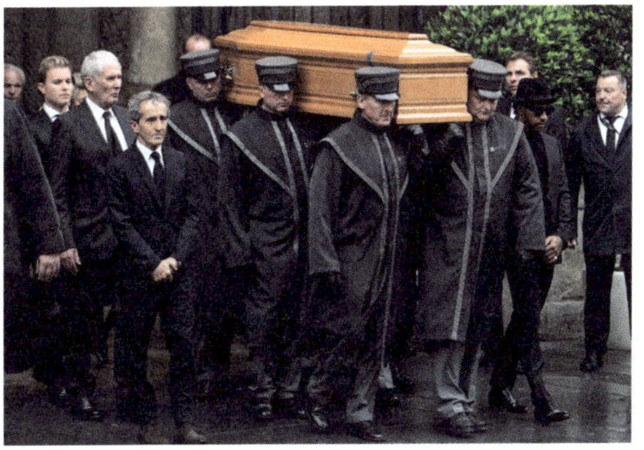

Alain Prost und Lewis Hamilton bei Niki Laudas Beisetzung am 29. Mai 2019.

August 1984 auf dem Nürburgring verpasste Niki Lauda auf Rang vier das Podium. Prost gewann und war bis auf 3,5 WM-Punkte an den Routinier herangekommen.

»ES WAR EINE REINE NERVENSACHE«

Das letzte Rennen in Estoril musste entscheiden. Niki Lauda startete selten unter ungünstigeren Vorzeichen. Der WM-Führende fuhr im Qualifying nur auf Rang 11, bei 1,4 Sekunden Rückstand auf Prost, der von Position zwei aus an den Start ging.

»Es war ein schreckliches Zeittraining«, erinnerte sich Lauda, »ich wusste, ich muss hinter ihm Zweiter werden, um den Titel zu gewinnen, lustigerweise hatte ich vor dem Rennen das Gefühl, ich würde es schaffen, wenn mir kein Fehler unterliefe und mich kein Zwischenfall ereilen würde. Alle Anderen gingen davon aus, dass Prost gewinnen würde.«

Niki Lauda 1984, oder: Against all Odds, wie im am 26. März desselben Jahres erschienenen Hit von Phil Collins, der sich in den USA 24 Wochen auf Rang eins hielt. Aller Wahrscheinlichkeit zum Trotz.

Gerhard Berger sagt über Estoril 1984: »Dieses Rennen sticht klar hervor: Es war eine reine Nervensache. Der Niki hat gewusst, dass Prost ihn aufgrund seines Talents und seiner Jugend wahrscheinlich schlagen wird. Aber er hat die Nerven behalten und immer das maximale herausgeholt. Aus sich selbst und aus der Technik, die ihm zur Verfügung stand. So war er am Ende einen halben Punkt vor Prost. Das war eine gigantische Leistung, wenn man bedenkt, dass Alain Prost später noch vier Mal Weltmeister und zu einem der ganz Großen in diesem Geschäft wurde.«

Dabei lief im Rennen anfangs alles für Prost.

»Ich hing für die Hälfte des Rennens im Verkehr fest«, schilderte Lauda bei Autosport 1993 den Showdown, »weil gleich zu Beginn mein Turbo kaputtgegangen war. Die Leistung wollte sich nicht

Mit dem zweiten Platz beim Große Preis von Portugal in Estoril sicherte sich Niki Lauda am 21. Oktober 1984 seinen dritten und letzten WM-Titel. Sieger an diesem Tag war Teamkollege Alain Prost.

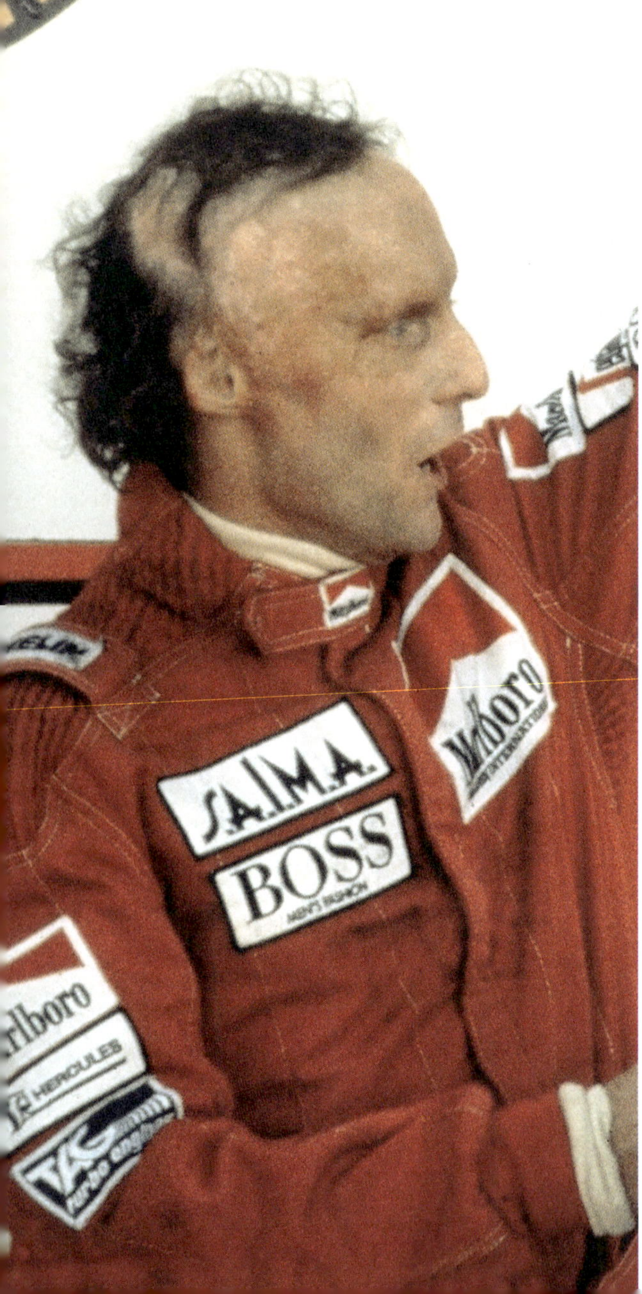

gereicht für mich. Mach dir darum keinen Kopf. Nächstes Jahr bist du dran. Ich sollte Recht behalten. Prost gewann im Jahr darauf die Weltmeisterschaft.«

SEIN LETZTES RENNEN

Als Titelverteidiger fuhr Lauda 1985 eine enttäuschende Saison. Der Erfolg in Zandvoort in den Niederlanden war am 25. August 1985 sein 25. und letzter Sieg in der Formel 1.

»ICH WUSSTE, ICH MUSS ZWEITER WERDEN, UM DEN TITEL ZU GEWINNEN.«
- NIKI LAUDA

Nachdem er im Saisonfinale beim Großen Preis von Australien nach 57 Runden nach Bremsproblemen aufgeben musste, beendete Niki Lauda seine Formel-1-Karriere – dieses Mal endgültig. »Bei Niki gab es immer wieder Wellen zwischen Motivation und zwischen ›Ich fahr nimmer weiter im Kreis‹, sagt Gerhard Berger, »wenn er aber wieder motiviert zum Rennen fahren, dann hat er alles reingelegt, was drin war. Wenn

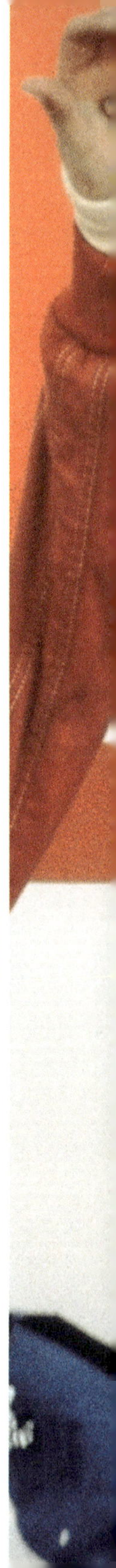

nicht, dann ist er einfach ausgestiegen – mit einer irren Konsequenz. Da gab es für ihn nur schwarz und weiß.«

»WÄRE NIEMALS OHNE DIESEN SIEG WELTMEISTER GEWORDEN«

Niki Lauda hat Estoril 1984 nie vergessen. Auch am 20. Juni 2017 nicht, als er bei der »Legends Parade« der Mehrfach-Formel-1-Weltmeister vor dem Großen Preis von Österreich in Spielberg (Steiermark) mitfuhr.

»Ich werde mich bei Nelson bedanken, dass er mich damals nicht angegriffen hat. Ich wäre niemals Weltmeister geworden ohne diesen Sieg«, sagte Lauda damals den Medien von Red Bull.

Gemeint war der Brasilianer Nelson Piquet, der damals in Spielberg im Brabham-BMW Zweiter hinter Lauda im McLaren wurde.

Auch, so gab er zu Protokoll, freue er sich auf das Wiedersehen mit seinem damaligen Titel-Rivalen, Alain Prost: »Alles Negative ist vergessen, geblieben ist nur das Gute.«

Alain Prost, der erste Weltmeister, den die »Grande Nation« hervorbrachte, wollte ebenso nach Jahren nichts Schlechtes über das Formel-1-Finale 1984 in Estoril in Portugal sagen.

»Niki war nicht nur ein großartiger Rennfahrer, sondern auch ein toller Mensch. Ich war daher nie enttäuscht oder deprimiert wegen der Niederlage, auch wenn es schwierig war, nur um einen halben Punkt hinten zu sein«, sagte Prost im Februar 2024 dem Portal formelaustria.com versöhnlich.

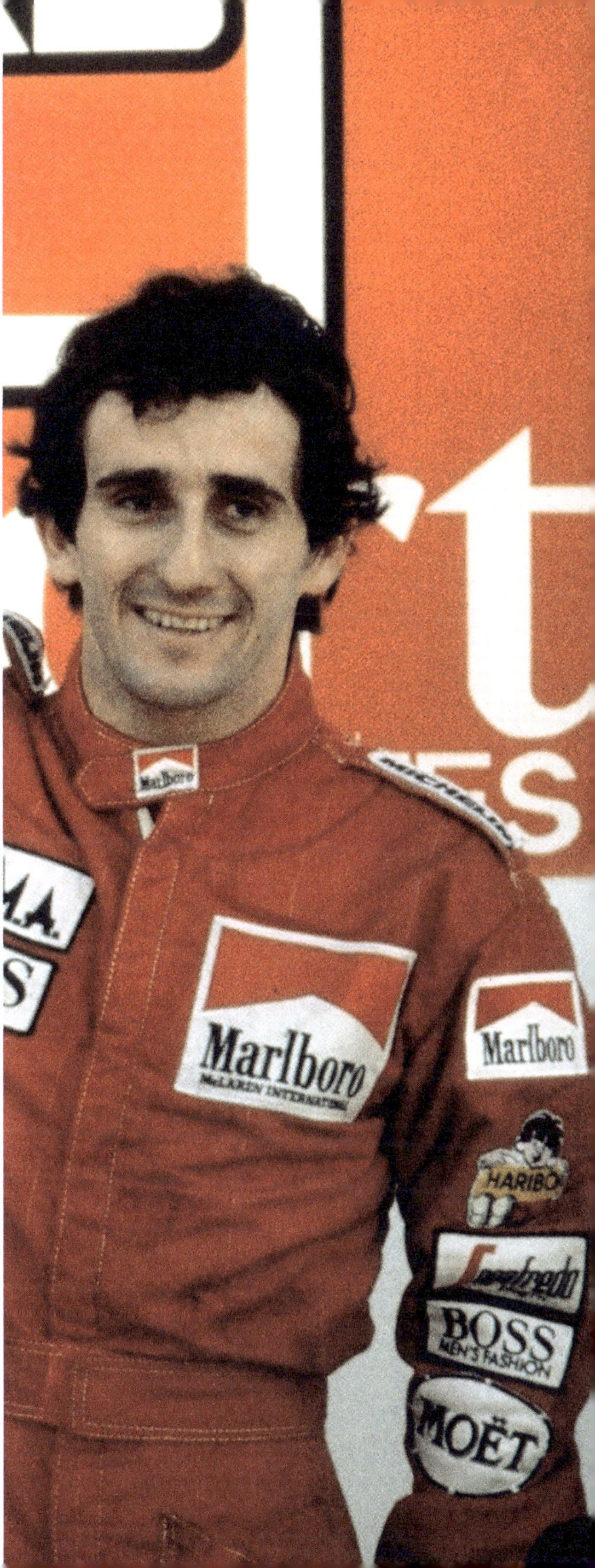

KAPITEL 13

GERHARD BERGER: »LAUDA WAR EIN WELTMEISTER. ÜBERALL.«

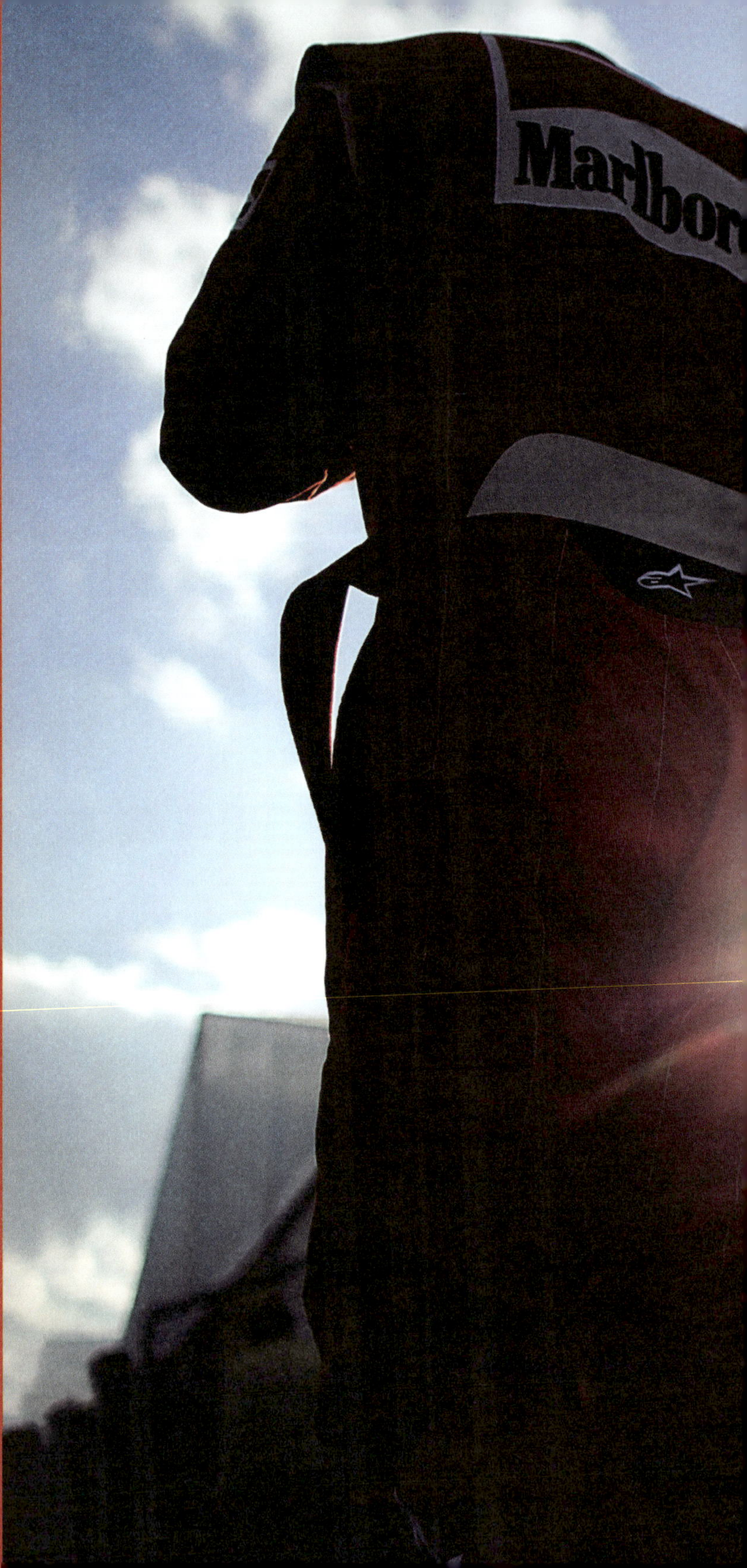

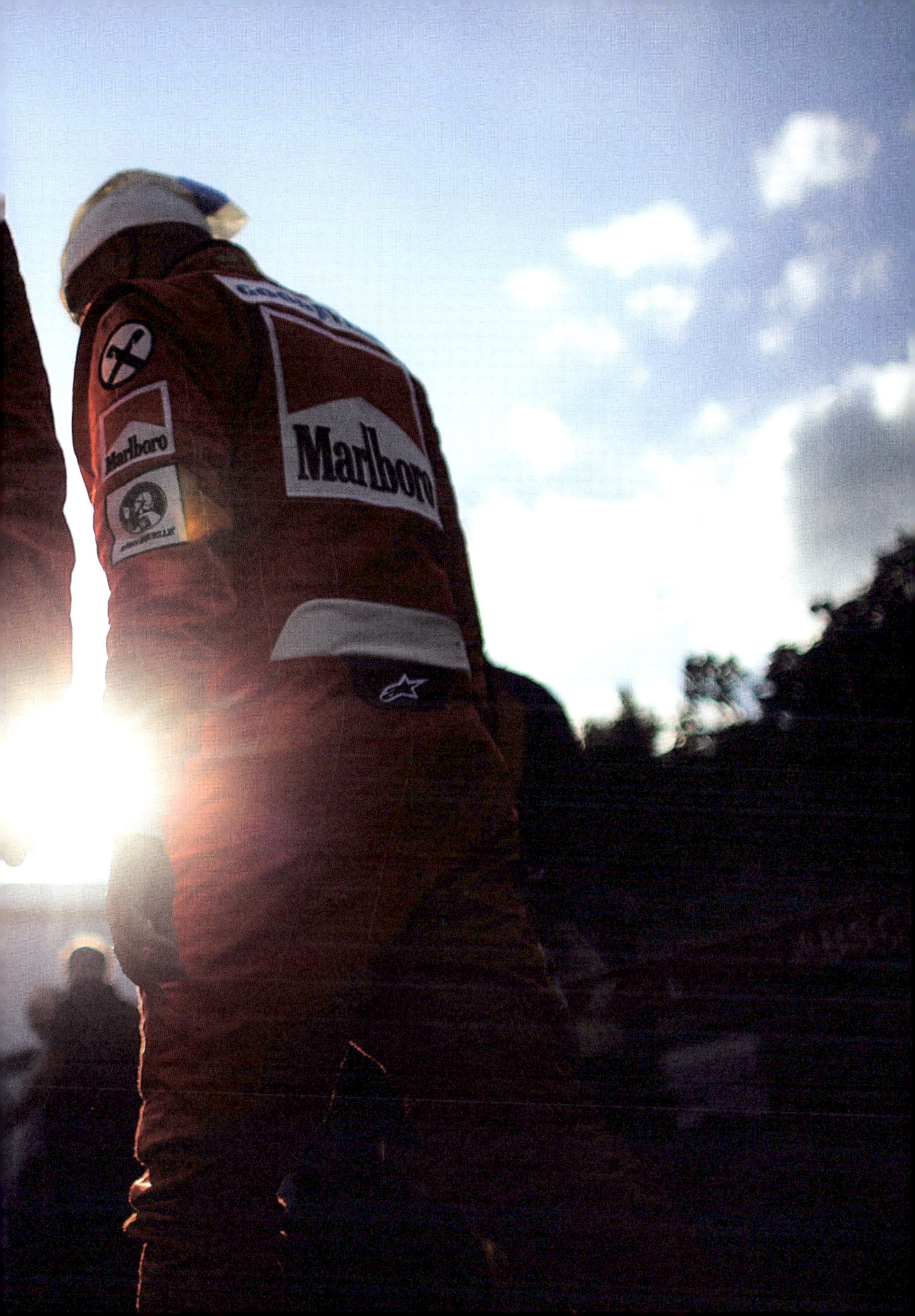
Marlboro
Marlboro

GERHARD BERGER: »LAUDA WAR EIN WELTMEISTER. ÜBERALL.«

An meine erste Begegnung mit Niki Lauda erinnere ich mich nicht mehr genau. Ich glaube, das wird irgendwann 1983 in Le Castelet auf einer Rennstrecke gewesen sein, vermutlich.

Ich kannte Niki ganz gut, aber ich habe ihn erst in der Zeit nach meiner Formel-1-Karriere wirklich gut kennengelernt. Da haben sich unsere Wege immer öfter gekreuzt, bis wir schließlich Geschäftspartner wurden und gemeinsam mit den Familien Urlaub gemacht haben.

Vorher hatten wir immer wieder Kontakt, auch bei ihm auf Ibiza war ich häufiger zu Gast. Aber intensiv wurde es erst in den letzten fünf, sechs Jahren vor seinem Tod. Niki war, nachdem ich ihn das erste Mal getroffen habe, bis zum letzten Tag immer hilfsbereit, immer offen und ehrlich.

Die letzte Begegnung weiß ich sehr wohl, die war kurz vor seinem Tod im Krankenhaus in Wien. Den letzten Kontakt mit ihm hatte ich zwei Tage, bevor er gestorben ist. Ich war selbst in der Klinik in den USA, wegen einer kleinen Operation.

Er schrieb mich an und fragte, wie es bei mir mit der OP gegangen ist. Ich fragte ihn, wie es ihm geht, habe aber dann keine Rückmeldung mehr von ihm bekommen. Leider.

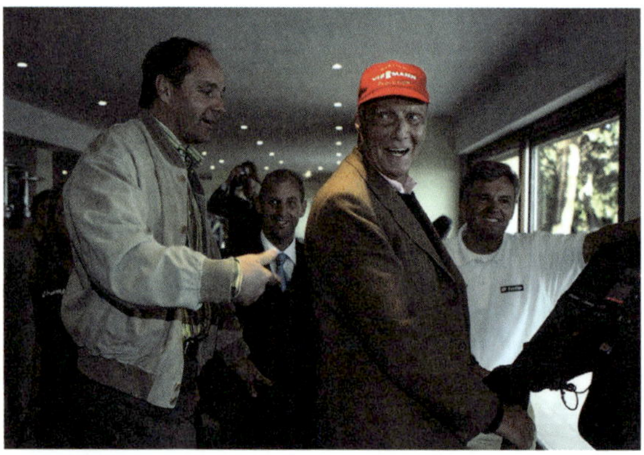

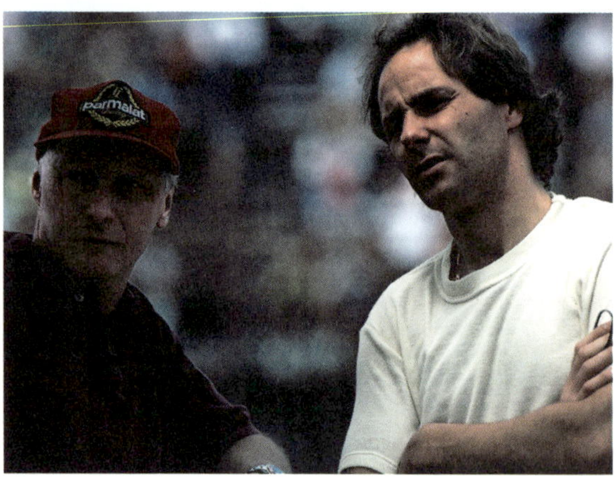

Berger und Lauda verband eine lange Freundschaft - und die gemeinsame Begeisterung für den Sport, hier beim Tennis-Turnier Monte Carlo Masters 2003.

Lauda und Berger, der zu dieser Zeit für Ferrari fuhr, 1993 beim GP von Brasilien.

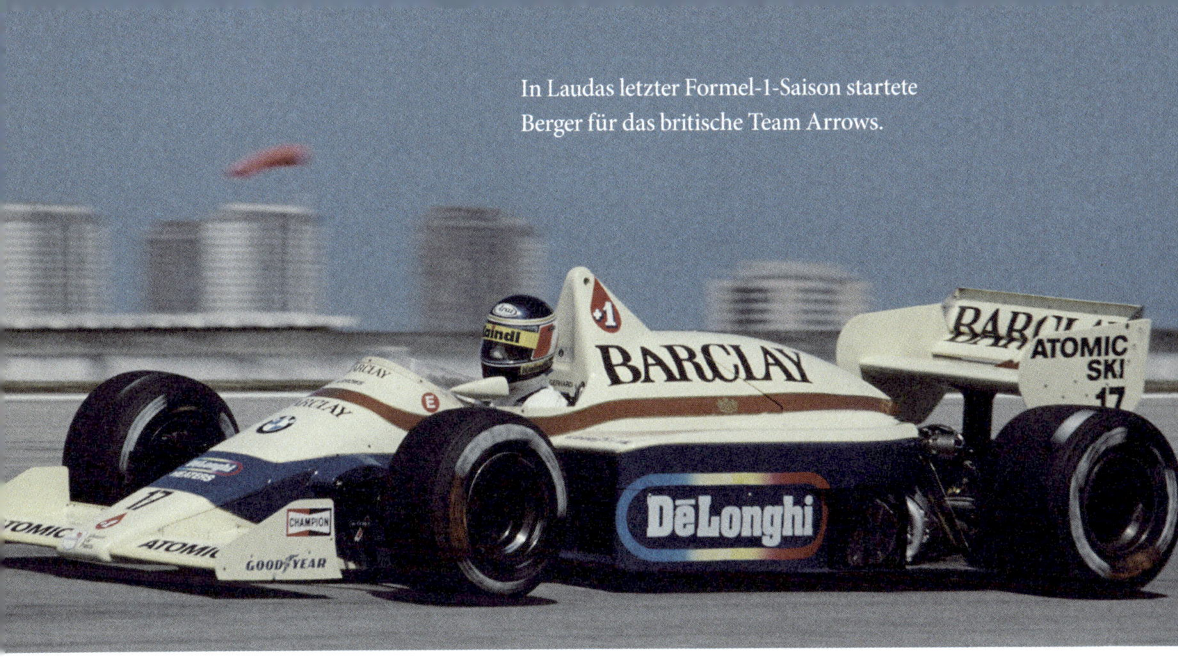

In Laudas letzter Formel-1-Saison startete Berger für das britische Team Arrows.

»LAUDA FÜHRTE DAS ERBE VON JOCHEN RINDT MIT UNGLAUBLICHER PERSÖNLICHKEIT«

Wie habe ich Niki Lauda erlebt? Er war ein absolutes Vorbild, doch den Grundstein für Lauda und für den österreichischen Motorsport hat Jochen Rindt gelegt. Er war unser erster großer Motorsportler, Weltmeister, war das Idol für die österreichischen Fans und für die Rennfahrer.

Niki hat dann das Ruder übernommen und das Erbe des Jochen Rindt mit seiner unglaublichen Persönlichkeit und seinen Erfolgen weiter geführt.

»LAUDA KANNTE KEINE NEBENSCHAUPLÄTZE«

Wenn ich heute an ihn denke, denke ich weniger an den Rat, den er mir gegeben hat, sondern an die Person Niki Lauda. Wie er verschiedene Themen abgehandelt hat, wie er im Detail war, wie ehrgeizig und zielorientiert er war. Er verstand es, sich nicht von Nebenschauplätzen ablenken zu lassen, er hat immer sein Ziel vor Augen gehabt, er war in seiner Analyse

»NIKI HAT IMMER ZURÜCKGERUFEN, WAR AUCH BEI UNANGENEHMEN THEMEN IMMER BEREIT ZUM GESPRÄCH.«
- GERHARD BERGER

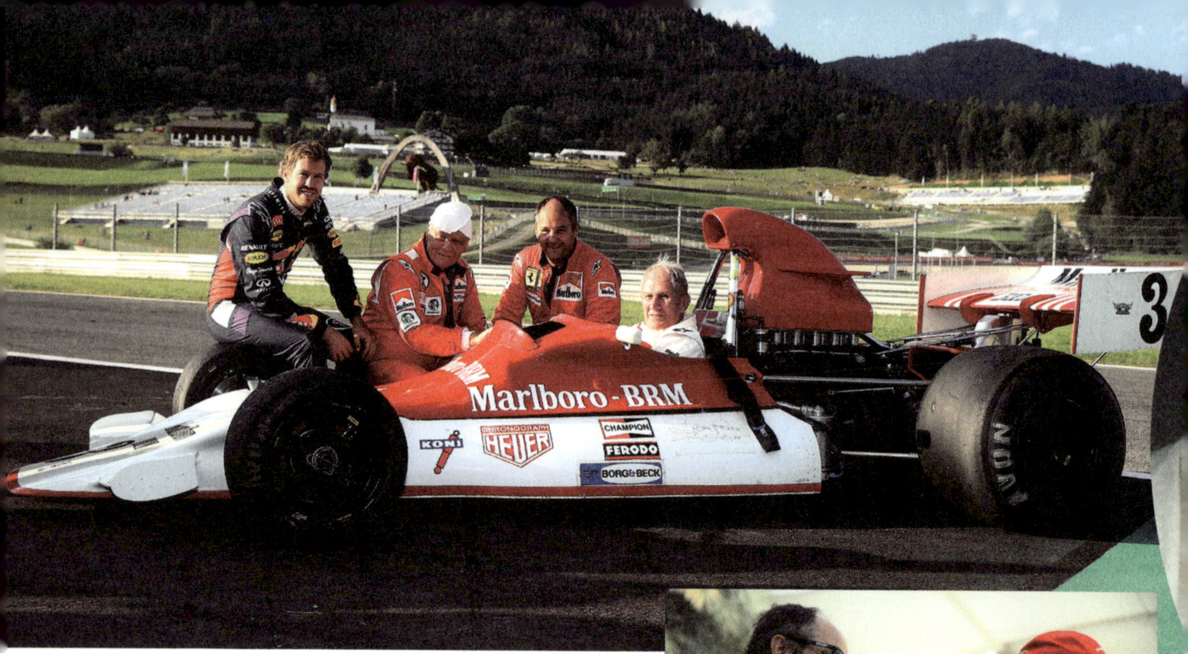

Red Bull-Motorsportchef Dr. Helmut Marko posiert in seinem früheren BRM P153, mit Sebastian Vettel, Niki Lauda und Gerhard Berger am Rande des GP von Österreich in Spielberg im Juni 2014.

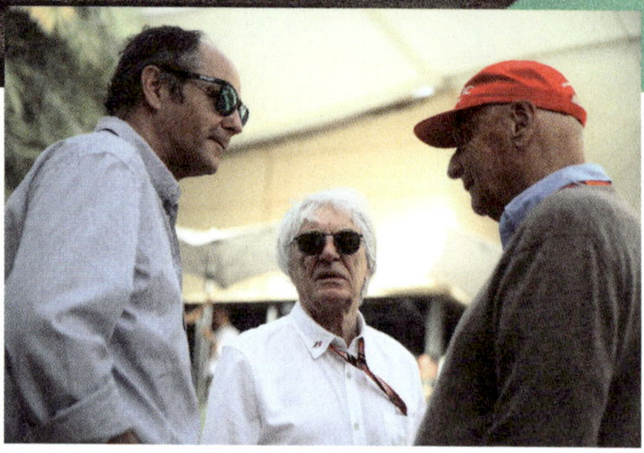

Berger und Lauda im Gespräch mit Bernie Ecclestone 2018 in Bahrain.

sehr klar und dann sehr genau in der Umsetzung seiner Maximen. Immer sehr fokussiert.

Er blieb bei keinem Essen zu lange sitzen und bei keiner Unterhaltung, wenn die Themen nicht mehr zielorientiert waren, dann war sein Tag erledigt. Dann hat er sich ins Bett verzogen.

Grundsätzlich war er extrem ehrlich, er hat den Stier bei den Hörnern gepackt und ist sofort auf den Punkt gekommen. Auch in seiner Analyse und in der Diskussion war er immer ehrlich. Er hat nie gelogen, er hat höchstens mal was nicht gesagt.

Deshalb konnte man mit ihm viele Themen besprechen und man konnte sich wahnsinnig gut auf ihn verlassen. Er war immer erreichbar, sein Telefon war immer an. Niki hat immer zurückgerufen, war auch bei unangenehmen Themen immer bereit zum Gespräch.

Er war ein eigener Charakter, vielleicht kam er auch hin und wieder etwas kühl rüber.

DER EGOISMUS ALLER CHAMPIONS

Dieser oftmals kalte Eindruck entstand,

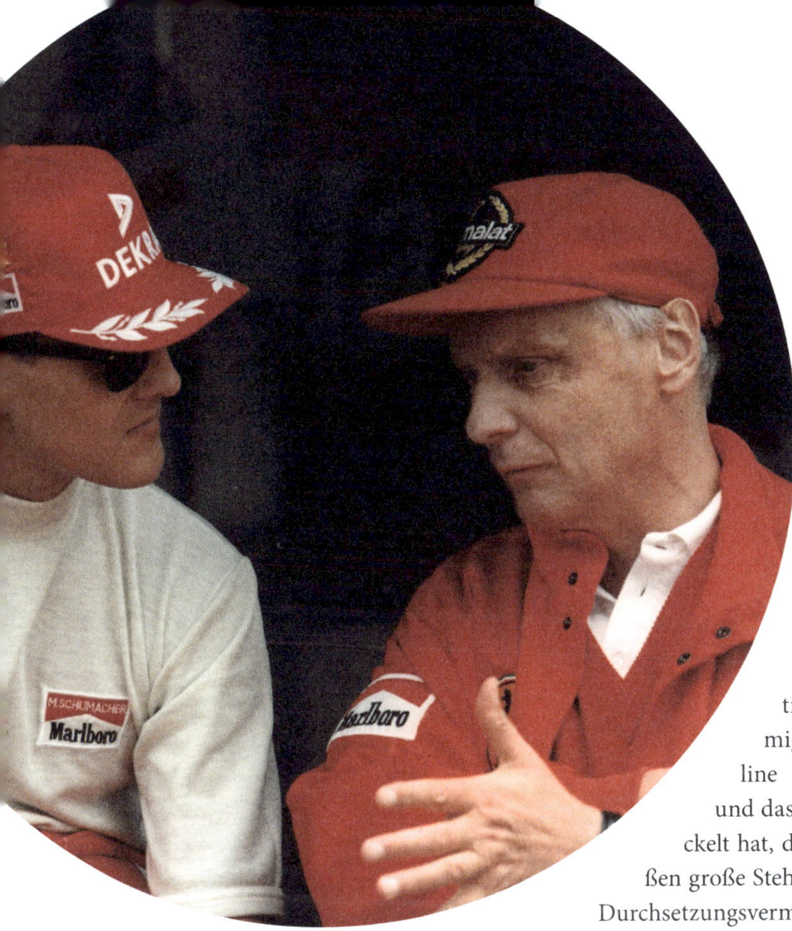

»Niki Lauda und Michael Schumacher konnten die Hürden bei Ferrari optimal meistern.«

weil er ebenso wahnsinnig analytisch war. Er hat alle Motorsportthemen immer sehr sachlich aufgearbeitet.

Und: Wie jeder große Champion, so war auch Niki von einem irre großen Egoismus getrieben.

Das hat ihn in seinen Geschäften schon seine Eigenständigkeit gebracht, dafür wurde er extrem respektiert. Was mich persönlich wahnsinnig beeindruckt hat: Seine Liebe zum Detail, seine Fähigkeit zur technischen Analyse, aber auch seine geschäftlichen Erfolge.

Seine Airline nehme ich als ganz großes Beispiel, weil in diesem Unternehmen auch Misserfolge drin steckten. Der Flugzeugabsturz etwa, wie er dieses Thema anging, wie er vorher als Privatier für die Genehmigung seiner Airline gekämpft hat und das Geschäft entwickelt hat, das zeigte dermaßen große Steherqualitäten und Durchsetzungsvermögen.

Genau so ist er auch Rennen gefahren. Als Paket war er unglaublich stark. Vieles war bei ihm reine Kopfsache.

Wie er 1984 Alain Prost geschlagen hat, der blutjung war, der gut reinkam in die Saison, da zeigte er Charakterzüge, wie man sie selten bei einem Menschen findet.

»FERRARI HAT EIGENE GESETZE«

Niki Lauda und Ferrari – Grundsätzlich ist Ferrari das Maß aller Dinge in unserem Sport. Ferrari hat seine eigene Art und seine eigenen Gesetze. Es gibt nur ganz wenige, die im Umfeld von Ferrari auch super erfolgreich sein können.

Das hängt mit der italienischen Mentalität und mit der Emotion dort zusammen. Ferrari ist kein Selbstläufer! Sie bieten tolle Voraussetzungen. Aber bei Ferrari gibt es auch Hürden.

Es gibt Fahrer, denen es gelang, diese Hürden optimal zu meistern. Das waren etwa Niki Lauda und Michael Schumacher. Sie konnten beide auch das Team führen. Es gab Fahrer, die mit anderen Teams Weltmeister wurden, die aber bei Ferrari nicht funktionierten. Lauda und Schumacher dagegen spielten das Ferrari-Klavier auf allen Tasten.

Lauda war in dieser Zeit super erfolgreich, weil er wusste, wie man das Potenzial, das in Ferrari steckt, weckt und optimal nutzt. Er hat sich auf diesen Job akribisch und optimal vorbereitet. Lauda sagte sich: »Wo ist die Stärke von Ferrari?«

Er wusste: »Wir haben die einzige eigene Teststrecke, das ist ein unschlagbarer Vorteil, den müssen wir nutzen. Ich kann Tag und Nacht fahren!

Die Summe dieser Details hat ihm letzten Endes den großen Erfolg gebracht.

Ferrari ist vom Kern her italienisch-emotional. Das ist super für die Motivation eines Fahrers. Aber diese ganz klare, analytische Arbeitsweise von Niki Lauda war dazu die optimale Ergänzung. Ich war auch eher ein emotionaler Typ.

Ferrari und ich – das hat gepasst. Aber diese Gründlichkeit – im Fall Schumacher: Die deutsche Gründlichkeit – mit dieser Emotion zu verbinden, das ist dann der letzte Kick.

Michael Schumacher passte super zu Ferrari, aber nicht, weil er ideal zu den Italienern gepasst hat, sondern weil er die optimale Ergänzung zu ihnen und ihrer Arbeitsweise war.

Niki und Michael wussten beide, die italienische Kultur bei Ferrari aufzubrechen und gute Ingenieure aus dem Ausland zu holen, wie Ross Brawn. Sie hatten mit Ferrari den ganz großen Erfolg – und der steht bei diesem Rennstall über allem.

Lauda hatte immer ein Gespür für Fahrer, die es bis ganz nach oben schaffen

GERHRARD BERGER

Der Zeitzeuge: Gerhard Berger fuhr zwischen 1984 und 1997 insgesamt 210 Rennen in der Formel 1, unter anderem für die Teams von Arrows, Benetton, McLaren und zwei Mal für Ferrari. Dabei landete Berger zehn Grand-Prix-Siege und startete zwölf Mal von der Pole Position. Er wurde 1988 und 1994 jeweils Dritter in der WM-Fahrerwertung.

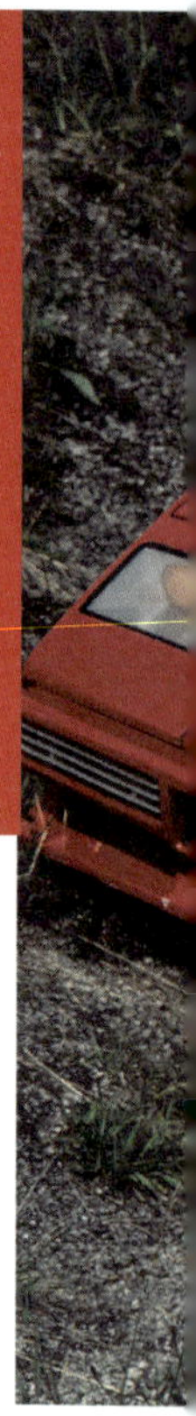

Anders als Landsmann Lauda, der stets Ferrari zugeneigt war (»Die wirklich tollen Gefühle, die krieg' ich eben nur beim Ferrari!«) begeisterte sich Gerhard Berger privat für den Lamborghini Countach. Aber nur ohne den ikonischen Heckflügel, der sei »schiach«, befand Berger.

können.
Niki hätte – ohne Zweifel – in einem Max Verstappen den kommenden Weltmeister, den Fahrer mit dem größten Potenzial, erkannt. Aber mit Lewis Hamilton hat Ferrari für das Jahr 2025 auch einen guten Griff getan.

»ER KONNTE DEN EIGENEN SCHMERZ GUT KONTROLLIEREN«

Lauda bei McLaren – auch das hat gepasst, aber es war von der Emotionalität her anders. Er war auch dort super erfolgreich. Lauda war einfach ein Weltmeister, egal, in welchem Team.
Sein Vermächtnis ist für mich ganz klar: Niki hatte eine sehr hohe Schwelle für seinen eigenen Schmerz, den hat er sehr gut kontrollieren können.
Aber: Er war sehr sensibel, wenn Andere durch ihn Schmerzen erlitten hatten. Er war an der Flugzeugkatastrophe von 1991 in Thailand nicht schuld, aber es war sein Flugzeug.
Ich glaube, das war für ihn eine schwierigere Tragödie. Sie war schwere, als viele andere, die er erlebt hat.

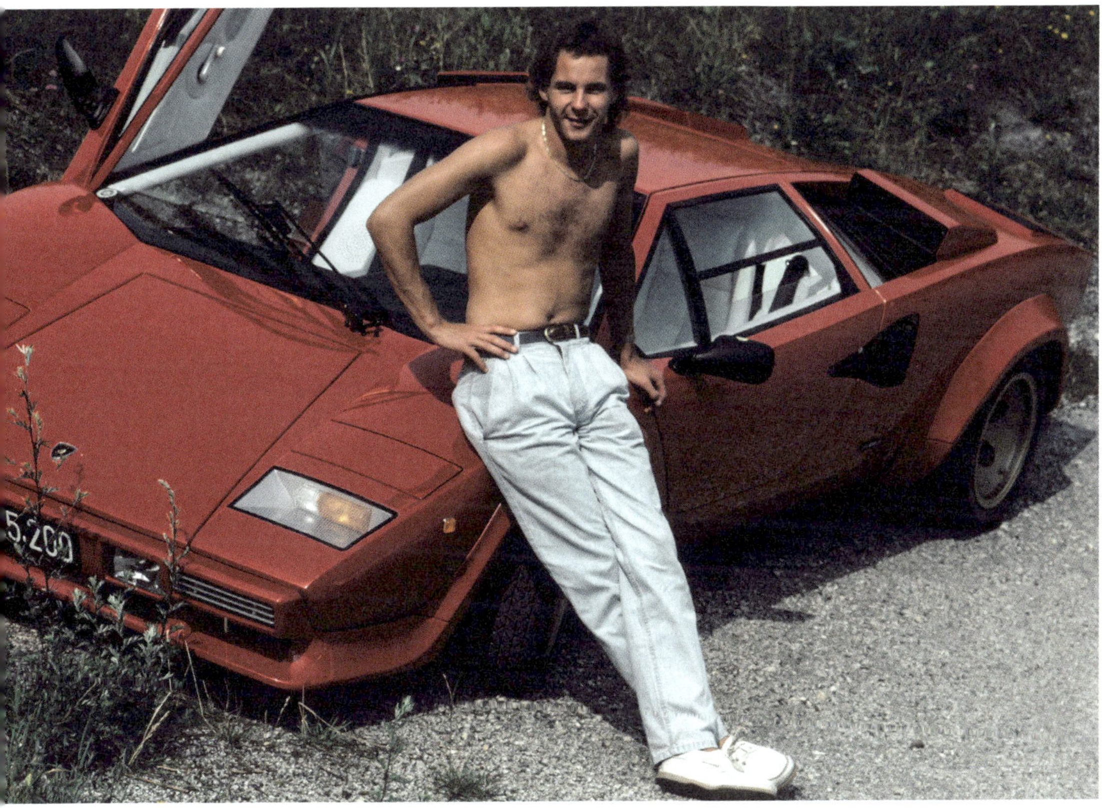

KAPITEL 14

»ICH FAHRE NICHT GERNE AUTO« – LAUDAS PRIVATE WAGEN

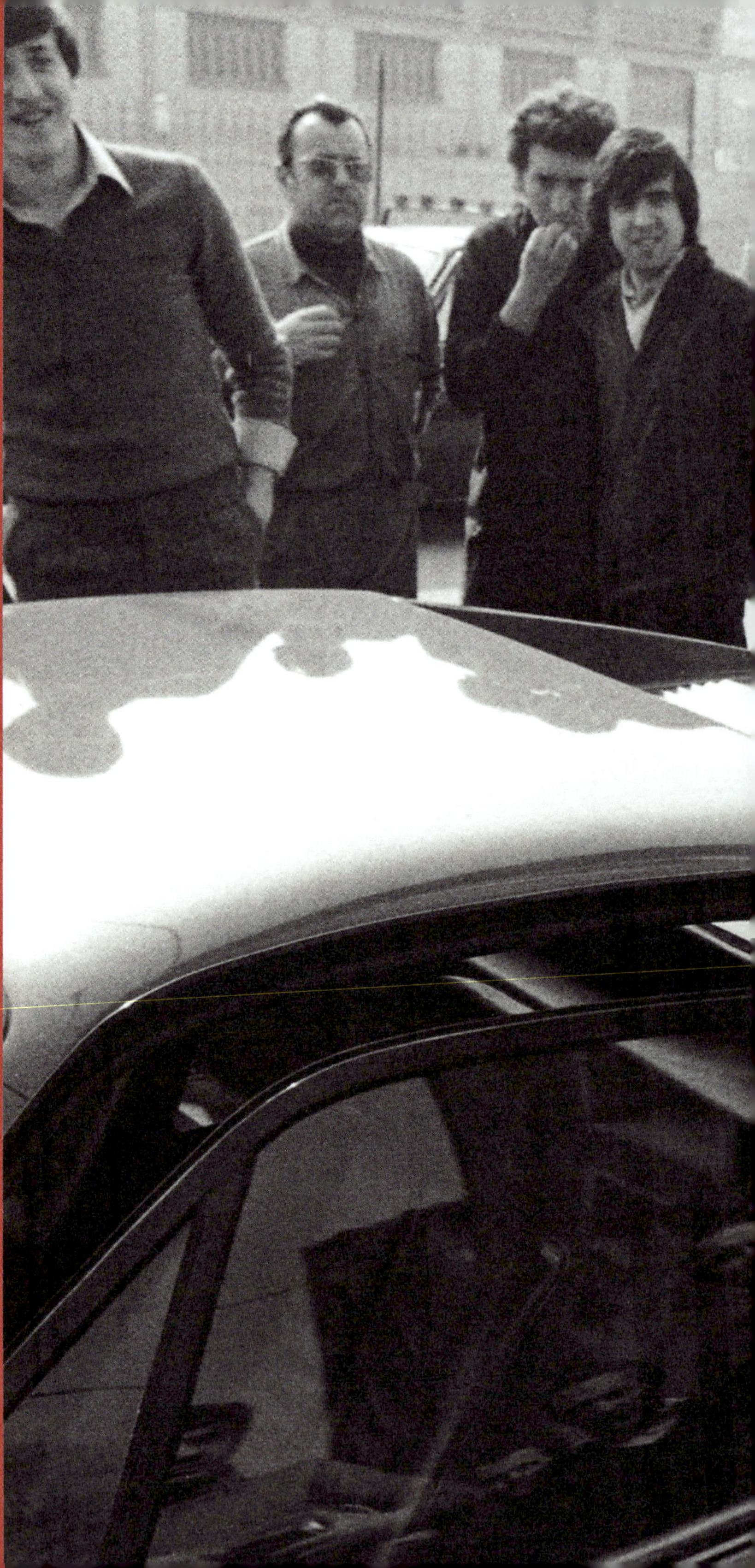

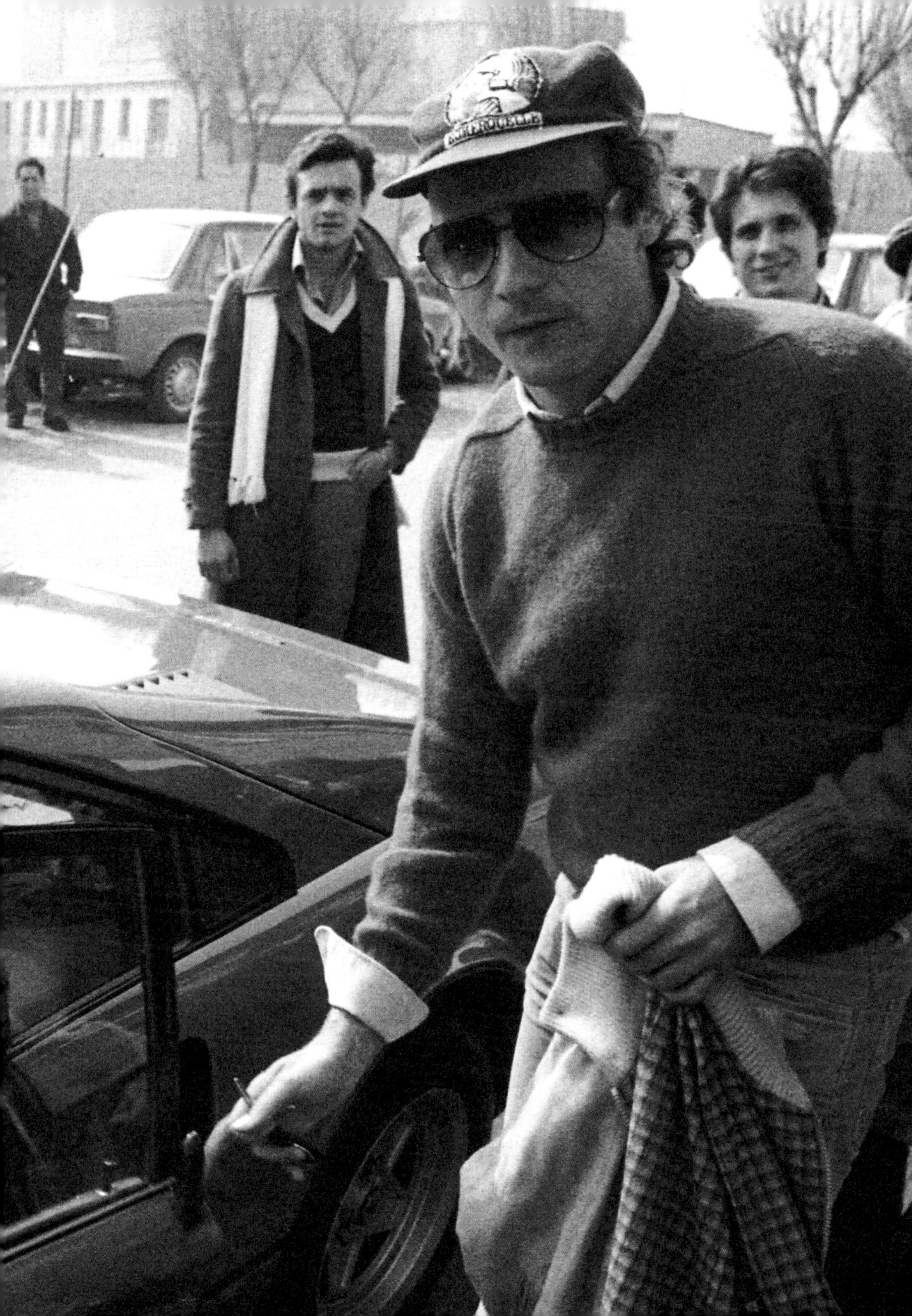

»ICH FAHRE NICHT GERNE AUTO« – LAUDAS PRIVATE WAGEN

Am 15. März 1967 stellte die Bezirkshauptmannschaft Neunkirchen für Andreas Nikolaus Lauda, Tag und Ort der Geburt, 22. Februar 1949 in Wien, Wohnort Reichenau, Hirschwang Nr. 1, die Fahrerlaubnis mit der Nummer 26.031 aus.

Das Portal BILD.DE präsentierte zu Laudas 70. Geburtstag im Jahr 2019 ein Foto des Führerscheins – und verriet gewohnt nonchalant »sieben Geheimnisse« rund um die Formel-1-Legende.
So berichtete der Reporter Helmut Uhl, der mehr als 40 Jahre lang über die Formel 1 schrieb, unter anderem, dass Lauda bereits drei Jahre lang Auto fuhr, ehe er »die Pappe bekam«.
Inoffiziell natürlich. Auf dem Firmengelände der Papierfabrik seiner Großeltern drehte Lauda in einem VW Käfer seine Runden, als er erst 15 Jahre alt war.

Drei Wochen nach seinem 18. Geburtstag bekam er dann den Führerschein auch »offiziell« ausgestellt. Doch welche Autos fuhr Andreas Nikolaus Lauda abseits der Rennstrecke?
Es war dies ein Thema, dem sich der Formel-1-Star nicht gern widmete. So bekannte Lauda in einem Interview mit der Zeitschrift GQ rund um den Kino-Start des Sportfilms Rush – Alles für den Sieg (Oktober 2013): »Ich fahre nicht gerne Auto«.
Eine überraschende Aussage, die der Wiener so begründete: »Autofahren auf der Straße ist das Einhalten von Regeln. Fertig und aus. Das tue ich und versuche, meinen Führerschein zu behalten.«

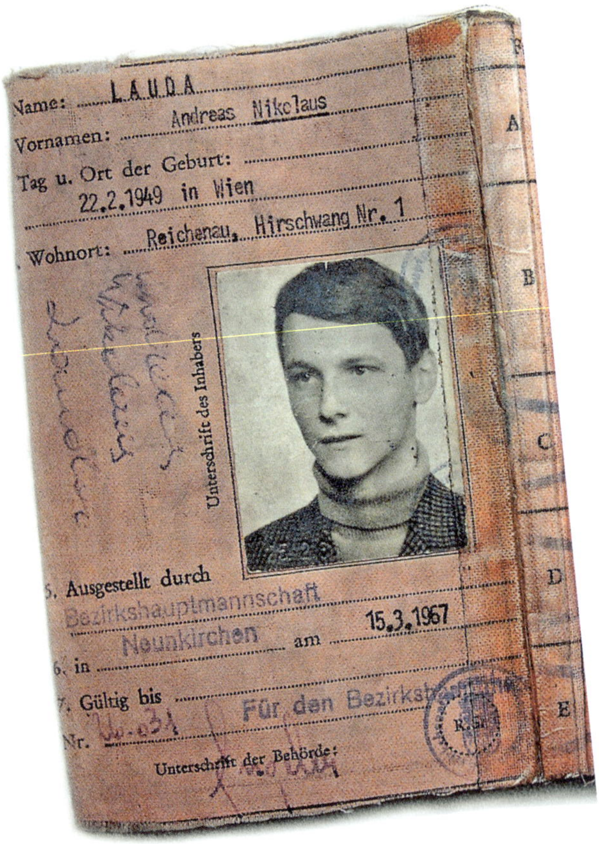
Name: LAUDA
Vornamen: Andreas Nikolaus
Tag u. Ort der Geburt: 22.2.1949 in Wien
Wohnort: Reichenau, Hirschwang Nr. 1
Unterschrift des Inhabers
5. Ausgestellt durch Bezirkshauptmannschaft Neunkirchen am 15.3.1967
6. in
7. Gültig bis
Nr.
Für den Bezirks
Unterschrift der Behörde:

Laudas Führerschein mit der Nummer 26.031, ausgestellt am 15. März 1967. Gefahren ist der spätere Weltmeister aber schon lange vorher.

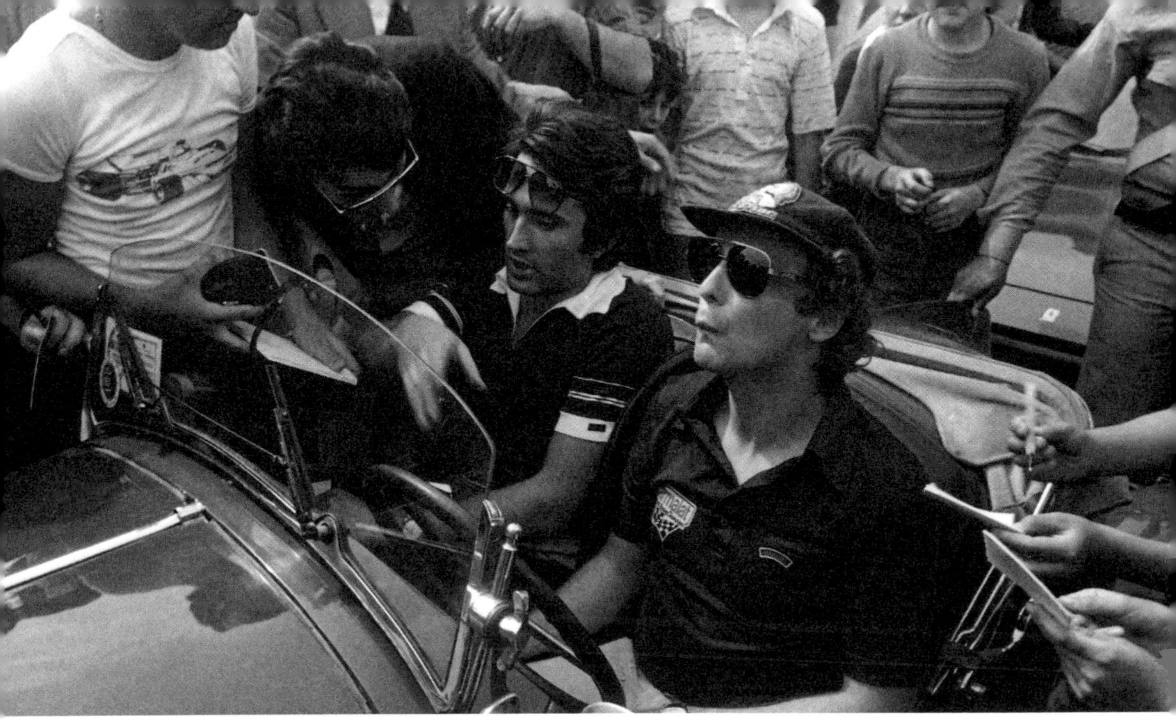

Lauda in einem Fiat Balilla 508S Coppa d'Oro (1933) während der einmaligen Wiederauflage des historischen Bergrennens Parma–Poggio di Berceto, am 12. Juni 1977.

Für das Magazin auto motor und sport öffnete Niki Lauda schließlich im August 2015 seine private Garage.

Lauda damals: »Seit zwei Wochen habe ich einen Mercedes-AMG GT S. Ich habe lange mit mir gekämpft, ob ich es mir leisten kann, so ein Auto zu fahren. Mit meiner roten Kappe werde ich ja überall erkannt. Wenn ich die 30 Kilometer vom Büro zum Flughafen in der Stadt im Comfort Mode fahre, brauche ich 9,8 Liter. Kaum bin ich raus aus Wien, schalte ich nach links, auf einen für mich programmierten Modus. Auspuff laut, zurückschalten mit Zwischengas. Es ist eine Hetz.«

»ICH MÖCHTE MEINEN FÜHRERSCHEIN BEHALTEN.«
NIKI LAUDA, 2013

Der Mercedes-AMG GT S Sportwagen war jedoch nicht Laudas einziges Privatauto. Auf Ibiza, wo der Österreicher fast 40 Jahre lang in verschiedenen Villen lebte, erst in Santa Eulària, später in der Casa »La Le Lu«, südlich von Villen-Ort Es Cubells, setzte er ab 2008 und bis zum Verkauf des Anwesens auf einen Land Rover Defender.

Den Defender 90 mit kurzem Radstand

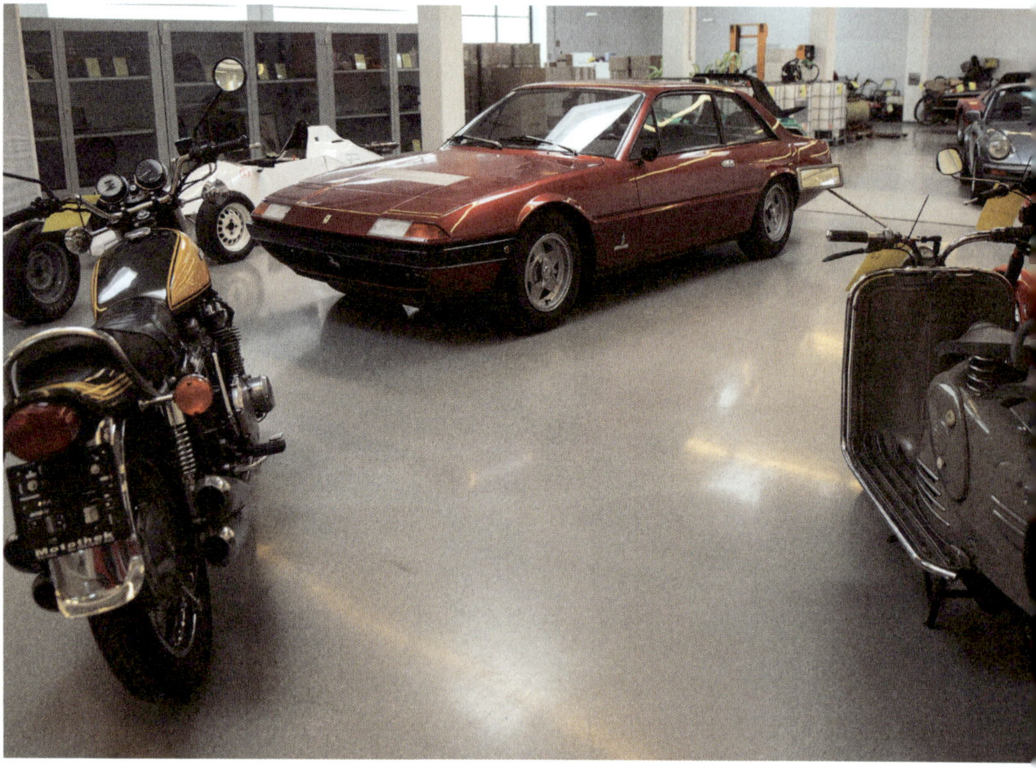

Zu seiner Vertragsunterzeichnung bei der Scuderia erhielt Lauda einen fabrikneuen Ferrari 365 GT4 2+2. Er fuhr den Wagen zwei Jahre mit italienischen Zollkennzeichen...

in der Topausstattung »SE«, dessen 2,4 Liter Common Rail Turbodiesel 122 PS zu leisten im Stande ist, übernahm der Ex-Rennfahrer von einem Autohaus in Wien-Erdberg. »Verkaufsberater Herr Andreas Huber hatte die Ehre, die nicht alltägliche Fahrzeug-Übergabe im Land Rover Schauraum vorzunehmen«, schrieb das Portal gelaendewagen.at.

KEINE FINGERABDRÜCKE AUF DEN AUTOS

In Wien verwendete Lauda ein Mercedes GT S-Modell. Lauda war nicht nur im Zusammenspiel mit seinen Formel-1-Teams ein Perfektionist.

Wenn es um seine eigenen Autos ging, so berichtete Die Presse im Januar 2014 kurz vor seinem 60. Geburtstag, war er mindestens genauso detailversessen. »Ein depperter Fingerabdruck«, verriet er der Zeitung damals, »kann mir so auf die Nerven gehen, dass ich das Auto sofort waschen lasse. «

Grau und metallic waren dabei die bevorzugten Farben des Niki Lauda. »Schwarz macht sich zu wichtig und ist daher nicht in der Auswahl, Peinlichkeiten wie Rot oder Blau hat er sich noch nicht vorzustellen versucht.« (Die Presse).

LAUDAS AUTO-TRÄUME

Auch verriet Lauda im Jahr 2015, dass er »sich im Winter einen GLE Coupé von Mercedes zulegen« werde.

Lauda damals: »Der Plan war: Ich gehe von der E- auf die C-Klasse herunter. Jetzt kam mir der GT S in die Quere. Das nächste Auto? Ein GLE Coupé.«

Lauda: »Das Auto muss mich emotional ansprechen und das fängt natürlich bei der Optik an, der C-Kombi, noch dazu als AMG, ist wunderschön, da passt alles. Emotionalität kann sich ja nicht nur auf Sportautos beschränken.«

Die private Auto-Biografie des Niki Lauda liefert – ähnlich wie auf der Rennstrecke – mitunter spektakuläre Episoden.

Das »Race of Champions« war am 12. Mai 1984 auf dem Nürburgring in Rheinland-Pfalz eines der ungewöhnlichsten Rennsport-Events per se.

20 aktuelle und ehemalige Formel-1-Fahrer duellierten sich in speziell aufpolierten Mercedes-Wagen in einem PR-Event und Show-Rennen über zwölf Runden.

Die Formel-1-Legenden am Steuer waren u. a. Lauda, Ayrton Senna († 1994), Alain Prost, Sir Stirling Moss († 2020), James Hunt († 1993), Elio de Angelis († 1986), Jody Scheckter, Carlos Reutemann († 2021) und Keke Rosberg.

Schirmherr war der nicht minder von Legenden umwitterte, fünfmalige Formel-1-Weltmeister Juan Manuel »El Maestro« Fangio († 1995) aus Argentinien.

Laudas Wagen für dieses Rennen war

... dann gab er ihn wieder ab - möglicherweise, um sich die aufwendige Einfuhr nach Österreich zu ersparen.

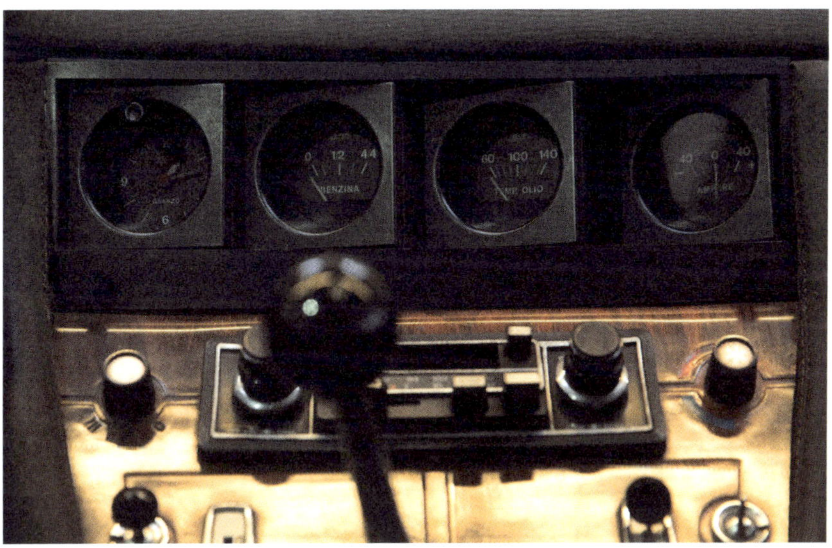

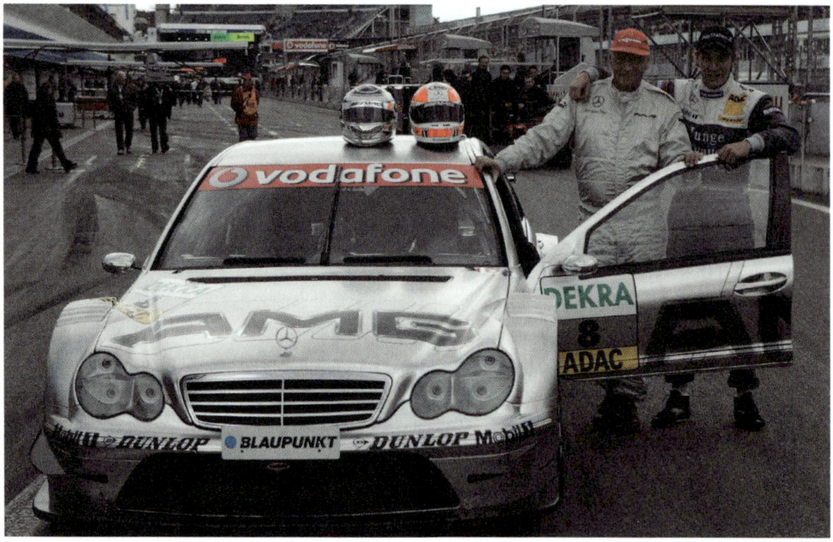

Auch Laudas Sohn Mathias ist als Automobilrennfahrer aktiv, ab 2006 für einige Jahre in der DTM, hier gemeinsam mit Niki Lauda auf dem Hockenheimring.

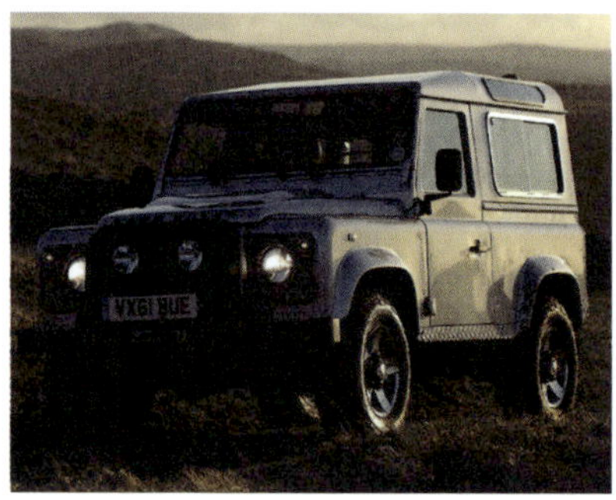

In seinem Feriendomizil in Ibiza nutzte Lauda einen Land Rover Defender 90. Der kam ohne Probleme über die Schotterstraßen der Balearen-Insel.

ein Mercedes 190 2.3-16, den Gerhard Lepler von Mercedes-Benz Sport-Technik eigens modifiziert hatte.

Die für das Rennen optimierten Mercedes-Autos wurden mit geänderter Auspuffanlage, Sportfahrwerk, stärkerem Bremswerk, breiteren Felgen und Sportbereifung sowie verbesserter Übersetzung ausgestattet – und anschließend wieder in den Originalzustand zurückgebaut.

Der 2.3-Liter-Vierzylindermotor brachte es ohne Katalysator auf 185 PS.

Mit dem »Race of Champions« feierten die Stuttgarter 1984 die Einführung des neuen Mercedes 190 und gleichzeitig die Einweihung der neuen Grand-Prix-Strecke am Nürburgring. Lauda wurde mit einem Rückstand von 1,58 Sekunden Zweiter hinter Senna.

Während die übrigen Modelle als Gebrauchtwagen verkauft wurden, blieben die Autos von Lauda und Senna im

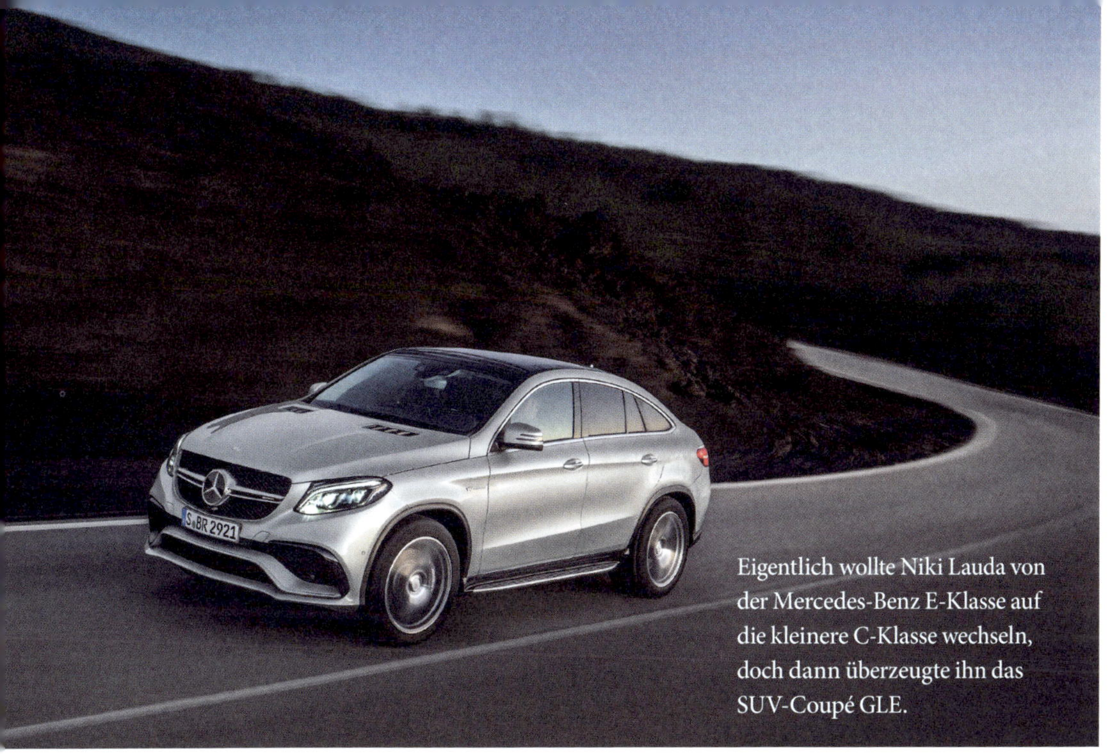

Eigentlich wollte Niki Lauda von der Mercedes-Benz E-Klasse auf die kleinere C-Klasse wechseln, doch dann überzeugte ihn das SUV-Coupé GLE.

Rennmodus. Laudas Wagen mit der Startnummer 18 am Heck und seinem Namenszug wurde vom Österreicher 2016 selbst mit einer Signatur auf dem Dach beschriftet, was sicher zur Wertsteigerung beitrug.

Der Wagen hatte lange eine deutsche Zulassung. Einer der Besitzer war später der Textilunternehmer Joachim Holy. Der Mercedes 190 von Lauda landete 2023 nach Wegen und Irrwegen bei einer Auktion in St. Moritz (Schweiz). Der Verkaufserlös wurde vorab auf eine halbe Million Schweizer Franken geschätzt.

Was heute unglaublich anmutet: Niki Lauda besaß privat kein einziges Rennauto. Selbst als ihm Enzo Ferrari († 1988) am Ende des ersten Weltmeisterschaftsjahres seinen Siegerwagen von 1975 verkaufen wollte, passte er.

»DU KANNST DEIN WELTMEISTER-AUTO HABEN«

Lauda schilderte diese Geschichte bei auto, motor und sport so: »Ich hörte einen Monat nichts mehr von Enzo Ferrari und ging zu Gozzi (Franco Gozzi / † 2013), der rechten Hand des Chefs, wollte wissen, was mit meinem Auto ist. Kein Problem, sagt der, musst du zahlen. Ich erkläre ihm, dass der Alte mir das Auto schenken wollte. Nein, hieß es, es geht nur Kaufen. Am gleichen Tag sah ich in der Rennabteilung das nächstjährige Auto. Das hat mich so angemacht, dass für mich der 75er Ferrari erledigt war. Hätte ich ihn nur gekauft.«

Eben das versäumte Niki Lauda. Der Ferrari 312T, der auf dem Weg zum Titel 1975 bei den Grand-Prix-Rennen in den Niederlanden, Frankreich, Deutschland,

Österreich und Italien im Einsatz war, wurde im Juni 2019, kurz nach Laudas Tod, vom Auktionshaus Gooding & Company verkauft. Wie das Forbes Magazine berichtete, sollte der Wagen zwischen sechs und acht Millionen US-Dollar einbringen.

Behalten hat Lauda nur einen Dienstwagen von Ferrari. Diesen hatte ihm Enzo Anselmo Ferrari, »Il Drago« (Dt.: Der Drachen), wie der Rennwagen-Unternehmer wegen seiner herrischen Art auch genannt wurde, 1973 bei der Vertragsunterzeichnung mit dem Traditions-Rennstall geschenkt.

Es war ein Ferrari 365 GT4 2+2, ein Gran-Torismo-Coupé, das 1972 erstmals gebaut wurde und mit einem 325 PS starken Zwölfzylinder-Motor bis 1989 auf dem Markt war. Das Wiener Dorotheum präsentierte 2022 Fotos, die den stolzen Wagenbesitzer Niki Lauda bei der Handwäsche zeigten.

Lange blieb der Ferrari 365 GT4 2+2 aber nicht im Lauda'schen Besitz, bereits 1975 und noch vor seinem ersten Titelgewinn mit dem Traditions-Team aus Maranello, hatte er den Wagen verkauft.

Eine Geldfrage, typisch für Lauda, möchte man meinen. Der Sportwagen hatte sein italienisches Ausfuhr-Kennzeichen (»Escursionisti esteri«).

Diesen Wagen in Österreich zu verzollen respektive ihn dort anzumelden, war Lauda, glaubt man der Kleinen Zeitung (Steiermark), Ausgabe vom 7. Dezember 2022, »schlichtweg zu teuer.«

> **»EMOTIONALITÄT KANN SICH NICHT NUR AUF SPORTAUTOS BESCHRÄNKEN.«**
>
> **NIKI LAUDA, 2015**

DIE ODYSSEE EINES FERRARIS

Schon 1975 begann für Laudas Dienstwagen eine echte Odyssee. In Denzel bei Innsbruck, so der Plan des Formel-1-Weltmeisters in spe, sollte der Sportwagen an einen österreichischen Ferrari-Markenleiter verkauft werden. Übernommen wurde das Coupé allerdings nicht von diesem Interessenten, sondern von dessen Bruder.

Die nächsten beiden Besitzer waren der 1976 für March für ein Rennen (Großer Preis von Österreich) in der Formel 1 gestartete Karl Oppitzhauser aus Bruck an der Leitha und Michael Detzel, Sohn von Ferrari-Importeur Wolfgang Detzel.

In dieser Phase wurde Laudas Ferrari auf Dunkelrot (metallic) neu lackiert, danach verlor sich seine Spur. Und zwar über Jahrzehnte.

Wolfgang Humer war es 2022 wohl zu verdanken, dass das Auto noch einmal in den Fokus der Öffentlichkeit rückte. Der langjährige Leiter der Abteilung »Klassische Fahrzeuge« im Wiener Dorotheum entdeckte den Ferrari von Niki Lauda während der Besichtigung eines »Testarossa«. Die Versteigerung von Laudas Dienstwagen ging dann am 19. November 2022 mit 30.000 Euro an den Start – in einer Online-Auktion vom brachte er laut der Wiener Zeitung Kurier satte 207.000 Euro.

Dieses Geld hatte ein Österreicher investiert. Ein Online-Bieter gewann im Finish der Auktion gegen einen internationalen Interessenten – und sicherte sich den Oldtimer.

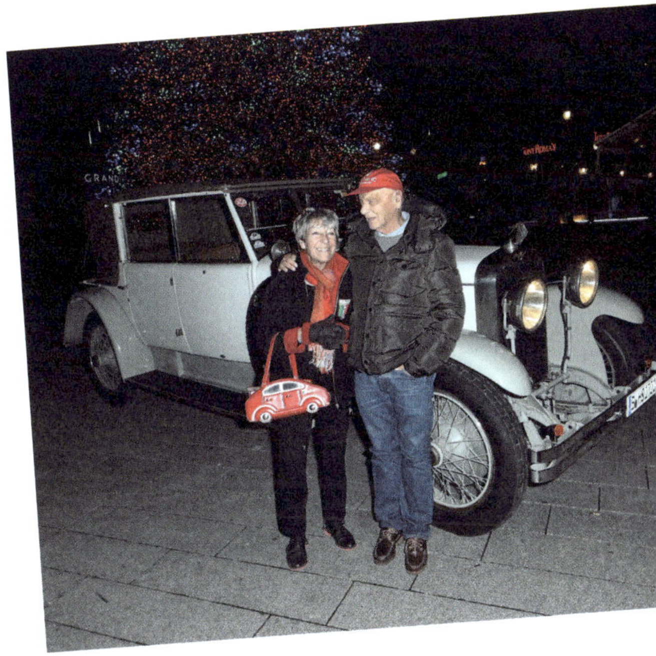

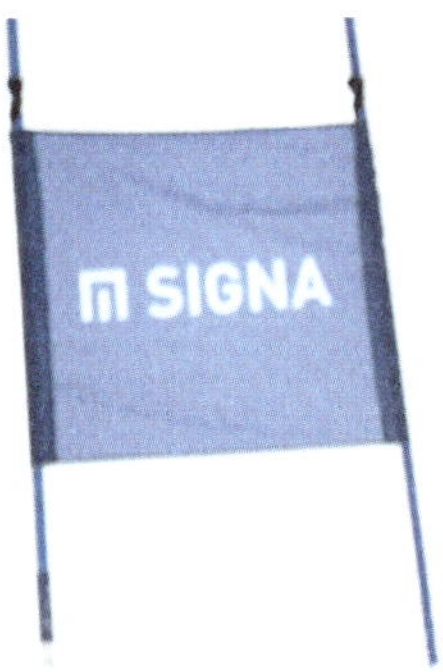

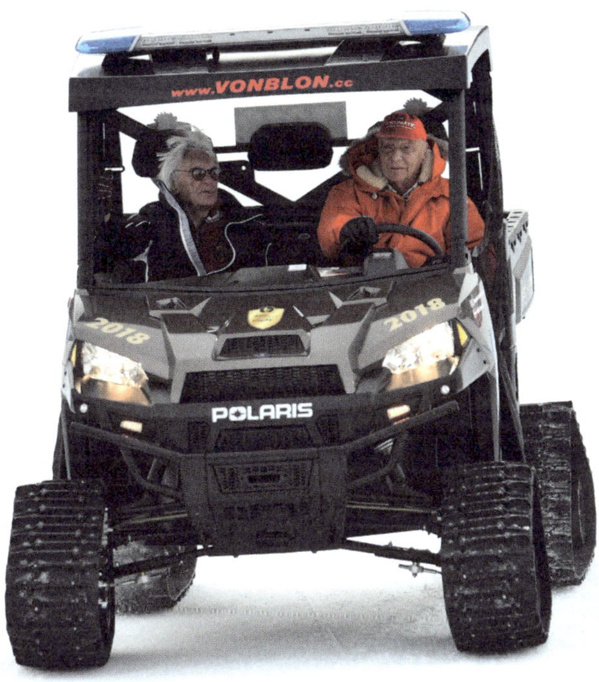

Mit Bernie Ecclestone im Schneemobil, Typ Polaris Ranger, während des Kitz Charity Race 2017.

KAPITEL 15

DIE SHOW: LAUDA UND DIE FORMEL 1 IM TV

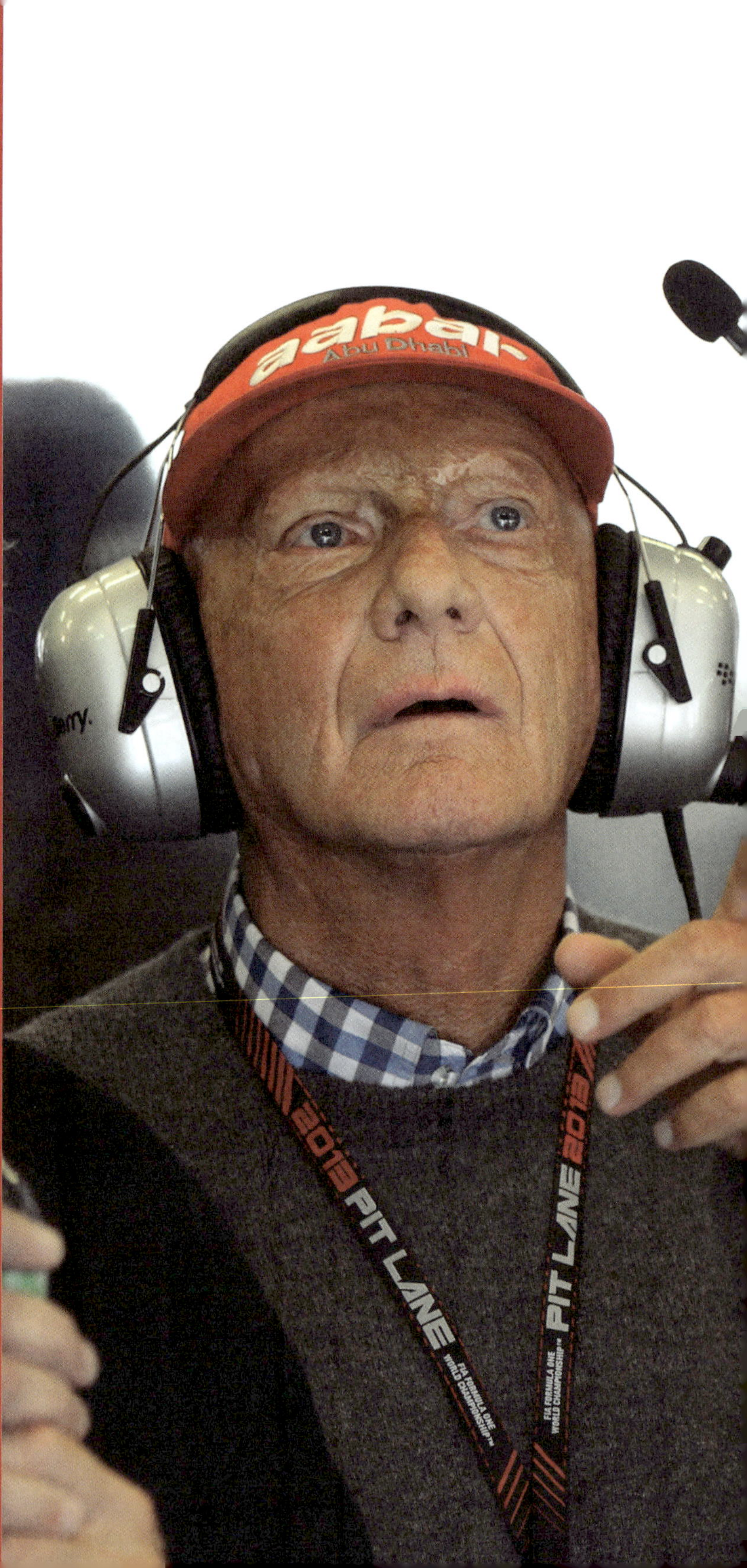

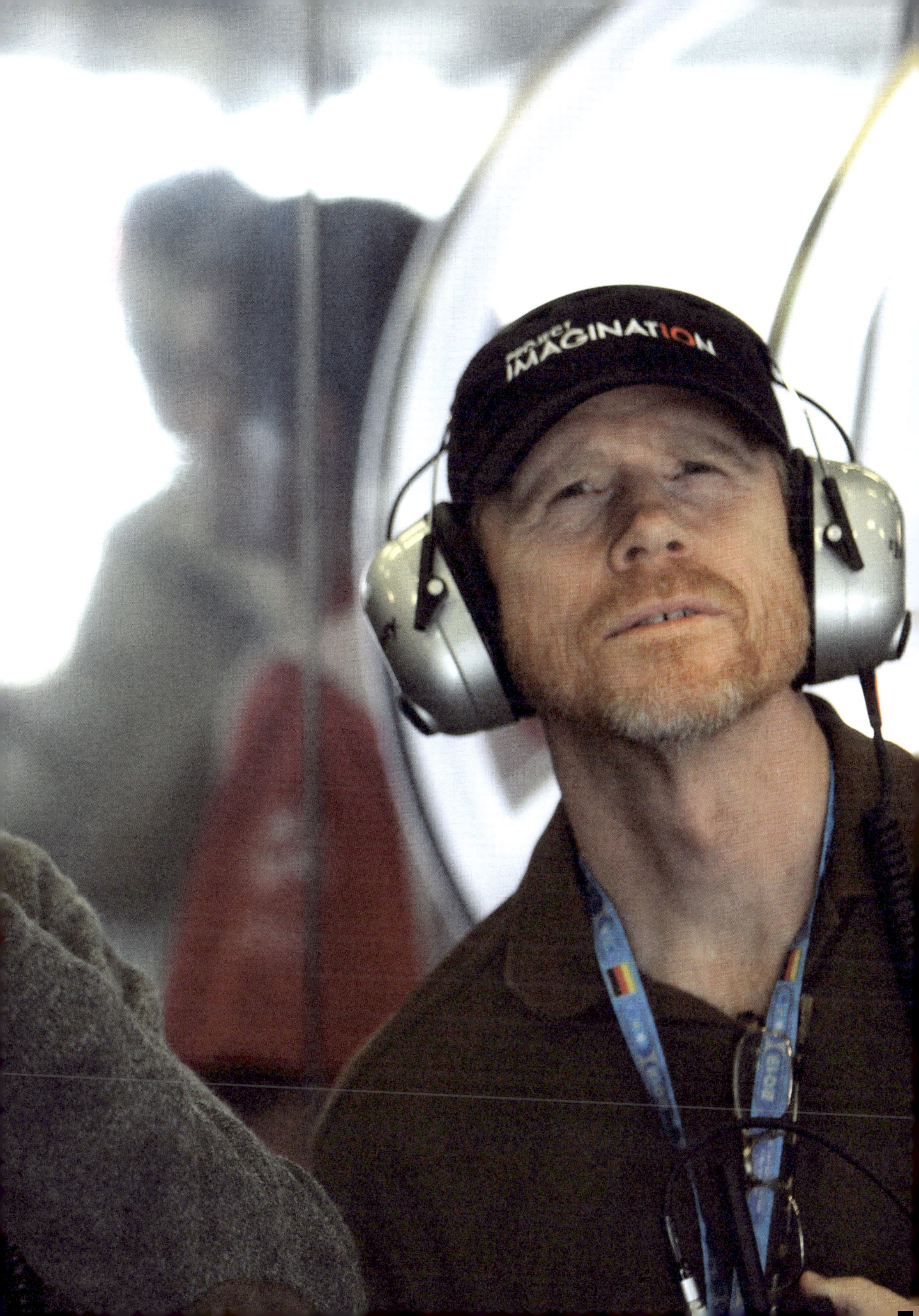
IMAGINATION

DIE SHOW – LAUDA UND DIE FORMEL 1 IM TV

»Ein Mensch ohne Umwege, ohne Zwischentöne.« So beschrieb der deutsche Fernsehmoderator Florian König seinen langjährigen Kollegen Niki Lauda nach dessen Tod. Die Zusammenarbeit beim deutschen Privatsender RTL mit Lauda hatte für König über mehr als zwei Jahrzehnte »für ein vertrautes Verhältnis« gesorgt.

Bei Laudas endgültigem Rückzug ins Privatleben 2017 lag die TV-Zuschauerzahl der Formel 1 in Deutschland bei 4,39 Millionen, was einen Marktanteil von 26,2 Prozent ausmachte.

Vergleichsweise wenig, gemessen an den Werten der Jahre, in denen RTL auf den Österreicher als Experten setzte und die Erfolgsserie des deutschen Weltmeisters Michael Schumacher im Ferrari einen Formel-1-Hype auslöste.

Formel 1 am frühen Sonntagnachmittag bei RTL mit »Schumi« und Niki, das war Kult. Ein Ritual, zwischen flatternden Ferrari-Flaggen am Balkon und den roten DEKRA-Kappen der im Wohnzimmer sitzenden Fans.

Bei Schumachers erstem Titelgewinn mit der Scuderia, den er im vorletzten Rennen 2000 in Suzuka in Japan einfuhr, lag der Marktanteil in Deutschland bei 56,3 Prozent – und 9,87 Mio. Zuschauern.

»Millionen von Menschen verfolgen den Motorsport weltweit im Fernsehen, weil sie eine Leidenschaft dafür haben«, sagte der große Brasilianer Ayrton Senna im November 1989, »es ist eine Show für sie.«

RTL HOLTE BECKENBAUER UND LAUDA

Niki Lauda war Teil dieser Show. Sein Einstieg als TV-Experte erfolgte am 25.

LAUDAS BESTE RTL-SPRÜCHE

»Heiko Wasser ist eine richtige Flasche.« Lauda über RTL-Außenreporter Heiko Wasser bei einem Promi-Rennen.

»Gianni Agnelli ist der Papst und König des FIAT-Imperiums. Vielleicht wollte er nach Budapest fahren, um Salami zu essen.« Lauda über FIAT-Tycoon Gianni Agnelli.

»Die Kinder sind noch nicht da, er hat sie ja gerade erst gemacht.« Niki Lauda über Heinz Harald Frentzen, der vor laufender RTL-Kamera vom kommenden Baby-Glück berichtete.

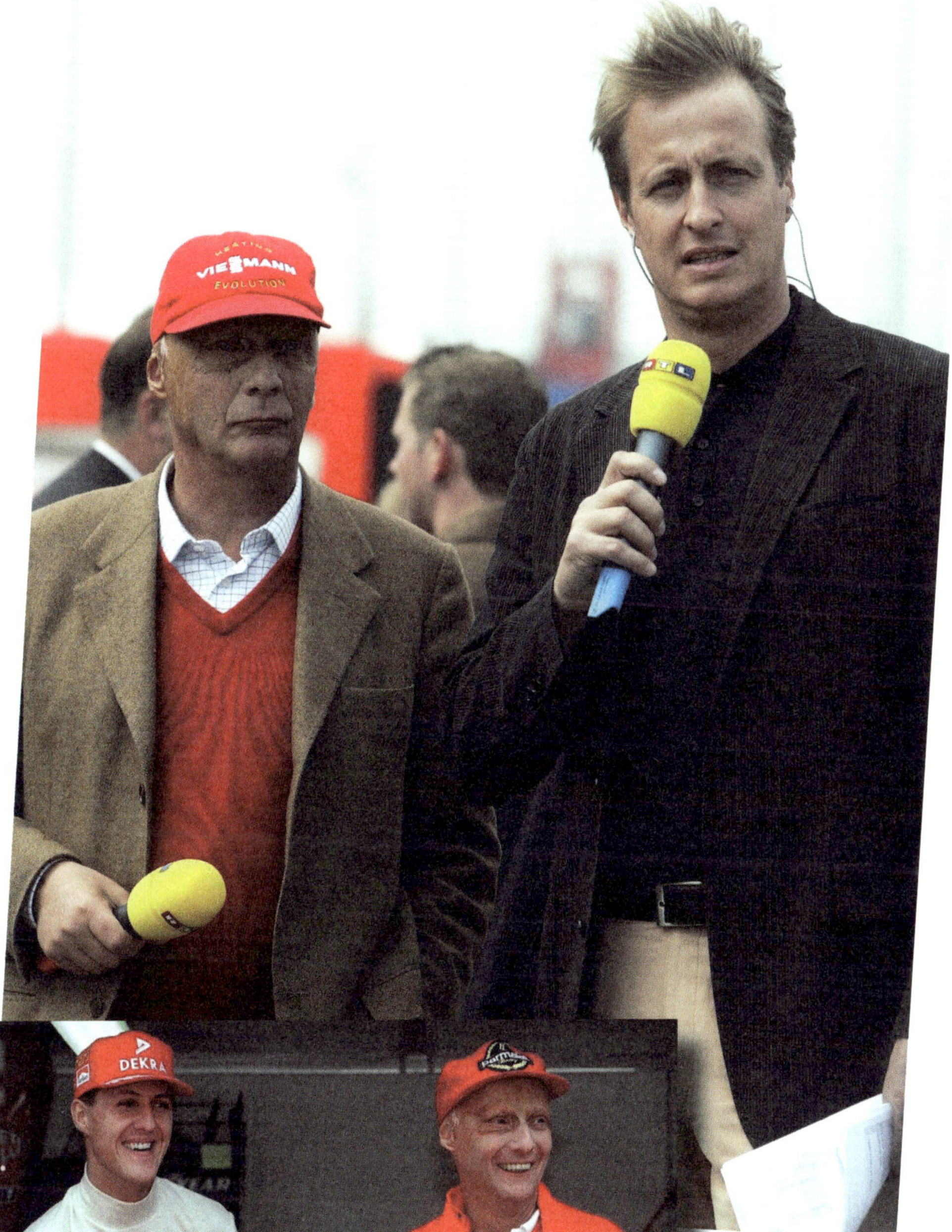

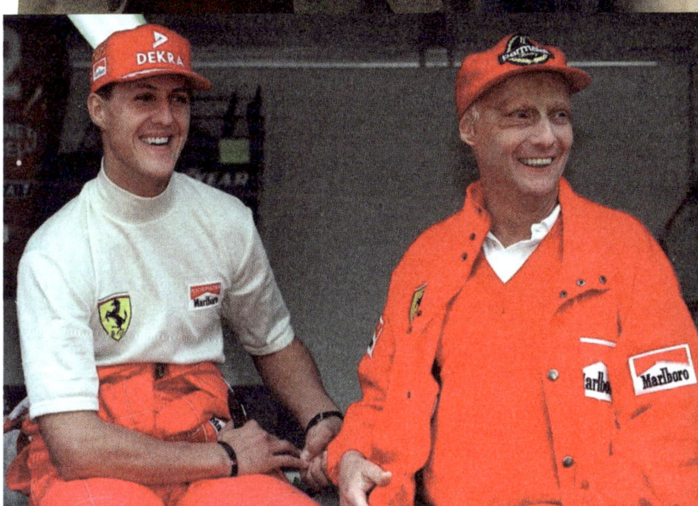

Oben: Niki Lauda und Florian König beim GP San Marino 2003.

Unten: Mit Michael Schumacher in Monaco, 1996.

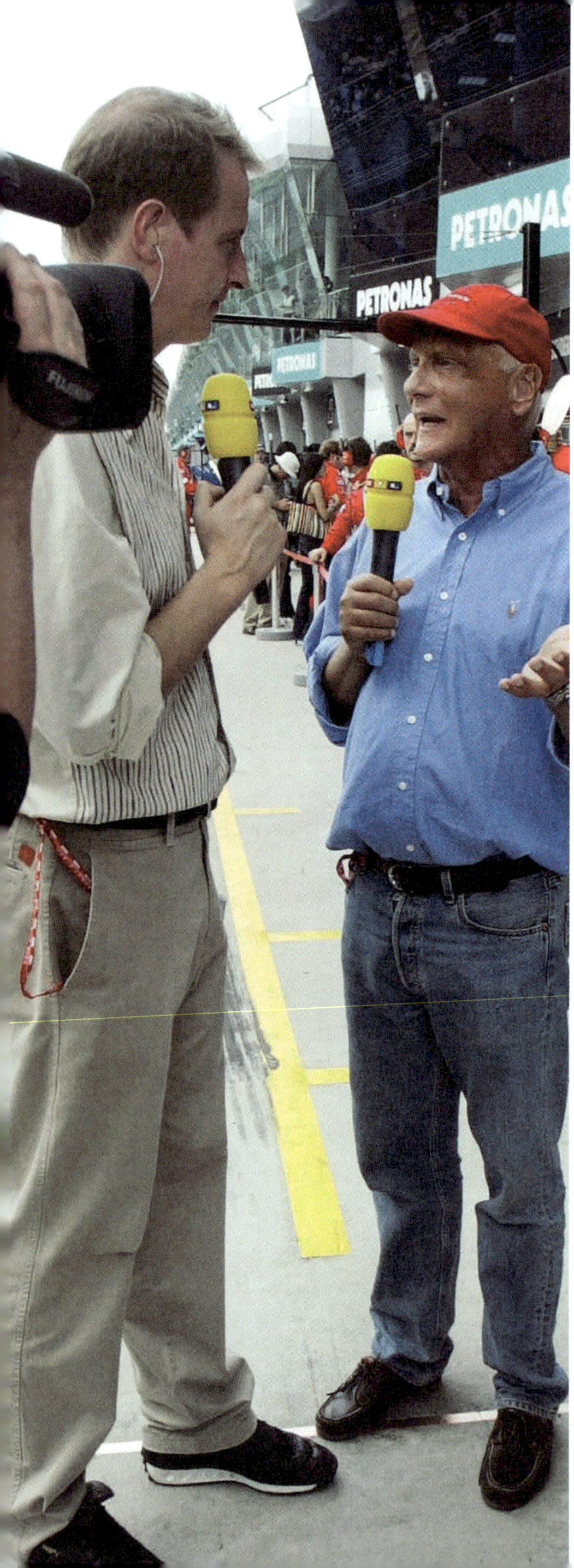

»Eddie Irvine war die Unterhaltung des Rennens.«

»Ich glaube nicht, dass wir hier ein Regenrennen sehen werden.« Lauda vor dem Großen Preis von Bahrain.

„Mark Webber wird vorwegfahren, und dann geht's um Vettel gegen den Polacken.« Lauda abwertend über den polnischen Renault-Fahrer Robert Kubica, Monaco 2010.

März 1995 – zum Saisonstart in Brasilien, mit dem Sieger Michael Schumacher, der damals noch im Benetton-Renault seinem zweiten Weltmeistertitel entgegen steuerte. Den »Schumi«-Titel und die Lauda-Premieren-Saison am Mikrofon sahen 5,63 Millionen Menschen im Fernsehen, das entsprach einen Marktanteil von 40,9 Prozent.
RTL hatte die Renn-Analysen im Studio in Köln ähnlich choreographiert wie bei den Champions-League-Übertragungen im Fußball, für die man an der Seite von Moderator Günter Jauch keinen geringeren als »Kaiser« Franz Beckenbauer († 2024) gewinnen konnte, der

Mehr als 20 Jahre erklärte Lauda den deutschen Fernsehzuschauern die Formel 1, hier 2003 mit Florian König in Kuala Lumpur.

selbst mit dem FC Bayern München zwischen 1974 und 1976 dreimaliger Gewinner des 1992 novellierten Landesmeister-Pokals war.
»Der gebürtige Österreicher war neben Franz Beckenbauer eben der bedeutendste TV-Experte, dem mehr als zehn Millionen deutsche Sportfans vertrauten und dessen Meinung sie schätzten«, schrieb die BUNTE im Jahr 2019 über Laudas Analysen.
Andreas Nikolaus Lauda war nach seinem finalen Ausstieg als Rennfahrer im Jahr 1985 erst zu Beginn der 1990er-Jahre in den Motorsport zurückgekehrt. So arbeitete er zwischen 1993 und 1995 als Berater für Ferrari.

»DU MUSST DIESEN KERL KRIEGEN, EHE IHN JEMAND ANDERS KRIEGT.«
BERNIE ECCLESTONE ZU FLAVIO BRIATORE ÜBER DIE VERPFLICHTUNG VON MICHAEL SCHUMACHER BEI BENETTON, 1991

»SCHUMACHER WOLLTE NICHT ZU FERRARI«

Die Italiener waren auf der Suche nach der verlorenen Zeit. 1993 lag ihr nach Punkten bester Fahrer, der Franzose Jean Alesi, nur auf Rang sechs der Fahrerwertung.
1994 fuhr Laudas österreichischer Landsmann und Freund Gerhard Berger auf den dritten Platz, ehe Alesi ein Jahr später als Fünfter die Saison beendete.
Dass Michael Schumacher 1996 bei Ferrari und nicht bei McLaren landete, ging auch auf Laudas Vermittlung zurück. Das verriet der langjährige Schumacher-Berater Willi Weber im Oktober 2015 bei formel1.de.
»Michael war sehr angetan von McLaren. Da lag ein Angebot vor. Ich wollte unbedingt zu Ferrari und habe mit Niki darüber gesprochen«, so Weber, »er war damals Berater und ich habe ihn gefragt: 'Kannst du nicht was tun? Nutz doch deinen Einfluss und schlag das mal vor.' Niki hat gesagt: 'Das ist eine saubere Idee, das gefällt mir. Werde ich machen.' Das war der erste Kontakt. Der zweite Kontakt ging dann schon über Jean Todt.«
Pressestimmen aus dem Jahr 1995 klangen zuerst wenig optimistisch. »Schumacher unterschreibt bei Ferrari«, schrieb Motorsport.com, »er hat seine Chancen, nächstes Jahr den Titel zu gewinnen, weg geworfen, um einen mit 39 Millionen Pfund dotierten Vertrag bei Ferrari zu unterschreiben.«
1991 lag die Zahl der TV-Zuschauer weltweit bei 1,37 Milliarden. Dennoch brachte dieses Jahr eine Zäsur. Nelson Piquet stieg nach nur einem Sieg (Kanada) und drei Jahren bei Benetton komplett aus, für Alain Prost war Schluss bei Ferrari.
Auch wenn der dreimalige Weltmeister Ayrton Senna (McLaren-Honda) 1991

ein Quoten-Garant war, so waren die Formel-1-Macher um Bernie Ecclestone hinter den Kulissen längst auf der Suche nach neuen Zugpferden. Vor allem für den deutschen TV-Markt.

Ein vielversprechender Newcomer war der damals 22 Jahre alte Kerpener Michael Schumacher. Er fuhr für das marode Team von Eddie Jordan.

Bernie Ecclestone: »Eddie war überglücklich, einen kommenden Superstar gefunden zu haben.« Aber: Schumacher bestritt für Jordan 1991 nur ein einziges Rennen – beim Großen Preis von Belgien in Spa.

Er hatte nämlich keine Renn-Garantie des irischen Managers, der später zugab, dass der Deutsche nicht seine erste Wahl fürs Team war. Ecclestone reagierte. Der Brite besprach sich mit dem 1989 erstmals in der Forme-1-Szene aufgetauchten, schillernden italienischen Benetton-Teammanager Flavio Briatore: »Ich sagte zu Flavio: Du musst diesen Kerl kriegen, ehe ihn jemand anderes kriegt, du musst ihn bekommen, denn er wird die Nummer eins sein.«

Nach einem nächtlichen Gespräch in einem Hotel in Monza mit Ecclestone, Briatore und Jordan ging der Wechsel zu Benetton während der Saison 1991 über die Bühne. Ein juristisches Nachspiel schloss sich an. In Monza fuhr Schumacher für Benetton auf Rang fünf – und holte seine ersten WM-Punkte. Michael Schumacher sollte sich als das Versprechen auf die Zukunft der Formel 1 erweisen.

Und Niki Lauda? Der Mehrfach-Welt-

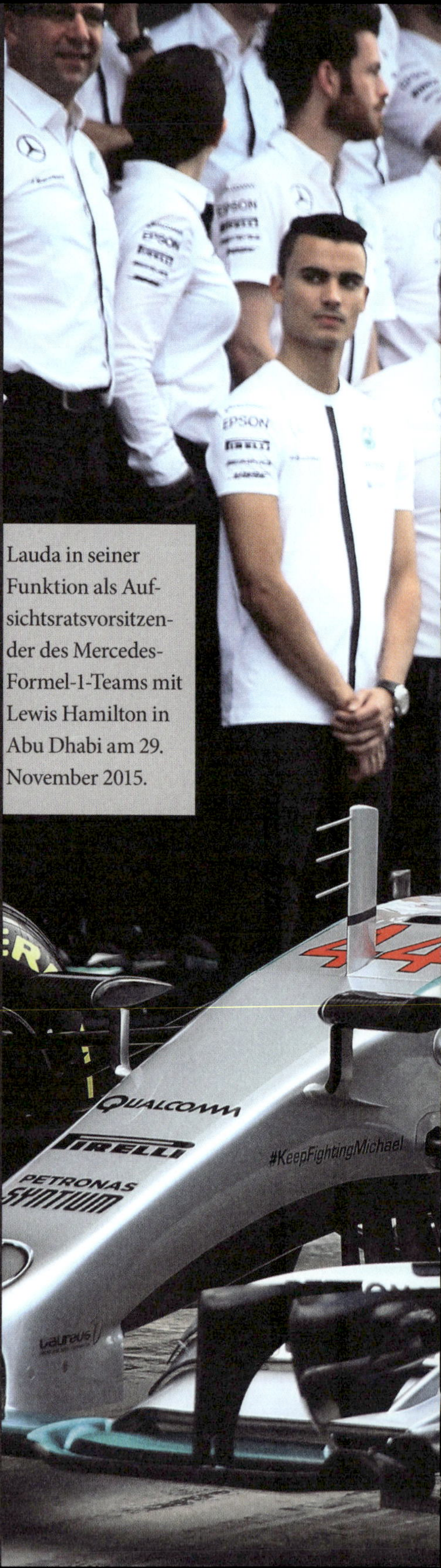

Lauda in seiner Funktion als Aufsichtsratsvorsitzender des Mercedes-Formel-1-Teams mit Lewis Hamilton in Abu Dhabi am 29. November 2015.

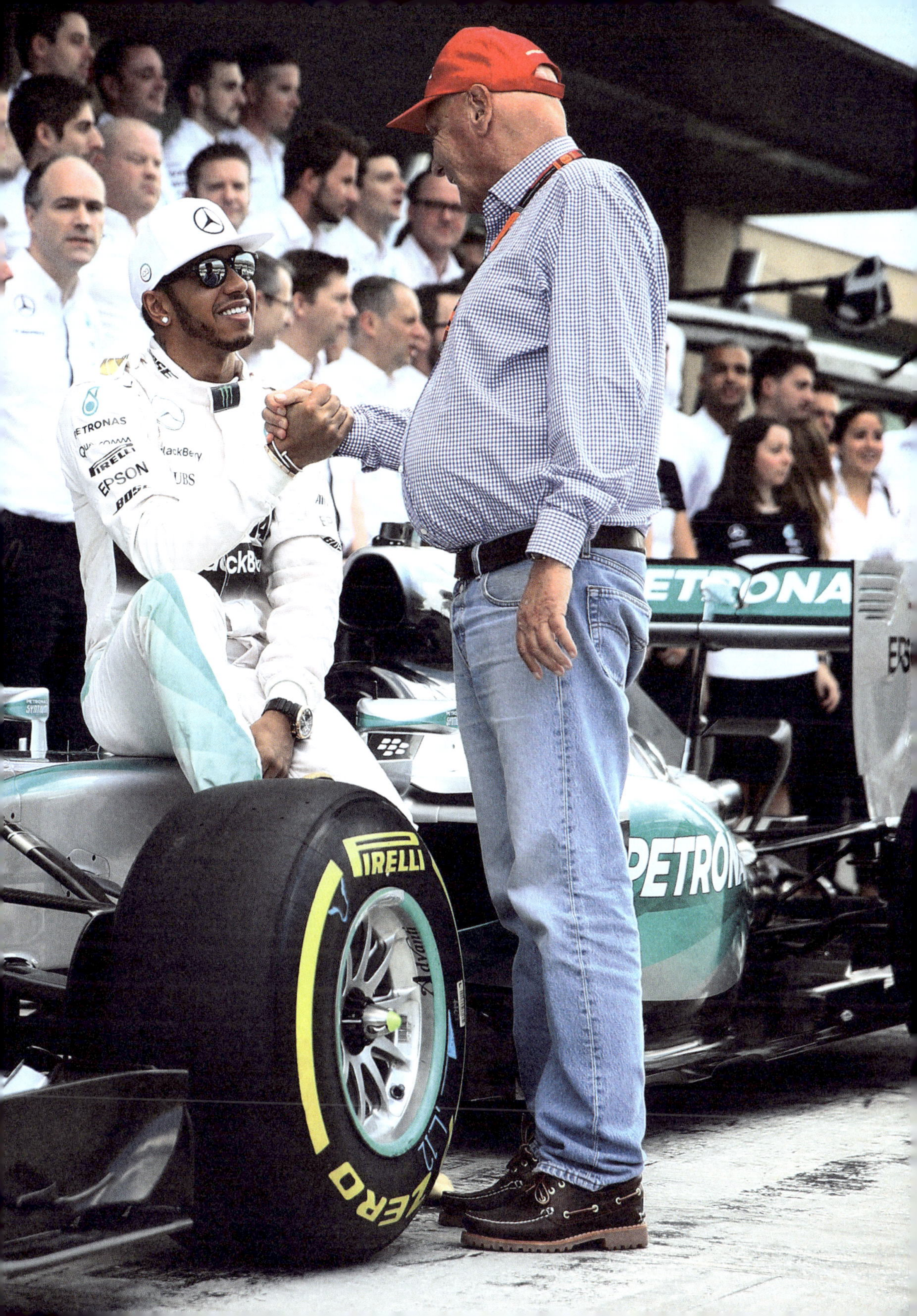
PETRONAS
PIRELLI
EPSON
UBS
PIRELLI

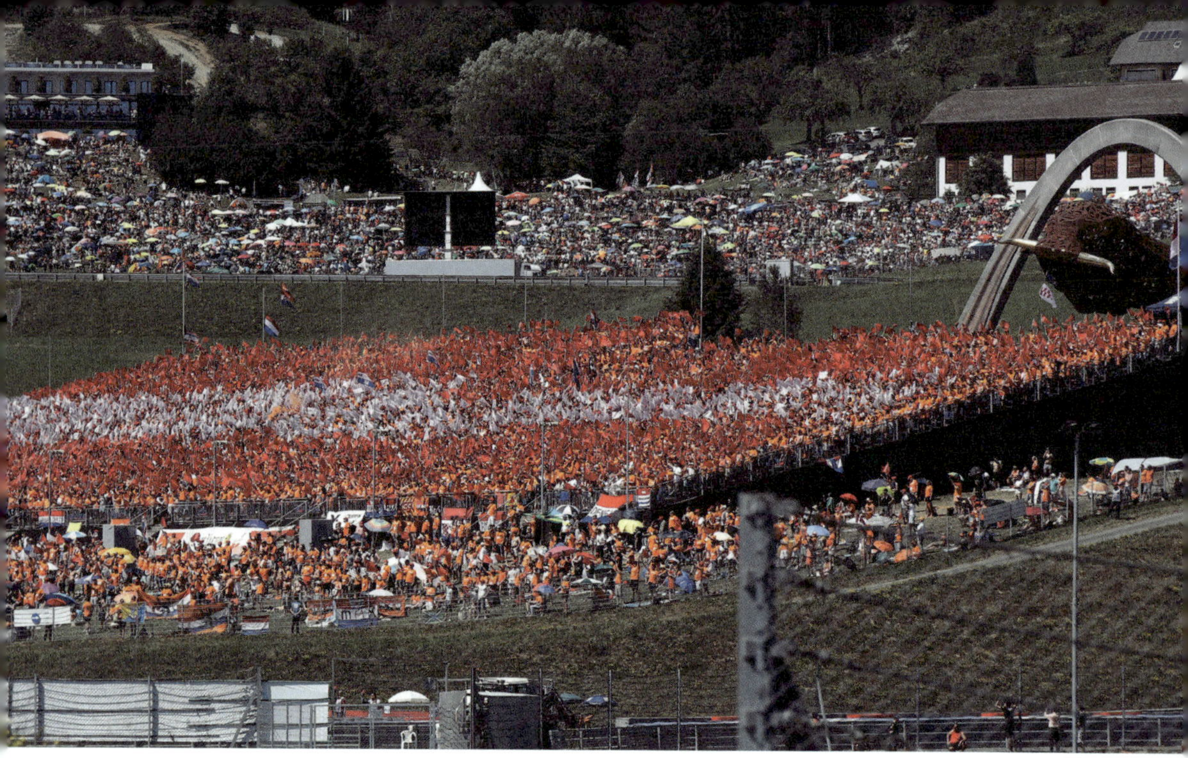

Standesgemäß in Rot-Weiß-Rot ehrten die Fans während des Großen Preises von Österreich am 30. Juni 2019 in Spielberg den verstorbenen Niki Lauda. Das Rennen gewann Max Verstappen vor Charles Leclerc und Valtteri Bottas.

meister von einst wandelte sich in seiner Zeit als TV-Experte vom Schumacher-Kritiker zum Freund. »Mehr als einen Fahrer mit großem Talent sah er zunächst nicht in dem ambitionierten Rennfahrer«, so die BUNTE im Mai 2019 nach Laudas Tod zum Verhältnis der beiden deutschsprachigen Champions, »erst als er später in seiner fünften Ferrari-Saison im Oktober 2000 den WM-Titel holte, zollte ihm Lauda, der selbst dreifacher Weltmeister war, endlich den lang ersehnten Respekt. Jetzt begegneten sich die beiden Champions auf Augenhöhe.«

Weltmeister auf Augenhöhe – Das galt auch für die beiden McLaren-Piloten Alain »Der Professor« Prost und »Magic« Ayrton Senna (vgl. Kapitel »Auf den halben Punkt gebracht«).

»SO SOLLTE MOTORSPORT SEIN«

Ihr unerbittlicher Titel-Zweikampf in der Saison 1989 mit dem Franzosen Prost als Sieger sorgte für ein bis dahin nie gekanntes Zuschauerinteresse an der Formel 1. 1,16 Milliarden Fernsehzuschauer weltweit brachten einen neuen Peak. Zudem konnten die TV-Zuschauer dank der ersten, an den Autos montierten Kameras fast hautnah dabei sein.

Die Onboard-Kameras filmen beispielsweise den Ausfall von Ayrton Senna nach

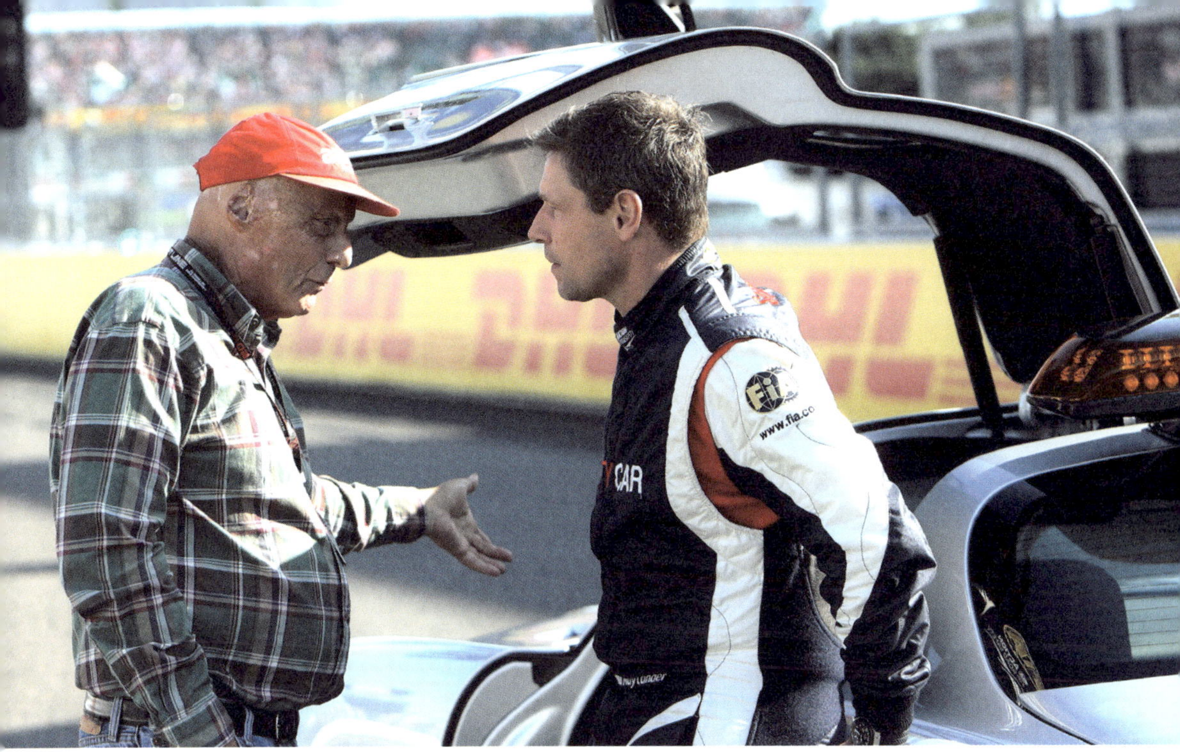

Niki Lauda 2013 im Gespräch mit dem Safetycar-Fahrer Bernd Maylaender am Randes des Großen Preises von Japan in Suzuka.

Kollision mit Prost am 21. Oktober 1990 beim Großen Preis von Japan in Suzuka. »So sollte Rennsport sein«, war sich Bernie Ecclestone, ein Pionier des medialen Rennspektakels, sicher.

Eine technisch vollkommen neue Ära begann im Jahr 2018 mit der Plattform F1 TV. Diese bietet seither u. a. die Möglichkeit, sämtliche Piloten aus der Onboard-Perspektive zu verfolgen. Dazu kamen weitere Spezialkanäle, besondere Formate und die Pressekonferenzen am Renn-Wochenende. Dennoch: Formel 1 im TV – das war keine Liebe auf den ersten Blick.

Erst am 18. Juli 1953 wurde mit dem Großen Preis von Großbritannien in Silverstone ein Rennen im Fernsehen gezeigt. In den ersten drei Fahrzeiten der Motorsport-Königsklasse gab es keine Live-Übertragungen im TV.

In Deutschland dauerte es bis zum 28. Mai 1963, ehe mit dem »Großen Preis von Europa« in Monaco (ohne deutsche Fahrer) im ZDF erstmals ein Rennen in voller Länge übertragen wurde.

REGEN KANN DIE SHOW NICHT STOPPEN

Ein Meilenstein in der TV-Übertragungs-Historie war der Große Preis von Japan am 24. Oktober 1976 in Fuji (vgl. Kapitel »Ziemlich beste Freunde – Lauda gegen Hunt«).

Laudas atemberaubendes Duell mit dem Briten sorgte dafür, dass das Rennen im Japan zu einem der ersten, weltweit vermarkteten Motorsport-Live-Events

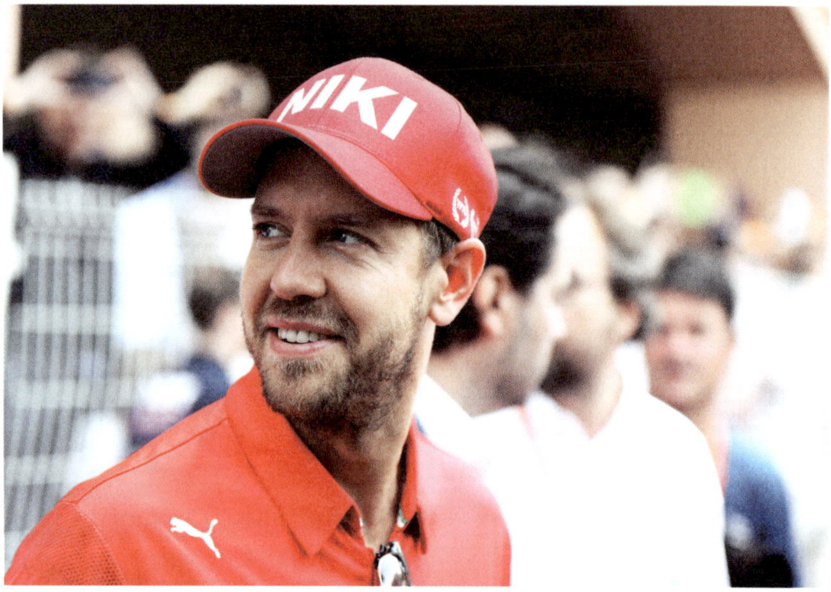

Der viermalige Formel-1-Weltmeister Sebastian Vettel würdigte Niki Lauda während des Grand Prix von Monaco am 26. Mai 2019 mit der typischen roten Mütze.

wurde. Dass es am Finaltag regnete, hätte die Show beinahe gekippt.

Pläne, das Rennen wegen der sintflutartigen Regenfälle auf Montag zu verschieben, scheiterten an den millionenschweren Übertragungsverträgen – Angst vor dem Imageverlust inklusive.

Der britische Formel-1-Journalist Simon Taylor über das Jahr 1976: »Diese Saison hatte mit ihrer unglaublichen Dramatik zur Folge, dass es sich nun kein Land mehr leisten konnte, die Formel 1 nicht mehr live zu zeigen. Plötzlich wurde die Formel 1 überall übertragen.«

Ab 1979 zeigte die öffentlich-rechtliche BBC in Großbritannien die Mehrzahl der Rennen live, eine Übertragung des Qualifying gab es lange und bis zum Start des paneuropäischen Sportsenders Eurosport (1989) nicht.

Für eine erste TV-Revolution sorgte die Rechte-Vergabe am 13. Dezember 1995 an den Sender ITV – die British Broadcasting Company und Eurosport gingen für den Markt in Großbritannien leer aus. Ecclestone: »Wir wollten die Formel 1 weltweit zeigen, vor allem den Leuten, die die Formel 1 vielleicht noch nie gesehen hatten. 1995 haben wir das alles mit unserer eigenen Firma gemacht (Formula One Management / FOM). Es waren also nur noch Formel-1-Leute, die die Übertragungen durchführten.« Mit dieser neuen Concorde-Vereinbarung sollten die Teams 47 Prozent der Einnahmen erhalten.

ITV zahlte für vier Jahre umgerechnet rund 65 Millionen Euro für die Formel-1-Rechte. Die britische Zeitung The Guardian schrieb: »ITV jubelt über einen Fünf-Jahresvertrag, der in der Grand-Prix-Saison 1997 in Kraft tritt.«

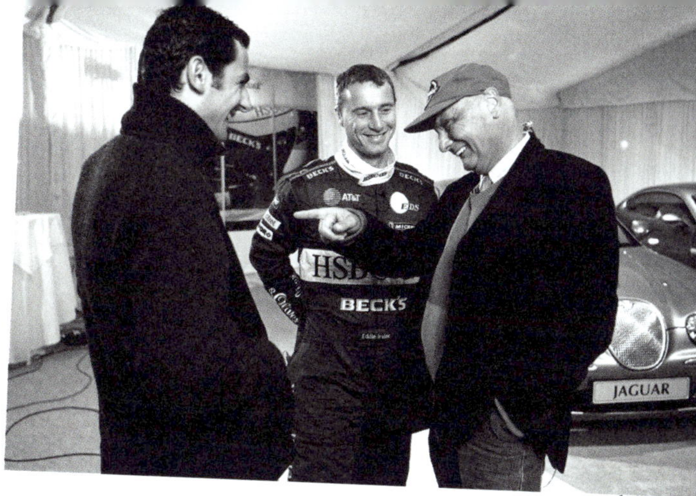

Szenen eines bewegten Lebens: Mit Eddie Irvine und Pedro De La Rosa (oben), zu Ehren des 80. Geburtstags von Sir Peter Ustinov (mitte) und während des Trainings zum großen Preis von Australien 2001.

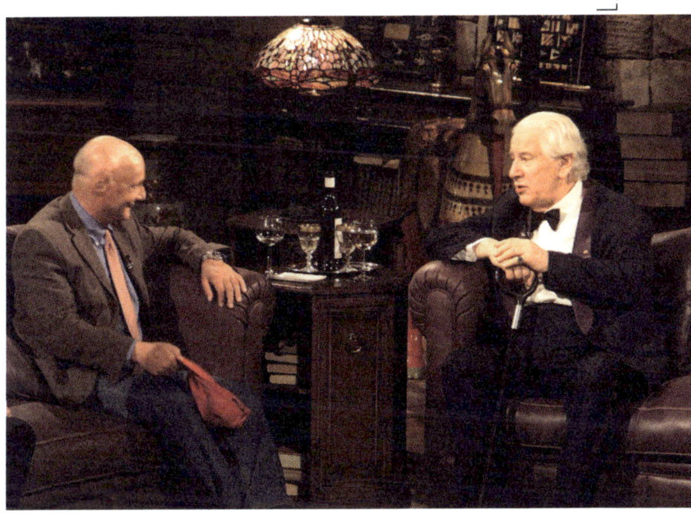

Dank eines mobilen Studios war ITV weltweit bei allen Rennen vor Ort und holte u. a. den Ex-Fahrer Martin Brundle (McLaren, Brabham, Zakspeed) ins Experten-Team. 2008 kehrte die Formel 1 noch einmal zu BBC zurück, unter anderem mit dem schottischen McLaren-Piloten David »DC« Coulthard als Co-Kommentator. Seit 2019 gab es Formel 1 in Großbritannien im TV ausschließlich mit kostenpflichtigen Abonnements.

Die TV-Zuschauerzahlen der Formel 1 entwickelten sich zwischen 1997 (1,45 Milliarden weltweit) und 2000 (1,91 Milliarden) auf die Zwei-Milliarden-Marke hin.

2004 lagen die unter den Teams verteilten TV-Einnahmen bereits bei 150 Millionen US-Dollar, wobei selbst das schlechteste Team der WM-Wertung noch elf Mio. kassierte. Von 1984 bis 1988 und seit 1991 lief die Formel 1 mit Intermezzi im deutschen Free-TV bei RTL.

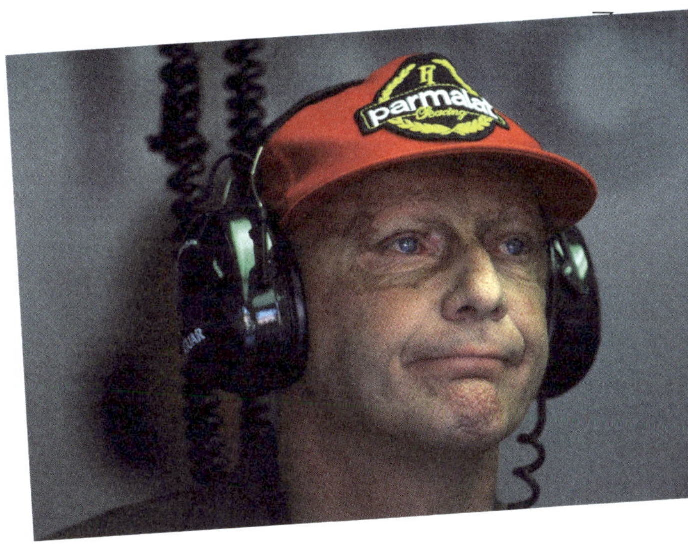

»PLÖTZLICH WAR EINE DEUTSCHE BANK UNSER BOSS«

In den turbulenten 2000er-Jahren, im Hype der »New Economy«, als im Rausch der Kohle selbst hohe Cash-Burn-Raten als positive Signale für eine Unternehmensbewertung angeführt wurden, stieg der deutsche Unternehmer Thomas Haffa mit EM.TV mit 3,3 Milliarden Euro und einer 50-prozentigen Beteiligung in die Formel 1 ein. Dass er sich durch den Zukauf der Jim Henson Company und der Sesamstraße zum weltweit agierenden Medienunternehmen aufgeschwungen hatte, mutete aberwitzig an.
Der Formel-1-Einstieg bescherte Haffa und EM.TV zwar einen Aktien-Höchststand von 110 Euro im März 2000, doch der High Flyer des neuen Marktes brach schon im Herbst gleichen Jahres ein.
Dann übernahm die Münchner Kirch-Gruppe und beteiligte sich mit 49 Prozent und 500 Millionen Dollar an der Formel 1 – damit war das Pay-TV Teil der Berichterstattung.
Der 11. September 2001 mit den Terror-Anschlägen von New York ließ die Aktienmärkte weltweit abstürzen und führte im April 2002 zur Insolvenz des bereits 1955 von Leo Kirch gegründeten Medienkonzerns. Bei einem Schuldenberg von mehr als 6 Milliarden Dollar. »Plötzlich«, erzählte Ecclestone 2021, »hatten wir einen neuen Boss: Eine deutsche Bank.«
Mit Schumachers fünftem WM-Titel stieg die weltweite Zuschauerzahl 2002 für die Formel 1 auf 2,01 Milliarden an.
2003 nahm die Formel 1 rund 375 Mio. Dollar aus TV-Rechten und 425 Mio. aus Werbung ein, das machte 800 Mio. Dollar an Einnahmen, von denen die Teams 180 Mio. erhielten.
Im Jahr 2004 sahen die Fans Michael Schumachers siebten und letzten WM-Titel. Die seit 2000 anhaltende Dominanz der Scuderia Ferrari ließ die Zuschauerzahlen auf 1,6 Milliarden sinken.
2011 gab es eine neuerliche Wende im TV-Poker. Ecclestones Formula One Management verkaufte am 29. Juli 2011 in Großbritannien die TV-Rechte an Sky Sports – ab der Saison 2012.
In Deutschland hielt RTL bis 2025 die Rechte, die man sich seit 2021 mit Sky Sport F1 teilte. Der in München ansässige Pay-TV-Kanal, Rechte-Inhaber bis 2027, zeigte die Rennen auch in Ultra High Definition (UHD), während in Österreich bis 2027 sogar drei Sender aktiv sein sollten: Neben dem ORF (Zwölf Rennen pro Saison, bis 2026) waren dies der in Wals-Siezenheim

Gedenkstunde für Niki Lauda am Rande des Berlin E-Prix in Berlin Tempelhof am 25. Mai 2019.

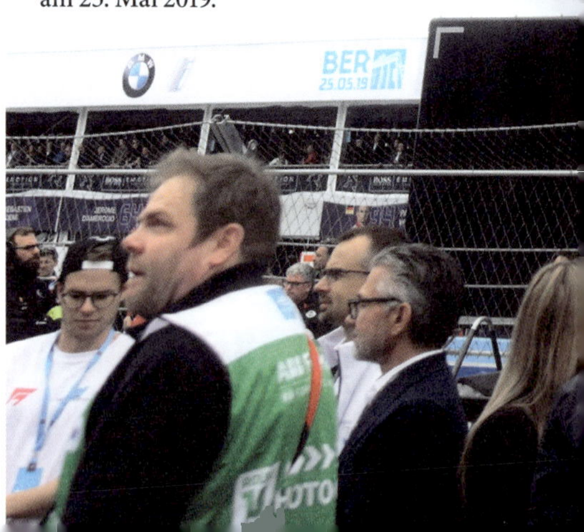

bei Salzburg beheimatete Sender Servus TV, ein Tochterunternehmen der Red Bull GmbH, und Sky Sport F1.

Niki Lauda verabschiedete sich am 26. November 2017 etwas überraschend mit dem Großen Preis von Abu Dhabi von RTL.

Florian König nach Laudas Tod 2019: »Ich bin einfach nur dankbar für die 22 gemeinsamen Jahre vor der Kamera bei RTL. Dankbar, einen so außergewöhnlichen Charakter kennengelernt zu haben. Da fühle ich mich schon sehr beglückt, denn solche Menschen findet man nicht oft. Ich finde es halt furchtbar schade, dass wir uns jetzt nicht wiedersehen. Da wird schon eine große Lücke bleiben. Auch in der Formel 1.«

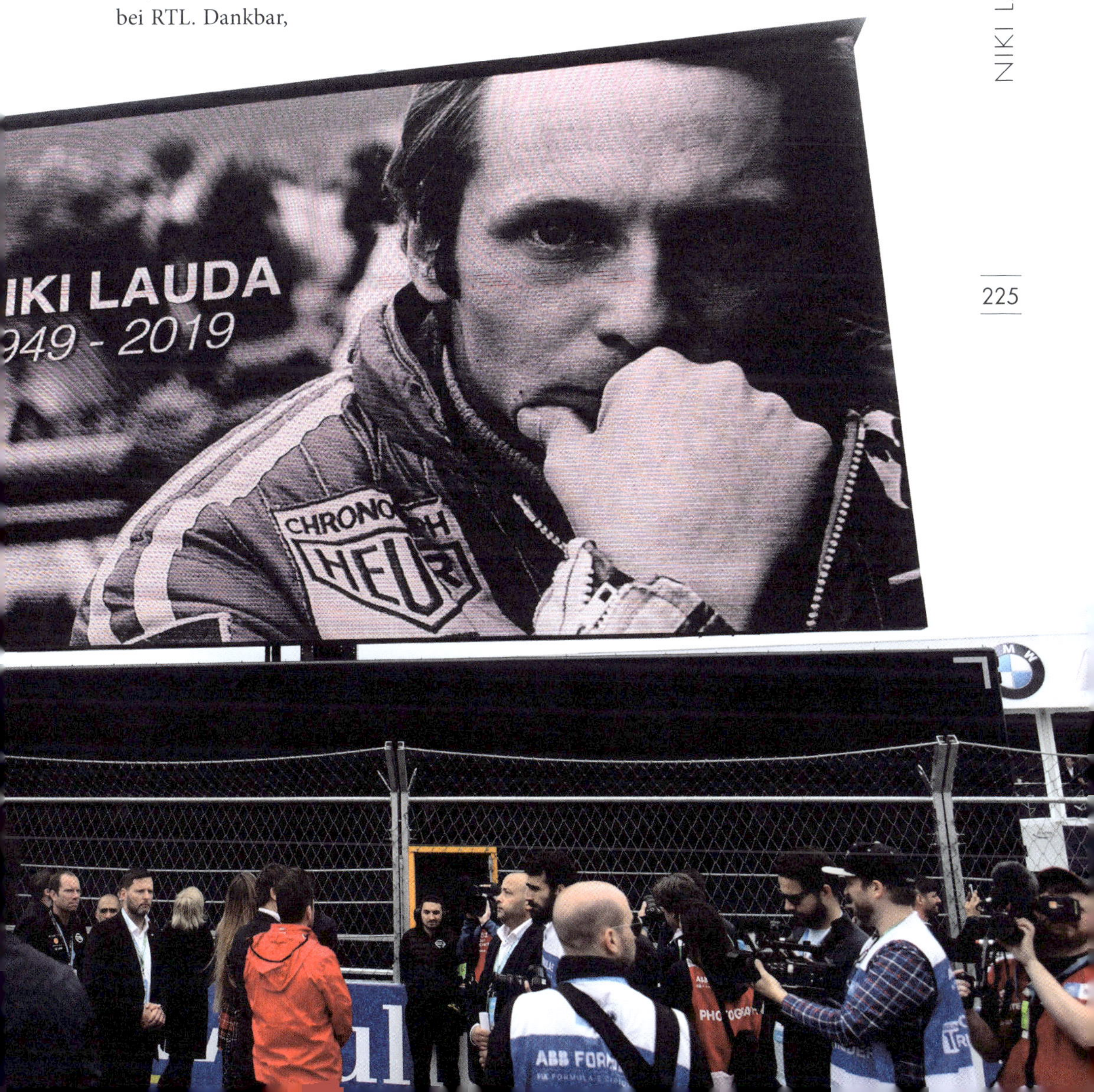

KAPITEL 16

BERNIE ECCLESTONE: »LAUDA LEBT WEITER«

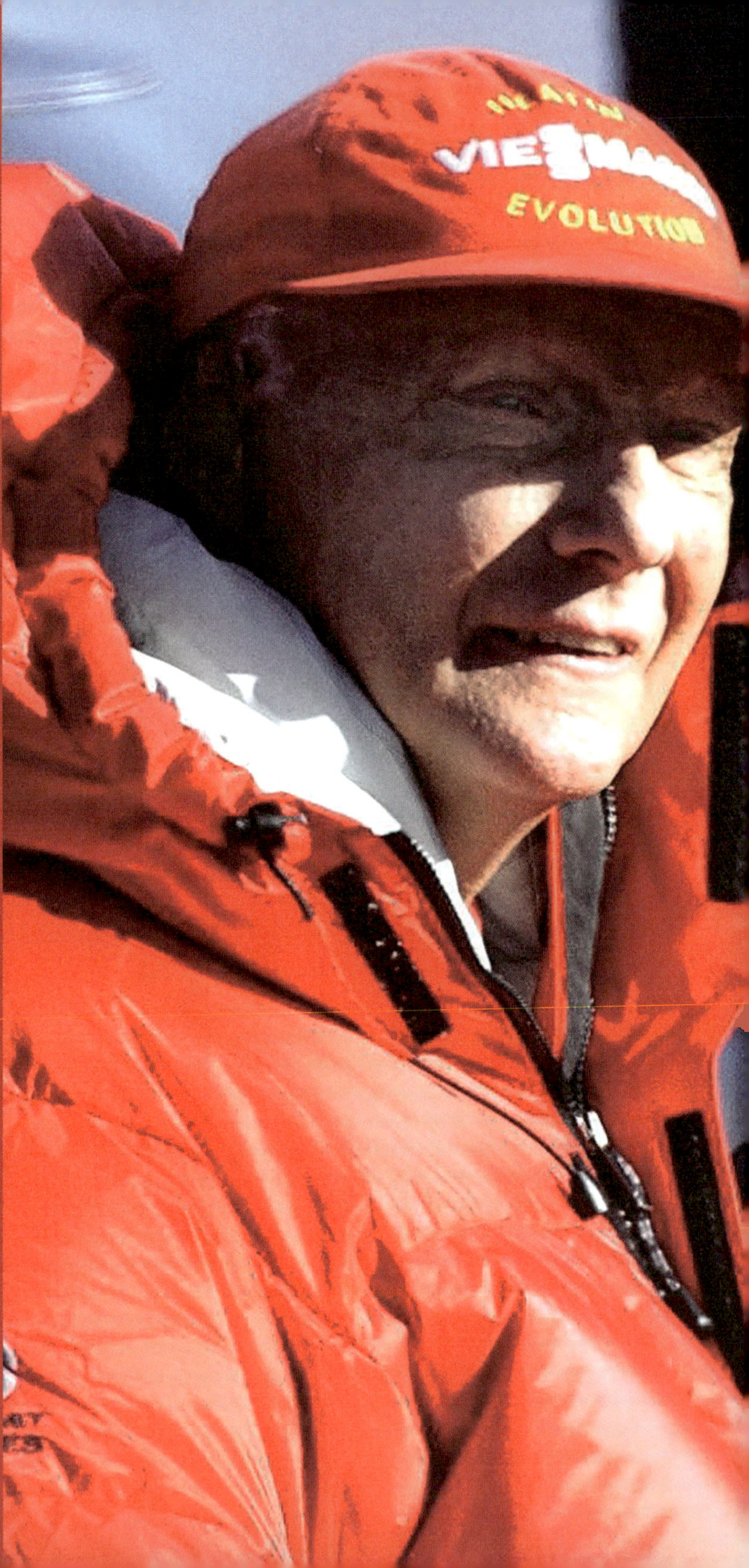

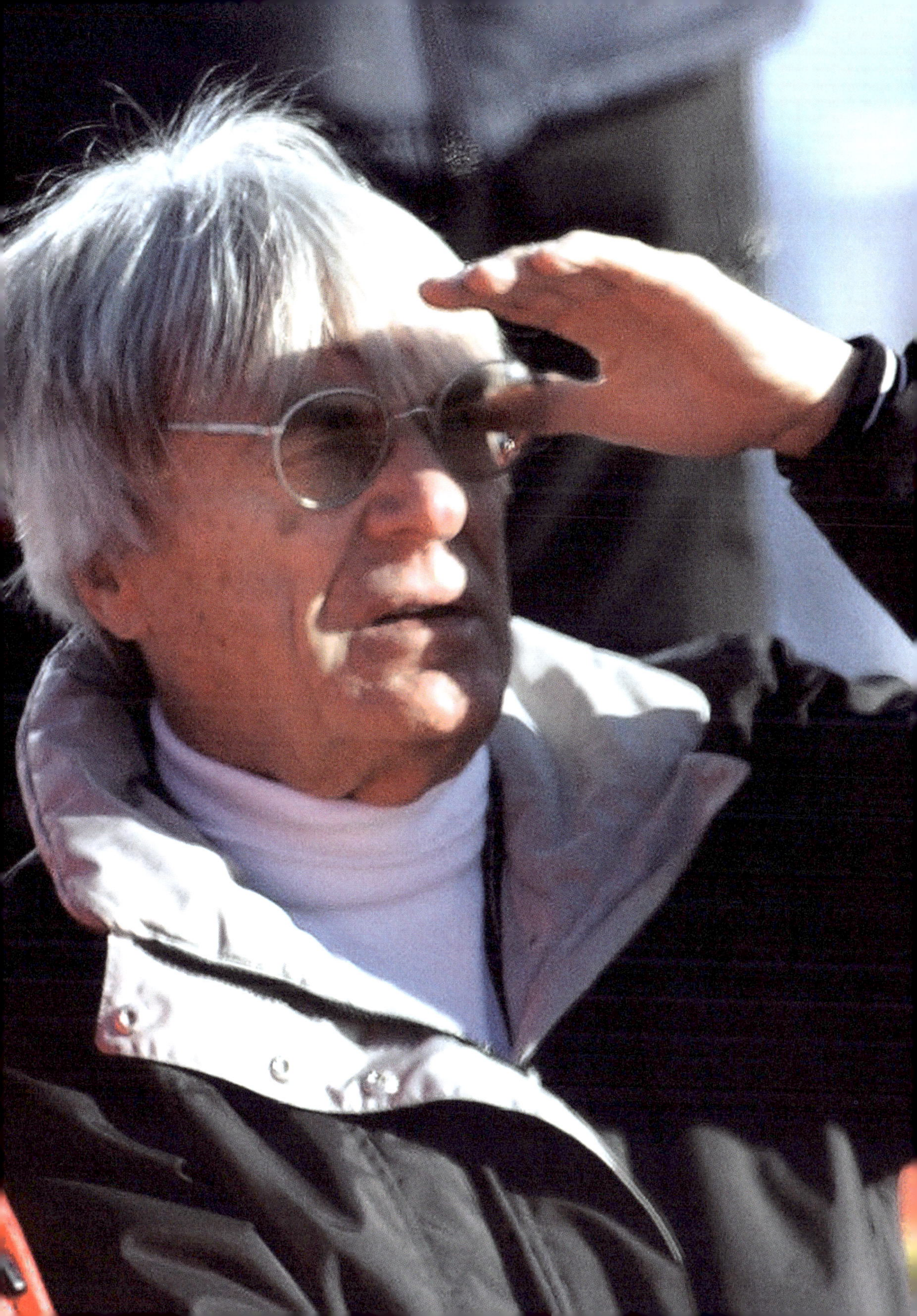

INTERVIEW

BERNIE ECCLESTONE: »LAUDA LEBT WEITER«

Bernie Ecclestone. Der legendäre Formel-1-Macher sagte im März 2024 spontan für Niki Lauda – Die Auto-Biografie zu und gab dem Autor ein kompaktes Interview, das mehr über seinen Freund Niki sagte, als 1.000 Worte.

CG: Mister Ecclestone, zuerst vielen Dank für dieses Interview.

Bernie Ecclestone: Alles okay.

Wann haben Sie Niki Lauda zum ersten Mal getroffen?

Ecclestone: Ich weiß es nicht mehr genau, ich erinnere mich nur, dass er damals für March fuhr (zwischen 1971 und 1972, d. Red.).

Was hat Sie an Niki Lauda am meisten beeindruckt? Seine Fähigkeiten als Auto-Rennfahrer oder seine pragmatische Arbeit in der Formel 1?

Man muss Menschen immer danach beurteilen, was Sie tun können, um erfolgreich zu sein. Niki hat alles für den Erfolg getan. Nach jedem Qualifying wusste er, wie schnell er sein musste, um auch das Rennen zu gewinnen.

Wie haben Sie reagiert, als er 1976 nur 41 Tage nach seinem schrecklichen Feuer-Unfall am Nürburgring zum Großen Preis von Italien in Monza auf die Rennstrecke zurückkehrte?

Ich war sehr überrascht! Und als er nach dem Rennen aus dem Auto stieg, sah ich das Blut, das aus seinem Helm rann. Er war so entschlossen, um weiterzumachen. Das war sein Ding. Genau so war Niki.

Haben Sie Lauda in Monza wirklich im Vorhof von Ferrari getroffen, um ihn für Brabham zu verpflichten?

(lacht) Ich dachte, er wäre der ideale Mann für uns und wollte ihn holen. Er war ein netter Kerl und er war mit den finanziellen Bedingungen, die wir ihm boten, einverstanden. Das hat mich zufriedengestellt…

Sie sagten einmal, dass Lauda bei Brabham 1979 nicht einfach abgehauen ist, bevor er sich aus der Formel 1 vorübergehend zurückzog. Was waren seine Gründe, um auszusteigen?

Ganz einfach: Er hatte genug!

Wie groß war Laudas Einfluss auf die Fahrer, als er 1982 zurückkam?

Es war damals so, dass alle Piloten zu ihm aufschauten. Es genügte allein der Name Niki Lauda, um von allen respektiert zu werden. Niki war 1982 der Chef unter den Fahrern. Er wusste genau, was er wollte und wie er es bekommen würde.

Hat er wie ein Gewerkschaftler gehandelt?

Nein, überhaupt nicht. Er wollte das

Beste für die Fahrer tun und er konnte dies schließlich zu den bestmöglichen Konditionen erreichen.

Wie eng war ihre Freundschaft zu Niki?

Wir waren schon gute Freunde, ja.

Welche Episode ist Ihnen immer in Erinnerung geblieben?

Der Moment, als er 1976 nach dem Unfall zurückkehrte. Das hat allen gezeigt, wer Niki wirklich war, was für eine großartige Persönlichkeit er war.

Es wurde 2019 nach Laudas Tod berichtet, dass Sie der Trauerfeier in Wien fern blieben, weil er für Sie immer noch weiterlebt…

Ja, er ist mein Kumpel und er ist immer noch bei mir.

Der Zeitzeuge: Bernard Charles »Bernie« Ecclestone, geboren am 28. Oktober 1930 in Ipswich (England), fuhr in den 1950er-Jahren selbst Autorennen, ehe er ab den 1970er-Jahren zunächst das Formel-1-Team von Brabham führte. Als Geschäftsmann und Manager trieb Ecclestone die Kommerzialisierung und Professionalisierung der Formel 1 voran und war bis zu seinem Ausstieg 2017 Geschäftsführer der Formula One Group. Für seine Verdienste um die Republik Österreich wurde er 2000 mit dem Großen Goldenen Ehrenzeichen bedacht.

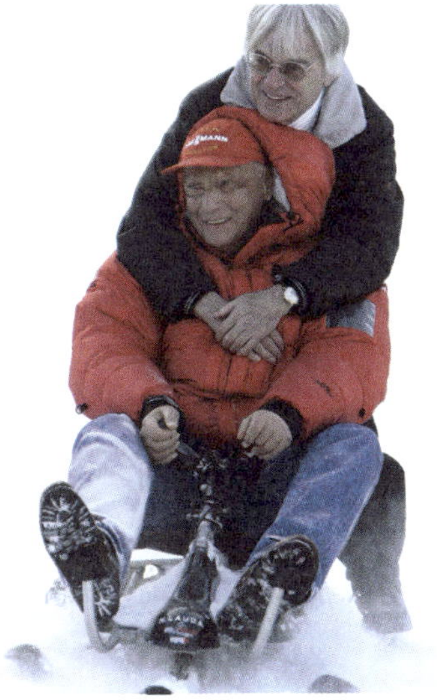

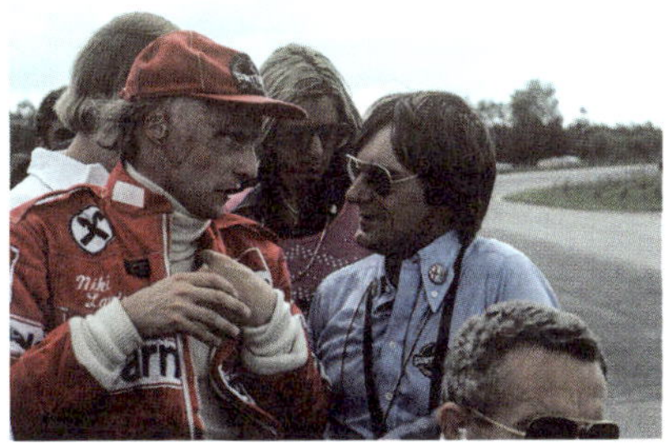

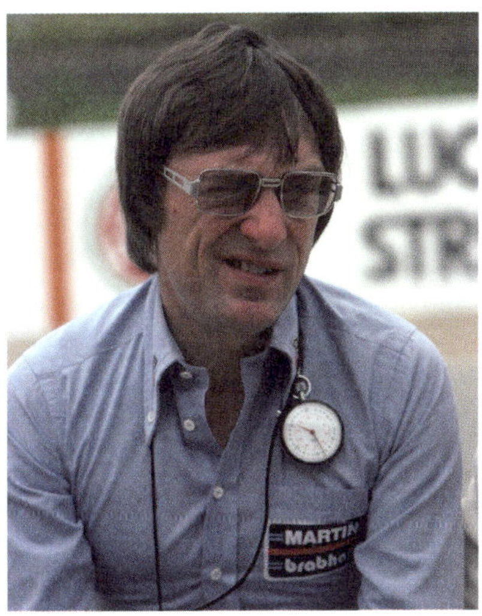

BIBLIOGRAPHIE – VERWENDETE UND WEITERFÜHRENDE LITERATUR

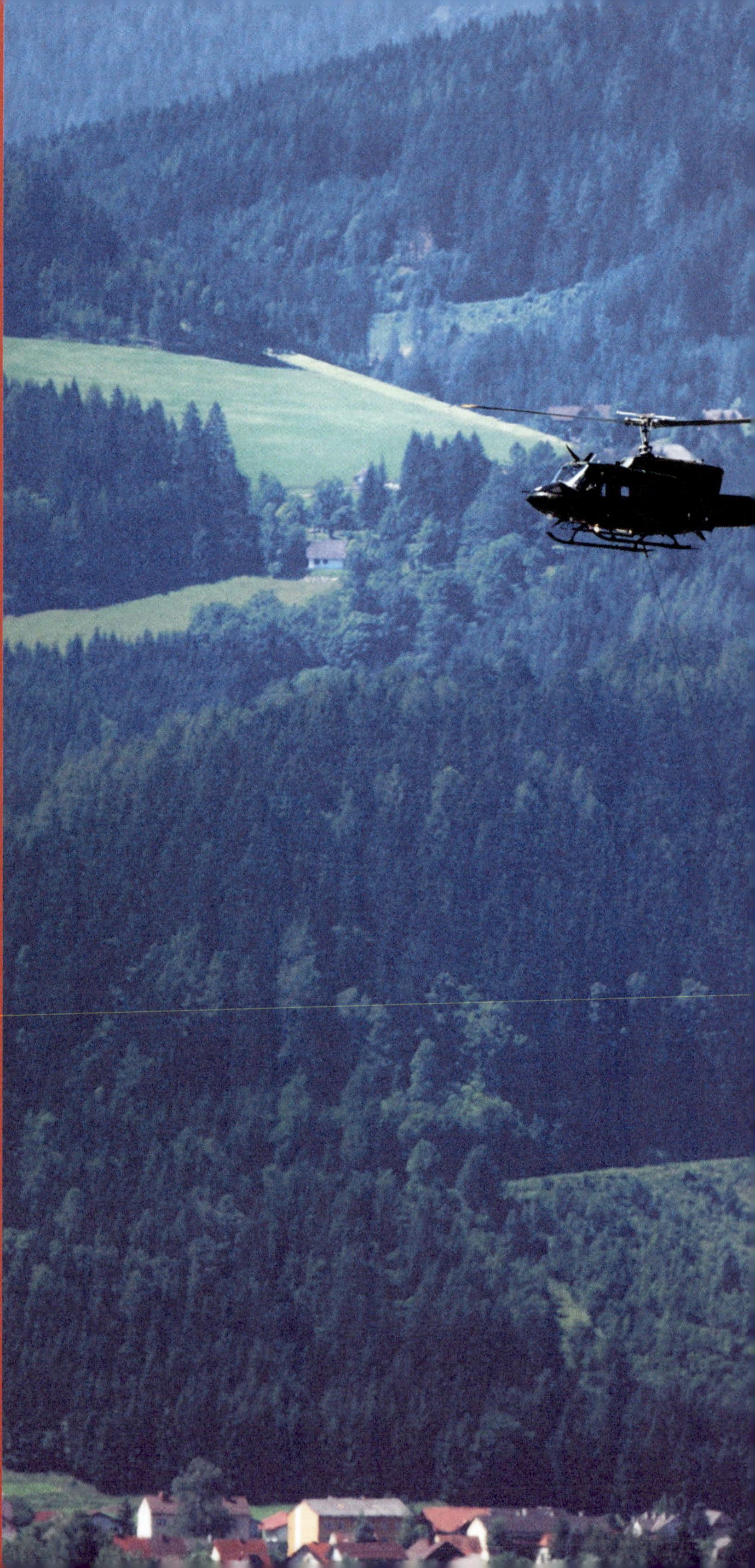

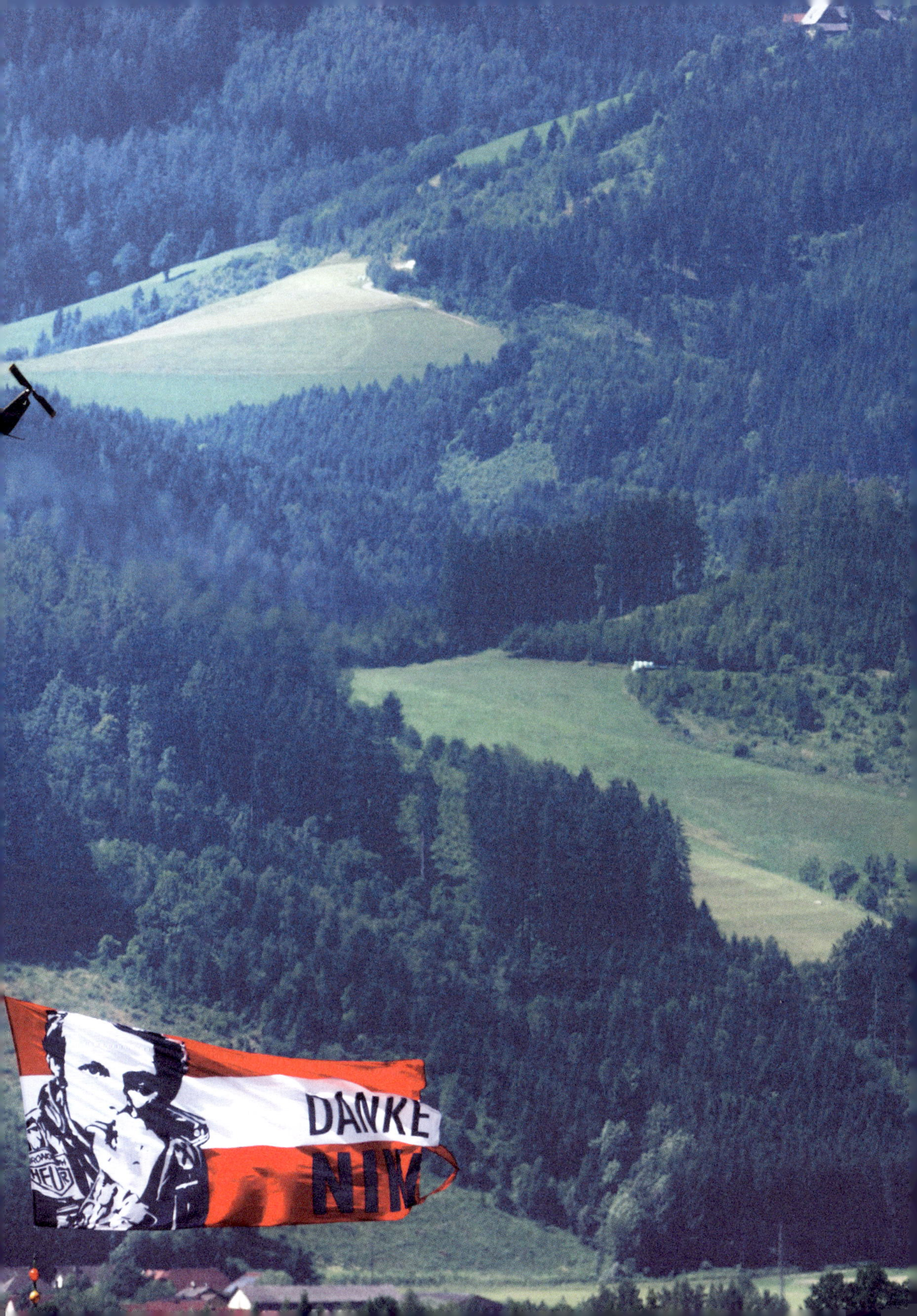
DANKE
NIK

BIBLIOGRAPHIE – VERWENDETE UND WEITERFÜHRENDE LITERATUR

Becker, Florian: Formel 1 heute vor 46 Jahren: Legendärer Lauda-Ferrari. Motorsport-magazin.com, 1. März 2021.

Breinsberg, Erich: Der Niki, der Keke und das Genie aus der Vorstadt. Wien: Egoth Verlag, 2009.

Brunner, Matthias: Niki Lauda und Ferrari: Ein Freund, kein Judas.

Codling, Stuart: Monaco Grand Prix (The Life – Monaco), Motorbuch Stuttgart, 2019.

Ehlen, Stefan und Cooper, Adam: Niki Lauda über Portugal 1984: Das Rennen meines Lebens,

Emonts-Pohl, Joseph und Nuppeney, Burkhard: 180 Rennfahrer. Mit einem Vorwort von Niki Lauda.

Haidinger, Sven: Niki Lauda gibt zu: »Ferrari zu verlassen, war der größte Fehlers«, Motorsport.com, 16. Oktober 2017.

Hamilton, Maurice: Niki Lauda – Es ist nicht einfach, perfekt zu sein. Vorwort von Nico Rosberg, 2020.

Hofbauer, Ernst: Ich pfeif' auf Österreich. Tricky Nikis Heimniederlage. Iberar, Wien 2001.

Hodges, David: Rennwagen von A–Z nach 1945, Stuttgart 1993.

Lanz, Peter: Niki Lauda. Ein Lebensbild. München 1983.

Lanz, Peter: Niki Lauda. Der Weg zum Triumph. Ullstein, Frankfurt am Main, Berlin, Wien 1984.

Lauda, Niki: Protokoll. Meine Jahre mit Ferrari. Motorbuch Verlag, Stuttgart, 1977.

Lauda, Niki mit Herbert Völker: Meine Story. Orac Verlag, Wien 1985.

Lauda, Niki: »Ich habe Respekt vor ihm und ich mag ihn.« In: 70 Jahre Ferrari 1988.

Lauda, Niki, mit Fritz Indra und Herbert Völker: Formel 1. Technik und Praxis des Grand-Prix-Sports. Motorbuch Verlag, Stuttgart 1975.

Lauda, Niki mit Fritz Indra, Herbert Völker: Die neue Formel 1. Das Turbo-Zeitalter. Orac Verlag, Wien 1992.

Lauda, Niki, mit Herbert Völker: Das dritte Leben. Heyne, München 1996.

Lauda, Niki, mit Heike Kossdorf, Daniel Winkler: Niki Lauda. Alles unter einer Kappe. Styria Verlag, Wien 2009.

Lauda, Niki, mit Conny Bischofberger: Reden wir über Geld. edition a, Wien 2015.

Lehbrink, Hartmut: Niki Lauda: Von außen nach innen. Bielefeld 2014.

Markus, Georg: Was uns geblieben ist. Das österreichische Familienbuch. Wien 2010.

Roebuck, Nigel: Stars der Formel 1 – Ein Tribut an 25 berühmte Grand-Prix-Fahrer, Pfäffikon 1986.

Steinrisser, Markus: Formel 1 heute vor 42 Jahren: Niki Lauda zettelt großen Fahrerstreik an«, motorsport-magazin.com, 22. Januar 2024.

Uhl, Helmut: 36 Jahre nach dem Feuer-Unfall: Lauda trifft seinen Lebensretter, BILD.DE, 15. September 2012.

Uhl, Helmut: Lauda in der Feuer-Hölle. SPORT BILD, Ausgabe 25 / 2022.

Waidhofer, Eugen: Lauda vs. Prost: Ziemlich beste Feinde, Redbull.com, 15. März 2017.

Wanko, Martin G.: Die Wüste lebt! Der Tag an dem Niki Lauda starb. Edition Keiper, Graz 2008.

Zwickl, Helmut: Lauda: »Der Lindbergh war ein armer Hund«, speedweek.com, 21. Mai 2019.

Zwickl, Helmut: Niki Lauda. Reportage einer Karriere. Ueberreuter, Wien und Heidelberg 1975.

Lauda bei YouTube:

Formel 1 – Das erste Mal – Niki Lauda zieht die Kappe

Niki Lauda 1978 talking about the Brabham BT 46

Niki Lauda: Comeback Monza 1976 (ORF)

Niki Lauda: Interview – Erste Formel 1 Punkte 1973 in Zolder (ORF)

Niki Lauda – Highlights als RTL-Experte

BILDNACHWEISE

Vor-/Nachsatz: HUM Images/Universal Images Group via Getty Images; GERARD FOUET/AFP via Getty Image.

Innenteil: -/Getty Images 19, 23, 128, 131, 143, 169; AFP via Getty Images 38, 54, 77; Alberto Pizzoli/Sygma/Sygma via Getty Images 115; ALEX HALADA/AFP via Getty Images 206, 207; Alexander Hassenstein/Bongarts/Getty Images 215, 216; Allsport UK /Allsport/Getty Images 14; Anwar Hussein/Getty Images 6; Arthur Sidey/Mirrorpix/Getty Images 52; BAKALIAN-DE KEERLE/Gamma-Rapho via Getty Images 176; Bernard Cahier/Getty Images 10, 20, 22, 33, 36-37, 41, 46, 47, 50, 52, 53, 56, 59, 69, 70-71, 72, 74, 76, 88-89, 98, 99, 102-103, 107, 116, 118-119, 132, 137, 139, 141, 142, 229; Bernard CHARLON/Gamma-Rapho via Getty Images 41; Bettmann/Getty Images 124, 133; Bill Rowntree/Mirrorpix via Getty Images 158-159, 174, 185; Blick Sport/RDB/ullstein bild via Getty Images 15,16; Bob D'Olivo/The Enthusiast Network via Getty Images/Getty Images 2; Bongarts/Getty Images 115; Boris Spremo/Toronto Star via Getty Images 79; Central Press/Getty Images 122; Christof Koepsel/Bongarts/Getty Images 208; Clive Brunskill/Getty Images 196; Clive Mason/ALLSPORT 223; Clive Mason/Getty Images 198, 218; CTK/Alamy Stock Photo 13; Daily Mirror/Mirrorpix/Getty Images 44; Daimler AG 209; Darren Heath/Getty Images 230-231; David Ashdown/Getty Images 168; Don Morley/ Getty Images 4; Doreen Spooner/Mirrorpix/Getty Images 98; Edoardo Fornaciari/Getty Images 202-203, 205; Evening Standard/Hulton Archive/Getty Images 57; EyesWideOpen/Getty Images 154; Frank Peters/Bongarts/Getty Images 112; GABRIEL DUVAL/AFP via Getty Images 167; GEORG HOCHMUTH/AFP via Getty Images 189, 191; GERARD FOUET/AFP via Getty Images 130; GERARD FOUET/AFP via Getty Images 182, 188; GP Library/Universal Images Group via Getty Images 17, 49, 51; Grand Prix Photo/Getty Images 10, 126-127, 165; HERBERT NEUBAUER/ AFP via Getty Images 155; Hoch Zwei/Corbis via Getty Images 29, 30, 42-43, 55, 78, 84, 87, 94, 96, 97, 110, 120, 129, 134-135, 140,162, 164, 166, 166, 166-167, 170, 172, 173, 212-213, 221; Hulton Archive/Getty Images 45, 60, 121; HUM Images/ Universal Images Group via Getty Images 40; Imagno/Getty Images 200; IMRICH GONDA/AFP via Getty Images 226-227; ISC Images & Archives via Getty Images 86; Jaguar Land Rover 208; Jeff Goode/Toronto Star via Getty Images 28; JOE KLAMAR/AFP via Getty Images 117, 153; Johannes Schedl/SEPA.Media /Getty Images 220; Keystone/Getty Images 86, 95; Keystone-France/Gamma-Rapho via Getty Images 58; Klemantaski Collection/Getty Images 26, 65, 229; Mark Sandten/

Bongarts/Getty Images 215; MARK THOMPSON /Allsport 222; Mark Thompson/Getty Images 189, 191; Mark Thompson/Getty Images 198; Mark Thompson/Getty Images 223; McCarthy/Daily Express/Hulton Archive/Getty Images 93, 99, 100 ; Mike King/Getty Images 197; Mike Powell/Allsport/Getty Images 184, 188, 190; Mondadori via Getty Images 109; Motorsport Archive Images/ Alamy Stock Photo 12; motorsport images/Ercole Colombo 161; National Motor Museum/Heritage Images/Getty Images 8-9, 23, 60, 141, 178; Oliver Hardt/Getty Images 225; Paolo KOCH/Gamma-Rapho via Getty Images 90-91; Pascal Le Segretain/Sygma via Getty Images 113, 114; Patrice PICOT/Gamma-Rapho via Getty Images 24-25; Paul Harris/Getty Images 61; Paul-Henri Cahier/Getty Images 104, Paul-Henri Cahier/Getty Images 5, 35, 48, 80-81, 86, 92, 180, 186, 196; Peter Bischoff/Getty Images 223; Peter Charlesworth/ LightRocket via Getty Images 153; Peter Rae/Fairfax Media via Getty Images 236; PHILIPPE BOUCHON/AFP via Getty Images 179; picture alliance/AFTON-BLADET|Kai Rehn/Aftonbladet/TT 148; picture alliance/ASSOCIATED PRESS|-HANS PETER HILL 76; picture alliance/brandstaetter images/Votava|Votava 147; picture alliance/dpa/Lehtikuva|Ilpo Vainionpää 150; picture alliance/DPPI Media|DPPI F1 68-69; picture alliance/HANS KLAUS TECHT/APA / picturedesk.com | HANS KLAUS TECHT 190; picture alliance/Schaffer Hans Peter/KURIER/ picturedesk.com|Schaffer Hans Peter 151; picture-alliance/ASA|D.P.P.I. 161; picture-alliance/dpa|ATP 62-63; picture-alliance/dpa|DB 68; picture-alliance/ dpa|Rehm 66; picture-alliance/dpa|Stefan Hesse 144-145; picture-alliance/ dpa|UPI 67; picture-alliance/dpa|Votava 148; Pino Grossetti\Mondadori via Getty Images 125; Pool MERILLON/REY/Gamma-Rapho via Getty Images 199; PORNCHAI KITTIWONGSAKUL/AFP via Getty Images 152; Robert Riger/Getty Images 65; Roger Benoit/RDB/ullstein bild via Getty Images 34, 35, 38-39, 39; Ron Galella/Ron Galella Collection via Getty Images 125; Sean Gallup/Getty Images 229; Sebastian Widmann/Getty Images 211; shutterstock/InsectWorld 155; shutterstock/Markus Mainka 157; Slg. Germann 204; Steve Powell/All-sport/Getty Images 123; Tony Duffy/Getty Images 31, 141; Tristar Media/Getty Images 211; ullstein bild Dtl./ Getty Images 13, 83, 146, 156; Universal Archive/ Universal Images Group via Getty Images 105, 108; Victor Blackman/Daily Express/Hulton Archive/Getty Images 184; Vladimir Rys Photography/Getty Images 194-195.

851102 EXRAE - NIKI LAUDA SITS IN HIS MALBORO TAG TG 185 CAR DURING TIME TRIALS TODAY. HIS CAR WAS HAVING ADJUSTMENTS MADE IN THE PITS. Pic 1

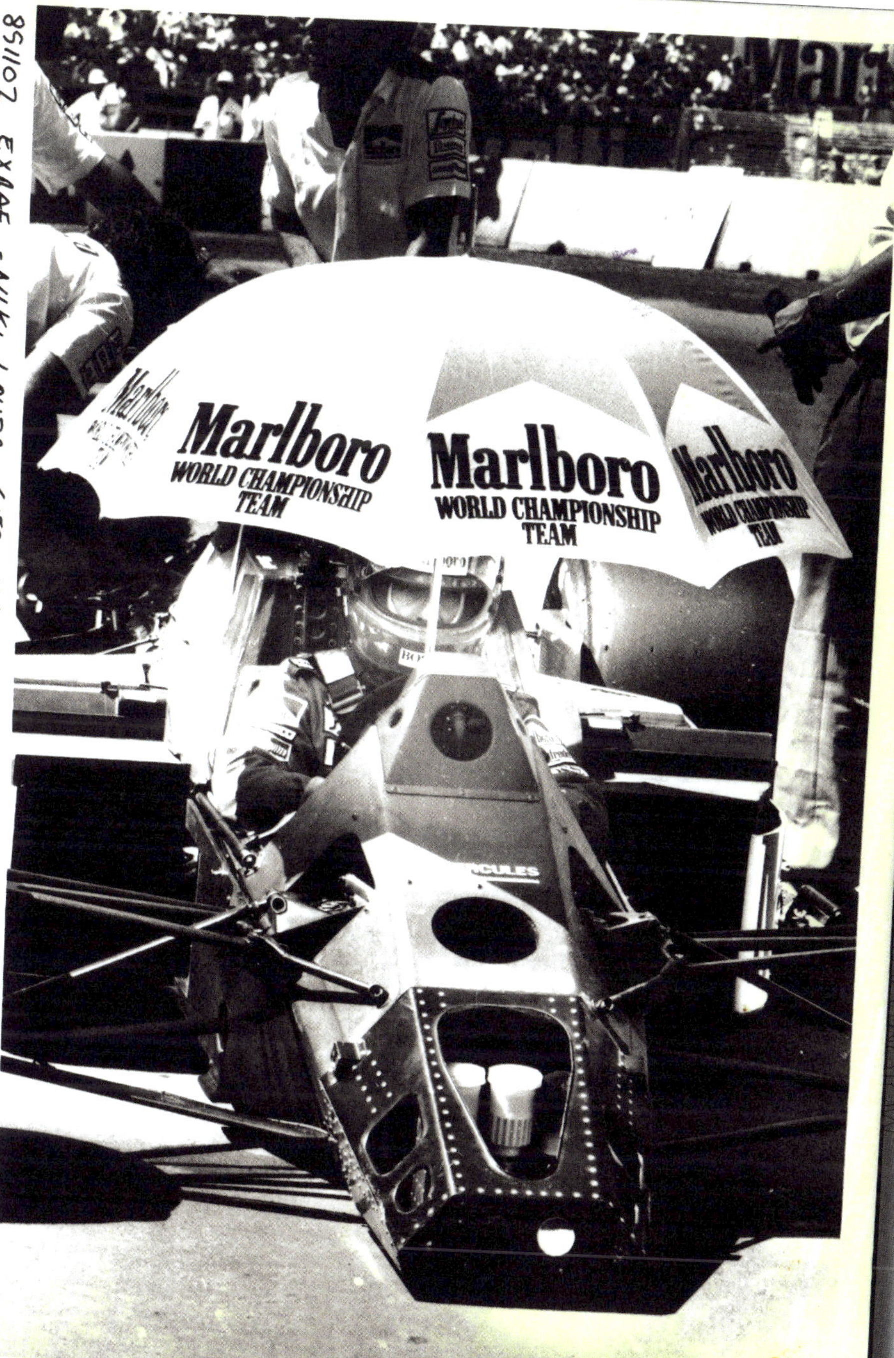

DIE ZEITTAFEL: NIKI LAUDA (1949 – 2019)

1949 BIS 1969

22. Februar 1949: Andreas Nikolaus, genannt Niki, Lauda wird als Sohn von Ernst-Peter und Elisabeth Lauda in Wien geboren. Sein Großvater ist der bedeutende österreichische Industrielle Hans Ritter von Lauda (1896 – 1974).

1964: Niki Lauda erwirbt sein erstes Auto, einen VW Käfer Cabriolet, Baujahr 1949.

19. April 1968: Erstes Autorennen für Lauda. Der 19-Jährige fährt in einen Mini Cooper S 1.300 beim Bergrennen in Bad Mühllacken (Niederösterreich) – und holt sich direkt Rang 2.

1969: Start in der Formel V mit einem Auto des Wiener Rennstalls Kaimann.

1969 BIS 1979

1970: Wechsel in die Formel 3 und weitere Sportwagen-Rennen in einem Porsche 908/2.

15. August 1971: Erstes Formel-1-Rennen für Niki Lauda beim Großen Preis von Österreich in Spielberg (Steiermark) für March-Ford – es endet mit einem Ausfall in Runde 20.

1972: Der ehrgeizige Rennfahrer erkauft sich mit einem Kredit in Höhe von zwei Millionen Schilling einen Platz im Team der Briten von March-Ford.

1972: Meister der britischen Formel 2.

1973: Lauda wechselt innerhalb der Formel 1 zu British Racing Motors (B. R. M.).

3. Juni 1973: Ein Manöver beim Großen Preis von Monaco gegen den Drittplatzierten Jacky Ickx im Ferrari bringt Lauda in den Fokus der Scuderia und von Tycoon Enzo Ferrari, der ihn für die Saison 1974 verpflichtet.

28. April 1974: Erster Grand-Prix-Sieg für Ferrari-Pilot Andreas Nikolaus Lauda in Jarama (Spanien). Die Premieren-Rennsaison in Diensten der Scuderia schloss er 1974 auf Rang vier der Fahrerwertung (38 Punkte) ab.

11. Mai 1975: Niki Lauda fährt beim Großen Preis von Monaco seinen ersten Saison-Sieg ein – und ist auf dem Weg zum ersten Weltmeistertitel.

7. September 1975: Mit dem dritten Platz beim Großen Preis von Italien in Monza ist Lauda erstmals Formel-1-Weltmeister.

Seine Bilanz: 64,5 Punkte, 19,5 Zähler Vorsprung auf Emerson Fittipaldi (McLaren-Ford) und fünf Grand-Prix-Siege, davon drei in Folge (Monaco, Belgien und Schweden).

1976: Hochzeit mit Marlene Knaus, aus der Ehe, die 1991 geschieden wurde, gingen die Söhne Lukas (geb. 1979) und Mathias (geb. 1981) hervor.

Im Ferrari 312T gewinnt Lauda vier der ersten sechs Rennen der 1976er-Saison (in Brasilien, Südafrika, Belgien und Monaco) – und führt in der Fahrerwertung mit mehr als 30 Punkten vor dem Briten James Hunt (McLaren).

01. August 1976: Feuerunfall von Lauda auf dem Nürburgring beim Großen Preis von Deutschland. Der Ferrari-Fahrer erleidet schwere Verbrennungen und Verätzungen der Lunge. Konkurrent Hunt kann den Rückstand aufholen.

12. September 1976: Rückkehr beim Grand Prix von Italien in Monza nur 42 Tage nach dem Unfall, und Rang vier. »Die heldenhafteste Leistung, die ich jemals in irgendeinem Sport gesehen habe.« (Sir Jackie Stewart).

24. Oktober 1976: Großer Preis von Japan in Fuji. Lauda beendet das epische Regenrennen vorzeitig. James Hunt wird Weltmeister.

05. März 1977: Der Grand Prix von Südafrika in Kyalami wird der erste von drei Saison-Siegen Laudas im Ferrari (ebenso in Hockenheim und in Zandvoort).

02. Oktober 1977: Beim Großen Preis der USA (Ost) in Watkins Glen sichert sich der Ferrari-Pilot durch die Fahrt in Punkteränge (Vierter) den zweiten Weltmeistertitel – am Ende mit 72 Punkten und 17 Zählern vor Jody Scheckter (Wolf-Ford). Es ist sein letztes Rennen für die Scuderia.
17. Juni 1978: Großer Preis von Schweden: Der erste von nur zwei Siegen für Niki Lauda im Brabham-BMW.
04. April 1979: Gründung der Lauda Air.
24. Mai 1979: Aufnahme des Flugbetriebes von Laudas Airline.
28. September 1979: Lauda steigt bei Brabham aus und zieht sich nach 17 GP-Siegen vorübergehend aus dem Motorsport zurück.

1980 BIS 1989

23. Januar 1982: Rückkehr von Lauda in die Formel 1 (McLaren-TAG-Porsche) beim »Streik-Rennen« in Kyalami, Südafrika.
04. April 1982: Erster Sieg nach dem Comeback, beim Großen Preis der USA (West) in Long Beach.
21. Oktober 1984: Platz zwei beim Großen Preis von Portugal in Estoril bringt Niki Lauda (McLaren) mit einem halben Punkt vor seinem Teamkollegen Alain Prost die dritte Formel-1-Weltmeisterschaft.
Fünf Siege (Südafrika, Frankreich, Großbritannien, Österreich, Italien) fuhr der Österreicher in dieser Saison ein.
25. August 1985: Zandvoort, Niederlande: 25. und letzter Grand-Prix-Sieg für Lauda in der Formel 1.
03. November 1985: Letztes Formel-1-Rennen in der Karriere des Niki Lauda in Adelaide (Australien), Ausfall nach 57 Runden.
Ein Angebot von Brabham-Chef Bernie Ecclestone für die Saison 1986 lehnt er ab – und zieht sich endgültig aus der »Königsklasse« des Motorsports zurück.
Laudas Gesamtbilanz: 171 Starts, davon 24 von der Pole Position, 25 Siege, drei WM-Titel.
1986: Lauda Air erhält die erste Boeing 737-3Z9. (Die Endung -Z9 ist der individuelle Kunden-Code des Herstellers Boeing für die Lauda Air).

1989 BIS 2019

1990: Börsennotierung von Lauda Air.
26. Mai 1991: Flug-Katastrophe der Lauda Air, Flug 004, einer Boeing 767-3Z9ER, in Thailand mit 223 Todesopfern.
1993: Lauda wird Berater bei Ferrari.
1995: Wechsel zu RTL als Formel-1-Experte.
21. November 2000: Ausstieg von Niki Lauda als Geschäftsführer von Lauda Air.
Oktober 2003: Start für den Mietwagenservice Lauda Motion GmbH in Wien.
25. August 2008: Heirat mit Birgit Wetzinger. Aus der Ehe stammen die Kinder Max und Mia (geb. 2009).
Oktober 2009: Ausstieg des Namensgebers bei Lauda Motion GmbH.
September 2012: Lauda wird Aufsichtsrats-Mitglied beim Formel-1-Team von Mercedes-Benz.
März 2019: Ausstieg aus der Geschäftsführung der Airline NIKI.
20. Mai 2019: Niki Lauda stirbt im Alter von 70 Jahren in Zürich.

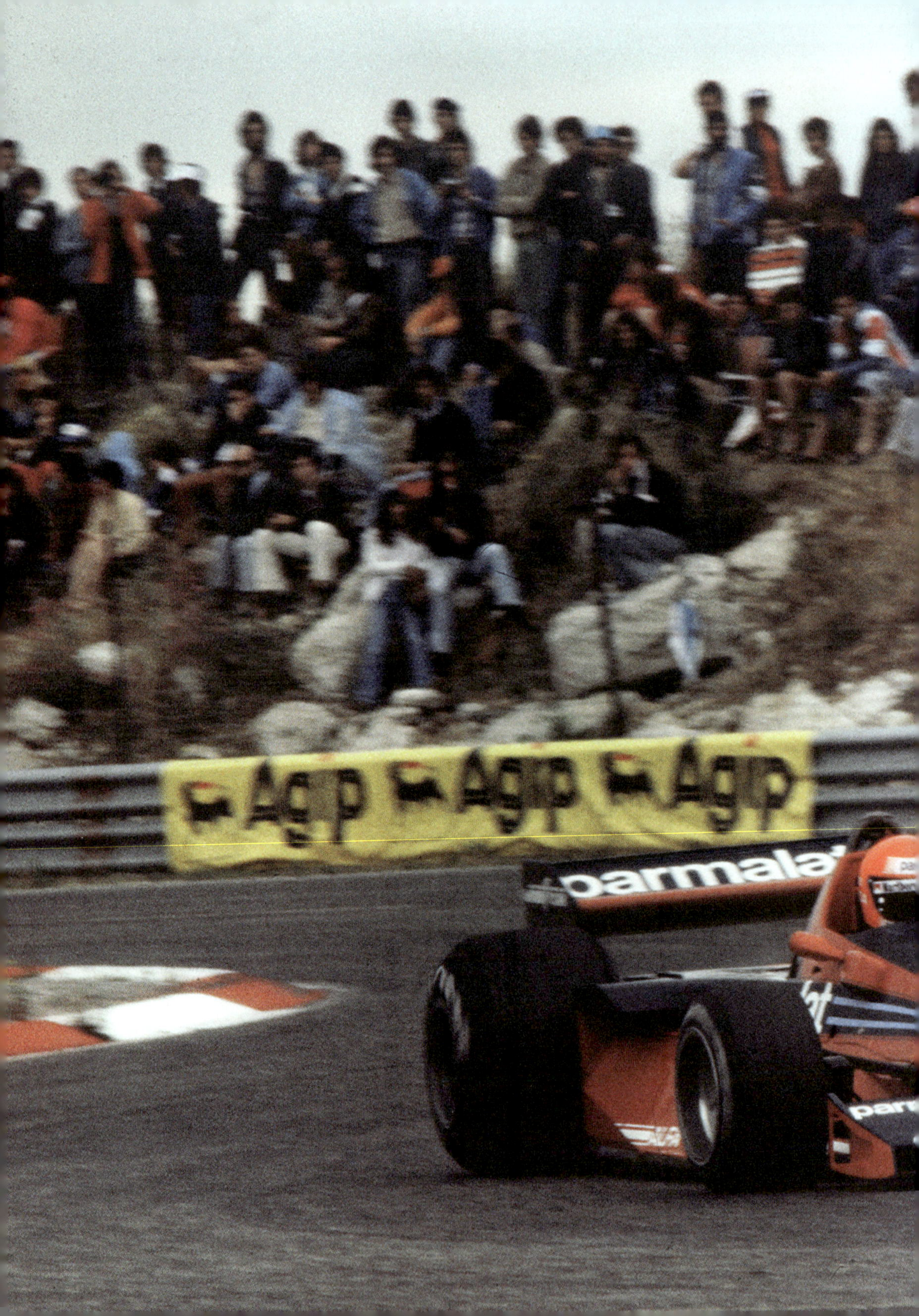
Agip Agip Agip
parmalat